KB129103

사회복지법제와 실천 2판

SOCIAL WELFARE LAW AND PRACTICE

김수정 저

학지사

2판 머리말

사람들과 만날 때 나를 기쁘게 하는 인사 중 하나는 내 책을 수업에서 교재로 사용했었다는 말이다. 열심히 만든 책을 많은 사람이 활용해 주니 뿌듯하기도 하지만 한편으로는 부족한 부분들이 생각나면서 부끄럽기도 하다.

『사회복지법제와 실천』은 학생들이 법을 좀 더 친숙하게 여기고 쉽게 이해하며 적용할 수 있도록 하는 데 초점을 맞추었다. 이를 위해 개별 장마다 관련 내용과 생각해 볼 이슈들이 담긴 동영상을 볼 수 있도록 QR 코드를 제시하였다. 2판에서는 초판보다 더 많은 동영상을 참고할 수 있도록 하였으며, 되도록 최근 제작된 동영상을 소개하였다. 그리고 핵심적으로 기억해야 할 법적 용어들을 내용 중간중간에 물음의 형식으로 제시하였다. 물음의 답을 찾으면서 중요한 내용을 한 번 더 생각해 보고 기억할 수 있기를 바라는 마음에서다.

이번 개정판은 수업계획을 세우는 데 좀 더 수월하도록 대학교의 한 학기 수업시간에 맞춰 13장으로 구성하였다. 제1부는 사회복지법의 이해를 주제로 총 4장으로 구성하였다. 제1장은 사회복지제도와 법의 관계를 살펴보고 법령의 형식과 입법절차를 알아보았다. 제2장은 사회복지법의 기원이 되는 법과 사회복지법의 원리를 살펴보았다. 제3장은 사회복지법의 수직적 체계 및 인권으로부터 시작된 사회복지수급권의 의미와 성격을 알아보았으며, 제4장은 시대의 요구에 따라 변화된 한국 사회복지법의 발달을 살펴보았다.

제2부는 사회복지현장에서 많이 적용되는 개별 법률들을 정책과 법의 연계성을 이해하는 데 도움을 주고자 목적, 대상, 급여, 전달체계 등을 중심으로 살펴보

았다. 그리고 사례와 그에 맞는 법조문을 제시하여 법의 내용이 어떻게 적용되는지를 이해할 수 있도록 하였다. 개별 법률들은 제5장 사회보장기본법과 사회보장급여법을 시작으로 제6장부터는 사회보험법, 공공부조법, 사회복지사업법을 비롯한 사회서비스법으로 나누어 제시했다. 먼저, 사회보험법은 제6장에서 산업재해보상보험법과 고용보험법을, 제7장에서 국민연금법, 국민건강보험법, 노인장기요양보험법을 살펴보았다. 제8장은 공공부조법으로 국민기초생활보장법, 의료급여법, 기초연금법, 장애인연금법을 살펴보았다. 사회서비스법으로는 제9장에서 사회복지사업법을 살펴보았고, 제10장에서는 아동복지법, 아동수당법을, 제11장은 영유아보육법, 한부모가족지원법, 건강가정기본법, 다문화가족지원법을, 제12장은 장애인복지법, 정신건강복지법을, 제13장은 노인복지법, 사회복지사처우개선법, 장애인활동지원법, 발달장애인법을 살펴보았다.

『사회복지법제와 실천』 개정 작업은 사회의 변화와 함께 바뀌는 법의 내용들을 새롭게 알게 되고 그 의미를 생각해 보는 시간이어서 매우 즐거웠다. 그리고 학생들도 이 책으로 공부하는 시간 동안 법의 중요한 역할을 알아 가는 즐거운 시간이 되기를 소망한다. 이 책과 함께하는 모든 분께 깊은 감사를 드린다.

2023. 8.

김수정

1판 머리말

『사회복지법제: 사례를 통한 법의 이해』란 이름으로 사회복지법 관련 책의 출간을 2009년에 학지사에서 처음 시작했다. 그리고 10년이 지난 지금 『사회복지법제와 실천』이라는 이름으로 다시 책을 준비하게 되었다.

10년 동안 내가 가르쳤던 제자들이 사회복지법제론 강의를 하게 되었다는 즐거운 소식이 많아졌다. 그들이 사회복지법제론 수업이 재미있었다며 자신도 그렇게 강의하고 싶다고 할 때면 뿌듯하기도 했다. 무엇보다 학생들이 법의 중요성을 알게 되고 그 속에서 사회복지사가 할 수 있는 일은 무엇인지 찾기 시작한 것이 가장 보람되었다. 그리고 안면이 없던 교수님들이 이 책을 강의 때 사용했었다며 먼저 인사를 해 주신 경험들도 신기했다. 그분들이 전해 준 책에 대한 이야기들은 책을 개정할 때마다 귀중한 도움이 되었다.

이 책은 학생들이 법을 쉽게 이해하고 필요한 사회복지법을 스스로 찾아보게 하는 데 초점을 맞추었다. 이를 위해 관련 이슈들과 생각해 볼 만한 내용들이 담긴 동영상을 쉽게 찾아서 볼 수 있도록 QR 코드를 제시하였다.

책의 구성도 이에 맞춰 다음과 같이 하였다. 제1부는 사회복지법이 갖는 기본체계와 형식을 이해하는 것이 필요하다는 내용이다. 그래서 제1장에서는 사회복지정책과 사회복지실천 및 사회복지법의 관계를 살펴보고 사회복지사의 역할을 알아보았다. 제2장에서는 법령의 형식과 입법절차, 제3장에서는 사회복지법의 기원이 되는 법들을 살펴보았다. 제4장에서는 시민법의 원리와 사회복지법의 원리가 가지고 있는 뜻을 알아보고, 제5장에서는 사회복지법이 이루고 있는 수직적 체계의 구조와 각 단계에 있는 법들이 가지는 성격을 이해하도록 하였다. 제6장에 서는 인권으로부터 시작된 사회복지수급권의 의미와 성격을 알아보았고, 제7장에서는 시대의 요구와 필요에 응답한 사회복지법의 발달을 살펴보았다.

제2부에서는 사회복지사들이 실천 현장에서 많이 만날 수 있는 법률들을 중심으로 개별 법률의 내용을 살펴보았다. 정책과 법의 연계성을 이해하는 데 도움을 주고자 개별 법률들을 목적, 대상, 급여, 전달체계 등을 중심으로 살펴보았고 마지막에 사례를 제시하여 법조항을 적용해 보았다. 이 책에 있는 사례처럼 학생들이 자신이 경험한 사건 또는 드라마, 신문 등에서 만날 수 있는 상황들에 법을 적용하는 연습을 많이 하면 사회복지법에 친숙해질 수 있을 것이다. 실제로 이러한 방법을 수업시간에 활용하였는데 많은 학생이 사회복지법이 어렵지 않게 느껴지고 사회복지법을 찾아보는 방법을 익힐 수 있어서 좋았다고 이야기했다.

사회복지는 인권을 구체적으로 실천하는 학문이며, 사회복지사는 인권실천가다. 그런 의미에서 사회복지사는 다양한 사람의 삶을 이해하고 받아들일 수 있어야 하며, 창의적으로 실천방법을 찾을 수 있어야 한다. 그러기 위해서 학과 공부뿐만 아니라 다음의 몇 가지 일들을 학생들이 했으면 한다.

첫째, 책을 많이 읽고 그 내용을 자신의 생각으로 다시 정리해 보길 바란다. 다양한 사람을 이해하기 위해서는 경험이 필요하지만 직접적 경험은 한계가 있기에 책을 통해 간접적인 경험을 많이 해 보았으면 한다. 단지 책을 읽는 것만으로는 본인의 경험이 되지 않기 때문에 책의 내용을 일부라도 자신의 생각으로 성찰해 보는 것이 필요하다. 가급적이면 이것을 사회복지 제도나 정책에 맞추어 생각해 보는 것도 좋다고 생각한다. 그리고 이를 위해서 간단하게라도 감상문을 적어 놓는 습관을 갖기를 바란다. 특히 사회복지법과 관련해서 『헌법의 풍경』(김두식, 2011)을 꼭 읽어 보기 바란다.

둘째, 자신의 생각을 글로 많이 써 보는 연습을 했으면 한다. 사회복지사가 만나는 사람들은 고유한 성격이 있고 다양한 상황과 자원을 가지고 있다. 이들과 함께 일하기 위해서는 창의적인 방법들을 사회복지사가 스스로 찾아야 한다. 창의적인 방법은 그냥 찾아지지 않는다. 많은 경험이 쌓이고 자신의 생각을 적용할 수 있어야 가능하다. 따라서 자신의 생활과 주변의 상황, 자신이 만나는 사람들에 대해서 많이 생각하고 그것을 글로 쓰는 연습을 하면 좋겠다. 일기 쓰기를 제일 추천하지만 연애편지를 쓰는 것도 좋은 방법이라고 생각한다. 이러한 연습을 통해 사회복지실천 현장에서 사회복지의 사각지대를 잘 찾아내서 대안까지 제시할 수 있는 능력을 갖추게 될 것이라 믿는다.

셋째, 정치에 관심을 가졌으면 좋겠다. 그동안 정치를 부정의하다고 보고 무관심한 것이 바람직하다고 여겨 왔으나 현실 세계에서 정의를 실천하기 위해서는 정치가 중요하다. 사회복지법도 제정과 개정을 모두 정치가 결정하고 있기 때문에 인권을 생각하고 사회복지를 생각하는 정치인을 선택하는 데 관심을 갖고 자신이 선택한 정치인의 정책 실천 과정과 내용을 주의 깊게 살펴보았으면 좋겠다. 무엇보다도 대통령, 국회의원, 지방자치단체장은 물론 사회복지 관련 단체장 선거에도 자신의 투표권을 꼭 행사하기 바란다.

사회복지법 강의를 처음 시작할 때 많이 힘들었고, 학생들이 사회복지법에 가까이 갈 수 있는 수업방법을 찾느라 고민도 많이 했다. 힘들 때마다 수업을 통해 배운 사회복지법이 재미있었고 도움이 정말 많이 되었다는 학생들의 격려가 나를 다시 일어나게 했다. 이 책이 사회복지사가 되려는 학생들에게 많은 도움이 되었으면 좋겠고 자랑스러운 사회복지사 선후배로 사회복지 현장과 학계에서 만나기를 바란다. 이 책과 함께하는 모든 분께 깊은 감사를 드린다.

2019. 5.

김수정

차례

제1부 사회복지법의 이해

사회복지법을 어렵다고 생각하는 이유는 많이 접해 보지 않은 영역에 대한 낯섦이라고 생각한다. 낯섦은 두려움으로 이어지게 되는데 이러한 두려움을 없애기 위해서는 법이 가지고 있는 기본 형식과 체계를 이해해야 한다고 보고 제1부는 이에 초점을 맞추었다.

제1부는 네 개의 장으로 이루어져 있다. 제1장에서는 사회복지정책과 실천 및 법과의 관계, 그리고 그 속에서 사회복지사의 역할이 무엇인지를 제일 먼저 살펴보았다. 또한 법령의 형식적 구조를 이해하고 읽는 방법을 익히고, 입법절차를 이해하는 데 도움이 되도록 하였다. 제2장에서는 현대 사회복지법의 기원이 되는 영국의 빈민법, 독일의 사회보험법, 미국의 사회보장법을 알아보고, 시민법의 원리와 이를 수정함으로써 나타난 사회복지법의 원리를 통해 사회복지법의 기본 원리가 가지고 있는 뜻을 알아보고자 하였다. 제3장에서는 사회복지법이 이루고 있는 수직적 체계의 구조와 각 단계에 있는 법들이 가지는 성격을 이해하도록 하였으며, 인권으로부터 시작된 사회복지수급권의 의미와 성격을 알아보았다. 마지막으로, 제4장에서는 시대의 요구와 필요에 응답한 한국 사회복지법의 발달을 살펴보았다.

제1부

사회복지법의 이해

제1장

사회복지제도와 법

1. 사회복지정책과 실천 및 법과의 관계

사회복지정책과 사회복지법,[1] 그리고 사회복지실천은 서로 유기적으로 연결되어 있다. 사회문제를 해결하고 사회복지의 목표를 달성하고자 하는 정부의 의도적인 행동이자 계획이 사회복지정책이라고 한다면, 이러한 정책이 실천으로 구현되기 위해서는 법이 필요하다. 즉, 정책의 내용을 구현하기 위해 대상을 규정하고 수행하는 기관, 인력, 재정 등을 구체적으로 제시하는 것이 사회복지법이다. 그리고 법의 내용에 따라 정책의 내용을 실천하는 것이 사회복지실천이다. 또한 실천 현장에서의 요구가 제도적 · 권리적으로 사회복지법을 통해 반영되고 이를 통해 사회복지정책의 변화를 가져오게 된다. 이 절에서는 사회복지정책과 사회복지실천 및 사회복지법의 관계, 그리고 이 속에서 사회복지사가 해야 하는 역할에 대해 이야기하고자 한다.

---

1 여기에서 말하는 사회복지법이란 헌법을 비롯하여, 법률, 명령, 조례 등을 포함한 사회복지에 관련된 법규들을 통칭하여 말하는 것이다. 이와 관련해서는 제3장에서 다시 이야기하도록 하겠다.

1) 사회복지정책과 사회복지법

정책은 하나의 계획이고 큰 틀이다. 그리고 사회복지정책이란 사람들이 인간다운 삶을 영위하도록 서비스나 소득을 제공함으로써 인간의 기본적 욕구를 충족시켜 주고, 각종 의존문제를 해결하기 위한 정부의 지침, 계획, 과정이다(박병현, 2011). 이러한 정책을 실제로 현실에서 실천하겠다고 국가가 국민에게 약속한 내용이 바로 법이라고 할 수 있다.

어떠한 문제가 발생하여 해결되지 않고 지속되어 사회문제로 발전될 때 이를 해결하기 위해 정책의 필요성이 대두된다. 문제에 대한 해결을 목표로 대상, 급여, 전달체계 그리고 재원으로 구성되는 일련의 정책이 수립된다. 그리고 이러한 정책이 실질적으로 효력을 가지고 시행되기 위한 제반 여건들을 조성하기 위해서는 강제력이 필요하다. 이러한 강제력에는 법적인 뒷받침이 필요하게 되고 구체적으로는 입법의 형태로 진행된다.

이러한 법적 뒷받침에는 기본적으로 누가 급여의 대상이 될 것인가? 그리고 그 기준은 무엇인가? 어떤 형태의 급여를 제공할 것인가? 급여에 필요한 재원은 어떻게 마련할 것인가? 그리고 이에 대한 국가 예산의 지출, 사회복지정책을 실현하는 주체로서의 국가의 의무, 그 밖에 구체적인 정책의 시행에 필요한 전달체계가 포함된다. 예를 들면, 아동학대 문제가 심각하다고 판단하고 이를 위한 아동학대 예방정책을 세우려고 한다. 현재 아동학대행위자 중 재범의 비율이 높아지는 문제가 있어 이를 해결하기 위한 대안으로 아동학대행위자들에 대한 가중처벌과 아동학대 예방교육의 강화를 정책으로 제시하였다고 하자. 이러한 정책은 구체적으로 「아동복지법」에서 상습적인 아동학대행위자에 대해서 가중처벌하도록 벌칙에 규정하고, 지상파 방송사업자에게 비상업적 공익광고로 아동학대 예방 홍보영상을 송출할 수 있도록 관련된 조항을 신설함으로써 실현된다. 이렇듯 추상적이었던 정책의 목적과 내용이 법을 통해 구체적이고 실현 가능한 내용으로 나타나게 된다.

또한 모든 법에서 의무조항으로 만들어진 내용들은 관련된 법이 개정되지 않는 한 지속된다. 그렇기 때문에 국가에서 의무적으로 보호해야 하는 빈곤계층에 대한 사회적 보장 장치를 비롯하여 노인이나 아동, 장애인 등의 대상에 대한 지원은 법적 장치로 되어 있어야 한다. 법적 장치가 아닌 일시적인 보호나 제도를 통해서는 이러한 보장과 지원이 지속적으로 이루어지기 어렵다. 그뿐만 아니라 언제든 중단 및 변화가 가능하기 때문에 법적으로 약속되어야만 사회적 안정, 보장이라고 말할 수 있다. 법령에 의하지 않고 추진되는 정책은 때에 따라 달라질 가능성이 많아 일관성 있게 추진되기 어려울 뿐만 아니라, 국민들로부터도 그 적법성과 투명성에 대하여 의심을 받기도 하여 정책의 제도화에 실패하기 쉽다. 따라서 법치주의를 이념으로 하고 있는 현대 민주국가에 있어서는 그 어떤 수단보다도 법령이라는 수단이 통일적이고 유기적인 체계를 유지하면서 제도적으로 관리되고 있기 때문에, 제도화를 필요로 하는 정책은 법령의 형식으로 변환하는, 즉 정책의 법제화 작업을 추진할 필요가 있다(조영규, 2008: 87).

법은 인간의 권리를 보장해야 한다는 점에서 안정적으로 유지되어야 할 뿐 아니라, 변화해 가는 사회 속에서 그에 맞도록 변화되어야 할 필요가 있다는 두 가지의 모순적인 특징을 가지고 있다. 실제로 우리나라의 사회복지법은 급변하는 사회변화 속에서 국가가 사회에 대해 책임져야 할 조항을 명시하고, 나름대로 국민의 복지를 위해 사회보장체계를 입법한 것이다(김성옥, 2008).

그러나 최근 자본주의 위기로 법의 우위보다 경제의 논리가 행정을 지배하게 됨에 따라 사회복지의 이념도 흔들리게 될 위험이 커졌다. 즉, 조정자로서의 국가 역할이 강조됨에 따라 경제의 논리로 법이 개정될 가능성이 많아지고, 법에 명시된 것과 달리 왜곡되어 정책이 집행될 가능성이 있다는 것이다. 따라서 사회복지적 가치와 인간 중심의 내용이 권리의 형태로 사회복지법에 정확하게 명시되지 않으면 강한 국가의 행정력으로 오히려 사회복지를 후퇴시키는 위험에 빠질 수 있다.

인간다운 삶에 대한 보장과 삶의 수단이 되는 경제 사이에서 무엇이 우선되어야 하는지는 분명하다고 생각한다. 그럼에도 경제적 논리가 횡행하는 물질만능주의 시대에 사는 우리에게 인간다운 삶을 실현하기 위하여 사회복지적 가치에 맞는 법을 무엇보다 우선해야 할 당위성이 있다. 그 당위성을 찾기 위해 우리는 법에 좀 더 관심을 가져야 하고, 법을 통한 권리를 획득하고 요구하는 행동을 취해야 할 것이다. 그것이 자신뿐 아니라 사회복지사로서 이용자의 권리를 찾아 주는 첫걸음이 될 것이다.

2) 사회복지실천과 사회복지법

정책과 동전의 양면과도 같은 실천 영역에서도 사회복지법은 매우 중요한 역할을 한다. 각종 사회보험법으로부터 사회서비스법까지 구체적인 법조문을 통하여 공식적으로 이용자들이 어느 정도의 지원을 받을 수 있는지에 대한 파악은 기본이고, 지원을 받지 못했을 경우에는 권리구제나 벌칙조문을 통해 이용자의 문제해결은 물론 필요한 자원 연결까지도 가능하다.

가장 쉽게 생각할 수 있는 예가 아동보호전문기관에서 신고를 받고 출동했을 때, 가해자로부터 아동을 보호할 수 있는 근거가 되는 것이 '법'이다. 또한 사회복지사가 이용자와의 상담을 통해서 현재 처한 위기상황이 어느 정도인지, 위기상황에 대한 보호를 받을 수 있는지에 대한 단서와 기준이 되는 것도 '법'이다. 또 실천 영역에서 프로그램을 개발할 때, 국가적인 지원이 어느 정도 되는지 파악하고, 그 지원을 프로그램의 자원으로 연결하기 위해서도 법적 내용을 알아야 할 것이다. 그런데 이것이 가능하기 위해서는 사회복지법뿐만 아니라 다른 영역의 법까지도 알아야 한다. 예를 들어, 사회복지사를 찾아온 결혼이주여성이 한국 국적 취득과 관련한 복잡한 문제를 가지고 있다면 우선 「국적법」에 대한 지식을 갖추고 있어야 할 것이다.

이렇듯 다양한 법은 사람들의 체계를 둘러싸고 있고, 그들의 삶과 직접적으로 연결된다. 따라서 그들의 삶에 개입하는 사회복지사는 이용자가 마주하게 되는 사회의 법적인 한계 및 법조항의 문제 등과 같은 모순점에 대해 함께 부딪치고 느낀다. 그러면서 실천에서 발견된 문제점을 제기하고 이를 위한 해결책을 요구하면 결국 정책과 법의 변화를 가져올 수 있게 되는 것이다. 예를 들면, 국민기초생활보장 수급권자가 되기 위해서는 부양의무자의 조건이 중요하고 현재 부양의무자의 조건은 '1촌 이내의 혈족'이라고 되어 있다. 그러나 이로 인해 실질적으로 수급권자가 될 수 있는 사람이 적고 공공부조의 지원을 받지 못하는 실질적 빈곤 상태인 사각지대 사람들이 많다는 사례를 사회복지사들이 발굴하고 지속적으로 문제제기를 하면, 이것이 사회적 이슈로 받아들여져 부양의무자 조건이 폐지될 수 있다.[2] 즉, 부양의무자 조건 폐지가 정책적으로 결정되면 「국민기초생활보장법」에 명시되어 있는 '부양의무자' 조항이 삭제되고 부양의무자 조건으로 인해 빈곤 사각지대에 있던 사람들이 국민기초생활보장제도의 혜택을 받을 수 있게 된다. 따라서 사회복지사들은 사회복지실천 현장에서 정책과 법이 놓치고 있는 사각지대를 찾아 알려 줌으로써 정책과 법이 변화될 수 있도록 도와주어야 한다. 이 경우에는 구체적인 사례를 발굴하여 제시하는 것이 도움이 된다.

사회복지사는 자신의 이용자를 보다 적극적으로 옹호할 수 있는 '법'과 매우 중요한 관계에 있다. 따라서 사회복지사가 법의 제정 및 개정, 법에서 말하고 있는 권리의 이행 등에 적극적으로 개입한다면, 사회복지실천 현장에

---

2 정부가 부양의무자 기준을 폐지하겠다는 의지를 가지고 진행하고 있으나 현재 완전히 폐지된 것은 아니다.

서 이용자를 둘러싼 체계의 한 부분을 시작으로 전체 사회를 변화시킬 수 있을 것이다.

사회복지사는 이용자 삶의 일부가 되고, 사회복지사가 이용자를 '측정'할 때, 이용자도 사회복지사를 마음속으로 테스트하게 된다(조휘일 · 이윤로, 1999). 그들 삶의 일부로 그들의 삶, 권리와 밀접하게 연결되어 있는 법의 영역에서 사회복지사들이 함께 활동한다면 그들은 사회복지사와의 관계에서 더 높은 신뢰를 보일 것이다. 이를 통해 인권을 실천하는 사회복지사의 영역이 한층 더 확장되고 전문성이 더 깊어질 수 있을 것이다.

3) 사회복지사의 역할 모색

사회복지정책이나 사회복지실천에 있어서 사회복지법과 관련한 사회복지사의 역할은 반드시 필요하다. 이러한 역할은 다음과 같이 세 가지로 나누어 볼 수 있다.

첫째, 사회복지법 제정 및 개정 등의 입법과정에 참여자로 활동해야 한다. 전국 각지에 흩어져 있는 사회복지사들은 입법과 개정에 있어서 사회적 합의를 이끌어 내기에 충분하고 중요한 인력이다. 그들은 이용자의 삶을 가까이에서 보면서 보완해 주고 반드시 필요한 법의 사각지대를 파악할 수 있는 존재이기 때문이다. 더구나 사회복지사가 옹호해야 하는 사람들은 스스로 사회에 목소리를 내기에는 어려운 사람들이 많다. 따라서 사회복지사가 사회적 분위기를 주도하는 것과 함께 입법과 개정에 대한 필요성 제기, 서명운동, 집회 등을 전개함으로써 사회복지법의 입법 및 개정에 있어서 중심적 역할을 해야 할 것이다.

둘째, 법의 안내자 역할을 해야 한다. 법은 가치를 포함하고 있을 뿐 아니라 사람들이 안전하게 보호받을 수 있는 최고의 기반이다. 법에 명시된 대로 사람들은 사회에서 권리를 보장받을 수 있고 또한 이에 불응할 경우 처벌을 받을 수도 있다. 그러나 사회복지 현장에서 만나는 많은 사람이 법의 내용을 몰라서 혜택을 받지 못하거나 의도하지 않게 법을 어기는 경우를 많이 보았다. 따라서 법으로 보장받을 수 있는 것이 무엇인지 소개하고 안내하여 사람들이 스스로 자신의 권리를 찾도록 도와주는 역할을 사회복지사가 해야 할 것이다. 그러기 위해서는 사회복지법의 기본적인 내용을 사회복지사가 숙지하고 있어야 한다.

셋째, 이용자와 함께 법에 맞서 싸울 수 있는 협력자의 역할을 해야 한다. 각 법에서 말하고 있는 이념, 권리 등을 찾기 위해 많은 사람이 싸우고 있다. 역사상 어떤 기본권도 기득권층의 일방적 시혜로 주어지지 않았고, 그렇기 때문에 시대가 변하고 새로운 기본권이 만들어질 때 당연히 기득권과의 투쟁이 필요하다(김두식, 2011: 42-43). 그러므로 사회복지사의 역할은 사람들이 스스로 권리를 찾을 수 있도록 안내하는 동시에, 함께 그 권리를 찾는 싸움에 동행하고 참여하는 것이다. 그런 사회적 · 행동적 조치를 하지 않는다면 소리만 요란하고 속이 텅 비어 실체가 없는 사회복지사가 될 것이다. 이렇게 함께 싸워 가는 것이 인권 실천가인 사회복지사의 역할 및 영역의 확대뿐 아니라 우리가 그토록 주장하는 전문성에 조금 더 가까이 다가갈 수 있는 길이다.

여성참정권: 100년의 투쟁

물음 1-1

____________는 이용자의 삶 가까이 있는 존재로서 입법과 개정에서 사회적 합의를 이끌기에 충분한 전문 인력이다.

2. 법령의 형식과 입법절차

사회복지를 전공하는 많은 학생이 사회복지법을 어려워하는 이유 중 하나는 법에 익숙하지 않다는 것이다. 이는 법을 접해 볼 기회가 없었기 때문이다. 익숙해지기 위해서는 법을 자주 들여다보아야 하고, 그러기 위해서는 필요한 법을 찾아서 읽을 줄 알아야 한다. 그래서 이 절에서는 법령[3]을 읽고 이해할 수 있도록 법령의 형식과 입법절차에 대해 간단히 설명하고자 한다.

법령의 형식을 아는 것은 사회복지 개별 법을 이해하기 위한 기초가 된다. 또한 입법절차를 살펴보는 것은 실제적으로 사회복지법의 제정 및 개정 시 사회복지사의 의견을 제시하고 영향력을 행사하기 위한 적절한 시기를 정하는 데 많은 도움이 될 것이다.

1) 법령의 형식

법령은 법형식, 공포번호, 제명, 본칙 및 부칙의 부분으로 구성된다. 법형식은 법률, 대통령령, 부령 등 법령의 종류를 말하고, 공포번호는 법령의 법형식별로 붙이는 일련번호를 말한다. 제명은 법령의 이름이고, 본칙은 그 법령의 본체적 사항을 규정하는 부분으로 여기서 거의 모든 실제적인 내용을 다루게 된다.[4] 부칙은 법령의 본체적 규정사항에 부수되거나 경과적인 성격의 사항(예: 시행일, 경과조치 등)을 규정하는 부분을 말한다.

법령을 입안할 때에는 반드시 조문형식에 의하여야 한다(조영규, 2008).

---

3 법령이라 함은 '법률과 명령'을 합하여 부르는 말이지만, 일반적으로 헌법, 법률, 명령, 조례 등의 법규범을 모두 포함하기도 한다. 여기서는 모든 법규범을 포함하는 의미로 사용하였다.

4 실제 법령안에서는 '본칙'이라는 표시는 하지 않는다.

법령안의 형식은 법형식, 공포번호, 제명 부분을 제외하면 크게 본칙과 부칙(부칙 다음에 별표 또는 별지 서식이 추가되는 경우도 있다)으로 나뉘는데, 본칙은 조, 항, 호, 목의 순서에 의한 조문형식으로 작성한다. 법령의 조문 수가 많고 이를 성질에 따라 몇 개의 군으로 나누는 것이 법령의 이해에 편리한 경우에는 이를 몇 개의 장으로 구분할 수 있다(예: 「국민연금법」). 그리고 장은 다시 절, 관의 순서로 세분할 수 있는데, 조문 수가 많은 경우에는 장의 위에 편을 둘 수도 있다(예: 「민법」). 장, 절을 둘 경우에는 그 장, 절 등의 내용을 대표할 수 있는 장명 또는 절명 등을 붙인다.

다음의 법령 형식에 대한 내용은 정부입법지원센터 홈페이지(www.lawmaking.go.kr)에서 발췌하였다.

법령의 본칙은 조(條)로 구분한다. 예외적으로 폐지 법령의 경우와 같이 법령의 내용이 매우 간단하여 '조'로 구분할 필요가 없으면 '조'로 구분하지 않고 내용만 표시한다. '조'는 제1조, 제2조, 제3조 등과 같이 표시한다.

하나의 조문에 여러 가지 내용을 규정할 필요가 있거나 세분하여 규정할 필요가 있으면 조문을 '항'이나 '호'로 구분한다. '항'은 반드시 완성된 형식의 문장으로 하고, '호'는 단어나 어절의 형식으로 하거나 '…할 것' 등과 같은 표현 방식을 사용하며, '…한다'와 같은 표현 방식은 원칙적으로 사용하지 않는다. 다만, 호에 단서나 후단을 규정하는 경우에는 '…한다'와 같은 표현 방식을 사용하기도 한다. '항'은 ①, ② 등과 같이 동그라미 안에 아라비아 숫자를 넣어 표시한다.

'호'는 어떤 '조'나 '항' 중에서 규율하려는 내용을 열거하여 규정할 필요가 있을 때 사용하되, '호'로 열거하는 것보다 '조'나 '항'의 본문 또는 단서(전단 또는 후단) 부분에서 직접 열거하는 것이 더 합리적이라고 인정되면 '호'를 두지 않을 수 있다. '호'는 1., 2., 3. 등으로 표시한다.

'호'를 다시 세분하거나 내용을 열거할 필요가 있으면 '목'으로 나누어 규정한다. '목'은 단어나 어절의 형식으로 하거나 '…할 것' 등과 같은 표현 방식을 사용하고, '…한다'와 같은 표현 방식은 원칙적으로 사용하지 않는다. '목'은 가., 나., 다. 등으로 표시한다.

'목'을 세분하여 정하거나 열거할 필요가 있으면 1), 2), 3)을 사용하고, 1), 2), 3)을 다시 세분할 필요가 있는 경우에는 가), 나), 다)를 사용한다.

법령의 조문에는 그 조문이 무엇에 관하여 규정하는가를 쉽게 알 수 있게 하고 법령 내용을 검색하는 데 편리하도록 하기 위해 조문의 내용을 간결하게 요약하여 '조' 바로 다음에 연이어 괄호를 만들어 '제목'을 표시한다. 한 조문에서 여러 가지 사항을 규정하는 경우에는 그중 핵심적인 내용을 한눈에 쉽게 파악할 수 있도록 대표성 있는 단어나 어절을 이용하여 제목을 정하고, 그 여러 가지 내용을 모두 포함하여 정하기 곤란하면 '(… 등)'이라고 표시하여 그 제목이 그 밖의 다른 내용까지 함축하고 있음을 알 수 있게 해야 한다.

법령 내용은 원칙적으로 서술적인 문장으로 표시한다. 다만, 법령 내용을 서술적인 문장으로 표시하기가 곤란하거나 문장으로 표시하더라도 분량이 너무 많거나 내용이 복잡하여 이해하기 어려우면 그 규정 내용을 간명하고 알기 쉽게 규정하기 위해 계산식, 표 또는 그림으로 표시할 수 있다.

규정할 사항의 종류, 성질, 분량 등을 고려하여 해당 조항에서 바로 규정하기가 곤란한 경우나 규정 내용이 기술적 · 전문적이거나 길고 복잡한 경우에는 부칙 다음에 별표나 별지 서식 등을 만들어 규정한다.

부칙의 경우에는 항으로 구분하는 것을 원칙으로 하되, 항의 수가 다섯 개를 초과한 경우 등에는 조로 구분할 수 있다(조영규, 2008).

[그림 1-1]은 법령의 형식에 대한 이해를 돕기 위해 법률인 「국민기초생활보장법」을 예로 든 것이다.

법형식 및 공포번호	_법률 제8852_호
제명	**국민기초생활보장법**
본칙	제1장 총칙 제1조(목적) 이 법은 생활이 어려운 사람에게 필요한 급여를 실시하여 이들의 최저생활을 보장하고 자활을 돕는 것을 목적으로 한다. 제2조(정의) -------------------------. 제2장 급여의 종류와 방법 제7조(급여의 종류) ① 이 법에 따른 급여의 종류는 다음 각 호와 같다. 1. 생계급여 2. 주거급여 3. 의료급여 4. 교육급여 5. 해산급여(解産給與) 6. 장제급여(葬祭給與) 7. 자활급여
부칙	부칙〈제6024호, 1999. 9. 7.〉 제1조(시행일) 이 법은 2000년 10월 1일부터 시행한다.[5] 다만, 제5조 제1항의 규정은 2003년 1월 1일부터 시행한다. 제2조(다른 법률의 폐지) 생활보호법은 이를 폐지한다.

[그림 1-1] 법령의 형식 예시

5 「국민기초생활보장법」은 1999년 9월 7일 공포되었으나 실제 시행은 2000년 10월 1일부터 하였다. 이처럼 공포일과 시행일이 다른 경우가 많으므로 이를 잘 살펴보아야 한다.

2) 법령의 입법절차

입법절차를 좁은 의미로 볼 때에는 국회(입법부)에 법률안이 제출되는 시점부터를 의미한다. 그러나 일반적인 의미에서 볼 때 입법절차는 정부(행정부)에서 입법이 준비되는 과정, 정당 또는 이익집단 등이 행하는 입법에 관한 활동 및 여론의 조성활동 등 정책의 공식화 과정, 입법에 관한 의견 제시 등 법의 제·개정 등에 영향을 미치는 모든 활동과 요인이 포함되는 과정으로 인식되고 있다. 그러므로 입법절차는 의회와 정부는 물론 정당이나 이익집단, 선거구민, 사법부, 입법전문가단체 등의 상호작용이 입법체계(立法體系, legislative system)를 구성하고 이러한 입법체계에 여론, 행정적 요청, 국민적 요청, 압력단체의 주장, 시민운동, 외국의 동향 등의 투입요인이 작용하여 모든 집단의 이해와 대립을 조정하는 과정의 동태적(動態的) 질서로 파악할 수 있다(조영규, 2008: 88).

우리는 흔히 입법이라고 하면 법률의 형식으로 제·개정되는 것만 생각하지만 명령(대통령령인 시행령, 총리령과 부령인 시행규칙)과 같은 행정입법도 입법에 포함된다. 그러므로 행정부의 입법절차는 이러한 행정입법 절차를 모두 다루어 설명하고자 한다.

한편, 우리나라의 법률은 제정하는 법률과 개정하는 법률(전부개정, 부분개정),[6] 폐지[7]하는 법률로 분류할 수 있다. 이러한 법률이 거치는 절차는 서로 비슷하고, 다른 점이 있다면 입안형식이나 내용이 약간씩의 차이를 지닌

---

6 기존 법령을 개정하려는 경우에는 원칙적으로 부분개정(일부개정)의 방법을 취하되, 개정되는 조문 수가 전체 조문의 3분의 2 이상인 경우나 법령의 주요 내용을 근본적으로 변경하려는 경우에는 통상 전부개정(전문개정)의 방식을 취한다. 부분개정의 경우에는 신·구조문 대비표를 작성하여 첨부한다(김승열, 2008: 152).

7 신·구법 간에 동일성을 유지하는 경우에는 전부개정이지만, 「국민기초생활보장법」처럼 기존의 「생활보호법」과 본질적인 변화가 수반되는 경우에는 폐지하고 제정 방식(대체 입법방식)을 취하게 된다.

다는 점이다.

행정부와 입법부의 분립이 정확한 미국과 달리 우리나라에서 법률안을 제출할 수 있는 주체는 국회의원(10인 이상이 찬성)과 정부다(「헌법」 제52조). 따라서 국회의원이 발의한 법안과 정부 각 부처에서 소관사무에 관하여 작성한 법안은 각각 다른 입법절차를 거치게 된다. 최종적으로 두 경우 모두 다 국회의 의결을 거쳐야 하며, 이때 재적의원 과반수의 출석과 출석의원 과반수의 찬성으로 법률안이 의결된다. 개정된 법률의 예는 〈표 1-1〉 및 [그림 1-2]와 같다. 다음에서는 입법과정을 정부와 국회 두 가지로 나누어 살펴보겠다.

〈표 1-1〉 개정법률의 신구조문 대조표

사회복지사업법 [법률 제16247호, 2019. 1. 15., 일부개정]	사회복지사업법 [법률 제16738호, 2019. 12. 3., 일부개정]
제11조(사회복지사 자격증의 발급 등) ① 보건복지부장관은 사회복지에 관한 전문지식과 기술을 가진 사람에게 사회복지사 자격증을 발급할 수 있다. 〈단서 신설〉	제11조(사회복지사 자격증의 발급 등) ① 보건복지부장관은 사회복지에 관한 전문지식과 기술을 가진 사람에게 사회복지사 자격증을 발급할 수 있다. 다만, 자격증 발급 신청일 기준으로 제11조의2에 따른 결격사유에 해당하는 사람에게 자격증을 발급해서는 아니 된다.
②~⑤ (생략)	②~⑤ (현행과 같음)

사회복지사업법

[시행 2019. 12. 3.] [법률 제16738호, 2019. 12. 3., 일부개정]

【제정 · 개정이유】

[일부개정]

◇ 개정이유 및 주요내용

보건복지부장관은 사회복지사 자격증 발급 신청일 기준으로 결격사유에 해당하는 사람에게 사회복지사 자격증을 발급하지 못하도록 규정함으로써 사회복지사 결격사유 판단 기준일을 명확히 하려는 것임.

【제정 · 개정문】

국회에서 의결된 사회복지사업법 일부개정법률을 이에 공포한다.

대통령 문재인 (인)

2019년 12월 3일

국무총리 이낙연

국무위원 보건복지부장관 박능후

⊙ 법률 제16738호

사회복지사업법 일부개정법률

사회복지사업법 일부를 다음과 같이 개정한다.

제11조 제1항에 단서를 다음과 같이 신설한다.

다만, 자격증 발급 신청일 기준으로 제11조의2에 따른 결격사유에 해당하는 사람에게 자격증을 발급해서는 아니 된다.

부칙

제1조(시행일) 이 법은 공포한 날부터 시행한다.

제2조(국가시험에 관한 적용례) 제11조 제1항 단서의 개정규정은 이 법 시행 후 국가시험을 실시하는 경우부터 적용한다.

[그림 1-2] 법률 개정의 제 · 개정 사유

(1) 정부의 입법과정[8]

정부의 입법과정은 [그림 1-3]과 같으며 법령 종류에 따라 약간씩 차이가 난다. 이와 같은 정부 입법과정에서 의견수렴을 위한 첫 번째 과정은 '입법예고'[9] 단계이고, 이때가 민간에서 의견제시를 할 수 있는 중요한 기간이다. 그럼에도 아직까지 사회복지 현장에서는 이를 잘 활용하지 못하고 있는 실정이다. 다시 말해, 법률안이 국회에 상정되고 난 후에야 사회복지계의 의견을 행사하기 시작하는데, 앞으로는 입법예고 기간에 많은 의견을 제시할 수 있도록 관심과 노력을 기울여야 할 것이다.

정부의 입법과정은 그 절차가 매우 복잡하고 행정부 내에서 입법절차에 소요되는 평균 기간은 대략 5~9개월 사이로 매우 길다. 예를 들면, 부처에서 입안과 부처협의에 약 30일에서 60일 정도 소요된다고 가정하더라도 행정부 내에서의 입법과정에 소요되는 기간은 약 150~270일로 보통 5~9개월이 걸리기 때문이다. 그래서 정부에서 추진하는 시급한 정책의 추진과 관련이 있거나, 행정수반(대통령)의 정책적 결단을 법제화하는 경우에는 심지어 1개월 만에 입법이 추진되어 국회에 제출되는 경우도 있다.

---

8 정부의 입법과정은 정부입법지원센터(www.lawmaking.go.kr)를 참고하기 바란다.

9 입법예고 시 많은 내용이 언론에 노출되기에 그 내용이 제·개정된 것으로 생각하나 법령으로 공포가 되어야 내용이 확정된 것이다. 이렇게 입법예고 시 내용을 미리 언론에 노출하는 것은 제·개정 시 국민의 호의적인 태도를 얻기 위한 하나의 방법으로 볼 수 있다.

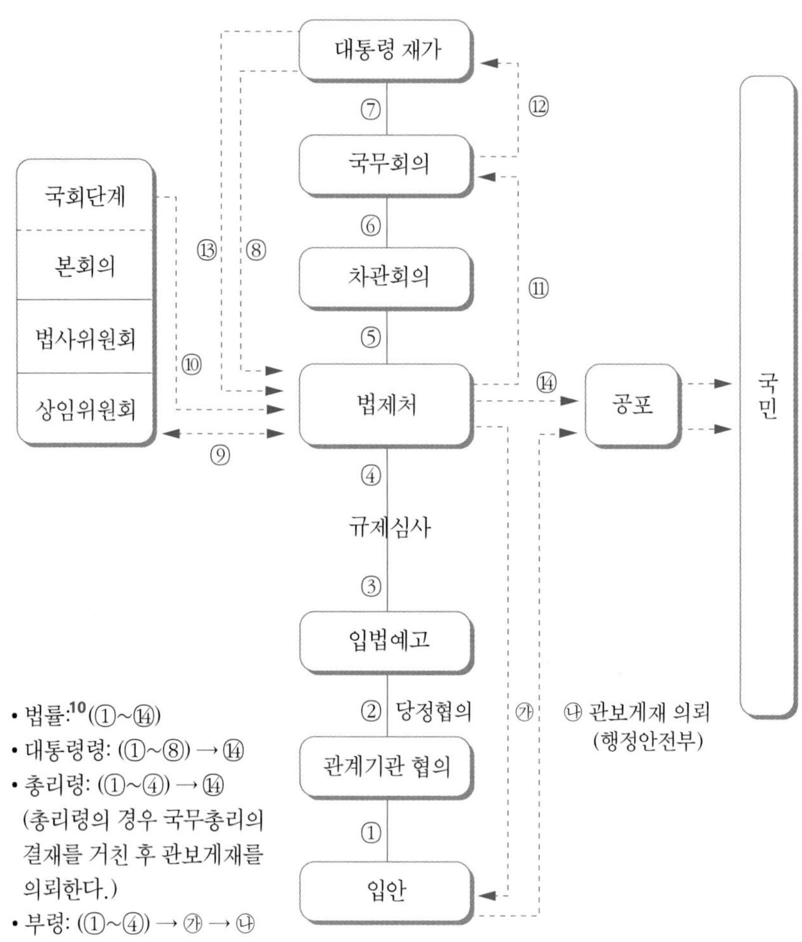

[그림 1-3] 정부의 입법과정

출처: 조영규(2008: 105).

10 법률인 경우에만 국회를 거치게 된다.

(2) 국회의 입법과정

국회에서의 입법과정은 상임위원회 중심주의가 특징이며, 이를 그림으로 나타내면 [그림 1-4]와 같다. 상임위원회에서 내용이 논의되고 결정되며 법제사법위원회에서는 문구 및 타법과의 관련성만 검토하여야 하는 것이 원칙이다. 그러나 법제사법위원회에서 내용까지 고치거나 통과시키지 않는 경우가 있어 법제사법위원회의 월권행위에 대한 비판이 많다. 실제 2007년 「건강가정기본법」의 경우 「가족정책기본법」으로 변경되어 상임위원회인 보건복지위원회는 통과하였으나 법제사법위원회에서 통과되지 않아서 폐기된바 있다. 그리고 국회에 상정된 법률안은 해당 국회 임기 내 처리되지 않으면 폐기된다. 예를 들면, 19대 국회에 상정된 법률안 중 처리되지 않은 것은 폐기되고 20대 국회가 되면 새로 법률안을 상정해야 한다.

의원발의법률안은 순수의원발의형식의 경우, 정부 또는 제3자가 기초하여 제공하는 안을 근간으로 의원이 입안하여 제출하는 경우, 정부가 마련한 안을 의원을 통하여 제출하는 경우,[11] 연구원, 관련단체 등이 마련한 안을 의원을 통하여 제출하는 경우 등 그 입안과정이 다양하다. 또한 위원회도 소관 사항에 관한 법률안을 입안하여 위원장 명의로 제출할 수 있도록 하고 있다. 위원회 제안 법률안도 넓은 의미의 의원 발의 법률안에 포함된다.

물음 1-2

국회에서 상임위원회도 소관사항에 관한 법률안을 ________ 명의로 제출할 수 있다.

---

11 정부가 발의하는 경우에는 많은 시간이 소요되기 때문에 긴급한 경우에는 의원을 통하여 제출하기도 한다.

법안 통과 단계
제안(제출)
• 국회의원 10인 이상
– 제안: 국회의원 10인 이상의 찬성
※ 위원회도 그 소관에 속하는 사항에 관하여 법률안 제안
• 정부
– 제출: 국무회의 심의를 거쳐 대통령이 서명하고, 국무총리관계 국무위원이 부서하여 제출
위원회 회부
입법 예고
• 국회의장
– 국회의장은 법률안이 발의 또는 제출되면 이를 의원에게 배부하고 본회의에 보고한 후(폐회, 휴회 등으로 보고할 수 없을 때에는 생략), 소관 위원회에 회부하여 심사하게 함
위원회 심사
• 상임위원회
– 위원회는 회부된 법률안에 대하여 위원회 상정 → 제안자 취지 설명 → 전문위원 검토보고 → 대체토론 → 소위원회심사보고 → 축조심사 → 찬반토론 → 의결(표결)의 순서로 심사
법제사법위원회 체계 · 자구 심사
• 법제사법위원회
– 위원회의 심사를 마친 법률안은 법제사법위원회에 회부되어 체계 · 자구 심사를 거치게 됨
전원위원회 심사
– 위원회의 심사를 거치거나 위원회가 제안하는 의안 중 정부조직에 관한 법률안, 조세 또는 국민에게 부담을 주는 법률안 등 주요 의안에 대해서는 당해 안건의 본회의 상정 전이나 상정 후 재적의원 4분의 1 이상의 요구가 있으면 의원 전원으로 구성되는 전원위원회의 심사를 거침
본회의 심의 · 의결
– 체계 · 자구 심사를 거친 법률안은 본회의에 상정되어 심사보고, 질의 · 토론을 거쳐 재적의원 과반수의 출석과 출석의원 과반수의 찬성으로 의결됨
정부이송
– 국회에서 의결된 법률안은 정부에 이송되어 15일 이내에 대통령이 공포함
대통령의 거부권 행사
– 법률안에 이의가 있을 때에는 대통령은 정부이송 후 15일 이내에 이의서를 붙여 국회로 환부하고, 그 재의를 요구할 수 있음
– 재의요구된 법률안에 대하여 국회가 재적의원 과반수의 출석과 출석의원 3분의 2 이상의 찬성으로 전과 같은 의결을 하면 그 법률안은 법률로서 확정됨
– 정부이송 후 15일 이내에 대통령이 공포하지 않거나 재의요구를 하지 않는 경우 그 법률안은 법률로서 확정됨
공포
– 대통령은 법률안이 정부에 이송된 지 15일 이내에 공포하여야 함
– 법률로 확정되거나 확정 법률의 정부이송 후 5일 이내에 대통령이 공포하지 않을 경우 국회의장이 공포함
– 법률은 특별한 규정이 없으면 공포한 날부터 20일을 경과함으로써 효력이 발생함

[그림 1-4] 국회 내 입법절차

출처: 대한민국 국회(www.assembly.go.kr).

국회 내 입법절차 중 가장 영향력이 큰 단계는 상임위원회 심사 단계다. 상임위원회는 본회의의 예비적 심사기관이나 현실적으로는 국회가 위원회 중심주의를 택하고 있기 때문에 입법과정에서 위원회가 차지하는 비중이 매우 크다. 상임위원회에서 통과된 법률안은 본회의에서 이의를 제기하는 경우가 거의 없기 때문에 대부분의 법률안은 상임위원회 단계에서 거의 입법화되는 실정이다. 따라서 사회복지 현장에서는 개법 법률의 소관 상임위원회 활동에 더 큰 관심을 기울여야 한다. 예를 들면, 사회복지사들은 해당 위원회의 회의를 방청하고 의견 제시를 하며 소속 의원들에게 개별적인 접촉을 하는 등 개별 법률에 대한 의견 제시나 영향력을 행사하기 위한 노력을 해야 한다. 특히 상임위원회에서도 '법률심사소위원회'에서 구체적인 내용이 검토되고 결정되므로 '법률심사소위원회'에 속해 있는 의원들과 집중적으로 접촉하고 의견을 제시해야 한다.

법안 심사 시작은 소위원회부터

물음 1-3

법률의 경우 행정부 발의와 국회에서의 발의 모두 반드시 ________에서 심의하고 의결되는 과정을 거쳐야 한다.

물음 1-4

국회에서 입법과정 중 가장 중요한 것은 ____________ 심사 단계다.

핵심 정리

사회복지정책과 사회복지법, 사회복지실천은 서로 유기적으로 연결되어 있다. 이 속에서 사회복지사의 역할은 반드시 필요하며, 다음과 같은 세 가지로 활동할 수 있다. 첫째, 사회복지법 제정 및 개정 등의 입법과정에서 참여자로 활동해야 한다. 둘째, 법의 안내자 역할을 해야 한다. 셋째, 이용자와 함께 법에 맞서 싸울 수 있는 협력자의 역할을 해야 한다.
법령은 조문형식으로 작성해야 한다. 법률안은 정부와 국회의원이 제출할 수 있다. 국회의원안의 경우는 10인 이상의 찬성으로 발의되는데, 이때 위원회도 소관사항에 관한 법률안을 입안하여 위원장 명의로 제출할 수 있다. 국회에서의 입법과정 중 가장 중요한 것은 상임위원회 심사 단계다.

물음에 대한 답

1-1 사회복지사는 이용자의 삶 가까이 있는 존재로서 입법과 개정에서 사회적 합의를 이끌기에 충분한 전문 인력이다.

1-2 국회에서 상임위원회도 소관사항에 관한 법률안을 위원장 명의로 제출할 수 있다.

1-3 법률의 경우 행정부 발의와 국회에서의 발의 모두 반드시 국회에서 심의하고 의결되는 과정을 거쳐야 한다.

1-4 국회에서 입법과정 중 가장 중요한 것은 상임위원회 심사 단계다.

제2장

사회복지법의 기원과 원리

1. 사회복지법의 기원

전통적 농경사회에서 가족은 가장의 지배 · 관리하에서 생산, 경영, 소비생활의 공동체로 존재하였으나 자본주의 사회의 출현으로 가족의 생산과 소비의 기능이 분리되었다. 자본주의 사회에서 임금이란 노동력에 대한 가격일 뿐 노동력을 소유한 '인간'과 그 가족의 생존에 대한 보장이 안정적으로 이루어지지는 않는다. 따라서 시민사회의 가족법상 부양책임과 자본주의의 분배기제 사이에 발생한 모순을 다루고, 노동자 개인의 생존을 위협하는 사회적 위험(social risk)으로부터 보호하기 위한 새로운 법리가 필요하게 되었다. 이처럼 사회복지법은 기존의 법체계로 해석하거나 해결할 수 없는 새로운 문제 현상이 나타나게 되면서 이에 대한 대응으로 발전해 온 법 영역이라 할 수 있다(윤찬영, 2010: 40-41). 이 절에서는 사회복지법의 기원을 영국, 독일, 미국으로 나누어 살펴보도록 하겠다.

1) 영국

(1) 엘리자베스 빈민법

고대에서 중세에 이르기까지 대부분 혈연 중심이나 지역공동체 중심으로 상부상조의 형태를 띠었고, 중세 말 이래 빈곤문제의 해결은 교회의 자선사업을 통한 자비와 봉건영주의 지원형태를 띠고 있었다. 하지만 중상주의 정책, 봉건제도의 몰락으로 인해 많은 농노가 도시로 유입되면서 걸인, 부랑자, 빈민이 늘어나게 되었다. 이로 인해 빈민문제가 점점 더 심각한 양상을 띠게 되고, 종교개혁으로 세력이 약화된 교회와 종교단체가 빈민구제사업을 수행할 수 없게 되자 국가의 개입이 필요하게 되었다(김영화 외, 2008: 39). 이러한 빈민구제의 필요성으로 등장한 것이 엘리자베스 빈민법(Poor Law, 1601)이다.

빈민구제를 국가의 의무로 하고 국가 재정(구빈세)으로 빈민을 구호했다는 점에서 엘리자베스 빈민법을 사회복지법의 효시라 할 수 있다.[1] 엘리자베스 빈민법은 구빈행정으로 세 가지의 특징을 지니고 있었는데, 첫째, 구빈을 행하는 것은 국가의 의무이지만 대상자의 권리는 인정하지 않는 것, 둘째, 법의 적용을 받는 대상자는 빈곤 상태에 있는 사람이지만 왜 빈곤 상태에 빠지게 되었는지 그 원인은 묻지 않는 것, 셋째, 요보호아동에게는 직업교육을 받게 하여 장래의 빈곤화를 막는다는 것이다(박병현, 2011: 111).

엘리자베스 빈민법은 빈민을 노동력의 유무에 따라 노동능력이 있는 빈민, 노동능력이 없는 빈민,[2] 돌보아 줄 사람이 없는 요보호아동으로 나누어 구제를 다르게 했다는 점이 중요하다. 한국의 「국민기초생활보장법」에서도

---

1 이때의 법은 시민혁명 이후에 국가와 시민의 계약으로 나온 현대의 법과는 다르다. 따라서 법으로 국민의 권리가 인정되지는 않는다.

2 노동능력이 있는 빈민은 도와줄 가치가 없다고 하여 '가치 없는 빈민', 노동능력이 없는 빈민은 도와줄 가치가 있다고 하여 '가치 있는 빈민'이라고 여겼다.

노동능력이 있는 경우 조건부 수급자 자격을 부여하는 것처럼 현대에서 노동능력 유무는 공공부조 대상의 자격을 결정하는 중요한 기준이 된다. 빈민법에서는 노동능력이 있는 빈민을 작업장에 수용시켜 일정한 노동에 종사시키고 이것을 거부한 경우에는 처벌 혹은 투옥시켰다. 그리고 노동능력이 없는 빈민은 구빈원에 수용·보호하였는데, 이렇게 시설에 수용하는 것은 오늘날의 시설보호에 해당된다.

요보호아동인 빈곤 아동은 고아 또는 기아에 해당되면 위탁가정에 보내졌고, 8세 이상의 경우에는 장인에게 봉사를 하는 도제(apprentices)로 삼게 하였다. 8세 이상의 아동은 남자의 경우 24세가 될 때까지 도제생활을 해야 했으며, 여자는 21세 혹은 결혼 시까지 하녀로 일해야 했다(황선영 외, 2009: 105). 도제제도는 아동을 양육하는 것 이외에도 미래의 직업을 갖기 위해 기술을 익힌다는 의미도 있었기 때문에 현대의 직업훈련 모습을 나타낸다고 할 수 있다.

엘리자베스 빈민법은 그 이전에 존재했던 법들에 비해 덜 억압적이기는 하지만, 여전히 빈민들을 억압하고 통제 및 관리하는 법으로서의 성격이 강해 오히려 형사법(刑事法)적 성격을 띠는 법이라는 한계를 가지고 있다. 왜냐하면 지방의 교구별로 이루어졌던 구빈행정을 중앙정부 차원으로 체계화시켜 진일보한 면도 있지만, 노동이 가능한 빈민들에 대한 노동유인(work incentive)을 위해 가혹한 형벌을 규정했고, 치안판사가 빈민감독관을 임명하도록 한 점 등을 고려해 볼 때, 이는 경찰행정 또는 형법적 기능을 수행한 것으로 볼 수 있기 때문이다(윤찬영, 2010: 42).

물음 2-1

엘리자베스 빈민법(1601)은 __________ 유무에 따라 대상을 세 가지로 구분하여 구제하였다.

이후 인구 증가나 공업 발달에 따른 인구의 도시 집중이 촉진되면서 빈민도 더 나은 구호를 받기 위하여 구호 수준이 더 높은 교구로 이동하는 경향을 보이기 시작했는데, 이러한 빈민의 이동을 금지하기 위해 정주법(Settlement Act, 1662)이 만들어졌다.

이러한 징벌적인 성격의 법 이외에도 인도적인 성격을 지닌 법도 만들어졌다. 대표적인 것이 길버트법(Gilbert Act, 1782)이다. 이 법은 각 교구들이 빈민구제 관리비용을 감소시키기 위해 구빈원의 설립·운영뿐만 아니라 빈민이 거주하는 가정에서 보호를 받을 수 있도록 원외구호를 가능하게 하였다. 길버트법은 일종의 작업장 개선운동이었으며, 교구연합을 통해 보다 효율적인 구빈행정을 시도하였고, 근면한 노동능력을 지닌 빈곤자들이 자기 집에서 공공부조를 받게 되는 원외구제 제도를 창시하여 거택보호 제도의 효시가 되었다(김기원, 2000: 154-155).

또한 대불전쟁으로 인한 궁핍, 산업혁명으로 인한 수공업자의 몰락, 인구감소 문제로 인한 구빈대책으로 실시된 스핀햄랜드법(Speenhamland Act, 1795)은 임금 상승을 억제하기 위해 임금 인상 대신 생계비를 보조하도록 하였다. 보조액은 빵의 가격에 연동해서 결정되며, 빈민 개개인의 수입에 관계없이 최저소득이 보장되도록 하였다. 가족의 규모와 빵값의 변화에 따라 임금을 보충받는 임금-물가 연동의 사회적 보호를 받게 되었다는 것은 역사적으로 큰 의의를 갖는다. 하지만 스핀햄랜드법은 표면적으로는 피고용자에게 도움을 주는 임금부조로 출발했지만, 사실상 공공재산으로 고용주를 보조하는 결과를 가져와 실패하였고, 이는 다시 빈민에 대한 억압정책으로의 회귀를 가져왔다(박병현, 2011: 115-116).

(2) 신빈민법

신빈민법(개정 빈민법, Poor Law Reform, 1834)은 스핀햄랜드법에 대한 비판으로 만들어졌다. 신빈민법이 제정된 19세기 초기에는 자본주의의 발전과 함께 도시 노동자 계급이 등장하면서 이들의 열악한 생활조건과 만성적인 실업, 저임금, 열악한 위생과 보건 등 이전의 농촌 부랑인과는 다른 새로운 사회문제가 야기되었다. 따라서 기존의 빈민법으로는 이러한 문제에 적절하게 대처하지 못해 기존의 빈민법을 개정하여 대처하였다(원석조, 2010: 98). 자유방임주의가 가장 극대화되었고 자조의 개념이 강조되었던 시대를 반영한 신빈민법은 개정이라고는 하지만 실질적으로는 개악으로서 역사상 가장 억압적인 성격을 지닌 법이 되었다.

신빈민법은 열등처우의 원칙(principle of less eligibility), 작업장 제도의 원칙(principle of workhouse system),[3] 전국적 통일의 원칙(principle of national uniformity)[4]으로 운영되었다. 이 중 '열등처우의 원칙'은 중요한 의미를 갖는다. 구제대상이 되는 빈민의 생활 수준은 최하층 독립 노동자의 생활 수준보다 낮아야 한다는 것으로, 이것으로 구제의 수준을 결정하였다. '열등처우의 원칙'은 현대에도 영향을 주고 있는데, 한국의 「사회보장기본법」에서도 이를 찾아볼 수 있다. 「사회보장기본법」의 제10조에서 사회보장급여 수준에 대한 원칙을 밝히고 있는데, 그중 제3항에서 "국가와 지방자치단체는 제2항에 따른 최저보장수준과 최저임금 등을 고려하여 사회보장급여의 수준을 결정하여야 한다."라고 하였다.

그러나 신빈민법의 열등처우는 단순히 노동자보다 낮은 '생활 수준'이나 '급여 수준'만을 의미한 것이 아니라, 구제받는 사람을 거의 범죄자와 같이 취급하며 열등한 사회처우를 하였다. 그래서 구제받는 사람을 식별하기 위해 배지를 부착하고 모든 종류의 선거권을 박탈하였으며, 작업장 내에서의 열악한 식사, 식사 중 대화 금지, 면회 금지, 담배와 홍차 금지 등 모든 면에서 열등하게 처우했다(박광준, 2013: 78).

---

3 노동능력이 있는 사람에 대해서는 원외구제를 금지하고, 원외구조는 의료부조와 도제교육에만 인정한다는 원칙이다.

4 유형과 거주지에 상관없이 구호를 받는 대상자는 모두 동등하게 처우한다는 것이다.

물음 2-2

신빈민법은 정상적인 노동을 권장하기 위하여 ' __________ 의 원칙'을 적용하였으며, 이 원칙은 현재의 법에도 영향을 주고 있다.

(3) 공장법

산업혁명 아동노동 착취

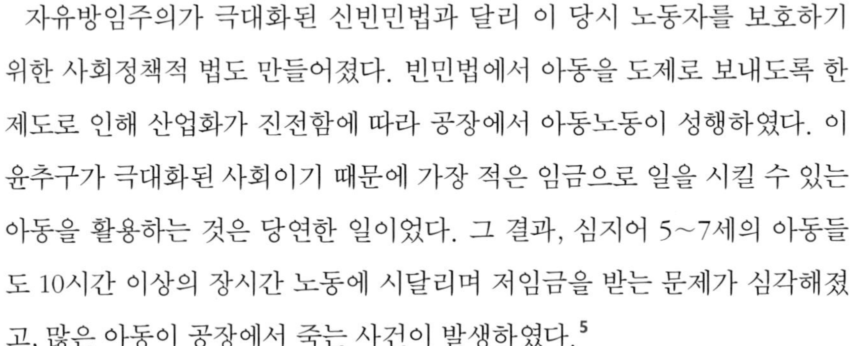

자유방임주의가 극대화된 신빈민법과 달리 이 당시 노동자를 보호하기 위한 사회정책적 법도 만들어졌다. 빈민법에서 아동을 도제로 보내도록 한 제도로 인해 산업화가 진전함에 따라 공장에서 아동노동이 성행하였다. 이윤추구가 극대화된 사회이기 때문에 가장 적은 임금으로 일을 시킬 수 있는 아동을 활용하는 것은 당연한 일이었다. 그 결과, 심지어 5~7세의 아동들도 10시간 이상의 장시간 노동에 시달리며 저임금을 받는 문제가 심각해졌고, 많은 아동이 공장에서 죽는 사건이 발생하였다.[5]

그리하여 1802년 공장법을 제정하여 규제하기 시작하였고, 1833년 공장법(Factory Act)에서는 9세 미만 아동의 노동을 금지하고 9~12세 이하 아동의 노동을 주 48시간 이내로 제한하도록 하였다. 그리고 공장주는 아동에게 필수적으로 초등교육의 기회를 주어야 했다.[6]

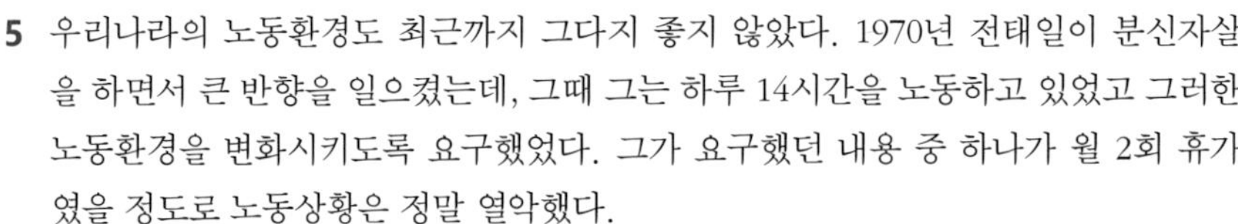

5 우리나라의 노동환경도 최근까지 그다지 좋지 않았다. 1970년 전태일이 분신자살을 하면서 큰 반향을 일으켰는데, 그때 그는 하루 14시간을 노동하고 있었고 그러한 노동환경을 변화시키도록 요구했었다. 그가 요구했던 내용 중 하나가 월 2회 휴가였을 정도로 노동상황은 정말 열악했다.

6 지금은 당연히 여기는 노동규제들이 그 당시에는 엄청난 논란을 불러일으켰다. 예를 들면, 1819년 영국 의회에 면직 공장 규제법(The Cotton Factories Regulation Act)이 상정되었을 때였다. 이 법안은 특별히 유해한 환경이라고 인정된 면직 공장에만 적용된 법으로, 9세 미만 아동의 고용을 금지시키고 10~16세 아동의 노동시간을 하루 12시간으로 제한하는 내용이었다. 이 법안에 반대하는 일부 상원의원들은 심의과정에서 '아동들에게 노동할 자유가 주어져야 한다.'는 근거를 내세웠다(장하준, 2010: 20-21).

공장법은 현대에서 말하는 사회법(노동법, 경제법, 사회복지법)의 시초인데, 사회복지의 방향을 근본적으로 전환시킨 사회개혁의 발단이 되었다. 이러한 근거는, 첫째, 시민법하에서 지켜져 오던 공장주와 노동자와의 자유계약이 노동자의 생활조건을 악화시켰다는 근본적인 인식을 가지고 있었다. 둘째, 열악한 노동조건하에 있는 도제들을 보호하기 위하여 공장주들의 비난을 무릅쓰고 국가의 개입이 이루어졌고, 셋째, 이 입법 이후 공장의 노동조건에 대한 일련의 입법들이 후속적으로 이루어지고 국가 규제와 간섭의 체제가 점차로 발전해 갔기 때문이다(박광준, 2013: 114-115).

공장법 개정과 노동조합 결성

물음 2-3

________ 입법 이후 공장의 노동조건에 대한 일련의 입법들이 후속적으로 이루어졌으며 다른 노동 분야의 개선으로 발전해 갔다.

(4) 국민보험법과 베버리지 보고서

빈민법과 신빈민법으로 대변되던 영국의 구빈정책은 20세기 초 자유당 정부가 시행한 사회정책 입법으로 대체되었다. 그 시작이 1911년 제정한 국민보험법이다. 국민보험법은 제1부인 건강보험과 제2부인 실업보험으로 구성되었다. 자유당 정부가 국민보험 도입에 앞장선 이유는 사회보험이 사회주의에 대한 방파제가 된다고 확신했기 때문이다(원석조, 2010: 107-109).

이후 제2차 세계대전으로 인한 전쟁의 폐해를 재건하고 희망찬 미래를 구상하기 위해 베버리지 보고서가 발간되었다. 1942년 완성된 베버리지 보고서는 사회보장을 통해 '요람에서 무덤까지' 보장받을 수 있다고 이야기하였고, 이 보고서는 이후 서구 복지국가의 기틀이 되었다.

물음 2-4

제2차 세계대전 이후 서구 복지국가의 기틀이 된 것은 영국의 __________ 보고서이다.

2) 독일

▶ 독일의 사회보험

독일은 후발 산업국가로 국가가 산업화를 주도하였다. 이 과정에서 기존 지배세력인 융커(귀족), 신흥 성장 세력인 자본가, 사회주의의 영향을 받은 노동자 계급이 대립하게 되었다. 당시 집권자였던 비스마르크는 자본가의 영향력 확산을 억제하고 자신이 속한 융커 계급의 지배를 지속하기 위해 노동자 계급을 이용하였다. 즉, 사회주의의 확대를 막기 위해 사회주의자 진압법으로 노동자 계급을 억압하는 동시에 사회보험 입법을 통하여 노동자 계급이 자본가 계급에 맞설 수 있게 해 주었다.

그래서 세계 최초로 사회보험법인 질병보험법(1883년), 산재보험법(1884년), 노령 및 폐질보험법(1889년)이 제정되었다. 자본주의 사회에서 노동자가 당면할 수 있는 사회적 위험에 대해 보험의 원리에 따라 국가가 공식적으로 개입한 최초의 사례로 독일의 사회보험 입법은 사회복지의 역사에서 매우 중요하다(감정기 외, 2010: 143). 또한 사회보험법들은 근대적 의미의 사회보장 입법으로서의 형식을 갖추고 있었기 때문에 급여청구권이 단순한 반사적 이익이 아니라 법적 청구권으로 존재하게 되었다는 의미가 있다(윤찬영, 2010: 44에서 재인용).

이렇게 독일은 사회보험을 도입한 이후 강제적 사회보험을 중심으로 국가 사회복지가 발전해 왔다. 당시 후발 산업 주자였던 독일이 선진국이었던 영국에 앞서 세계 최초로 사회보험 입법을 했다는 것은 경제가 성장하면 자연히 사회복지가 발달한다는 산업화 이론에 대한 반증이다. 한편, 사회주의 확산을 막아 노동자 계급의 운동을 약화시키려고 했던 비스마르크의 의도는 오히려 사회보험을 통해 노동자 계급의 사회참여와 권리의식을 향상시킴으로써 사회복지 발전에 기여하게 되었다(윤찬영, 2010: 44). 이처럼 사회복지에 있어 법은 시행하는 과정에서 원래 의도와 달라질 수 있으므로 법의 제·개정뿐만 아니라 그 시행 과정에도 많은 관심과 주의를 기울여야 한다.

물음 2-5

세계 최초로 사회보험을 입법한 나라는 ________ 이다.

3) 미국

미국에서는 1929년 10월 주식시장 붕괴에 이어 발생한 대공황으로 심각한 경제위기가 계속되었다. 그전까지는 자유주의적 가치관에 입각해 빈곤을 개인의 책임으로 인식해 왔기에 주로 지방정부의 자선단체가 이를 담당해 왔다. 그러나 세 명 중 한 명이 실직한 대공황으로 인해 미국인의 생각이 전환되었다. 그래서 루스벨트 대통령은 개인주의 철학보다 국가 공공복지에 관심을 둔 뉴딜 철학으로 정책 기반을 바꾸었다. 루스벨트는 정부가 불황으로 고통받는 사람들에게 인간적으로 자비를 가지고 행동해야 한다고 보았다. 이로 인해 미국인들이 전 지역사회가 복지에 대해 책임을 갖는다는 원칙을 받아들이게 되었다(박광덕, 1998: 153-154).

뉴딜정책의 일환으로 미국은 1935년 8월 14일 사회보장법(Social Security Act)을 제정·공포하였는데, 법의 주요 내용은 다음과 같다. 첫째, 연방 노령보험체계와 연방과 주가 함께하는 실업보험으로서의 사회보험 프로그램, 둘째, 노령부조, 요보호시각장애인부조, 요보호아동부조 등을 포함하는 세 개 집단을 위한 프로그램으로 연방의 지원을 받는 공공부조 프로그램, 셋째, 모자보건 서비스, 신체장애(다리)아동 지원 서비스, 아동복지서비스, 직업재활 및 공중보건 서비스 등의 보건 및 복지서비스 프로그램이다. 이는 미국 최초의 연방정부 차원의 적극적인 복지 프로그램으로서, 미국 사회보장제도의 근간이 되었고 시민들이 국가의 사회경제적 간섭을 받아들였다는 점에서 역사적 분수령이 되었다(원석조, 2010: 116-120). 그러나 사회보험으로의 의료보험[7]은 의사들의 완강한 저항으로 도입되지 않았으며, 사회보장급여의 최저 수준이 정해지지 않았다는 한계가 있다. 한편, 미국은 '사회보장(social security)'이라는 용어를 최초로 사용하였다.

뉴딜정책의 일환인 전국산업부흥법(National Industrial Recovery Act, 1933)은 생산, 가격 및 산업에서 노동자의 권리를 연방정부의 통제하에 두고자 하는 프로그램으로, 이를 통해 노동조합의 결성이 증가하여 1935년에는 노동조합 회원이 370만 명이 되었다. 이 법은 향후 1935년 전국노동관계법(National Labor Relations Act: 와그너법)으로 대체되었는데 이 노동관계법에 의해 노동자의 단결권과 단체교섭권이 보장되고 최저임금제, 최고 노동시간 제한, 아동노동의 금지 등의 조치가 이루어져서 노동자 지위가 향상되고 노동조건이 개선되었다. 이렇듯 미국은 사회보장법으로만 복지가 향상된 것은 아니고 생활 유지가 가능한 수준의 임금이 도입되고 노동자의 권익을 보호하면서 노동환경 개선이 같이 이루어졌기 때문에 대공황의 위기를 벗어날 수 있었다.

물음 2-6

미국의 ________법은 사회보장 용어를 최초로 공식화하였지만 사회보험 중 ________제도는 도입하지 않았다.

---

7 미국의 의료보험 도입은 소위 오바마 케어로 불리는 법으로 2010년 입법되었으나 많은 반대로 위헌소송에 휘말렸다. 2012년 의무가입이 합헌으로 판결나면서 시행되어 의료보험 미가입자의 의무가입이 시작되었다.

2. 시민법과 사회복지법(사회법)의 원리

지금의 법 형태는 시민혁명으로 탄생한 시민사회의 산물로 시작되었다. 다시 말하면 기존에 출생으로 인해 결정되던 신분제에서 벗어나 본인의 신분을 강화하기 위해 시민들이 직접 국가와 계약한 내용이 법이라 할 수 있다. 이러한 형태의 법은 시민 개개인의 자유와 권리를 보장하며 국가의 규제를 최소화하였고, 이를 시민법이라고 부른다. 그러나 자본주의의 성장과 더불어 많은 사회문제가 나타나고, 이를 해결하기 위해 필연적으로 국가가 개입하면서 국가의 역할이 커졌으며 시민법과는 다른 사회복지법(사회법)의 형태가 나타나게 되었다. 이 절에서는 사회복지법의 기본 원리를 이해하기 위하여 먼저 시민법의 기본 원리를 살펴보고 이를 수정한 내용의 사회복지법의 원리를 알아보고자 한다. 윤찬영(2010)은 시민법의 원리로 계약의 자유, 소유권 절대 불가침, 과실에 대한 자기책임이라는 세 가지 원칙을 제시하였는데, 이것이 각각 계약의 공정성, 소유권의 사회성, 집합적 책임으로 수정되었다고 하였다. 이 절에서는 이러한 윤찬영(2010)의 구분에 따라 시민법과 사회복지법의 원리를 설명하고자 한다. 시민법과 사회복지법의 원리는 개별 법에 따라 확실하게 구분되는 것이 아니라, 현재 법들에서 시민법과 사회복지법(사회법)의 원리가 혼재되어 사용되고 있다.

1) 시민법

(1) 시민법의 형성

시민사회는 봉건사회 이후에 절대왕정이 지배했던 중상주의 체제의 구질서를 무너뜨리고 자본주의 사회를 확립한 시민계급(부르주아)이 시민혁명을 통해 건설한 새로운 역사적 시대를 말한다. 시민법은 보편적인 상품교환 사회인 시민사회를 전제로 하여 상품교환 과정에서 시민 개개인의 권리와 의무를 보장하는 법체계다. 그래서 상품가치 법칙에 따라 등가교환(等價交換)[8]의 정의를 법적 정의로 하고 있으며, 시민 당사자 간 의사표시에 의한 합의의 원칙을 기반으로 권리와 의무를 보장한다. 또한 국가는 권리와 의무의 당사자가 아닌 제3자로서 개인들 사이의 관계만 규율한다(윤찬영, 2010: 50-51).

앞서 국가와 계약한 내용이 법이라고 하였는데, 이때 누가 국가와 계약하였는가가 중요하다. 왜냐하면 법의 대상이 어떻게 움직이고 결정할 것인지를 예측하여 법의 내용이 만들어지기 때문이다. 이런 관점에서 볼 때 시민법은 모든 국민이 국가와 계약한 것이 아니라 그 당시 '시민'이라고 할 수 있는 사람만이 국가와 계약한 것이고, 그 결과 그들만을 위한 법이 되었다. 시민법에서 말하는 시민이란 부르주아 계급의 성인 남성을 말한다. 그리고 법의 대상인 사람은 이성을 지니고 있으며 자유롭게 자기 의사를 표현할 수 있고 합리적으로 결정할 수 있는 능력을 가졌다고 보았다. 따라서 법 계약 시 자본가와 노동자는 서로 동등한 권력을 지녔다고 가정하고 있다.

(2) 시민법의 지도원리

① 계약의 자유

가장 기본적인 원칙인 계약의 자유는 인간이라면 누구나 자유롭게 계약을 맺을 수 있다는 것이다. 이는 계약체결의 자유, 상대편 선택의 자유, 내용 결정의 자유, 방식의 자유 등을 그 내용으로 한다(네이버 백과사전). 가장 기본적인 법률행위로, 현대 사회 인간의 행위는 계약을 기초로 한다. 그러므로 법적으로 평등한 시민들의 자유로운 의사표시에 의한 구체적 합의로 법적인 권리 및 의무관계가 형성된다는 전제를 따른다. 자유로운 계약에

8 등가교환이란 경제가치가 서로 같은 상품과 상품, 또는 상품과 화폐가 교환되는 일을 말한다(국립국어원 표준국어대사전).

의해 합의된 내용을 이행하지 않을 때에 그것은 불법행위가 되어 계약의 일방이 상대방에게 손해배상을 청구할 수 있다(윤찬영, 2010: 54-56).

이러한 계약의 자유에 관한 원칙은 다음과 같은 문제에 부딪치게 된다. 먼저, 실제 인간은 평등한 권력을 지니고 있지 않고 그렇게 평등하지 않은 권력관계가 계약에 영향을 준다는 것이다. 자유로운 계약이라고 하지만 자본가와 노동자의 계약을 생각해 볼 때 우리는 이 계약이 평등하지 않다는 것을 느낀다. 왜냐하면 누가 보더라도 자본가의 권력이 노동자보다 크기 때문에 이 상태에서는 당연히 권력이 큰 자본가에게 유리하게 계약이 체결될 수밖에 없다. 예를 들면, 〈베니스의 상인〉에서 샤일록이라는 상인이 돈을 갚지 못할 경우 가슴살 1파운드를 요구한 부당한 계약이 이 원칙의 문제를 대표적으로 보여 주고 있다. 여기서 두 번째 문제도 나타난다. 즉, 계약의 내용에 무엇이 포함될 것인가의 문제다. 〈베니스의 상인〉에서처럼 부당한 내용을 계약할 수도 있지만 한편으로는 중요한 내용이 간과될 수 있다. 시민법은 등가교환의 형식을 갖고 있기 때문에 자본가와 노동자가 계약을 할 때 임금과 노동력을 일대일 방식으로 계약하게 된다. 따라서 실제 노동자의 노동력에는 노동시간, 노동환경 등이 영향을 주지만 이에 대한 부분은 계약 내용에서 빠지게 된다. 〈베니스의 상인〉에서도 결국 피에 대해 언급한 내용이 계약에 없었기 때문에 샤일록이 망신을 당하는 것으로 나온다.

물음 2-7

________의 자유 원칙은 누구나 자유롭게 계약을 맺을 수 있다는 것을 말한다.

② 소유권 절대 불가침

소유권은 물건을 지배할 수 있는 권리를 말하며, 소유권 절대 불가침의 원칙이란 내가 소유한 물건은 타인이 관여하거나 침해할 수 없다는 원칙이다. 이 원칙은 계약의 자유에 관한 원칙을 기반으로 한다. 즉, 자유로운 의사로 자유롭게 계약을 하였기에 그로 인해 얻게 되는 나의 소유물은 타인이 절대 침해할 수 없다는 의미다.

그러나 앞서 말했듯이 계약이 평등하게 이루어질 수 없기 때문에 계약의 자유에 관한 원칙을 기반으로 한 소유권 절대 불가침의 원칙도 문제에 당면하게 된다. 예를 들면, 도박장에서 자신의 아내와 딸을 담보로 돈을 빌리는 계약을 하거나 고리대금업자에게 막대한 이자를 주기로 하고 돈을 빌리는 계약을 했다고 하자. 소유권 절대 불가침의 원칙에 의하면 이러한 자유로운 계약에 따른 이익은 정당한 것이다. 하지만 이렇게 얻은 소유권(이익)이 정당하다고 생각하는 사람은 없을 것이다.

실제로 자본주의가 점점 발달하면서 자본의 자기증식 법칙에 의해 가진 자와 가지지 못한 자의 구별이 확연해지고 소유권 승인에 대해 어떠한 이익도 가지지 못하는 계급이 형성되었다. 그리고 독점자본주의 단계에 이르러 광범위한 실업과 빈곤 등의 사회문제가 발생하면서 소유권 절대 불가침의 원칙은 시민사회의 지주적 원칙으로 존재하기가 어려워졌다(윤찬영, 2010: 56).

③ 과실에 대한 자기책임

타인에게 손해를 입힌 경우 고의나 과실이 없는 한 가해행위에 대하여 손해배상의 책임을 지지 않는다는 원리다[국가법령정보센터(www.law.go.kr), 법률용어 사전]. 이에 따라 개인은 자기의 행위에 대해서만 충분한 주의를 하고 있으면 책임을 지지 않게 되었다. 다시 말하면, 자신의 고의가 있거나 과실[9]이 있는 경우에만 책임을 진다는 뜻이다. 얼핏 생각하면 굉장히 합리적

9 과실이란 법률적으로는 어떤 사실(결과)의 발생을 예견(豫見)할 수 있었음에도 부주의로 그것을 인식하지 못한 심리상태를 의미한다(네이버 백과사전).

인 원칙인 것 같지만 이 역시 문제가 존재한다.

문제가 되는 부분은 과실인데, 이 원칙을 다른 측면에서 바라보면 과실인 경우에만 책임을 지고 과실로 입증되지 않으면 책임이 없다는 뜻이기도 하다. 즉, 과실이 입증되지 않으면 타인에게 해를 입혀도 책임이 없는 것이다. 예를 들면, 공장에서 노동자가 일을 하다 재해를 입었어도 공장주인 자본가의 과실이라는 것이 입증되지 못하면 공장주인 자본가에게는 그 책임이 없는 것이다. 더 나아가 기계가 위험하다는 것을 알고 주의를 기울여야 하는데 그렇지 못한 노동자의 책임이다.

이를 빈곤문제에도 적용해 볼 수 있다. 일반적으로 절약하고 돈을 모아야만 가난해지지 않는데 이에 대한 주의를 기울이지 못하고 가난해진 것을 당사자의 과실이라고 본다면 빈곤은 절대적으로 빈민의 자기책임이다. 또한 사회의 과실로 빈곤하게 되었다는 것을 증명할 수 없기 때문에 국가는 빈곤문제를 책임지지 않아도 된다는 결론에 도달하게 된다. 또한 홍수나 가뭄 등의 천재지변으로 인한 손해를 입었더라도 특정한 대상의 과실을 증명할 수 없기 때문에 이러한 손해나 어려움을 지원하고 책임져 줄 수 있는 대상은 없는 것이다.

2) 사회복지법(사회법)의 원리

자본주의 발전에 따른 변화로 각 개인이 소유한 부와 재산 정도의 격차가 심화되고 경제적 · 사회적 불평등이 야기되면서 이에 대한 대안들이 다각도로 모색되었다. 이때 기존의 자유민주주의 및 자본주의의 경제적 · 법적 토대를 유지하는 것을 전제로 시민법 원리에 대한 수정을 통해 문제점을 해결해 나가는 '점진적 사회개혁'의 사회법 원리가 도입되었다. 점진적 사회개혁의 방법을 통하여 사회적 문제점 및 모순을 해결하기 위해 도입한 이 원리는 경제적 측면에서 수정자본주의 원리, 정치적 측면에서 자유민주주의 원리를 바탕으로 하되, 사회민주주의 원리를 도입하여 자유민주주의를 보완하는 것, 그리고 법적 측면에 있어서 사회법 원리 및 사회적 법치주의를 도입하여 시민법 원리 및 시민적 법치주의를 수정하는 것으로 나타났다(김훈, 2009: 80-81).

(1) 계약의 공정성

노조가 없어지면 행복해질 거라는 당신에게

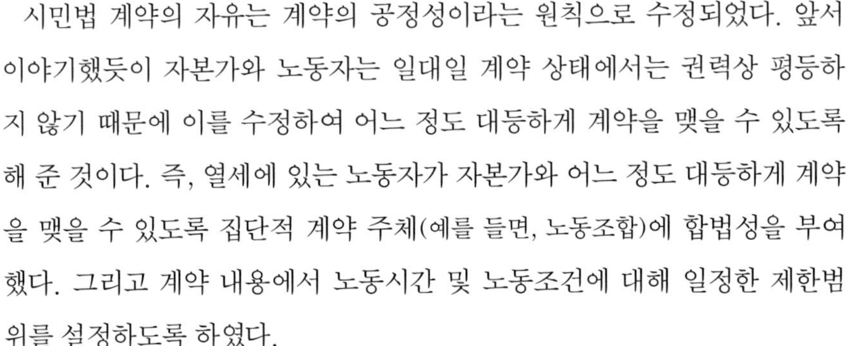

시민법 계약의 자유는 계약의 공정성이라는 원칙으로 수정되었다. 앞서 이야기했듯이 자본가와 노동자는 일대일 계약 상태에서는 권력상 평등하지 않기 때문에 이를 수정하여 어느 정도 대등하게 계약을 맺을 수 있도록 해 준 것이다. 즉, 열세에 있는 노동자가 자본가와 어느 정도 대등하게 계약을 맺을 수 있도록 집단적 계약 주체(예를 들면, 노동조합)에 합법성을 부여했다. 그리고 계약 내용에서 노동시간 및 노동조건에 대해 일정한 제한범위를 설정하도록 하였다.

이러한 계약의 공정성 원칙을 담은 법은 노동조합의 구성과 노동운동이 활발해지면서 노동법 중심의 발전으로 이루어졌다. 또한 국가와 개인 사이의 강제계약을 통해 이루어지는 사회보험법과 실질적으로 대등하게 계약에 참여할 수 없는 약자를 위한 「소비자보호법」이나 「주택임대차보호법」 등이 만들어졌다. 이렇게 생존 보장을 통하여 노동무능력자나 실업자 등과 같은 계약자유 원칙의 사각지대가 보완되었다(윤찬영, 2010: 66-70).

물음 2-8

노동자와 자본가의 대등한 계약을 위해 노동자는 개인이 아니라 집단적 주체인 __________과도 계약할 수 있도록 합법성을 부여했다.

(2) 소유권의 사회성

소유권 절대 불가침의 원칙이 사회복지법에서는 소유권의 사회성 원칙으로 수정되었다. 이것은 개인의 무제한적 소유에 대해서 국가가 통제할 수 있게 된 것이다. 소유권의 행사가 절대적 자유가 아니라 사회적 · 국가적 견지에서 필요한 제한과 구속을 받아야 한다는 것이다. 재화의 보유 자체를 금지하는 것이 아니라 조세법상 조세를 통한 통제, 이자의 상한성을 규제, 각종 경제활동 규제를 통해 무제한적 소유권에 제한을 가하는 것이다(남기민 · 홍성로, 2008: 35).

대부분의 현대 국가는 이러한 소유권의 사회성을 헌법을 통해 규정하고 있는데, 그 시초인 1919년의 독일 「바이마르 헌법」 제153조 제3항에서 "소유권은 의무를 수반한다(Eigentum verpflichtet)."라고 규정한 것이 이러한 노력을 나타낸다. 대한민국도 「헌법」 제23조에서 "모든 국민의 재산권은 보장된다. 그 내용과 한계는 법률로 정한다(제1항)." 및 "재산권의 행사는 공공복리에 적합하도록 하여야 한다(제2항)."라고 규정하고 있다. 또한 「민법」 제2조에서 '신의성실의 원칙'과 '권리남용금지'를 규정하고 나아가 제211조에서는 소유권의 내용을 "법률의 범위 내에서 사용 · 수익 · 처분할 수 있다."라고 규정하고 있다.

이러한 소유권의 사회성 원칙은 경제 관련 법을 중심으로 발전되어 갔으며, 소득에 따라 기여금과 급여의 비율을 달리하여 소득의 재분배를 내용으로 담고 있는 사회보험법도 이러한 원칙을 담고 발전된 법 영역이라고 할 수 있다.

물음 2-9

소유권의 사회성 원칙을 통해 국가는 무제한적 ________에 일정한 제한을 가하기 시작하였다.

(3) 집합적 책임

과실에 대한 자기책임 원칙은 사회복지법의 원리에서 집합적 책임의 원칙으로 수정되었다. 앞서 살펴보았던 산업재해는 자본과 노동력의 소유가 분리되는 자본주의 체제하에서 노동력을 지배하는 노사관계의 구조 자체가 재해의 위험을 필연적으로 내포하고 있다고 보고, 그에 대한 보상책임을 노사관계에 관련시켜 자본 측에 책임을 묻게 되었다. 그래서 자본주의적 생산관계의 사회적 성격상 산업재해는 하나의 사회문제로 인정되며, 총자본이 위험공동체를 조직하여 집합적인 책임을 지는 산업재해보험제도가 도입되었다(윤찬영, 2010: 69-70). 자본이 위험공동체를 조직하여 집합적인 책임을 지기 때문에 한국의 「산업재해보상보험법」에서 보험가입자는 근로자를 사용하는 모든 사업 또는 사업장이 된다.

또한 빈곤, 질병과 같이 사회구조적인 원인으로 발생하는 사회문제는 사회 전체가 공동으로 책임을 져야 한다고 인식되었다. 그리고 자연재해와 같이 특정 대상에게 과실책임을 물을 수 없는 경우 역시 사회가 집합적으로 책임지는 것이 올바른 것이라고 인식되었다.

사회재난 지원금

이러한 집합적 책임의 원칙은 공공부조법, 사회보험법, 사회복지서비스법 및 재해구호 관련 법을 중심으로 발달되었다. 그리고 집합적 책임의 원칙은 사회연대의 가치를 반영하는 원칙으로 사회복지법 원리 중 가장 중요한 원칙으로 자리 잡고 있다.

물음 2-10

산업재해보상보험제도는 자본가들의 총자본을 위험공동체를 조직해 ________ 책임을 지도록 하였다.

집합적 책임은 개인의 인간적 욕구를 충족할 수 없는 상황을 발생시키는 사회문제는 특정 개체에게 과실 책임을 물을 수 없고 ________ 의 책임이라는 원리다.

이상에서 살펴본 시민법과 이를 수정한 사회복지법(사회법)의 원리를 정리하면 [그림 2-1]과 같다.

시민법의 원리

- 계약의 자유
- 소유권 절대 불가침
- 과실에 대한 자기책임

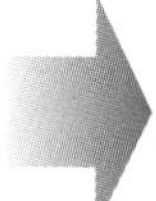

사회복지법(사회법)의 원리

- 계약의 공정성
- 소유권의 사회성
- 집합적 책임

[그림 2-1] 시민법과 사회복지법(사회법)의 원리

핵심 정리

영국의 엘리자베스 빈민법은 사회복지법의 시초로 빈민을 노동능력에 따라 세 부류로 나누어 처우하였다. 이후 신빈민법은 가장 가혹한 형태의 구빈제도였으며, 열등처우의 법칙은 현재에도 활용되고 있다.

독일의 사회보험법은 국가가 보험의 원리에 따라 사회적 위험들에 공식적으로 개입한 최초의 사례이며, 급여청구권이 법적청구권으로 존재하게 되었다는 의의를 갖는다.

미국의 사회보장법은 세계 최초로 '사회보장' 용어를 공식화하였고, 사회보장법이라는 새로운 법영역을 탄생시켰으며, 이 법은 미국 사회복지제도의 근간이 되었다.

시민사회와 함께 등장한 시민법은 시민 개개인의 권리와 의무를 보장하는 법체계였다. 그러나 법의 기본이 되는 시민상은 부르주아 성인 남성을 전제로 하였기에, 계약의 자유, 소유권 절대불가침, 과실에 대한 자기책임의 원칙은 모두 한계를 가질 수밖에 없었다.

시민법의 한계를 극복한 새로운 법원리가 사회복지법의 원리다. 계약의 자유는 계약의 공정성으로, 소유권 절대 불가침은 소유권의 사회성으로, 과실에 대한 자기책임은 집합적 책임의 원칙으로 수정되었다. 이 중 집합적 책임이 사회복지법의 가장 기본이 되는 원리다.

물음에 대한 답

2-1 엘리자베스 빈민법(1601)은 노동능력 유무에 따라 대상을 세 가지로 구분하여 구제하였다.

2-2 신빈민법은 정상적인 노동을 권장하기 위하여 '열등처우의 원칙'을 적용하였으며, 이 원칙은 현재의 법에도 영향을 주고 있다.

2-3 공장법 입법 이후 공장의 노동조건에 대한 일련의 입법들이 후속적으로 이루어졌으며 다른 노동 분야의 개선으로 발전해 갔다.

2-4 제2차 세계대전 이후 서구 복지국가의 기틀이 된 것은 영국의 베버리지 보고서이다.

2-5 세계 최초로 사회보험을 입법한 나라는 독일이다.

2-6 미국의 사회보장법은 사회보장 용어를 최초로 공식화하였지만 사회보험 중 의료보험 제도는 도입하지 않았다.

2-7 계약의 자유 원칙은 누구나 자유롭게 계약을 맺을 수 있다는 것을 말한다.

2-8 노동자와 자본가의 대등한 계약을 위해 노동자는 개인이 아니라 집단적 주체인 노동조합과도 계약할 수 있도록 합법성을 부여했다.

2-9 소유권의 사회성 원칙을 통해 국가는 무제한적 소유에 일정한 제한을 가하기 시작하였다.

2-10 산업재해보상보험제도는 자본가들의 총자본을 위험공동체를 조직해 집합적 책임을 지도록 하였다.

2-11 집합적 책임은 개인의 인간적 욕구를 충족할 수 없는 상황을 발생시키는 사회문제는 특정 개체에게 과실 책임을 물을 수 없고 공동체의 책임이라는 원리다.

제3장
사회복지법의 체계와 권리성

1. 사회복지법의 수직적 체계

사회복지법이란 구체적으로 무엇인가? 이에 대한 해답을 이제 본격적으로 이 절에서 찾아보고자 한다. 이를 위해 먼저 사회복지법에 대한 개념 정의를 내리고 수직적 체계에 따른 법의 위치와 특징을 알아보도록 하겠다.

1) 사회복지법의 개념

일반적으로 학생들을 비롯한 대부분의 사람은 법이라고 하면 국회에서 제정되는 법률만을 생각한다. 하지만 법을 국가와 국민 사이의 권리와 의무를 명시한 계약이라고 본다면 법의 범위는 더 넓어진다. 이미 중학교 교과서에서 우리는 법의 범위를 배웠다. 「헌법」을 가장 상위법으로 하여 법률, 명령, 조례 및 규칙이 수직적 체계를 이루고 있으며, 하위법은 상위법의 내용을 위반할 수 없다는 내용이다. 이렇듯 법이라고 하면 단순히 법률 형태의 법뿐만 아니라 '헌법, 법률, 명령, 조례 및 규칙'의 형식을 지닌 법규범을 모두 포함한다. 따라서 사회복지법을 이야기하고 파악할 때에는 관련된 법규범들을 모두 봐야 한다. 그러나 지면의 한계로 인해 제2부에서는 개별 법률과 명령에 나타난 내용을 중심으로 다루고자 한다.

이와 같은 법 중에서 사회복지법의 범위를 어디까지로 볼 수 있을 것인가라는 질문은 사회복지의 개념을 어떻게 볼 것인가와 연결된다. 다시 말해, 사회복지를 광의의 의미로 해석할 것인가 또는 협의의 의미로 해석할 것인가의 문제다. 광의로 해석할 경우 현대 사회에서 인간다운 생활을 유지하기 위해 필요한 물질적 · 비물질적 사회서비스를 제공하려는 국가와 민간의 노력의 총화를 규율하는 법규범이라고 볼 수 있다. 이렇게 본다면, 소득, 의료, 교육, 주택 및 심리사회적 문제를 해결하기 위한 사회보장, 보건의료, 교육, 주택, 사회서비스 등이 포함된다. 반면에 협의의 의미로 볼 경우 스스로 생활을 영위하지 못하는 사람들에게 제한적으로 도움을 제공하려는 노력의 총화와 관련된 법규범으로 제한하여 사회복지를 개념화하게 된다. 이는 결국 사회적 약자 또는 보호를 필요로 하는 사람을 위한 한정적인 지원만이 이에 포함된다(현외성, 2009: 48-50).

「헌법」 제34조에서 "모든 국민은 인간다운 생활을 할 권리를 가진다."라고 규정하고 있듯이 이미 한국은 광의의 사회복지 개념을 채택하고 있다. 따라서 이 책에서도 광의의 개념으로 사회복지법을 바라보도록 하겠다.

정리하면, 사회복지법이란 국민의 인간다운 생활을 보장하기 위한 사회보장, 즉 공공부조, 사회보험, 사회서비스 보건의료, 교육, 주택 등을 그 내용으로 담고 있는 '헌법, 법률, 명령, 조례 및 규칙' 등을 모두 통칭한다.

2) 수직적 체계

사회복지법이 수직적 체계에 따라 적용되고 있는 원리와 내용을 헌법, 법률, 명령, 조례, 국제법의 순서로 알아보겠다.

(1) 헌법

「헌법」은 일반 법률[1]과 입법절차가 다르다. 「헌법」은 국회 재적의원 과반수 또는 대통령의 발의로 제안되며, 대통령의 임기 연장 또는 중임변경을 위한 헌법개정은 그 헌법개정 제안 당시의 대통령에 대하여는 효력이 없다(「헌법」 제128조). 국회는 헌법개정안이 공고된 날로부터 60일 이내에 의결하여야 하며, 국회의 의결은 재적의원 3분의 2 이상의 찬성을 얻어야 한다. 헌법개정안은 국회가 의결한 후 30일 이내에 국민투표에 붙여 국회의원 선거권자 과반수의 투표와 투표자 과반수의 찬성을 얻어야 한다. 헌법개정안이 이러한 찬성을 얻을 때 헌법개정이 확정되고, 대통령은 즉시 이를 공포하여야 한다(「헌법」 제130조).

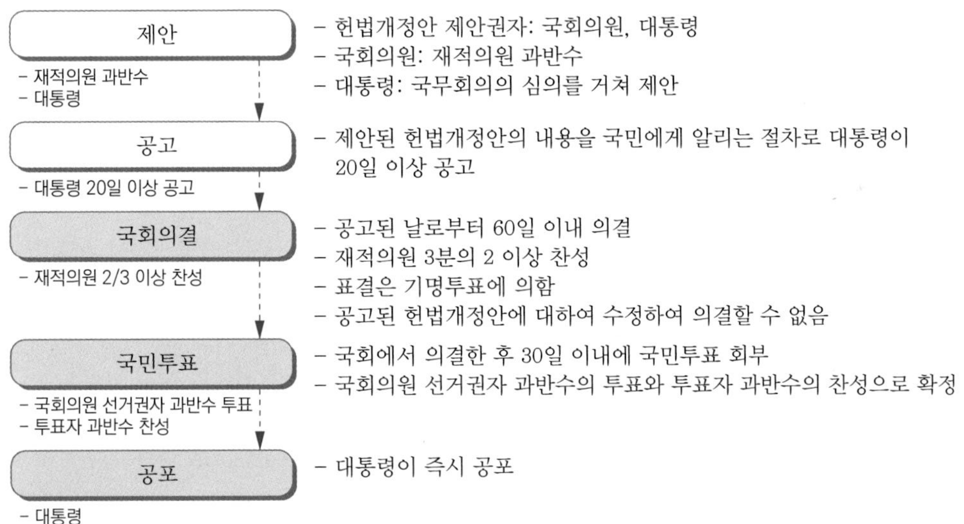

[그림 3-1] 헌법개정 절차

출처: 대한민국 국회(www.assembly.go.kr).

1 법률의 경우 국회의원 10인 이상의 찬성이나 정부의 발의로 재적의원 과반수의 출석과 출석의원 과반수의 찬성으로 의결된다.

헌법 변천과정

사회복지법 체계에서 가장 상위에 있는 「헌법」은 모든 사회복지법을 구속하고 있으며, 가장 근본적인 내용을 규정하고 있다. 1948년 「제헌 헌법」으로 시작되었고, 현행 「헌법」은 제9차 「개정 헌법」이다. 제9차 개정은 6 · 10 민주화 운동으로 이루어졌으며 국민의 민주화 요구에 따라 역사상 최초로 여야 합의에 의해 1987년 10월 27일 국민투표를 거쳐 29일 공포되었다. 다음 [그림 3-2]는 대한민국헌법 전문이다.

헌법 전문 낭독

대한민국헌법

[시행 1988. 2. 25.] [헌법 제10호, 1987. 10. 29., 전부개정]

전문

유구한 역사와 전통에 빛나는 우리 대한국민은 3 · 1운동으로 건립된 대한민국 임시정부의 법통과 불의에 항거한 4 · 19민주이념을 계승하고, 조국의 민주개혁과 평화적 통일의 사명에 입각하여 정의 · 인도와 동포애로써 민족의 단결을 공고히 하고, 모든 사회적 폐습과 불의를 타파하며, 자율과 조화를 바탕으로 자유민주적 기본질서를 더욱 확고히 하여 정치 · 경제 · 사회 · 문화의 모든 영역에 있어서 각인의 기회를 균등히 하고, 능력을 최고도로 발휘하게 하며, 자유와 권리에 따르는 책임과 의무를 완수하게 하여, 안으로는 국민생활의 균등한 향상을 기하고 밖으로는 항구적인 세계평화와 인류공영에 이바지함으로써 우리들과 우리들의 자손의 안전과 자유와 행복을 영원히 확보할 것을 다짐하면서 1948년 7월 12일에 제정되고 8차에 걸쳐 개정된 헌법을 이제 국회의 의결을 거쳐 국민투표에 의하여 개정한다.

[그림 3-2] 대한민국헌법 전문

그동안 헌법은 통치권력을 위해 개정되는 부분이 많았고 여당의 일방적인 개헌이었기에 최초 여야 합의에 의해 개정된 제9차 헌법은 그 의미가 크다. 기존의 잘못된 헌법의 대표적인 예가 제7차 개헌헌법(소위 유신헌법)이다. 이 헌법은 1972년 12월 27일 개헌되었는데 국회의원의 3분의 1을 대통령 추천으로 통일주체국민회의에서 선출하였고 대통령이 국회해산권과 법관임면권을 가지는 등 삼권 분립이 지켜지지 않았다. 또한 이 헌법에 따른 긴급조치 등도 문제가 많았는데, 1974년 대통령긴급조치 제4호의 경우 학생의 정당한 이유 없는 출석·수업 또는 시험거부 등의 행위에 대해 사형, 무기 또는 5년 이하의 유기징역에 처할 수 있도록 하고 있었다.

유신헌법

「헌법」에서는 기본권과 사회권적 기본권에 관하여 명시하고 있는데, 먼저 기본권을 명시한 조항은 「헌법」 제10조다. 그 내용은 "모든 국민은 인간으로서의 존엄과 가치를 가지며, 행복을 추구할 권리를 가진다. 국가는 개인이 가지는 불가침의 기본적 인권을 확인하고 이를 보장할 의무를 진다."라는 것이다.

헌법 제10조

그리고 사회권적 기본권을 명시한 제34조는 "모든 국민은 인간다운 생활을 할 권리를 가진다."라는 제1항의 규정을 기본으로 한다. 제1항의 인간다운 생활을 할 권리는 사회보장 또는 사회복지를 청구할 수 있는 국민의 권리이며, 제2항은 사회보장 또는 사회복지증진에 관한 국가의 의무에 대해 말하고 있다. 제3항, 제4항, 제5항에서는 사회적 기본권의 대표적인 주체인 '사회적 약자'들을 예시하고 있다. 즉, 여성, 노인, 청소년, 장애인, 기타 생활능력이 없는 자 등이다. 여성인 경우에는 근로의 영역에서 좀 더 보호를 받으며(「헌법」 제32조 제4항), 자녀를 가진 경우에는 어머니로서 '모성'에 대한 특별한 배려를 받는다(「헌법」 제36조 제2항)(이준일, 2004: 475-476).

여기서 사회복지법의 가장 상위 조항은 바로 제34조 제1항인 "모든 국민은 인간다운 생활을 할 권리를 가진다."이다. 결국 사회복지법들은 모든 국민이 '인간다운 생활을 할 권리'를 제도적으로 실현할 수 있도록 구체화해 주는 역할을 하고 있는 것이다.

그 밖의 사회권적 기본권은 제31조 교육권, 제32조 근로의 권리, 제33조 근로3권(단결권, 단체교섭권, 단체행동권), 제35조 환경권(쾌적한 주거생활 포함), 제36조 평등한 가정생활과 모성보호 및 보건에 대한 것이다. 한편, 기본권은 국가안전보장, 질서유지, 공공복지를 위해 필요한 경우에 한하여 제한이 가능하다고 제37조에 밝히고 있다. 이때에는 과잉금지의 원칙,[2] 이중기준의 원칙[3] 등을 따라야 하고 본질적인 내용은 침해할 수 없다.

자본주의의 폐해를 막기 위해 탄생한 사회복지이기 때문에 경제와 관련된 조항도 중요하다. 「헌법」에서는 제119조가 사회복지와 관련 있다. 제119조에서 자유시장경제와 사회적 시장경제의 조화를 우리 경제체제의 원칙으로 규정함으로써 복지국가의 경제원칙을 규정했다(윤찬영, 2010: 150-151). 즉, 제119조는 "대한민국의 경제질서는 개인과 기업의 경제상의 자유와 창의를 존중함을 기본으로 한다(제1항)."라고 하여 자유시장경제를 기본으로 한다고 밝혔지만, "국가는 균형 있는 국민경제의 성장 및 안정과 적정한 소득의 분배를 유지하고, 시장의 지배와 경제력의 남용을 방지하며, 경제주체 간의 조화를 통한 경제의 민주화를 위해 경제에 관한 규제와 조정을 할 수 있다(제2항)."라고 함으로써 국가 개입을 통한 경제의 민주화를 이루는 사회적 시장경제를 도입할 수 있음을 밝히고 있다.

물음 3-1

우리나라 「헌법」에서 사회복지의 가장 상위의 조항은 제34조 제1항 __________ 생활을 할 권리다.

---

2 「헌법」 제37조 제2항에서의 "필요한 경우에 한하여"라 함은 국가 안전 보장, 질서 유지 또는 공공복리를 위하여 그 제한이 불가피한 경우여야 하고, 또 제한이 최소한으로 그쳐야 한다는 것을 의미한다. 기본권 제한에 대한 이러한 원칙을 비례의 원칙 또는 과잉금지의 원칙이라고 한다[출처: 법제교육포털(edu.klaw.go.kr)].

3 정신적 자유권은 원칙적으로 제한되지 아니하며, 예외적으로 제한되는 경우에도 제한입법의 합헌성 여부에 대한 판단은 경제적 기본권에 대한 것보다 엄격해야 한다는 것을 말한다.

물음 3-2

우리나라 「헌법」에서 복지국가의 경제원칙을 규정한 부분은 제____조다.

(2) 사회보장기본법 및 사회복지법률

「헌법」 다음으로 중요한 법원(法源)인 법률은 국회가 제정하는 권한을 갖는다. 현행 법률의 제명을 부여하는 방법에는 '○○법(장애인복지법, 고용보험법)이라고 하는 방식'과 '○○에 관한 법률(고용보험 및 산업재해보상보험의 보험료징수 등에 관한 법률)이라고 하는 방식'이 있어서, '법'과 '법률'의 두 가지 종류가 있는 것처럼 보이지만, 효력 면에 있어서는 아무런 차이가 없다(조영규, 2008: 99).

법률 중 「사회보장기본법」은 우리나라 사회복지에 관한 기본법으로서 헌법과 일반 법률 사이에 위치하여 양자를 연결해 주는 역할을 한다. 즉, 헌법의 이념을 구체화하고 하위 법률을 구속하고 지도하는 역할을 수행하는 법이며, 사회보험, 공공부조, 사회서비스를 총괄하는 사회복지 분야의 기본법이다(윤찬영, 2010: 153). 「사회보장기본법」 제4조에서 "사회보장에 관한 다른 법률을 제정하거나 개정하는 경우에는 이 법에 부합되도록 하여야 한다."라고 하여 사회복지의 기본법임을 명확히 밝히고 있다. 다시 말해, 법률 단계의 여러 법 중에서도 가장 상위에 있는 것이다. 일반적으로 사회보장이라 함은 공공부조와 사회보험을 통칭하는 의미여서 「사회보장기본법」이 왜 사회복지 분야의 기본법인지 의문이 생길 수 있다. 그러나 「사회보장기본법」 제3조에서 "사회보장은 사회보험, 공공부조, 사회서비스를 말한다."라고 밝혔듯이, 이 법에서 말하는 사회보장의 개념은 일반적으로 사용하는 사회복지의 개념이라고 하겠다. 따라서 「사회보장기본법」에서 사용되는 '사회보장'이라는 용어는 '사회복지'로 인식하는 것이 바람직하다. 향후 「사회보장기본법」의 법명과 용어의 개정이 필요하다고 본다.

「사회보장기본법」 제2조에서는 "다양한 사회적 위험으로부터 벗어나 행복하고 인간다운 생활을 향유할 수 있도록 자립을 지원하며, 사회참여 · 자아실현에 필요한 제도와 여건을 조성하여 사회통합과 행복한 복지사회를 실현하는 것을 기본 이념으로 한다."라고 규정하였다. 이로써 「헌법」 제34조 제1항에서 규정한 국민의 '인간다운 생활을 할 권리'를 실현하기 위한 법임을 확인할 수 있다.

개별 법률은 「사회보장기본법」에서 제시한 것처럼 사회보험, 공공부조, 사회서비스로 나눌 수 있다. 사회보험법과 공공부조법은 국민의 소득을 보장하기 위한 목적을 지닌 법이고, 사회서비스법은 돌봄(care)을 사회적으로 대신해 주기 위한 목적을 지닌 법이다.

사회보험법과 공공부조법은 소득을 보장하기 위한 동일한 목적을 지녔고 국가가 관장하지만, 적용대상과 방법이 다르다. 사회보험법은 국민에게 발생할 위험을 보험의 형식으로 대비한다. 다시 말해, 사람들은 일반적으로 평소에는 소득도 있고 생활을 잘 유지하다가도 은퇴, 질병, 실업, 산업재해 등의 사회적 위험을 겪게 되면 소득을 상실하고 빈곤층으로 떨어질 수 있다. 그렇기 때문에 자신이 평소에 기여금(보험료)을 내고 있다가 사회적 위험을 만나면 급여를 받음으로써 소득을 보장받고 빈곤 상태로의 하락을 막기 위한 것이 사회보험법이다. 이러한 사회보험법으로는 「국민연금법」, 「국민건강보험법」, 「고용보험법」, 「산업재해보상보험법」, 「노인장기요양보험법」 등이 있다.

공공부조법은 생활 유지 능력이 없거나 생활 유지가 어려운 국민의 생계를 국가가 보호함으로써 소득을 보장한다. 그래서 자산조사를 통해 빈곤선과 같은 최저소득을 정하고 그 기준 이하의 사람들만 조세로 지원을 해 준다. 공공부조에 관한 법으로는 「국민기초생활보장법」, 「의료급여법」 등이 있다.

한편, 사회서비스법은 소득에 상관없이 돌봄이 필요한 사람들에게 상담, 재활, 돌봄, 정보의 제공, 사회복지 시설 이용 등의 서비스를 제공하는 법이다. 사회보험이나 공공부조와는 달리 국가뿐만 아니라 민간도 서비스를 제공하는 주체가 될 수 있다. 재원은 사용자의 이용료와 후원금으로 이루어지며, 소득에 따라 정부의 조세[4]도 지원된다. 사회서비스법 중 「사회복지사업법」이 일반법으로 기능하며, 그 밖에 「장애인복지법」, 「노인복지법」, 「아동복지법」, 「영유아보육법」, 「건강가정기본법」, 「다문화가족지원법」 등이 있다. 그 밖에 「민간임대주택에 관한 특별법」, 「장애인 등에 대한 특수교육법」 등도 여기에 속한다.

앞서 살펴본 개별 법률을 정리해서 그림으로 나타내면 [그림 3-3]과 같다.

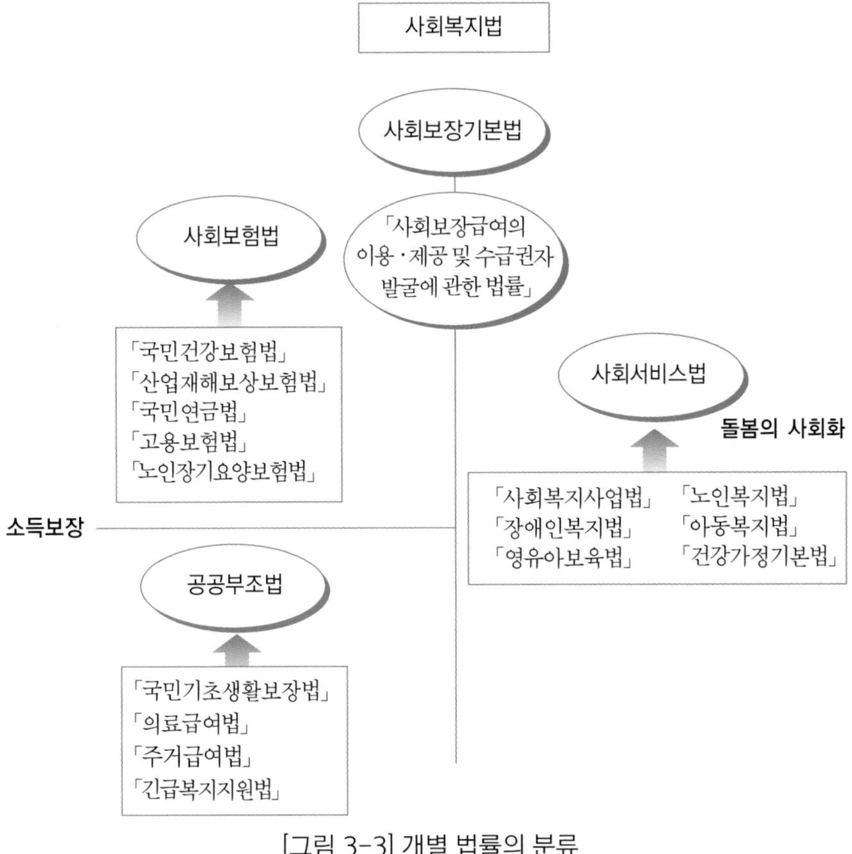

[그림 3-3] 개별 법률의 분류

4 정부의 조세지원은 최근에 사회복지서비스 이용권(바우처)의 형식으로 이루어지고 있다.

(3) 시행령 및 시행규칙

우리나라 법률은 입법이 제정 또는 개정되어 현실적으로 적용되기 위해서, 즉 실효성을 갖기 위해서 법률의 하위 규범인 시행령과 시행규칙이 제정되어야 한다(윤찬영, 2010: 156). 예를 들면, 「고용보험법」의 경우 적용범위를 정한 제8조에서 "이 법은 근로자를 사용하는 모든 사업 또는 사업장에 적용한다. 다만, 산업별 특성 및 규모 등을 고려하여 대통령령으로 정하는 사업에 대하여는 적용하지 아니한다."라고 하여 대통령령으로 적용 제외 사업에 대한 기준을 제시하고 있다.

「헌법」에서 국민의 권리 · 의무에 관한 사항은 물론 그 밖에 많은 사항이 법률의 소관사항으로 되어 있지만, 오늘날 행정의 양적 확대와 질적 고도화에 따라 입법에 있어서도 사무의 능률적 배분이 요청되고 있다. 그래서 법률은 대강만을 정하고 세부적 규정은 명령에 위임하는 일이 많아지면서 명령의 중요성이 점점 커지고 있는데, 이러한 사항을 규정하는 명령은 위임명령으로 불린다. 또한 법률에 의한 입법권의 위임에 의하지 아니하고 정립되는 것도 있다. 이것은 일반적으로 상위의 법령을 집행하기 위하여 필요한 사항을 규정하기 위한 것이거나, 명령권자의 직무를 수행하기 위하여 필요로 하는 사항을 규정하는 것으로 집행명령이라고 불린다(조영규, 2008: 100-101).

명령은 국회의 의결을 거치지 않고 대통령 이하 행정부에서 제정하도록 되어 있다. 명령은 다시 시행령과 시행규칙으로 나뉜다. 대통령의 명령(대통령령)은 시행령으로, 「헌법」 제75조에서 "대통령은 법률에서 구체적으로 범위를 정하여 위임받은 사항과 법률을 집행하기 위해 필요한 사항에 관해 대통령령을 발휘할 수 있다."라고 규정하였다. 시행규칙은 국무총리나 행정각부의 장이 하는 명령으로, 「헌법」 제95조에서 "국무총리 또는 행정각부의 장은 소관사무에 관하여 법률이나 대통령령의 위임 또는 직권으로 총리령 또는 부령을 발할 수 있다."라고 규정하고 있다.

사회복지법이라고 하면 법률만 생각하면서 명령인 시행령과 시행규칙에 대해서는 상대적으로 많은 관심을 기울이지 않아 왔다. 그러나 「고용보험법」의 적용 제외 사업을 대통령령에서 정하도록 한 예에서도 알 수 있듯이, 많은 법률이 중요한 결정사항 및 기준을 시행령과 시행규칙에 위임하고 있으므로 앞으로 이에 대해 많은 주의와 관심을 기울여야 한다. 더구나 국회에서 심의와 의결을 거쳐 제 · 개정되는 법률과 달리 명령은 견제할 수 있는 절차 없이 행정부 내에서 자의적으로 결정될 수 있기 때문에 사회복지계의 관심과 주의가 더욱 절실하다.

이 밖에 우리가 관심을 기울여야 하는 부분이 또 있다. 바로 행정부 내에서 제정되어 시행되는 각종 내규, 지침, 고시 등이다. 이들은 국민의 권리 · 의무와 무관하게 행정부 내에서만 효력을 갖고 법규의 성격을 갖지는 못한다(윤찬영, 2010: 156-157). 그러나 문제는 이들이 법률과 명령에서 빠져 있는 부분을 보충하기 때문에 실제로 직접적으로 국민에게 영향을 줄 수 있다는 점이다. 예를 들면, 「국민기초생활보장법」에서 근로능력을 평가하는 기준은 대상자 선정과 급여 판단에 매우 중요한데, 현재 근로능력 평가는 보건복지부의 '근로능력평가의 기준 등에 관한 고시'에 따르고 있다. 따라서 향후 행정부 내부의 내규, 지침, 고시 등에 대한 관심과 주의도 필요하다.

영유아보육법 시행규칙

물음 3-3

대통령(명)령은 ________, 총리 및 각부 장관(명)령은 ________ 이라고 한다.

(4) 조례 및 규칙

조례와 규칙은 자치법규[5]로서 「헌법」 제117조 제1항에 따르면 "지방자치

5 자치법규는 자치법규정보시스템(www.elis.go.kr)을 통해 검색 가능하다.

단체[6]는 주민의 복리에 관한 사무를 처리하고 재산을 관리하며, 법령의 범위 안에서 자치에 관한 규정을 제정할 수 있다."라고 되어 있다. 「지방자치법」 제22조에서 "지방자치단체는 법령의 범위 안에서 그 사무에 관하여 조례를 제정할 수 있다. 다만, 주민의 권리 제한 또는 의무 부과에 관한 사항이나 벌칙을 정할 때에는 법률의 위임이 있어야 한다."[7]라고 하였고, 제23조에서는 "지방자치단체의 장은 법령이나 조례가 위임한 범위에서 그 권한에 속하는 사무에 관하여 규칙을 제정할 수 있다."라고 하였다. 즉, 지방자치단체의 의회에서 만드는 자치법규가 조례이고, 규칙은 지방자치단체장의 명령이라고 할 수 있다.

지방자치 활성화에 따라 우리가 특히 관심을 기울여야 하는 법은 조례다. 이러한 조례는 공간적으로는 당해 지방자치단체 관할 지역에서만 효력을 발휘하며, 전체 국법의 질서와 모순되거나 위배될 수 없다(윤찬영, 2010: 162).

제주 4·3 희생자 추념일 공휴일 지정 조례

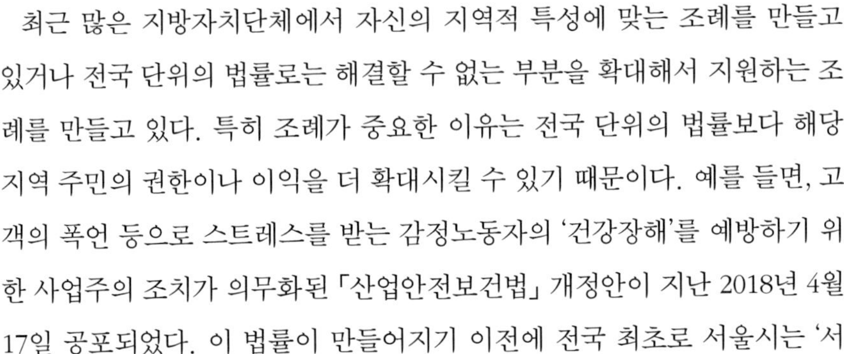
최근 많은 지방자치단체에서 자신의 지역적 특성에 맞는 조례를 만들고 있거나 전국 단위의 법률로는 해결할 수 없는 부분을 확대해서 지원하는 조례를 만들고 있다. 특히 조례가 중요한 이유는 전국 단위의 법률보다 해당 지역 주민의 권한이나 이익을 더 확대시킬 수 있기 때문이다. 예를 들면, 고객의 폭언 등으로 스트레스를 받는 감정노동자의 '건강장해'를 예방하기 위한 사업주의 조치가 의무화된 「산업안전보건법」 개정안이 지난 2018년 4월 17일 공포되었다. 이 법률이 만들어지기 이전에 전국 최초로 서울시는 '서

6 「지방자치법」 제2조에 따른 지방자치단체의 종류는 특별시, 광역시, 특별자치시, 도, 특별자치도와 시·군·구(지방자치단체인 구는 특별시와 광역시의 관할 구역 안의 구만을 말하며, 자치구의 자치권의 범위는 법령으로 정하는 바에 따라 시·군과 다르게 할 수 있다)의 두 종류로 나뉜다. 전자를 광역자치단체라고 하고 후자를 기초자치단체라고 한다.

7 반면에 법률의 위임이 없어도 주민의 권한이나 이익 확대는 가능하다.

울특별시 감정노동 종사자의 권리보호 등에 관한 조례'를 2016년 1월부터 만들어 관련 조치들을 실시하였다. 이에 따라 2018년 5월 '감정노동자 보호 가이드라인'을 만들었으며, 10월에는 '감정노동 종사자 권리보호센터'를 개소하였다.

물음 3-4

사회복지법의 수직적 체계 중 ________는(은) 전국 단위 법률보다 해당 지역 주민의 권한이나 이익을 더 확대시킬 수 있다.

(5) 국제법

앞서 살펴본 내용은 국내법에 한정된 내용이었지만 최근 자국 내에서의 활동뿐만 아니라 국가와 국가 간의 교류와 협력이 활성화되면서 국제법이 국내법에도 많은 영향을 주게 되었다. 「헌법」 제6조 제1항에 따르면 「헌법」에 의하여 체결 · 공포된 조약과 일반적으로 승인된 국제법규는 국내법과 같은 효력을 가진다고 규정하고 있다. 조약은 대통령에 의한 체결, 비준과 함께 국회의 비준 동의를 얻어야 한다. 그리고 '일반적으로 승인된 국제법규'란 국제사회의 보편적 규범으로서 대다수 국가가 승인하고 있는 법규를 말한다. 예를 들면, 세계 인권 선언 등이 이에 속하며 국회의 동의를 필요로 하지 않는다. 한편, 국제법에 따라 국내법도 이에 맞춰 내용이 달라진다. 예를 들면, 2022년 UN 장애인권리협약 선택의정서 국회 비준에 따라 관련 내용들에 대한 법의 개정이 요구되고 있다.

「사회보장기본법」 제8조에는 "국내에 거주하는 외국인에게 사회보장제도를 적용할 때에는 상호주의의 원칙에 따르되, 관계 법령에서 정하는 바에 따른다."라고 규정되어 있다. 이에 따른 상호주의원칙에 의거해 정부는 외국 정부와 상호보장협정을 맺는데, 이 내용은 협정을 맺는 국가마다 다르다. 최근 노동력의 국가 간 이동이 활발해짐에 따라 연금, 건강보험, 실업급여 등과 관련된 사회보험 영역에서 국가 간 상호보장협정의 중요성이 커지고 있다.

한편, 세계적으로 사회보장과 인권보장을 실현하는 데 있어 노동자의 노동조건 개선 및 지위를 향상시키기 위하여 설치한 국제연합의 전문기구인 ILO(International Labour Organization: 국제노동기구)의 역할이 매우 컸다. 역시 우리나라 사회복지법 발전에 가장 많은 영향을 준 국제기구이기도 하다. ILO에서 추진한 각종 중요한 조약이나 권고를 개별 국가에서 비준하게 되면 국내법화를 거쳐 비준국가의 사회복지법과 행정체계에 영향을 미치게 된다(현외성, 2009: 73). 대표적인 조약으로 제2차 세계대전 이후의 「사회보장최저기준조약」(ILO 102호 조약, 1952년), 「모성보호조약」(ILO 103호 조약, 1952년), 「산업재해 · 직업병급여에 관한 조약」(ILO 121호 조약, 1964년), 「의료급여에 관한 조약」(ILO 130호 조약, 1969년) 등을 들 수 있다.

세계인권선언

UN총회에서 채택된 국제조약 중 중요한 것으로 1948년 제3차 총회 때 채택된 '세계인권선언'이 있다. 이 선언은 보편적으로 사회보장을 받을 권리를 선언하였다. 그리고 1966년 채택되어 1976년 발효된 국제인권규약 A, B가 있다. A 규약은 경제적 · 사회적 · 문화적 권리에 관한 규약이고, B 규약은 시민적 · 정치적 권리에 관한 규약이다. 우리나라는 A, B 규약을 1990년 4월에 비준하였다.

UN 아동권리협약

최근 우리나라 사회복지법에 영향을 준 국제법으로는 「UN 아동권리협약」(Convention on the Rights of the Child: CRC, 1989)을 들 수 있다. 이 협약은 스스로 자기의 주장을 완전하게 할 수 없고 스스로의 욕구를 충족시킬 수도 없는 사회적 약자인 아동을 권리의 주체로 규정하고, 당사국이 이들의 권리를 보장하기 위하여 이행하여야 할 바를 규정한 국제적 조치로서, 세계 191개국이 비준하여 UN 협약 중 가장 많은 나라가 뜻을 같이하는 보편적인 협약이다.

이 협약은 오랜 기간 국제사회의 노력 끝에 결실을 보게 되었다. 1924년 국제연맹총회의 다섯 개 항목으로 구성된 '아동의 권리에 관한 제네바선언'에서 출발하여 이후 1959년 UN총회에서 제네바선언을 기초로 한 10개 항목의 아동권리선언이 채택되었고, 1989년 11월 UN총회에서 만장일치로 「UN 아동권리협약」[8]이 채택되어 1990년 9월 2일 발효되었다. 우리나라는 일부 조항을 유보한 채 1991년 11월 20일 비준서를 기탁하였고, 같은 해 12월 20일부터 조약 107호로 발효되었다. 이 협약에 따라 아동학대 예방을 위한 조치가 포함된 조항들이 신설되는 등 2000년 1월 12일 「아동복지법」을 전부개정하여 7월 13일부터 시행하였다.

또 다른 국제법으로는 1984년 UN총회에서 채택하고 1985년 ILO 협약으로 발효된 「장애인의 직업재활 및 고용에 관한 협약」(Convention Concerning Vocational Rehabilitation and Employment)이 있다. 이 협약에서는 국내 여건에 따라 장애인의 직업재활 및 고용에 관한 국가정책을 이행해야 하며, 관련 조치가 모든 계층에 적용되도록 노력해야 하고, 권한 있는 기관(competent authorities)은 직업소개, 직업훈련, 취업 및 기타 고용에 관련된 적절한 서비스를 장애인에게 제공해야 한다고 하였다.

우리나라는 1999년 11월 비준서를 기탁했고 2000년 11월 15일 조약 제1540호로 발효되었다. 이에 따라 기존의 「장애인 고용촉진 등에 관한 법률」을 2000년 1월 12일 「장애인고용촉진 및 직업재활법」으로 전부개정하였으며 같은 해 7월 1일부터 시행하였다.

물음 3-5

사회보장에 관한 한국과 외국과의 조약은 ________주의 원칙을 따른다.

8 이 협약에서는 아동의 네 가지 권리인 생존권, 발달권, 보호권, 참여권을 강조했다.

물음 3-6

우리나라 사회복지법에 많은 영향을 준 국제기구는 ________ ________다.

2. 사회복지법의 권리성

사회복지법상 권리는 법의 적용을 받는 대상자들을 권리의 주체로서 인정하고 사회복지 급여 및 서비스에 대한 이익을 추구할 수 있는 힘을 법이 부여해 준 것이다. 구체적으로 권리는 개별 법에서 대상자의 수급권으로 드러나지만 근본적인 권리의 근거는 인권에서 시작된다. 다시 말해, 전통적으로 사회복지는 인권을 실천해 왔다. 그리고 추상적인 인권이 현실법상에서는 헌법에 나타난 기본권을 통해 구현되고 있으며, 이는 다시 개별 사회복지수급권을 통해 직접적으로 실현된다. 따라서 사회복지수급권은 인권을 구체적으로 실천하는 권리로서 중요한 의미를 지닌다.

1) 인권

인권이 뭐죠?

인권은 모든 사람이 본질적으로 인간이라는 이유만으로 갖는 권리다. 모든 사람은 인간이라는 사실만으로 자신의 존엄성과 인격을 존중받아야 한다. 인간이라는 것 외에 어떠한 추가 요건도 필요치 않으므로 인권은 모든 인간의 평등을 내포하고 있다. 따라서 인종, 피부색, 성, 국적 등 어떤 이유로든지 차별과 배제는 용납될 수 없다. 그래서 인권은 '인간이 인간이라는 사실만으로 갖는 당연한 권리', '불가양 · 불가침의 권리', '인간의 존엄성에 필수불가결한 권리' 등으로 이야기되어 왔다.

이러한 인권이 현실에서는 그냥 보장받는 것이 아니다. 어느 사회에서든지 사람이지만 '사람'으로서 인정받지 못했던 사람들이 있다. 그러한 사람들이 인권을 획득하고자 노력하는 실천의 과정에서 그 개념이 등장하였고 역사 속에서 인권을 침해당한 사람이 인간답게 살기 위해 끊임없이 노력한 대가로 인권이 얻어진 것이다. 인권의 기초 개념 속에는 사회적 책임감이 포함되어 있으며 사회적 책임감이란 타인의 권리를 인식하는 것뿐만 아니라 정의롭고 평화로운 사회에 대한 공헌까지를 의미한다. 그래서 정의롭고 평화로운 사회를 만드는 것이 인권의 핵심 목적이며, 이를 위해서는 정치적 '민주주의'와 '복지사회'라는 두 축이 필수적이다(한희원, 2012: 123-125). 따라서 사회복지는 인권을 실천하는 한 축으로서 중요한 역할을 담당하고 있다.

인권은 배제되었던 사람들이 사람으로 확인받기 위한 투쟁의 과정이며, 이 과정은 지금도 지속되고 있다. 이러한 인권의 역사를 살펴보면 다음과 같다.

흑인 민권 운동사: 몽고메리 버스 보이콧

근대 이전 절대왕정시대에는 왕이 모든 국가권력을 독점하고 있었고 신분에 따라 모든 것이 결정되었다. 프랑스 루이 14세의 "짐이 곧 국가다."라는 말이 절대왕정을 잘 표현해 주고 있다. 절대왕정시대의 법은 '왕의 법'인데 이는 권력자인 왕의 입장에서 피지배에 대한 통치수단으로 정립한 것이 법이기 때문이다. 즉, 이 시대의 법은 일반인의 권리보장을 위해 마련된 것은 아니었다(인권정책연구소, 2010).

천부인권이라는 용어가 이 시기에 등장하게 되는데, 이것은 왕의 법에 대항하기 위해 '하늘이 부여한 인간의 권리'라는 뜻으로 나타났다. 이는 왕에게 독점되었던 권리를 사람들에게 되돌려 주는 중요한 근거가 되었고 시민혁명을 이끌었다. 천부인권은 왕권에 대항할 수 있는 중요한 무기였는데, 그 이유는 그 당시 대부분의 철학 또는 정치사상가들이 기독교적 가치관을 배경으로 하고 '신'의 존재를 인정하고 있었기 때문에 '신'이 부여한 자연권은 어떤 명분으로도 침범하기 어려운 영역이었기 때문이다.

이러한 배경으로 등장한 시민혁명에서의 인권은 '자유'를 내세우며 이러한 인권을 옹호하는 것이 국가권력의 존재 이유로 보았다. 시민혁명 직전의 프랑스는 특권계급이 권리를 독점하면서 면세의 특권을 누리고 있었다. 제1신분 성직자와 제2신분 귀족이 전 인구의 약 2%밖에 차지하고 있지 않았지만 대부분의 토지를 소유하고 있었고, 제3신분인 평민은 전체 인구의 98%를 차지하고 있었지만 정치적인 권리는 없고 과중한 세금부담에 시달리고 있었다. 이러한 상황 속에서 계몽사상이 시민사회에 전파되었고 경제적으로 성장한 시민계급(부르주아)을 중심으로 한 제3신분이 낡은 제도를 타파하고 시민으로서의 자유와 권리를 추구하려는 생각을 가지고 시민적 · 정치적 권리를 주장하게 된 것이다.

미국은 1776년 '버지니아 권리장전'에서 국민주권과 더불어 인권을 천부적 자연권으로 규정했으며, 7월 '미국 독립선언'은 인권에 자연법적 기초를 부여하고 생명, 자유, 행복추구의 권리를 천부적 권리로 선언했다. 프랑스도 1789년 시민혁명을 통해 '인간과 시민의 권리선언'을 채택한 후 유럽최초 성문 헌법을 제정해서 국민의 기본권 보호에 노력해 왔다(국가인권위원회, 2011). 그러나 이 과정은 결코 순탄한 것이 아니었다. 영화 〈레미제라블〉에서 나타났듯이 이 과정에서 굉장히 많은 사람의 피와 땀이 뿌려졌으며 적극적인 싸움을 통해 인권이 얻어진 것이다.

이때 핵심 가치는 '자유'로, 개별 존재를 강조하게 되고 통상 '국가로부터의 자유'로 일컬어지는 자유권의 확보로 개인은 인격적 존재로 대우받을 권리가 있으며, 사상과 양심, 종교의 자유를 갖게 되었다. 그리고 국가권력은 영장 없이 국민을 체포 · 구속 · 압수 · 수색할 수 없고 어떠한 경우에도 고문을 할 수 없으며, 불공정한 인신구속절차나 재판과정을 강제해서도 안 된다. 또한 국민은 선거를 통해 정치 과정에 참여할 수 있으며, 피선거권과 공직취임권을 누릴 수 있게 되었다. 문제는 이 문서들에 표시된 '인간'에 모든 사람이 포함된 것은 아니라는 것이다. 즉, 재산, 성별, 나이에 따라 범주에 포함되는 사람이 정해졌다. 예를 들면, 프랑스는 3일간의 일당에 해당되는

➡ 프랑스 혁명: 여성은 제외

만큼의 세금을 납부하는 남성들만을 '능동적 시민'으로 인정하여 선거권을 부여했고, 미국 역시 일정한 정도의 재산이 있는 남성들에게만 선거권이 인정되었다(인권정책연구소, 2010).

따라서 이렇게 소수 시민만의 자유를 보장하는 한계에 저항이 나타났고 대표적인 것이 바로 차티스트 운동이다. 차티스트 운동은 19세기 영국에서 일어난 선거권의 확대를 요구하는 운동이다. 이것은 열악한 조건에 있던 노동자들이 현실을 개선하기 위해 정치적 참여가 필요하다는 것을 깨닫고 움직인 것이다.

차티스트 운동

19세기에 들어서 인권의 개념이 확장되었다. 산업혁명에 따른 도시발달과 인구의 급증으로 도시빈민노동자 계급이 형성되고 이들에 대한 생존권 보장의 필요성이 제기되었기 때문이다. 즉, 기계를 도입하면서 숙련된 노동자의 중요성이 감소하며 단순 노동자가 늘어나게 되는데, 저임금이었기 때문에 노동자들은 일을 해도 항상 빈곤에 시달리게 되었다. 하루 평균 노동시간이 15시간이었지만 임금이 매우 낮아 기본적인 의식주를 해결하기 어려웠다. 그래서 아동까지 노동을 해야만 가족을 먹여 살릴 수 있었고, 노동에 대한 보호도 없었기 때문에 가장 임금이 저렴한 아동은 선호되는 노동자였다. 5~7세 아동도 10시간 이상의 장시간 노동에 시달리며 저임금을 받는 문제가 심각해지면서 15세를 넘지 못하고 사망하게 되고, 많은 아동이 공장에서 한꺼번에 죽는 사건도 발생하였다(장하준, 2010). 이러한 상황에서 마르크스가 자본론을 발표하고 사회주의 운동의 영향으로 노동자들이 자신의 권리를 주장하기 시작한다. 곳곳에서 파업이 벌어지자 자본주의를 유지하기 위해서라도 국가가 노동자의 권리를 인정하지 않을 수 없게 되었다. 그래서 인정된 것이 노동자들의 단결권, 단체교섭권, 단체행동권 등의 노동 기본권이며, 노동자들의 참정권도 인정되기 시작한다.

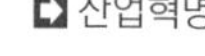
산업혁명

화려한 산업혁명의 이면

계급투쟁과 러시아의 사회주의 혁명에서 충격을 받은 서구 국가들은 1919년 독일 바이마르 헌법을 비롯해 자국의 헌법 내에 자본주의 틀 안에

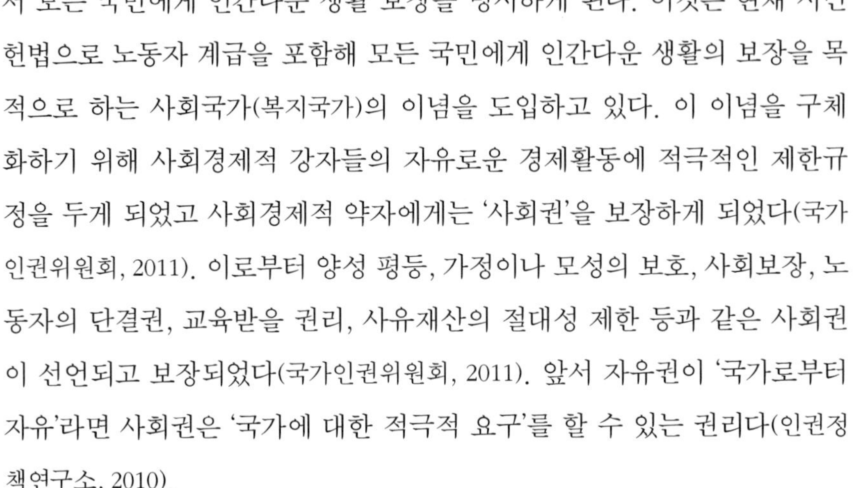

서 모든 국민에게 인간다운 생활 보장을 명시하게 된다. 이것은 현재 시민헌법으로 노동자 계급을 포함해 모든 국민에게 인간다운 생활의 보장을 목적으로 하는 사회국가(복지국가)의 이념을 도입하고 있다. 이 이념을 구체화하기 위해 사회경제적 강자들의 자유로운 경제활동에 적극적인 제한규정을 두게 되었고 사회경제적 약자에게는 '사회권'을 보장하게 되었다(국가인권위원회, 2011). 이로부터 양성 평등, 가정이나 모성의 보호, 사회보장, 노동자의 단결권, 교육받을 권리, 사유재산의 절대성 제한 등과 같은 사회권이 선언되고 보장되었다(국가인권위원회, 2011). 앞서 자유권이 '국가로부터 자유'라면 사회권은 '국가에 대한 적극적 요구'를 할 수 있는 권리다(인권정책연구소, 2010).

왜 덴마크 사람은 미국 사람보다 행복할까?

물음 3-7

복지국가 이념을 구체화하기 위해 사회경제적 강자에게는 경제활동에 적극적인 제한규정을 두고, 사회경제적 약자들에게는 ________ 권을 보장하게 되었다.

2) 기본권

인권이 불명확성을 지니고 비강제성이 있기 때문에 인권은 헌법에 규정됨으로써 실정법적 권리를 의미하는 '기본권'이 된다. 기본권이라는 헌법적 권리로 전환됨에 따라 인권은 보호영역이 비교적 명확해지고 강제적 관철이 가능해진다(국가인권위원회, 2011). 우리나라도 「헌법」 제10조를 통해 "모든 국민은 인간으로서의 존엄과 가치를 가지며, 행복을 추구할 권리를 가진다. 국가는 개인이 가지는 불가침의 기본적 인권을 확인하고 이를 보장할 의무를 진다."고 밝히고 있다. 기본권은 자유권, 평등권, 사회권, 참정권, 청구권 등으로 나눌 수 있는데, 사회복지와 관련이 깊은 것은 사회권이다.

사회권은 국민이 실질적 평등과 분배 정의의 실현을 국가에 요구할 수 있는 적극적인 권리다. 생존권적 기본권의 성격을 지니며 '생활권'이라고도 한다. 대한민국 헌법에 보장된 사회권적 기본권은 인간다운 생활을 할 권리(제34조), 교육을 받을 권리(제31조), 근로의 권리(제32조), 노동 3권(제33조), 쾌적한 환경에서 살아갈 권리인 환경권(제35조), 혼인 · 가족 · 모성 보호 · 보건에 관한 권리(제36조) 등이 있다.

이 중 제34조 제1항 "모든 국민은 인간다운 생활을 할 권리를 가진다."는 사회권의 상징적 표현이며, 사회복지의 헌법적 근거라고 할 수 있다. 즉, 인간답게 살 수 있는 권리를 가진다는 생각만으로도 자긍심이 생길 수 있는 것이고, 제2항에서 "국가는 사회보장 · 사회복지의 증진에 노력할 의무를 진다."고 하고 있어 사회권을 보장하는 것이 국가의 의무임을 잘 밝히고 있다. 제6항 "국가는 재해를 예방하고 그 위험으로부터 국민을 보호하기 위하여 노력하여야 한다."를 보면, 뜻밖의 재해는 구체적 개인의 책임으로 돌리기 어렵다. 그러므로 국가는 재난으로 곤경에 처한 사람들을 보호할 필요가 있으며, 더 나아가 국가는 재해를 예방할 의무도 있다. 예측 가능한 재난을 제대로 예방하지 못했다면 그때는 국가에서 법적 책임까지 물을 수 있다. 이 조항은 이러한 국가 책임에 대해 이야기하고 있다.

이러한 「헌법」에 나타난 사회적 기본권을 좀 더 구체적으로 표현한 것이 개별 법에 따른 사회복지수급권이라고 할 수 있다.

물음 3-8

대한민국 「헌법」 제10조에 "국가는 개인이 가지는 불가침의 기본적 ________ 을 확인하고 이를 보장할 의무를 진다."고 밝히고 있다.

3) 사회복지수급권

사회복지법을 통해 국가는 개인들에게 급여나 서비스를 제공하고 이때 국가와 국민은 급여 및 서비스를 매개로 법률관계가 형성되며, 국민은 급여나 서비스를 청구할 수 있는 권리를, 국가는 이에 대한 의무를 지게 된다. 이때 개인이 개별 법률에 근거하여 갖는 급여 및 서비스 청구권을 수급권이라 한다. 이러한 수급권은 인권이나 기본권에 비해 구체적이고 직접적인 권리라고 할 수 있다(윤찬영, 2010: 336).

실체적 권리로서 사회복지수급권은 헌법상의 생존권 규정을 이어받아 이를 실현시키려는 구체적인 사회복지법이 제정되었을 때, 국민들이 당해 사회복지법에 의거하여 실제적인 사회복지급여를 청구할 수 있는 구체적인 권리를 말한다(김훈, 2009: 96-97; 현외성, 2009: 136-139). 이 모든 내용은 국민이 사회생활을 직접 할 수 있도록 생활상의 문제를 해결하여 인간다운 생활을 유지할 수 있게 하는 데 목적이 있다. 실체적 권리는 사회복지수급권이 보장되는 핵심적 내용이라 할 수 있다.

물음 3-9

________________은 개인이 개별 법률에 근거해서 갖는 사회복지 급여 및 서비스 청구권이다.

4) 권리구제

(1) 권리구제의 개념

「사회보장기본법」 제39조는 위법 또는 부당한 처분을 받거나 필요한 처분을 받지 못함으로써 권리 또는 이익의 침해를 받은 경우에 권리구제를 할 수 있다고 규정하고 있다. 이처럼 사회복지수급자가 사회복지 처분행위에 대해 이의가 있거나 불복하는 경우 개별 사회복지법들이 규정하는 심사위원회, 심판청구, 행정법소송 등의 법적 절차를 통하여 사회복지수급권자의 침해당한 권리를 회복하는 것을 말한다(이명남, 2008).

(2) 권리구제의 유형

① 이의신청 및 심사청구

사회복지법상 권리구제는 사법적 심판이 이루어지기 전에 거치는 전심절차로 간주된다. 이는 각각의 법에서 규정하고 있듯이 관할 운영주체와 주무부서에서 관할하고 있는데, 여기에는 사회복지급여 등의 다툼을 신속하게 처리함으로써 적용 대상자의 생존권 보장과 행정적 전문성 및 편의를 함께 도모하려는 것으로 풀이할 수 있다.

사회복지법의 전심절차 유형으로는 이의신청과 심사청구가 있다. 이의신청과 심사청구는 주로 그 처분을 한 행정기관에 신청하여 처분의 시정을 요구하는 것이며, 재심사청구는 처분을 한 행정기관의 상급기관에 제기하여 처분의 시정을 요구하는 것이다(남기민 · 홍성로: 2008: 82-83).

권리구제와 관련되는 전심절차는 보통 이의신청과 심판청구(「국민건강보험법」), 심사청구와 재심사청구(「산업재해보상보험법」, 「국민연금법」 및 「고용보험법」), 두 번에 걸친 이의신청(「국민기초생활보장법」) 등 2단계로 만들어져 있다(현외성, 2009: 156). 이렇게 2단계일 경우 앞의 것을 심사청구로, 뒤의 것을 재심사청구로 본다. 그래서 재심사청구로도 승복할 수 없는 경우에는 행정소송을 통해 결정지어야 한다(윤찬영, 2010: 384). 그러나 이러한 전심절차를 거치지 않고 행정소송으로 직접 제기하는 것도 가능하다(손윤석, 2012: 13).

물음 3-10

사회복지법상 __________ 는 사법적 심판이 이루어지기 전에 거치는 전심절차로 간주된다.

물음 3-11

「국민건강보험법」의 권리구제는 ________과 ________의 2단계로 되어 있다.

② 법적 쟁송

두 번에 걸친 심사청구의 결정에 불복하여 각종 사회복지급여 관련 처분이나 조치를 해결하는 마지막 방법으로는 법적 쟁송이 있다(남기민 · 홍성로, 2008: 82-85; 현외성, 2009: 151-155). 법적 쟁송은 행정소송과 민사소송, 헌법소원으로 나뉜다. 행정소송은 사회복지 관련 법상 규정되고 설치되어 있는 각종 심사위원회 혹은 재심사위원회의 과정을 통하여 결정된 결과에 대하여 이의가 있을 경우에 제기한다. 그리고 민사소송은 일반적으로 손해배상청구소송을 말하는데, 사회복지 관련 법상 민사소송은 피보험자의 사회복지급여의 발생 원인이 제3자에 의하여 발생한 경우 보험자는 즉시 피보험자의 생활안전과 복지를 위하여 사회복지급여를 제공하고 피보험자를 대신해 불법적으로 급여를 발생시킨 제3자에게 손해배상청구를 제기하는 것이다. 헌법소원은 국민의 헌법상 권리가 국가권력에 의해 침해된 경우 헌법재판소에 제소하여 구제를 청구하는 제도다. 이는 국민의 기본권을 보호하기 위한 최후의 보루라고 할 수 있다.

5) 국가인권위원회 차별 시정 사례

인권위원회 e 사이트 이용

현행법을 개정하는 방법의 하나는 국가인권위원회에 진정을 신청하고 권고내용을 활용하는 것이다. 2007년 당시 「장애인복지법」에 의하면 한국 국적 장애인은 장애인 등록증을 발급받을 수 있으나 국내 체류 중인 외국 국적의 장애인은 외국인이라는 이유로 장애인 등록증 발급 신청이 불허되고 있었다. 이에 보건복지가족부장관을 진정인으로 하여 시정을 요구하는 진정이 국가인권위원회에 제기되었고 그 결과 국내 거주 외국인들도 장애인 등록 신청을 할 수 있도록 장애인 등록 제도를 개선할 것이 권고되었다. 이에 따라 2012년 12월 「장애인복지법」이 개정되어 제32조의2(재외동포 및 외국인의 장애인 등록)가 신설되었다.

이에 대한 결정례의 내용은 다음과 같다[07진차359 · 07진차546 · 07진차919(병합) 장애인 등록증 신청에 있어 외국인에 대한 차별]. 막대한 예산이 필요하거나 절차적으로 과도한 행정력이 필요하지 않는 한, 일정한 기간 이상 체류하는 외국 국적 장애인에게도 사회복지서비스를 제공받을 수 있는 자격을 주는 것이 장애인의 사회참여 및 인권증진 측면에서 더욱 타당하며 바람직하다 할 것으로 보았다. 또한 우리나라는 장애인 등록 제도를 통하여 사회복지서비스 대상자 및 급여적 성격의 수급권 적격자를 일차적으로 선정하면서 동시에 공공부조 서비스의 지급 판단 시 별도의 심사를 따로 하고 있는 상황이다. 즉, 장애인 등록조차 불허되는 외국인의 경우에는 민간기관에서 제공하는 가장 기초적인 장애인복지서비스조차 이용할 수 없는 현실이다. 따라서 장애를 가진 외국인의 일상생활 불편 해소와 장애인 관련 복지서비스 이용의 기초 자격증명 요건인 장애인 등록 신청은 국적과 관계없이 장애인이라면 누구나 신청할 수 있도록 하는 것이 「헌법」이나 각종 장애인 관련 국제 기준, 그리고 최근 시행된 「장애인차별금지 및 권리구제에 관한 법률」의 입법 취지에 부합한다고 할 것이다. 관련 규정은 다음과 같다.

◆ **「헌법」**

제11조 ① 모든 국민은 법 앞에 평등하다. 누구든지 성별 · 종교 또는 사회적 신분에 의하여 정치적 · 경제적 · 사회적 · 문화적 생활의 모든 영역에 있어서 차별을 받지 아니한다.

◆「장애인권리협약」

제5조(평등과 차별금지)

1. 당사국은 모든 사람은 법 앞에서 그리고 법 아래에서 평등하며 어떠한 차별 없이 법의 동등한 보호와 혜택을 받을 자격이 있음을 인정한다.
2. 당사국은 장애로 인한 모든 차별을 금지하고, 모든 유형의 차별에 대하여 동등하고 효과적인 법적 보호를 장애인들에게 보장한다.
3. 당사국은 차별을 철폐하고 평등을 증진하기 위하여 합리적 편의가 제공되도록 보장하는 모든 적절한 조치를 취한다.
4. 장애인의 사실상의 평등을 촉진시키거나 성취하기 위해 필요한 구체적인 조치들은 이 협약의 조항하에서 차별로 간주되지 않는다.

◆「국가인권위원회법」

제2조(정의) 3. "평등권 침해의 차별행위"란 합리적인 이유 없이 성별, 종교, 장애, 나이, 사회적 신분, 출신 지역(출생지, 등록기준지, 성년이 되기 전의 주된 거주지역 등을 말한다), 출신 국가, 출신 민족, 용모 등 신체조건, 기혼 · 미혼 · 별거 · 이혼 · 사별 · 재혼 · 사실혼 등 혼인 여부, 임신 또는 출산, 가족 형태 또는 가족 상황, 인종, 피부색, 사상 또는 정치적 의견, 형의 효력이 실효된 전과, 성적 지향, 학력, 병력 등을 이유로 한 다음 각 목의 하나에 해당하는 행위를 말한다. 다만, 현존하는 차별을 없애기 위하여 특정한 사람(특정한 사람들의 집단을 포함한다. 이하 이 조에서 같다)을 잠정적으로 우대하는 행위와 이를 내용으로 하는 법령의 제정 · 개정 및 정책의 수립 · 집행은 평등권 침해의 차별행위(이하 "차별행위"라 한다)로 보지 아니한다.

핵심 정리

법은 수직적인 위계질서를 형성하고, 효력의 강약과 우선순위가 존재한다. 법의 수직적 체계는 '헌법 → 법률 → 명령 → 조례 → 규칙'의 순으로 이루어지고, 하위법은 상위법을 위반할 수 없으며 상위법의 추상성을 구체화시키는 역할을 한다. 이 중 모든 국민은 인간다운 생활을 할 권리가 있다는 「헌법」 제34조 제1항은 최고의 사회복지규범이다.

조례는 지방의회에서 제정되는 법률로 새로운 규범을 창조, 법률 제정을 선도, 법률을 보완, 법률과 현실의 괴리를 조정하는 중요한 역할을 한다. 지방자치제의 발전과 더불어 생활에 밀접한 법규범으로서 조례의 중요성이 커지고 있다.

세계화와 더불어 국제법은 국내 사회복지법에 많은 영향을 주고 있다. 특히 ILO는 국내 사회복지법 발달에 가장 많은 영향을 준 국제기구다.

사회복지수급권은 개인이 개별 법률에 근거하여 갖는 사회복지 급여 및 서비스 청구권이다. 추상적인 인권은 헌법의 사회적 기본권을 통해 구현되고 있으며 이것은 다시 개별 사회복지수급권을 통해 구체적이고 직접적으로 실현된다.

권리구제는 사회복지수급자가 사회복지 처분행위에 대해 이의가 있거나 불복하는 경우 심사위원회 등의 법적 장치를 통해 침해당한 권리를 회복하는 것이다. 권리구제는 사회복지급여 등의 다툼을 신속히 처리함으로써 적용 대상자의 생존권 보장 및 행정적 전문성과 편의를 함께 도모하려는 것이다.

물음에 대한 답

3-1 우리나라 「헌법」에서 사회복지의 가장 상위의 조항은 제34조 제1항 인간다운 생활을 할 권리다.

3-2 우리나라 「헌법」에서 복지국가의 경제원칙을 규정한 부분은 제119조다.

3-3 대통령(명)령은 시행령, 총리 및 각부 장관(명)령은 시행규칙이라고 한다.

3-4 사회복지법의 수직적 체계 중 조례는(은) 전국 단위 법률보다 해당 지역 주민의 권한이나 이익을 더 확대시킬 수 있다.

3-5 사회보장에 관한 한국과 외국과의 조약은 상호주의 원칙을 따른다.

3-6 우리나라 사회복지법에 많은 영향을 준 국제기구는 ILO(국제노동기구)다.

3-7 복지국가 이념을 구체화하기 위해 사회경제적 강자에게는 경제활동에 적극적인 제한 규정을 두고, 사회경제적 약자들에게는 사회권을 보장하게 되었다.

3-8 대한민국 「헌법」 제10조에 "국가는 개인이 가지는 불가침의 기본적 인권을 확인하고 이를 보장할 의무를 진다."고 밝히고 있다.

3-9 사회복지수급권은 개인이 개별 법률에 근거해서 갖는 사회복지 급여 및 서비스 청구권이다.

3-10 사회복지법상 권리구제는 사법적 심판이 이루어지기 전에 거치는 전심절차로 간주된다.

3-11 「국민건강보험법」의 권리구제는 이의신청과 심판청구의 2단계로 되어 있다.

제4장

한국 사회복지법의 발달

사회복지법은 그 시대의 변화와 요구를 반영하여 제 · 개정되어 왔다. 따라서 사회복지법이 어떻게 변화되어 왔고 시대의 요구를 담아 왔는지 그 발달과정을 살펴볼 필요가 있다. 지금과 같은 법의 형태로 정비된 것은 5 · 16 군사 쿠데타 이후 출범한 제3공화국부터인 1960년대다. 이 장에서는 제3공화국 이전인 1960년대 이전, 1960~1970년대, 1980~1990년대, 2000년대 이후로 나누어서 살펴보도록 하겠다. 법은 공포와 시행 시기가 다른 경우가 많으므로 이 장에서는 공포 시기를 기준으로 하였으며 필요한 경우 시행 시기도 함께 제시했다.

1. 1960년대 이전

식민지를 경험했던 많은 나라와 마찬가지로 정부 수립 이후에도 대한민국은 일제 강점기의 기존 법과 제도를 계속 활용한 경우가 많았다. 대표적인 것이 일제 강점기에 만들어진 '조선구호령(1944년)'으로, 이것은 이후 우리나라의 근대적인 공공부조 제도의 기원이 되었다. 제2차 세계대전이 한창이었던 시기에 만들어진 조선구호령은 구빈 목적이 아니라 전시동원체제하 식민지 통치의 효율성을 제고하기 위한 목적을 가지고 있었다. 주요 내용으로는 65세 이상의 노쇠자, 13세 이하의 아동, 임산부, 불구, 폐질, 질병, 상병, 기타 정신 또는 신체의 장애로 노동에 지장이 있는 자를 대상으로 생활부조, 의료부조, 조산부조, 생업부조를 실시한 것을 들 수 있다. 이후 미군정 시대에는 조선구호령을 그대로 사용하였으며, 기타 이재민과 피난민 구호를 위한 후생국보 3A호, 3C호 등을 발하여 실시하기도 하였다(윤찬영, 2010: 428-429).

제헌헌법 초안

「대한민국 헌법」이 만들어지기 전까지는 조선구호령을 바탕으로 구호사업을 펼쳤으며, 이후 「대한민국 건국 헌법」(1948년) 제19조에 구호사업 등에 대해 법률이 정하도록 규정이 명시되었다. 그러나 개별 법률이 마련되기도 전인 1950년에 한국전쟁이 발발함에 따라 계속해서 조선구호령에 따른 공공부조가 이루어지게 되었다.

이후 전쟁 등으로 인하여 국가질서의 유지가 중요한 문제로 떠오르자, 「군사원호법」(1950), 「경찰원호법」(1951), 「후생시설설치기준령」(1950), 「사회사업을 목적으로 하는 법인설립 허가신청에 관한 규칙」(1952) 등이 제정되었다.

물음 4-1

일제 강점기에 만들어진 __________은 1961년 「생활보호법」이 제정될 때까지 공공부조를 담당했다.

2. 1960 ~ 1970년대

1961년 박정희의 5 · 16 군사 쿠데타로 만들어진 군사정부는 민심을 수습하고 쿠데타 권력의 정당성을 인정받기 위해 가난으로부터 국민을 구제하겠다는 혁명공약을 내걸고 많은 입법을 추진하였다. 이때 산업화와 경제정책을 위한 법이 중요하게 준비되었고 그 와중에 관련된 사회복지 입법도 추진되었다. 그리하여 1960년에 「공무원연금법」, 1961년에 「갱생보호법」, 「윤락행위 등 방지법」, 「생활보호법」, 「아동복리법」이 제정되었고, 1962년에 「선원보험법」, 「재해구호법」, 「국가유공자특별원호법」, 1963년에 「군인연금법」, 「산업재해보상보험법」, 「사회보장에 관한 법률」, 「의료보험법」이 제정되었다.

「갱생보호법」과 「윤락행위 등 방지법」은 쿠데타 이후의 사회기강 규율을 세우기 위해 제정된 것이고, 「국가유공자특별원호법」과 「군인연금법」은 권력의 지지 기반을 다지기 위해 제정된 것이다. 한편, 「아동복리법」이 전쟁고아 등을 돌보기 위해 1961년 12월에 우리나라 최초의 사회복지서비스법으로서 제정되어 1962년 1월 1일부터 시행되었다. 그리고 산업화에 대비하기 위해 여러 사회복지법이 제정되었다. 1962년 시행된 「생활보호법」은 조선구호령의 내용과 별 차이가 없었지만, 이후 1999년 「국민기초생활보장법」이 만들어지고 2000년 시행되기까지 약 40년간 대표적인 공공부조 법률로서 기능하였다.

한편, 이때 만들어진 「의료보험법」이나 「선원보험법」은 실시되지 않았으며, 「사회보장에 관한 법률」은 사회보장에 대해 매우 소극적인 입장을 표명하는 정도의 법률이어서 큰 변화를 가져오지는 못했다. 그러나 우리나라의 사회보험 중 가장 빨리 만들어진 「산업재해보상보험법」은 산업화를 위해 필수적인 법이므로 곧바로 시행되었다.

1970년에는 사회복지서비스 영역에서 기본적인 성격을 가진 「사회복지사업법」이 제정 · 시행되었는데, 국가 책임의 언급과 공적 서비스 전달체계에 대한 내용 없이 주로 사회복지법인과 시설에 대한 규율 중심의 내용으로 이루어졌다. 1960년대 사회복지서비스는 민간단체, 정확히 이야기하면 외국의 원조로 유지되고 있었는데, 1960년대 후반에 외국원조단체들이 철수하고 원조금액이 줄어듦에 따라 사회복지사업계와 한국정부는 대응방법을 모색하게 되었다. 외원단체의 철수로 부족해지는 재정을 충당하는 방법이 공동모금의 활성화였고 사회복지공동모금회 조직에 의한 공동모금의 활성화는 「사회복지사업법」을 제정해야 하는 주요한 이유로 떠올랐다(심재진, 2011). 이렇듯 제정과정에서 재정방식에 대한 부분만 관심을 기울였기에 이 법에서는 사회복지사업의 주체여야 하는 국가의 책임은 언급되지 않았으며, 공적 서비스 전달체계에 대한 내용도 없었다. 결국 「사회복지사업법」은 국가책임의 부재와 사회복지서비스를 민간에 떠맡기는 내용이 중심이 되는 구조를 만들었고, 이 구조는 이후 사회복지서비스에서 발생하는 인권침해 등의 문제를 발생시키는 발단이 되었다.

1972년 「유신헌법」이 통과된 후, 1973년에 공무원과 군인에 이어 교원에게도 공적연금을 주는 「사립학교교원연금법」의 제정을 통해 사립학교 교원들의 권력기반이 인정되었다. 유신정권 말기에는 「의료보험법」을 1976년에 개정하여 1977년에 500인 이상 사업장 근로자에게 적용하는 의료보험을 실시하였는데, 이때 대상이 전체 노동자의 8%였기에 실제로는 대기업 노동자에게만 복지혜택을 준 것이었다. 이와 관련된 「의료보호법」과 「공무원 및 사립학교교직원 의료보험법」도 1977년 제정되었다.

1970년대의 급속한 경제 성장과 더불어 나타난 도시화, 핵가족화, 노령화 등에 대비하기 위해서라는 표면적인 이유를 내세우며 1973년 「국민복지연금법」이 제정되었다. 하지만 사실은 외국의 무상원조가 차관으로 바뀌면서 외국차관상환을 위한 재원 마련과 자주국방을 위한 자금 조달을 위하여 단기적인 자금 동원 방편으로 공적 연금이 구상된 것이었다(김태성 · 김진수, 2005: 219-220: 남기민 · 홍성로, 2008: 115에서 재인용). 게다가 이 법은 석유파동과 경제 불황 등으로 시행되지 못했다.

3. 1980 ~ 1990년대

전두환 정권의 제5공화국(1980~1988년)은 군사 쿠데타와 5 · 18 광주학살을 통해 집권하였기 때문에 권력의 정당성을 확보하고 국민의 민심을 얻기 위하여 공포정치를 단행하면서도 유화적인 조치를 취해야 했다. 그리하여 국정 목표를 정의로운 복지사회의 구현으로 내세웠다. 이 시기에는 복지 대상자에 대한 사회복지서비스법이 마련되고 최저임금제도 마련 및 「국민연금법」 제정이 이루어졌으며 의료보험 대상자가 확대되는 등 기본적인 복지제도의 틀이 갖추어졌다. 대상자에 대한 법으로는 1981년에 「아동복리법」이 「아동복지법」으로 개정되었고, 「심신장애자복지법」, 「노인복지법」 등이 제정되었다.

국민연금제도의 실시에 관한 정책논의는 1981년 제5차 경제사회발전 5개년계획(1982~1986)을 수립하면서 재개되었다. 그러나 직접적인 원인은 전두환 정권 후반기인 1985년 제12대 총선에서 야당이 득세하고 여당인 민정당이 수세에 몰리자 정권은 국민복지종합대책을 세워 국민연금 도입, 전국민의료보험 확대, 최저임금제 도입을 약속했다(윤찬영, 2010). 이에 따라 12월 정기국회인 1986년 12월 31일에 「국민연금법」이 공포되었으며 1988년 1월 1일부터 시행하였다. 이로써 국민들의 기본적 노후 생활을 위한 공적 토대가 마련되었으며, 1987년 12월에 「의료보험법」이 개정되어 농어촌 지역주민의 의료보험 가입이 이루어졌다. 1988년 1월부터는 농어촌 지역의료보험을 실시하여 전 인구의 80.4%가 의료보장 적용을 받게 되었고, 1989년 7월부터는 전국 60개 도시를 대상 지역으로 하여 자영업자들에게까지도 의료보험이 실시됨으로써 우리나라는 의료보험 시행 12년 만에 전 국민 의료보험화 시대를 맞이했다. 의료보험 대상자의 확대는 전형적으로 사회보험 대상자의 범위가 좁았다가 확대되는 모습을 보여 주고 있다. 그리고 1986년에 노동자의 생활안정과 노동력의 질적 향상을 위하여 노동자의 최저임금

최저임금제

수준을 보장하는 「최저임금법」도 제정되어 1988년 1월부터 시행되었다.[1] 또한 1982년에 「생활보호법」이 개정되어 자활보호와 교육보호가 추가되었으며, 1983년 「사회복지사업법」에 사회복지사 자격제도가 도입되는 등 전부개정이 이루어졌다.

요보호아동 중심의 정책에서 다음 세대의 건강한 국민형성과 육성을 위한 정책으로의 관점 변화 영향으로 기존 「아동복리법」이 1981년 4월에 「아동복지법」으로 명칭이 변경되고 전부개정되어 시행되면서 법의 적용대상을 전체 아동으로 확대하는 발전을 이루었다. 한편, 1970년대 초반부터 노인문제를 해결하기 위한 「노인복지법」의 입법화 노력이 나타났고, 이후 여러 번의 청원과 사회 변화 수용을 통해 1981년 6월에 「노인복지법」이 제정되었다. 우리나라 장애인복지는 '세계장애인의 해'였던 1981년 「심신장애자복지법」의 제정 · 공포를 계기로 하여 하나의 큰 기틀을 마련하였다. UN은 1981년을 세계장애인의 해로 정하고 모든 국가에 대하여 심신장애인을 위한 복지사업과 기념행사를 추진하도록 권고했다. 이와 같은 장애인복지의 국제적인 추세의 영향으로 「심신장애자복지법」이 1981년 6월 5일 공포 · 시행되었다.

사회복지서비스 분야에서는 저소득 모자가정이 건강하고 문화적인 생활을 영위할 수 있도록 돕는 「모자복지법」이 1989년 4월 제정되어 같은 해 7월 1일부터 시행되었다. 1989년 「모자복지법」 제정 이전의 모자가정에 대한 복지는 「아동복지법」과 「생활보호법」에 의하여 이루어져 왔다. 「생활보호법」에서는 보호대상자의 범위를 나이로 제한(65세 이상 노쇠자, 18세 미만

1 전두환 정권 후반기인 1985년 제12대 총선에서 야당이 득세하고 여당인 민정당이 수세에 몰린 정권은 국민복지종합대책을 세워 국민연금 도입, 전 국민 의료보험 확대, 최저임금제 도입을 약속했고, 12월 정기국회에서 「국민연금법」 개정, 「최저임금법」 제정 등을 단행하였다. 이 법률은 노태우 정권이 들어서면서 본격적으로 시행되었다(윤찬영, 2010: 444-445).

아동)하고 있어, 연령 제한 조건 때문에 소득이 적어도 모자가정은 생계급여를 받지 못하는 문제가 있었다. 그런 가운데 1980년대에 들어서면서 연구자와 여성단체를 중심으로 저소득 모자가족을 위한 독자적인 입법의 제정에 대한 논의가 이루어지게 되어 결실을 맺었다.

1988년 서울에서 개최된 제8회 장애인올림픽을 기점으로 하여 장애인복지에 대한 새로운 인식과 학문적 논의가 시작되어 「심신장애자복지법」이 1989년 12월 30일 「장애인복지법」으로 전부개정되어 시행되었고, 재가복지가 강조된 내용으로 「노인복지법」의 전부개정이 이루어졌다.

한편, 취업여성의 자녀 양육이 커다란 사회문제로 등장함에 따라 1987년 노동부에서는 「남녀고용평등법」에 의한 직장탁아제도를 도입하였고, 1989년 보건복지부에서는 「아동복지법」에 의한 보육사업을 실시하였다. 그러던 중 1990년 서울의 맞벌이(부 경비원, 모 파출부) 가정에서 5세와 3세 남매가 화재로 사망한 사건이 발생했다. 가난하여 아이를 돌볼 사람을 구하기도 어려운 형편이기에, 부모가 일하러 나갈 때 아이들을 방에 놔두고 밖에 나가면 위험하니 방 안에 먹을 것과 요강을 들여놓고 문을 잠갔다. 그런데 아이들이 방 안에서 불장난을 하다가 불이 났고 연기에 질식사한 것이다. 이러한 저소득 맞벌이 가정의 탁아 문제가 사회문제로 대두되면서 1991년에 「영유아보육법」이 제정되었다. 같은 해 「사회복지사업법」의 개정이 이루어져 1987년부터 시범적으로 배치되었던 사회복지전문요원의 배치가 법적으로 규정되었다. 사회복지전문요원은 이후 사회복지전담공무원으로 명칭이 바뀌었다. 현재 사회복지전담공무원 관련 규정은 2017년부터 「사회보장급여의 이용 · 제공 및 수급권자 발굴에 관한 법률」에 옮겨져 있다.[2]

1993년 시작된 김영삼 정권(1993~1998년)에서는 신자유주의 경제체제

2 사회복지전담공무원은 1987년 사회복지전문요원이란 시범사업으로 시작되었으며, 과거 읍 · 면 · 동에만 배치되었다가 1999년 시 · 도까지 확대 배치되었다.

의 도입과 아울러 이에 따르는 복지정책의 강화가 이루어졌다. 고용안정을 위해 고용보험제도를 도입하자는 주장은 학계와 노동계에서 오래전부터 제기되었으나 여러 가지 경제적인 이유로 인해 미루어져 왔다. 그러다가 경제의 구조조정과 노동의 유연화 정책실시에 대비하여 「고용보험법」이 1993년 제정되어 1995년에 시행되었고, 이로써 우리나라는 4대 사회보험의 틀을 갖추게 되었다. 고용보험은 전통적 의미의 실업보험 사업 이외에 적극적인 취업알선을 통한 재취업의 촉진과 근로자의 직업안정 및 고용구조 개선을 위한 고용안정사업, 근로자의 능력개발사업 등을 상호연계하여 실시하는 사회보험제도다(박석돈, 2002: 234).

「헌법」 제34조 제1항(모든 국민은 인간다운 생활을 할 권리를 가진다)에 근거한 사회복지의 이념은 너무 추상적이어서 이를 개별 법으로 구현하기에는 어려움이 있다. 그래서 「헌법」을 구체화하면서 개별 법을 지도할 기본법이 필요하다. 이에 따라 우리나라에서는 사회보험, 공공부조, 사회서비스에 대한 법률을 총체적으로 지휘하는 기본법인 「사회보장기본법」이 1995년 제정되어 1996년부터 시행되었다. 기존에 유명무실한 법으로 존재해 오던 「사회보장에 관한 법률」(1963)은 「사회보장기본법」이 제정되면서 폐지되었다. 1995년에는 「국민연금법」 개정을 통해 대상의 범위가 농어촌 자영자에게까지 확대되었다.

그리고 1994년에는 「성폭력범죄의 처벌 및 피해자보호 등에 관한 법률」이 제정되었고, 1995년에는 정신건강의 중요성을 강조하고 정신질환자의 인권 및 삶의 질 향상을 위해 「정신보건법」이 제정되었다. 한편, 국민의 자발적인 성금으로 공동모금된 재원을 효율적으로 관리·운용함으로써 사회복지증진에 이바지하기 위해 「사회복지공동모금회법」이 1997년에 제정되었고, 같은 해에 「가정폭력 방지 및 피해자보호 등에 관한 법률」이 제정되었다.

1996년 11월 에바다농아원 사건은 장애인 시설에서 일어나는 횡령과 인권침해를 사회에 알리는 계기가 되었다. 이를 통해 사회적으로 사회복지사업 운영에 대한 책임성과 전문화가 본격적으로 요구되기 시작하였다. 이로 인해 1997년 「사회복지사업법」의 전부개정이 이루어졌는데, 책임성을 위해 시설의 평가제를 도입하는 등 공공성을 확보하도록 하였고, 사회복지사 1급을 시험으로 바꾸는 등 사회복지사 자격제도의 정비도 이루어졌다. 한편으로는 다양한 주체의 참여를 위해 사회복지시설의 신고제를 도입하는 복지다원주의적 경향을 보였다. 같은 해 「생활보호법」의 개정을 통해 저소득 빈민층의 자활공동체를 지원하였으며, 대상자 요건을 일부 완화하여 부조기능을 강화하면서 자활후견기관 및 자활공동체 규정을 두어 자활을 강조하는 입법이 이루어졌다. 「국민기초생활보장법」 시행으로 자활사업이 시작된 것으로 많이 오해하는데, 법 제정 이전에 이미 공공부조가 자활을 강조하는 방향으로 「생활보호법」 개정이 이루어져 있었다. 1997년 12월 대통령 선거에서 각 후보들이 의료보험 통합에 합의하여 정기국회에서 「국민의료보험법」이 제정됨에 따라 의료보험 통합이 시작되었다.

김대중 정권의 국민의 정부(1998~2002년)는 IMF로 인해 구조조정이 진행되고 실업률이 급상승하는 시기였다.

의료보험 통합을 진전시키기 위해 1999년 제정된 「국민건강보험법」이 2000년 시행됨에 따라 단일한 통합체계의 구축이 이루어졌다. 이때 그동안 직장의료보험조합, 지역의료보험조합, 공무원 · 사립학교교직원의료보험공단의 세 가지 형태로 분리 운영되던 보험자를 국민건강보험공단의 단일 보험자로 통합하여 운영하도록 하였다. 이 법은 기존의 상병을 치료하기 위해 소요되는 비용 및 의료서비스 제공을 중심으로 하는 의료보험제도뿐만 아니라 건강진단과 재활 및 예방의 범위까지 포함한 적극적이고 포괄적인 성격을 지닌다.

한편, 1998년 「국민연금법」을 개정함으로써 전 국민 연금시대가 이루어졌는데, 당시 불안정한 사회 상황으로 인해 연금재정 안정화에 초점이 맞추어졌다.

국민기초생활보장법

1999년에는 「국민기초생활보장법」이라는 새로운 공공부조법이 제정되었는데, 이는 자활을 강조하는 근로연계 공공부조법이다. 1961년 이래 생계유지가 어려운 국민을 위한 공공부조법으로 기능해 오던 「생활보호법」은 사회경제적 변화에 적절하게 대응하지 못한다는 비판을 많이 받았다. 그 대표적인 이유가 대상자에 인구학적 제한을 두고 있다는 것이었다. 그러던 중 1997년 IMF 경제위기로 인하여 수많은 실직자와 명예퇴직자가 발생하면서 기존의 생계유지가 어려운 저소득층을 포함한 국가 전체 빈곤계층의 생활안정을 위하여 새로운 형태의 정책적 · 제도적 장치가 필요하게 되었다. 그리하여 국가가 모든 국민의 기본적인 생활을 제도적으로 보장해야 할 필요성이 대두됨과 동시에 단순생계지원이 아닌 수급자의 자립자활을 촉진하는 생산적 복지를 지향하는 종합적 빈곤대책에 대한 요구가 많았다. 이러한 사회경제적 배경에서 1999년 9월 7일 「국민기초생활보장법」이 제정되어 2000년 10월 1일부터 실시되었다. 1998년 45개 시민단체 연대회의를 구성하여 입법 청원을 하는 등 이 법이 제정되는 과정에서 대다수의 국민이 관심을 가지고 광범위한 연대가 이루어졌는데 이는 굉장히 특이한 현상이었다. 국가적인 위기가 사람들로 하여금 자신의 이해관계를 떠나 공익을 대변하고 사회적 연대에 충실하게 했던 것이다. 이 법의 제정으로 기존의 공공부조법인 「생활보호법」이 폐지되었고, 그동안 공공부조 대상의 기준이었던 인구학적 기준이 철폐되었다.

1999년 「장애인복지법」의 전부개정을 통해 장애인의 인간존엄 실현과 사회참여 및 평등을 통한 사회통합의 달성 등을 기본 이념으로 명문화하였고, 이때 장애인 범주가 대폭 확대되었다.

__________은 1970년에 제정되었고, 1983년 개정 때 사회복지사 자격제도가 도입되었다.

물음 4-3

1973년 「국민복지연금법」이 제정되었으나 시행되지 못하고 「국민연금법」이 _____년 제정되어 _____년부터 시행되었다.

물음 4-4

__________이 1993년에 만들어짐으로써 우리나라는 비로소 4대 보험체계를 갖추게 되었다.

물음 4-5

사회복지법 체계에서 헌법 다음으로 중요한 위치를 차지하고 있는 법률은 __________이다.

4. 2000년대 이후

「아동복지법」은 2000년 1월 「UN 아동권리협약(CRC)」의 영향으로 소년소녀가장제도를 없애고 가정위탁제도를 도입하며 아동학대에 대한 보호 및 아동안전에 대한 제도적 지원을 공고히 하기 위해 전부개정되어 7월부터 시행되었다. 이때 아동학대와 관련된 조항이 체계적으로 정리되었다. 또한 같은 해에 장애인이 직업생활을 통하여 인간다운 생활을 할 수 있도록 기존의 「장애인고용촉진법」이 「장애인고용촉진 및 직업재활법」으로 전부개정되었다. 2001년에는 「국민기초생활보장법」과 관련된 내용을 정비하여 「의료보호법」이 「의료급여법」으로 명칭이 변경되며 전부개정되어 시행되었다.

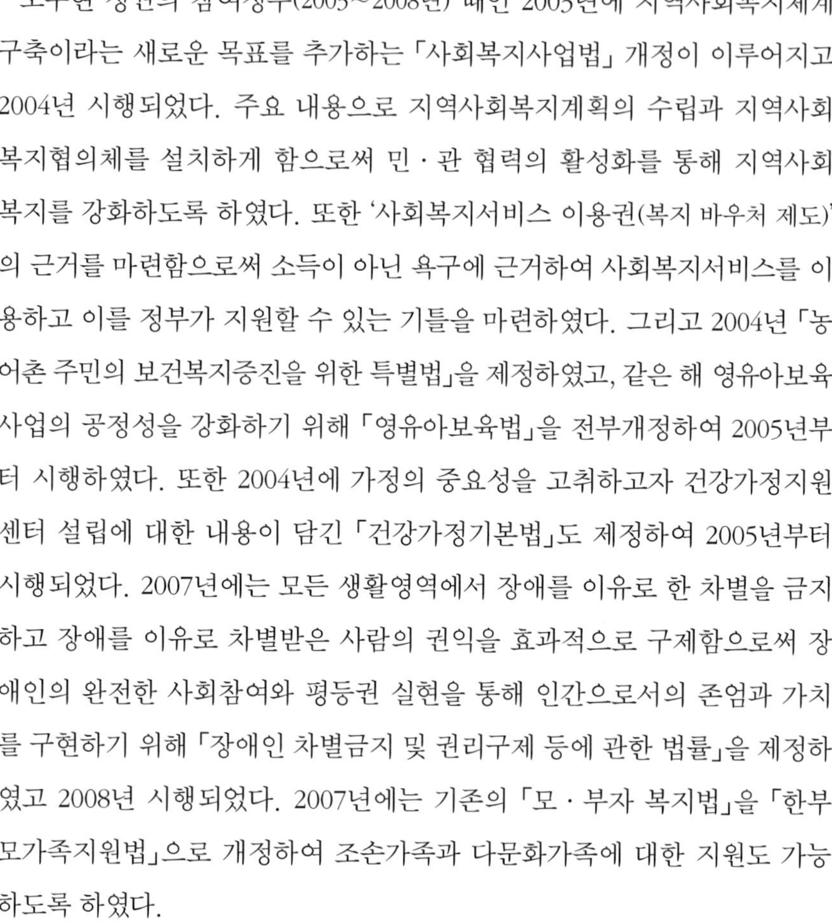

노무현 정권의 참여정부(2003~2008년) 때인 2003년에 지역사회복지체계 구축이라는 새로운 목표를 추가하는 「사회복지사업법」 개정이 이루어지고 2004년 시행되었다. 주요 내용으로 지역사회복지계획의 수립과 지역사회복지협의체를 설치하게 함으로써 민·관 협력의 활성화를 통해 지역사회복지를 강화하도록 하였다. 또한 '사회복지서비스 이용권(복지 바우처 제도)'의 근거를 마련함으로써 소득이 아닌 욕구에 근거하여 사회복지서비스를 이용하고 이를 정부가 지원할 수 있는 기틀을 마련하였다. 그리고 2004년 「농어촌 주민의 보건복지증진을 위한 특별법」을 제정하였고, 같은 해 영유아보육사업의 공정성을 강화하기 위해 「영유아보육법」을 전부개정하여 2005년부터 시행하였다. 또한 2004년에 가정의 중요성을 고취하고자 건강가정지원센터 설립에 대한 내용이 담긴 「건강가정기본법」도 제정하여 2005년부터 시행되었다. 2007년에는 모든 생활영역에서 장애를 이유로 한 차별을 금지하고 장애를 이유로 차별받은 사람의 권익을 효과적으로 구제함으로써 장애인의 완전한 사회참여와 평등권 실현을 통해 인간으로서의 존엄과 가치를 구현하기 위해 「장애인 차별금지 및 권리구제 등에 관한 법률」을 제정하였고 2008년 시행되었다. 2007년에는 기존의 「모·부자 복지법」을 「한부모가족지원법」으로 개정하여 조손가족과 다문화가족에 대한 지원도 가능하도록 하였다.

장애인의 인권과 관련된 법과 제도

우리나라 인구의 고령화가 세계에서 유례가 없을 정도로 빠르게 진행되고 있고, 치매·중풍 등으로 인해 일상생활을 영위하기 어려운 노인들의 수도 날로 증가하고 있다. 그러나 핵가족화·여성의 사회참여 증가 등으로 장기요양이 필요한 노인을 가정에서 돌보는 것이 어렵고, 그 가정의 비용부담이 과중하여 노인의 장기요양 문제는 우리 사회가 시급히 해결해야 할 심각한 사회적 문제로 대두되었다. 이에 따라 2007년 「노인장기요양보험법」이 제정·공포되어 노인의 간병·장기요양 문제를 사회적 연대원리에 따라 정부와 사회가 공동으로 해결하는 노인장기요양보험제도가 법적으로 규정되었고 2008년에 시행되었다. 노후소득 보장을 위한 「기초노령연금법」도 2007년 제정되어 2008년 시행되었다.

한편, 「국민기초생활보장법」을 개정하여 공공부조의 사각지대를 없애려는 노력들이 있었다. 먼저, 2005년 개정을 통해 부양의무자 규정을 1촌의 직계혈족 및 그 배우자로 축소하였고, 최저생계비 계측 기간을 기존 5년에서 3년으로 단축하였다. 또한 같은 해에 외국인에 대한 특례를 적용하여 다문화가정에서도 수급자격을 가질 수 있도록 하였으며, 2006년 개정으로 자활의 지원 및 중앙자활센터를 도입하도록 하였다.

사회보험에 있어서도 노동부가 관장하는 고용보험과 산업재해보상보험을 통합하여 징수하도록 「고용보험 및 산업재해보상보험의 보험료징수 등에 관한 법률」을 2003년에 제정하여 2005년 1월 1일부터 시행함으로써 보험관리와 운영의 효율화를 도모하였다.

이명박 정부(2008~2013년)에서는 복지를 위한 뚜렷한 목표나 지표 없이 정치적 관계에 의해 입법되어 왔다. 대표적인 것이 「아동 · 청소년 복지법」의 추진으로, 기존 청소년 관련 법들의 추진부서를 문화관광체육부에서 보건복지가족부로 전환하는 등 아동과 청소년 관련 업무를 통합하여 추진하고자 노력하였다. 그러나 논의가 많이 진전되던 중 갑자기 여성부를 여성가족부로 전환하고 청소년 업무를 여성가족부로 이관하면서 다시 아동과 청소년 업무가 분리되었다.

다문화가족에 대한 관심과 지원의 필요성이 높아지면서 「다문화가족지원법」이 2008년 제정되었으며, 한부모가정의 청소년에 대한 지원을 강화하는 내용으로 2011년 「한부모가족지원법」이 개정되었다. 이후 2011년에는 장애인복지시설 이용자 중심의 서비스체계 구축을 위해 「장애인복지법」이 개정되었으며, 「장애인활동 지원에 관한 법률」과 「장애아동복지지원법」이 제정되었다. 같은 해에 「사회복지사 등의 처우 및 지위 향상을 위한 법률」이 제정됨으로써 사회복지사의 신분보장과 처우개선을 위한 기틀이 마련되었고, 노숙인과 부랑인들의 인간다운 생활을 할 권리를 보호하고 재활 및 자립을 위한 기반을 조성하여 이들의 건전한 사회복귀와 복지증진에 이바지하기 위해 「노숙인 등의 복지 및 자립지원에 관한 법률」이 제정되었다.

한편, 개별 대상들에 대한 지원법률이 선거를 중심으로 제정되었는데, 2010년 6월 자치단체선거를 앞두고 이루어진 중증장애인 대상의 「장애인연금법」 제정이 바로 그 예다. 경제활동이 어려운 근로무능력 중증장애인은 생활 수준이 열악하고 국민연금 등 공적소득보장제도의 사각지대에 놓인 경우가 많다. 그래서 「장애인연금법」은 18세 이상의 중증장애인으로서 소득인정액이 일정 수준 이하인 자에게 매월 일정액의 무기여(無寄與) 연금을 지급하는 장애인연금 제도를 도입하여 중증장애인에 대한 사회보장 사각지대를 해소하고 사회통합을 강화하려는 목적으로 2010년 4월 제정되어 같은 해 7월부터 시행되었다. 명칭은 연금이지만 사회보험이 아니라 소득조사를 통해 저소득 장애인에게 지급되는 공공부조의 한 종류다.

한편, 사회보험료의 통합징수를 위해 고용보험, 산업재해보상보험, 국민연금, 건강보험 등의 사회보험료 징수 업무를 국민건강보험공단으로 일원화하는 내용으로 「국민건강보험법」이 2009년 개정되었으며 2011년 1월 1일부터 시행되었다. 2012년에는 사회복지법인 및 시설의 인권침해 및 비리와 관련된 문제가 지속적으로 제기되고 영화 〈도가니〉의 사회적 반향으로 인해 시설이용자의 인권보호와 사회복지법인과 시설 운영의 투명성을 강화하는 내용으로 「사회복지사업법」이 개정되어 시행되었다. 같은 시기에 사회정책과 경제정책을 통합적으로 고려하여 국민의 보편적 · 생애주기적 특성에 맞게 소득과 사회서비스를 함께 보장하는 방향으로 사회보장제도를 정립하기 위하여 「사회보장기본법」이 전부개정되었고 2013년 1월부터 시행되었다.

한편, 2012년에는 「아이돌봄 지원법」이 제정되어 시행되었다. 이 법은 부모의 다양한 자녀 양육 수요를 충족시킬 수 있는 가정 내 개별 돌봄 서비스를 활성화하기 위하여 일정 수준 이상의 돌봄 인력과 서비스 질을 관리하기 위한 법적 체계를 구축함으로써 취업부모들의 양육부담 경감 및 개별 양육을 희망하는 수요에 탄력적으로 대응하고, 경력단절 중장년 여성의 고용증진, 취약 계층의 육아 역량 강화 등을 도모하려는 목적이 있다.

박근혜 정부(2013~2017년)에서 제정되거나 개정된 법들은 기존에 문제가 되었던 부분에 대한 개선으로 입법이 시작되어 기대를 많이 모았으나 실제로 공포된 내용은 문제가 해결되지 않거나 그 이전보다 더 나빠지기도 하여 실망스러웠다.

2014년에 대표적으로 이러한 입법들이 나타났다. 먼저, 점점 심각해지는 아동학대범죄에 대한 처벌을 강화하고 아동학대범죄가 발생한 경우 긴급한 조치 및 보호가 가능하도록 제도를 마련하기 위해 아동학대에 대한 강력한 대처와 예방을 목적으로 1월 제정되어 9월부터 시행된 「아동학대범죄의 처벌 등에 관한 특례법」은 그 실효성에서 의문이 제기되었다. 예를 들면, 아동학대 신고 시, 아동보호전문기관 직원 및 사법경찰관의 즉시 출동이 의무화되었으나, 아동보호전문기관의 직원 인원은 법 제정 이전과 동일하게 되어 있었다. 또한 빈곤노인의 소득보장을 강화하기 위한 목적으로 「기초노령연금법」을 대체하여 「기초연금법」이 5월에 제정되어 7월부터 시행되었다. 그러나 지방자치단체장 선거를 앞두고 만들어진 「기초연금법」은 실제 내용상 빈곤노인 소득보장에 크게 기여를 하지 못했다는 비판을 받았다. 또한 「국민기초생활보장법」이 맞춤형 개별 급여체계로 전환되고 중위소득을 기준으로 하도록 개정(12월 개정, 2015년 7월 1일 시행)되었으나 그동안 사각지대를 양성하는 데 가장 큰 걸림돌이었던 부양의무 조항은 삭제되지 않았다. 이러한 맞춤형 급여체계의 일환으로 「주거급여법」이 1월에 제정되어 10월부터 시행되었다. 그리고 사회보장급여의 신청 및 조사와 발굴 등 복지대상자 선정과 지원에 관한 사항을 구체적으로 규정하고 복지사각지대를 해소하기 위한 방안을 제도적으로 마련하기 위해 「사회보장급여의 이용·제공 및 수급권자 발굴에 관한 법률」이 제정되어 2015년 7월 1일부터 시행되었다.

한편, 발달장애인의 권리를 보호하고, 그 보호자 등의 삶의 질을 향상시킴으로써 국민 전체의 행복에 기여하기 위한 목적으로 「발달장애인 권리보장 및 지원에 관한 법률」이 2014년 5월에 제정되어 2015년 11월에 시행되었다. 「정신보건법」은 2016년 5월 「정신건강증진 및 정신질환자 복지서비스 지원에 관한 법률」로 전부개정되어 2017년 5월 시행되었다. 이 법에서는 정신질환자의 범위를 중증정신질환자로 축소 정의하고, 전 국민 대상 정신건강증진의 장을 신설하며, 비자의 입원·퇴원 제도를 개선하고, 정신질환자에 대한 복지서비스 제공을 추가하는 등 기존 「정신보건법」의 미흡한 점을 개선·보완하였다.

문재인 정부(2017~2022년)에서는 그동안 개선이나 도입이 요청되었던 사회보장 관련 내용들이 강화되는 방향으로 진행되었다.

실업에 따른 국민연금 사각지대의 해소를 위하여 고용보험상 구직급여를 수급하는 가입자 등에 대해 국가에서 보험료의 일부를 지원하는 '실업크레딧 제도'를 도입하고자 2015년에 「국민연금법」을 개정하였고, 2016년에는 「고용보험법」을 개정하였다. 한편, 국민기초생활보장제도에서 가장 큰 문제로 지적되어 왔던 부양의무자 규정이 주거급여에서는 폐지되었으며 향후 단계적인 폐지 방침을 밝히고 있다. 실시는 2017년 10월부터였으며 「주거급여법」에서는 2018년 1월 개정으로 삭제되었다. 또한 아동의 건강한 성장환경을 조성하여 아동의 기본적 권리와 복지증진에 기여하기 위한 「아동수당법」이 2018년 3월에 제정되어 9월부터 시행되었다.

아동수당

2017년에는 장애 등급제 개편 사항을 반영하고자 '장애등급'을 '장애 정도'로 변경하고, 맞춤형 서비스 제공을 위하여 '서비스 지원 종합조사'를 실시할 수 있는 법적 근거를 마련하며, 자립생활지원과 관련하여 국가와 지방자치단체의 책무 대상을 중증장애인에서 장애인으로 확대하는 내용으로 「장애인복지법」이 개정되었고 2019년부터 시행되었다.

「아동복지법」이 2019년 개정되면서 아동권리보장원을 설립하여 그동안 아동학대예방 및 방지업무, 보호대상아동 및 취약계층아동에 대한 지원업무 등 아동 지원업무가 별개의 기관에 위탁되어 산발적으로 운영되던 문제를 해결하고 아동정책을 종합적이고 체계적으로 추진할 수 있는 기반을 마련하였다. 또한 2020년에는 그동안 아동보호전문기관에서 담당하던 아동학대 조사업무를 시·도지사 또는 시장·군수·구청장이 아동학대전담공무원을 두고 아동학대 조사업무 등을 수행하게 하는 등 아동학대 조사체계를 공공 중심으로 개편하는 내용으로 개정되었다.

2021년에는 「고용보험법」을 개정하여 보호대상을 확대하였고 2022년부터 시행되었다. 코로나19의 확산으로 사회적 취약계층에 대한 보호의 필요성이 커지고 있는 상황에서 실업의 위험에 노출되어 있는 특수형태근로종사자(예술인 등 포함) 등 노무제공자의 생활 안정과 조기 재취업 기회를 확대하기 위하여 고용보험의 피보험자격 및 구직급여 등에 관한 규정을 일정한 직종의 노무제공자에게도 적용하였다. 그리고 노무제공자가 출산 또는 유산·사산으로 노무를 제공할 수 없는 경우에는 출산전후급여 등을 지급하도록 함으로써 고용보험의 사각지대를 해소하려고 하였다.

물음 4-6

________________이 1999년 제정되고 2000년 시행됨에 따라 의료보험 운영의 단일한 통합체계 구축이 이루어졌다.

물음 4-7

사회보험료의 통합징수 업무는 __________________으로 일원화되었다.

핵심 정리

일제 강점기에 만들어진 조선구호령은 1961년 「생활보호법」이 제정될 때까지 공공부조를 담당했다.

1970년 「사회복지사업법」이 제정되었으며 1983년 개정으로 사회복지사자격제도가 도입되었다.

1980년대에는 대상별 사회복지서비스법이 제정되기 시작했다. 신자유주의 경제체제의 도입과 아울러 이에 따르는 복지정책이 강화되면서 1993년에 「고용보험법」이 제정되고 1995년 시행되었다. 「국민연금법」은 1986년 제정되어 1988년에 시행되었다.

생산적 복지라는 새로운 패러다임을 제시하면서 1999년 「국민기초생활보장법」이 제정되었고 2000년에 시행되었다. 기존 「의료보험법」은 1999년에 「국민건강보험법」으로 대체되었고 2000년 시행되었다. 2003년에는 지역사회복지체계를 구축하기 위해 「사회복지사업법」이 개정되었다.

2014년에는 「국민기초생활보장법」이 개정되어 맞춤형 개별급여로 전환되었고 2015년 시행되었다. 2017년에는 '장애등급'을 '장애 정도'로 변경하는 내용으로 「장애인복지법」이 개정되었고, 아동의 건강한 성장 환경을 조성하여 아동의 기본적 권리와 복지증진에 기여하기 위한 「아동수당법」이 2018년 3월에 제정되었다.

2020년에는 아동학대전담공무원을 두고 아동학대 조사체계를 공공 중심으로 개편하는 내용으로 「아동복지법」이 개정되었다.

물음에 대한 답

4-1 일제 강점기에 만들어진 조선구호령은 1961년 「생활보호법」이 제정될 때까지 공공부조를 담당했다.

4-2 사회복지사업법은 1970년에 제정되었고, 1983년 개정 때 사회복지사 자격제도가 도입되었다.

4-3 1973년 「국민복지연금법」이 제정되었으나 시행되지 못하고 「국민연금법」이 1986년 제정되어 1988년부터 시행되었다.

4-4 고용보험법이 1993년에 만들어짐으로써 우리나라는 비로소 4대 보험체계를 갖추게 되었다.

4-5 사회복지법 체계에서 헌법 다음으로 중요한 위치를 차지하고 있는 법률은 사회보장기본법이다.

4-6 국민건강보험법이 1999년 제정되고 2000년 시행됨에 따라 의료보험 운영의 단일한 통합체계 구축이 이루어졌다.

4-7 사회보험료의 통합징수 업무는 국민건강보험공단으로 일원화되었다.

제2부에서는 본격적으로 개별 사회복지법률을 다룬다. 앞서 밝혔듯이 지면의 한계상 사회복지법 중 법률과 명령에 해당되는 내용 위주로 전개하였으며, 많은 사회복지법 중 우리가 많이 접하고 기본이 되는 법률을 중심으로 하였다.

사회복지정책과의 연관성을 이해하는 데 도움이 되도록, 먼저 사회복지법 중 가장 기본이 되는 사회보장기본법과 사회보장급여법에 대해 알아보았다. 그리고 사회보험법과 공공부조법, 사회복지사업법을 비롯한 사회복지서비스법의 개별 법률을 제시하고 각 법은 대체로 다음과 같이 정리하였다. 즉, 법의 목적, 대상, 급여, 전달체계 및 위원회, 재정, 사례 적용의 순으로 전개하였다. 이 중 전달체계는 조직과 인력을 중심으로 하였으며 전달체계는 아니지만 법상의 각종 위원회가 많은 영향을 주고 있으므로 전달체계와 같이 정리하였다. 마지막으로, 사례 적용은 법의 조항들이 실제로 어떻게 적용되고 있는지에 대한 이해를 돕고 이와 관련된 문제점은 무엇인지 생각해 볼 수 있도록 해 줄 것이다.

제2부

사회복지법률

제5장 사회보장기본법과 사회보장급여법

1. 사회보장기본법

1) 목적 및 기본 개념

(1) 목적

「사회보장기본법」은, 첫째, 사회보장에 관한 국민의 권리와 국가 및 지방자치단체의 책임을 정하고, 둘째, 사회보장정책의 수립·추진과 관련 제도에 관한 기본적인 사항을 규정하여, 셋째, 국민의 복지증진에 이바지함을 목적으로 하는 법이다(법 제1조). 이는 시대적 변화에 따라 사회보장이 국민적 권리의 하나로 인식되고 있음을 수용한 한편, 국가와 지방자치단체의 사회보장에 관한 책임과 의무를 규정한 것으로 풀이할 수 있다.

불평등을 줄이는 더 쉬운 방법

이러한 목적 규정은 「헌법」 제34조 제1항의 인간다운 생활을 할 권리와 제2항에 있는 국가의 의무를 구체화하려는 규범적 목적을 분명히 하려는 것이다(윤찬영, 2010: 460).

(2) 기본 이념

사회보장은 모든 국민이 다양한 사회적 위험으로부터 벗어나 인간다운 생활을 향유할 수 있도록 자립을 지원하며, 사회참여 · 자아실현에 필요한 제도와 여건을 조성하여 사회통합과 행복한 복지사회를 실현하는 것을 기본 이념으로 한다(법 제2조). 2012년 개정 전에는 인간다운 생활 향유가 최저생활 보장이었던 것에 비해 발전된 기본 이념을 담고 있다.

(3) 정의

「사회보장기본법」에서는 각종 사회복지와 관련된 개념들을 정의하고 있으며 기본적인 내용은 다음과 같다.

① 사회보장

"사회보장"이란 출산, 양육, 실업, 노령, 장애, 질병, 빈곤 및 사망 등의 사회적 위험으로부터 모든 국민을 보호하고 국민 삶의 질을 향상시키는 데 필요한 소득 · 서비스를 보장하는 사회보험, 공공부조, 사회서비스를 말한다(법 제3조 제1호). 여기서 '사회보장'이라는 용어는 일반적으로 쓰이는 '사회복지'라는 개념으로 보아야 할 것이다. 이렇게 사회적 위험을 규정한 것은 많은 사회적 위험 중에 특별히 개입하고자 하는 사회적 위험에 대한 의지를 표명한 것이다. 그런 의미에서 보면 산업재해가 사회적 위험에 포함되어 있지 않은 점은 유감이라 하겠다.

② 사회보험

"사회보험"이란 국민에게 발생하는 사회적 위험을 보험의 방식으로 대처함으로써 국민의 건강과 소득을 보장하는 제도를 말한다(법 제3조 제2호).

③ 공공부조

"공공부조(公共扶助)"란 국가와 지방자치단체의 책임하에 생활 유지 능력이 없거나 생활이 어려운 국민의 최저생활을 보장하고 자립을 지원하는 제도를 말한다(법 제3조 제3호). 국가와 지방자치단체의 책임이라는 말은 제도의 관리와 감독을 국가와 지방자치단체가 담당하며 재정은 조세로 운영된다는 것을 의미한다.

④ 사회서비스[1]

"사회서비스"란 국가 · 지방자치단체 및 민간부문의 도움이 필요한 모든 국민에게 복지, 보건의료, 교육, 고용, 주거, 문화, 환경 등의 분야에서 인간다운 생활을 보장하고 상담, 재활, 돌봄, 정보의 제공, 관련 시설의 이용, 역량 개발, 사회참여 지원 등을 통하여 국민의 삶의 질이 향상되도록 지원하는 제도를 말한다(법 제3조 제4호). 사회서비스는 기존의 사회복지서비스와 관련 제도를 통합한 개념이다. 법상의 분야 중 교육, 고용, 주거, 문화, 환경 등은 관장부서가 보건복지부가 아니어서 법 적용에 있어 현실적 장벽이 존재한다.

⑤ 평생사회안전망

"평생사회안전망"이란 생애주기에 걸쳐 보편적으로 충족되어야 하는 기본욕구와 특정한 사회위험에 의하여 발생하는 특수욕구를 동시에 고려하여 소득 · 서비스를 보장하는 맞춤형 사회보장제도를 말한다(법 제3조 제5호). 2012년 1월 개정으로 평생사회안전망의 개념이 신설되었다.

1 같은 '사회서비스'라는 용어를 사용해도 법에 따라 정의가 다르다는 점을 잊지 말아야 한다. 「사회서비스 이용 및 이용권 관리에 관한 법률」에서는 제2조 제1호에 "사회서비스란 「사회복지사업법」 제2조 제4호에 따른 사회복지서비스, 「보건의료기본법」 제3조 제2호에 따른 보건의료서비스, 그 밖에 이에 준하는 서비스로서 대통령령으로 정하는 서비스를 말한다."라고 하고 있어 협의의 사회서비스 개념을 사용하고 있다.

⑥ 사회보장 행정데이터

"사회보장 행정데이터"란 국가, 지방자치단체, 공공기관 및 법인이 법령에 따라 생성 또는 취득하여 관리하고 있는 자료 또는 정보로서 사회보장 정책 수행에 필요한 자료 또는 정보를 말한다(법 제3조 제6호).

(4) 다른 법률과의 관계

사회보장에 관한 다른 법률을 제정하거나 개정하는 경우에는 이 법에 부합되도록 하여야 한다(법 제4조)고 하고 있어 사회복지를 지도할 기본법으로서의 위치를 명확히 하고 있다.

물음 5-1

__________란 국가 및 지방자치단체의 책임하에 생활 유지 능력이 없거나 생활이 어려운 국민의 최저생활을 보장하고 자립을 지원하는 제도를 말한다.

2) 사회보장의 주체와 책임

「사회보장기본법」에서는 사회복지공급의 주체를 국가 및 지방자치단체, 가정, 지역공동체, 국민 개개인 등으로 다양하게 제시하고 있다. 하지만 무엇보다도 사회복지에 있어서는 국가 책임을 우선적으로 확립하는 것이 필요하다.

(1) 국가 및 지방자치단체의 책임

국가 및 지방자치단체는 모든 국민의 인간다운 생활을 유지·증진하는 책임을 가지며 사회보장에 관한 책임과 역할을 합리적으로 분담해야 한다. 그리고 지속 가능한 사회보장제도를 확립하고 매년 이에 필요한 재원을 조달하여야 한다. 또한 국가는 중장기 사회보장 재정추계를 격년으로 실시하고 이를 공표하여야 한다(법 제5조). 국가와 지방자치단체는 가정이 건전하게 유지되고 그 기능이 향상되도록 노력하여야 하며 사회보장제도를 시행함에 있어 가정과 지역공동체의 자발적 복지활동을 촉진하여야 한다(법 제6조).

(2) 국민의 책임

모든 국민은 자신의 능력을 최대한 발휘하여 자립·자활할 수 있도록 노력하고, 보호가 필요한 사람에게 지속적 관심을 가지고 이들이 보다 나은 삶을 누릴 수 있는 사회환경 조성에 협력하고 노력해야 한다. 관계 법령이 정하는 바에 따라 비용의 부담, 정보의 제공 등 국가의 사회보장정책에 협력하여야 한다(법 제7조).

물음 5-2

국가는 중장기 사회보장 재정추계를 ________으로 실시하고
이를 공표하여야 한다.

3) 대상

사회보장의 대상은 개별 법과 제도의 자격기준, 자격요건에 따라 선정·결정되는 것이지만, 포괄적으로는 전 국민을 대상으로 하고 있고 더 나아가서는 외국인도 포함시키는 경우가 늘어나고 있다(법 제8조 및 제9조). 국내에 거주하는 외국인에게 사회보장제도를 적용할 때에는 상호주의의 원칙에 따르되, 관계 법령에서 정하는 바에 따른다(법 제8조).

4) 급여

모든 국민은 사회보장 관계 법령에서 정하는 바에 따라 사회보장급여를 받을 권리(이하 “사회보장수급권”이라 한다)를 가진다(법 제9조). 이렇게 사회보장수급권은 인정하고 있으나 사회보장수급권의 범위, 내용 등에 대한 기준을 「사회보장기본법」에서 규정해 주어야 함에도 불구하고 개별 법률에 맡기고 있어 기본법으로서의 역할에 충실하지 못하는 모습을 보여 준다.

(1) 급여 수준

사회보장급여 수준과 관련하여 다음과 같은 세 개의 원칙을 규정하고 있다(법 제10조).

① 국가와 지방자치단체는 모든 국민이 건강하고 문화적인 생활을 유지할 수 있도록 사회보장급여의 수준 향상을 위하여 노력하여야 한다(제1항).
② 국가는 관계 법령에서 정하는 바에 따라 최저보장수준과 최저임금을 매년 공표하여야 한다(제2항).
③ 국가와 지방자치단체는 제2항에 따른 최저보장수준과 최저임금 등을 고려하여 사회보장급여의 수준을 결정하여야 한다(제3항).

이렇듯 최저임금이 사회보장급여의 수준을 정하는 데 영향을 주고 있기 때문에 매년 최저임금 결정에 많은 관심을 기울여야만 한다. 또한 사회보장급여 수준 결정에 ‘열등처우의 원칙’이 영향을 주고 있음을 제3항을 통해 알 수 있다.

(2) 수급권의 신청

사회보장급여의 신청과 관련해서는 신청주의를 따르고 있다(법 제11조). 즉, 사회보장급여를 받으려는 사람은 관계 법령에서 정하는 바에 따라 국가나 지방자치단체에 신청하여야 한다. 다만, 관계 법령이 따로 정하는 경우에는 국가나 지방자치단체가 신청을 대신할 수 있다. 사회보장급여를 신청하는 사람이 다른 기관에 신청한 경우에 그 기관은 지체 없이 이를 정당한 권한이 있는 기관에 이송하여야 한다.

(3) 수급권의 보호, 제한 및 포기

① 보호

사회보장수급권[2]은 관계 법령에서 정하는 바에 따라 다른 사람에게 양도하거나 담보로 제공할 수 없으며, 이를 압류할 수 없다(법 제12조). 사회보장급여는 인간의 생존과 직접적으로 관련되어 있으며 최후의 안전망이기 때문에 이렇게 법으로 보호 장치를 두고 있다.

② 제한

사회보장수급권의 제한에 대하여 다음과 같이 규정하고 있다(법 제13조). 사회보장수급권은 제한되거나 정지될 수 없다. 다만, 관계 법령에서 따로 정하고 있는 경우에는 그러하지 아니하다. 이러한 예로 일부러 사고를 일으킨다든가, 보험료를 내지 않는 경우와 같이 사회보장급여의 발생 사유가 불법이거나 부당한 경우를 들 수 있다. 사회보장수급권이 제한되거나 정지되는 경우에는 제한 또는 정지하는 목적에 필요한 최소한의 범위에 그쳐야 한다.

---

2 「사회보장기본법」에서 사회보장은 일반적인 의미의 사회복지이기 때문에 사회보장수급권을 사회복지수급권의 의미로 보아야 한다.

③ 포기

사회보장수급권의 포기에 대해 다음과 같이 규정하고 있다(법 제14조). 사회보장수급권은 정당한 권한이 있는 기관에 서면으로 통지하여 포기할 수 있다. 이때 구두로 표시한 것은 인정되지 않으며 반드시 '서면'으로 통지해야 한다. 포기한 사회보장수급권은 취소할 수 있다. 만약 사회보장수급권을 포기하는 것이 다른 사람에게 피해를 주거나 사회보장에 관한 관계 법령에 위반되는 경우에는 사회보장수급권을 포기할 수 없다.

(4) 구상권[3]

제3자의 불법행위에 피해를 입은 국민이 그로 인하여 사회보장수급권을 가지게 된 경우 사회보장제도를 운영하는 자는 그 불법행위의 책임이 있는 자에 대하여 관계 법령에서 정하는 바에 따라 구상권을 행사할 수 있다(법 제15조). 이것은 사회보장급여가 불법행위를 보호하지 않는다는 뜻이다. 그리고 불법책임자의 책임불이행으로 인한 수급자의 피해를 막기 위함인데 이러한 경우에도 일단 국가의 책임을 확보하는 방식을 취함으로써 국민의 수급권을 적극 보호한다(남기민 · 홍성로, 2011: 136).

물음 5-3

사회보장수급권은 정당한 권한이 있는 기관에 ________으로 통지하여 포기할 수 있다.

5) 사회보장위원회

사회보장에 관한 주요 시책을 심의 · 조정하기 위하여 국무총리 소속으로

3 「민법」상 구상권은 다른 사람을 위하여 그 사람의 빚을 갚은 사람이 다른 연대 채무자나 주된 채무자에게 상환을 요구할 수 있는 권리를 뜻한다.

사회보장위원회(위원회)를 둔다(법 제20조).

사회보장위원회는 위원장 1명(국무총리)과 부위원장 3명(기획재정부장관, 교육부장관, 보건복지부장관) 및 행정안전부장관, 고용노동부장관, 여성가족부장관, 국토교통부장관을 포함한 위원 30인 이내로 한다. 위원은 대통령령으로 정하는 관계 중앙행정기관의 장과 근로자를 대표하는 자, 사용자를 대표하는 자, 사회보장에 관한 학식과 경험이 풍부한 자, 변호사의 자격이 있는 자 등 중에서 대통령이 위촉하게 되어 있으며, 임기는 2년으로 한다(법 제21조). 위원회가 보다 의미 있게 운영되기 위해서는 사회보장급여를 받는 대상자가 위원으로 포함되도록 해야 한다. 다시 말해, 급여를 받는 당사자의 의견이 반영될 수 있도록 위원회가 구성될 필요가 있다.

사회보장위원회는 다음과 같은 사항을 심의 · 조정한다(법 제20조 제2항).

1. 사회보장 증진을 위한 기본계획
2. 사회보장 관련 주요 계획
3. 사회보장제도의 평가 및 개선
4. 사회보장제도의 신설 또는 변경에 따른 우선순위
5. 둘 이상의 중앙행정기관이 관련된 주요 사회보장정책
6. 사회보장급여 및 비용 부담
7. 국가와 지방자치단체의 역할 및 비용 분담
8. 사회보장의 재정추계 및 재원조달 방안
9. 사회보장 전달체계 운영 및 개선
10. 제32조 제1항에 따른 사회보장통계
11. 사회보장정보의 보호 및 관리
12. 제26조 제4항에 따른 조정
13. 그 밖에 위원장이 심의에 부치는 사항

6) 사회보장 기본계획의 수립

사회보장 기본계획은 사회보장(사회복지) 분야에 주요한 국가 발전 계획의 속성을 지니고 있다. 사회복지 분야에서 과거 경제개발 5개년 계획과 같은 의미를 지닌다고 보면 좋을 것 같다.

보건복지부장관은 관계 중앙행정기관의 장과 협의하여 사회보장 증진을 위하여 사회보장에 관한 기본계획을 5년마다 수립하여야 한다(법 제16조). 기본계획은 사회보장위원회가 국무회의의 심의를 거쳐 확정한다. 기본계획에는 국내외 사회보장환경의 변화와 전망, 사회보장의 기본목표 및 중장기 추진방안, 주요 추진과제 및 추진방법, 필요한 재원의 규모와 조달 방안, 사회보장 관련 기금 운용방안, 사회보장 전달체계, 그 밖에 사회보장정책의 추진에 필요한 사항이 포함되어야 한다. 기본계획은 다른 법령에 따라 수립되는 사회보장에 관한 계획에 우선하며 그 계획의 기본이 된다(법 제17조).

보건복지부장관 및 관계 중앙행정기관의 장은 기본계획에 따라 사회보장과 관련된 소관 주요 시책의 시행계획을 매년 수립 · 시행하여야 한다(법 제18조). 특별시장 · 광역시장 · 특별자치시장 · 도지사 또는 특별자치도지사 · 시장 · 군수 · 구청장(자치구의 구청장을 말한다)은 관계 법령으로 정하는 바에 따라 사회보장에 관한 지역계획을 수립 · 시행하여야 하며, 지역계획은 기본계획과 연계되어야 한다(법 제19조).

7) 사회보장정책의 기본 방향

(1) 평생사회안전망 구축과 운영

국가와 지방자치단체는 모든 국민이 생애 동안 삶의 질을 유지 · 증진할 수 있도록 평생사회안전망을 구축하여야 한다. 그리고 국가와 지방자치단체는 평생사회안전망을 구축 · 운영함에 있어 사회적 취약계층을 위한 공공부조를 마련하여 최저생활을 보장하여야 한다(법 제22조).

(2) 사회서비스 보장

국가와 지방자치단체는 모든 국민의 인간다운 생활과 자립, 사회참여, 자아실현 등을 지원하여 삶의 질이 향상될 수 있도록 사회서비스에 관한 시책을 마련하여야 한다. 국가와 지방자치단체는 사회서비스 보장과 제24조에 따른 소득보장이 효과적이고 균형적으로 연계되도록 하여야 한다(법 제23조). 이렇게 사회서비스 보장과 소득보장의 연계를 강조하고 있으나 두 보장 간의 관계(대체 또는 보완) 설정에 대해서는 언급이 없어 불분명하다.

(3) 소득보장

국가와 지방자치단체는 다양한 사회적 위험하에서도 모든 국민이 인간다운 생활을 할 수 있도록 소득을 보장하는 제도를 마련하여야 한다. 이때 국가와 지방자치단체는 공공부문과 민간부문의 소득보장제도가 효과적으로 연계되도록 하여야 한다(법 제24조).

8) 사회보장제도의 운영

(1) 운영원칙

법은 사회보장제도를 운영하는 과정에 요청되는 운영원칙을 다섯 가지로 제시하고 있다(법 제25조). 이러한 원칙들은 선언적이기 때문에 개별 법률 속에서 구체적으로 나타나야 한다.

① 국가와 지방자치단체가 사회보장제도를 운영할 때에는 이 제도를 필요로 하는 모든 국민에게 적용하여야 한다.

② 국가와 지방자치단체는 사회보장제도의 급여 수준과 비용 부담 등에

서 형평성을 유지하여야 한다.

③ 국가와 지방자치단체는 사회보장제도의 정책 결정 및 시행 과정에 공익의 대표자 및 이해관계인 등을 참여시켜 이를 민주적으로 결정하고 시행하여야 한다.

④ 국가와 지방자치단체가 사회보장제도를 운영할 때에는 국민의 다양한 복지 욕구를 효율적으로 충족시키기 위하여 연계성과 전문성을 높여야 한다.

⑤ 사회보험은 국가의 책임으로 시행하고, 공공부조와 사회서비스는 국가와 지방자치단체의 책임으로 시행하는 것을 원칙으로 한다. 다만, 국가와 지방자치단체의 재정 형편 등을 고려하여 이를 협의 · 조정할 수 있다.

물음 5-4

_________은 국가의 책임으로 시행하고 _________와 ___________는 국가와 지방자치단체의 책임으로 시행하는 것을 원칙으로 한다.

(2) 협의 및 조정

국가와 지방자치단체의 협의와 조정에 관한 내용은 다음과 같이 제시되었다(법 제26조).

① 국가와 지방자치단체는 사회보장제도를 신설하거나 변경할 경우 기존 제도와의 관계, 사회보장 전달체계에 미치는 영향, 재원의 규모 · 조달방안을 포함한 재정에 미치는 영향 및 지역별 특성 등을 사전에 충분히 검토하고 상호협력하여 사회보장급여가 중복 또는 누락되지 아니하도록 하여야 한다.

② 중앙행정기관의 장과 지방자치단체의 장은 사회보장제도를 신설하거나 변경할 경우 신설 또는 변경의 타당성, 기존 제도와의 관계, 사회보장 전달체계에 미치는 영향, 지역복지 활성화에 미치는 영향 및 운영방안 등에 대하여 대통령령으로 정하는 바에 따라 보건복지부장관과 협의하여야 한다. 이 부분은 중앙정부에 의한 지방자치단체 정책에 대한 간섭이 될 수 있다. 그래서 보건복지부장관을 포함한 중앙행정기관의 장과 지방자치단체의 장이 사회보장제도의 신설 또는 변경에 관한 협의 업무를 수행하기 위하여 다음 3항을 추가하여 협의 업무가 효율적이고 전문적으로 이루어지도록 하였다.

③ 중앙행정기관의 장과 지방자치단체의 장은 제2항에 따른 업무를 효율적으로 수행하기 위하여 필요하다고 인정하는 경우에는 관련 자료의 수집 · 조사 및 분석에 관한 업무를 다음 각 호의 기관 또는 단체에 위탁할 수 있다.

1. 「정부출연연구기관 등의 설립 · 운영 및 육성에 관한 법률」에 따라 설립된 정부출연연구기관
2. 「사회보장급여의 이용 · 제공 및 수급권자 발굴에 관한 법률」 제29조에 따른 한국사회보장정보원
3. 그 밖에 대통령령으로 정하는 전문기관 또는 단체

④ 중앙행정기관의 장과 지방자치단체의 장은 제2항에 따른 협의가 이루어지지 아니할 경우 위원회에 조정을 신청할 수 있으며, 위원회는 대통령령으로 정하는 바에 따라 이를 조정한다.

⑤ 보건복지부장관은 사회보장급여 관련 업무에 공통적으로 적용되는 기준을 마련할 수 있다.

(3) 민간의 참여

민간의 참여에 관하여 다음과 같이 규정하고 있다(법 제27조).

국가와 지방자치단체는 사회보장에 대한 민간부문의 참여를 유도할 수 있도록 정책을 개발 · 시행하고 그 여건을 조성하여야 한다. 국가와 지방자치단체는 사회보장에 대한 민간부문의 참여를 유도할 수 있도록 자원봉사, 기부 등 나눔의 활성화를 위한 각종 지원사업, 사회보장정책의 시행에 있어 민간부문과의 상호협력체계 구축을 위한 지원사업, 그 밖에 사회보장에 관련된 민간의 참여를 유도하는 데 필요한 사업이 포함된 시책을 수립 · 시행할 수 있다. 국가와 지방자치단체는 개인 · 법인 또는 단체가 사회보장에 참여하는 데 드는 경비의 전부 또는 일부를 지원하거나 그 업무를 수행하기 위하여 필요한 지원을 할 수 있다.

(4) 사회보장 전달체계

국가와 지방자치단체는 모든 국민이 쉽게 이용할 수 있고 사회보장급여가 적시에 제공되도록 지역적 · 기능적으로 균형 잡힌 사회보장 전달체계를 구축하여야 한다. 국가와 지방자치단체는 사회보장 전달체계의 효율적 운영에 필요한 조직, 인력, 예산 등을 갖추어야 한다. 국가와 지방자치단체는 공공부문과 민간부문의 사회보장 전달체계가 효율적으로 연계되도록 노력하여야 한다(법 제29조).

(5) 사회보장급여의 관리

국가와 지방자치단체는 국민의 사회보장수급권 보장 및 재정의 효율적 운용을 위하여 다음 각 호의 관한 사회보장급여의 관리체계를 구축 · 운영하여야 한다(법 제30조).

1. 사회보장수급권자 권리구제
2. 사회보장급여의 사각지대 발굴
3. 사회보장급여의 부정 · 오류 관리
4. 사회보장급여의 과오지급액 환수 등 관리

보건복지부장관은 사회서비스의 품질기준 마련, 평가 및 개선 등의 업무를 수행하기 위하여 필요한 전담기구를 설치할 수 있다.

(6) 사회보장통계 및 사회보장 정보 시스템의 구축 운영

국가와 지방자치단체는 효과적인 사회보장정책의 수립 · 시행을 위하여 사회보장에 관한 통계(사회보장통계)를 작성 · 관리하여야 한다(법 제32조). 관계 중앙행정기관의 장과 지방자치단체의 장은 소관 사회보장통계를 대통령령으로 정하는 바에 따라 보건복지부장관에게 제출하여야 한다. 보건복지부장관은 제출된 사회보장통계를 종합하여 위원회에 제출하여야 한다.

사회보장정보시스템의 구축 · 운영 등에 관한 조항(법 제37조)은 다음과 같다. 국가와 지방자치단체는 국민편익의 증진과 사회보장업무의 효율성 향상을 위하여 사회보장업무를 전자적으로 관리하도록 노력하여야 한다. 국가는 관계 중앙행정기관과 지방자치단체에서 시행하는 사회보장수급권자 선정 및 급여 관리 등에 관한 정보를 통합 · 연계하여 처리 · 기록 및 관리하는 시스템(사회보장정보시스템)을 구축 · 운영할 수 있다.

이와 관련된 정보보호의 의무는 다음과 같다. 사회보장업무에 종사하거나 종사하였던 자는 사회보장업무 수행과 관련하여 알게 된 개인 · 법인 또는 단체의 정보를 관계 법령에서 정하는 바에 따라 보호하여야 한다. 국가와 지방자치단체, 공공기관, 법인 · 단체, 개인이 조사하거나 제공받은 개인 · 법인 또는 단체의 정보는 이 법과 관련 법률에 근거하지 아니하고 보유, 이용, 제공해서는 아니 된다(법 제38조).

(7) 부수적 의무

① 정보 공개의 의무

국가와 지방자치단체는 사회보장제도에 관하여 국민이 필요한 정보를 관계 법령에서 정하는 바에 따라 공개하고, 이를 홍보하여야 한다(법 제33조).

② 설명의 의무

국가와 지방자치단체는 사회보장 관계 법령에 규정한 권리나 의무를 해당 국민에게 설명하도록 노력하여야 한다(법 제34조).

③ 상담의 의무

국가와 지방자치단체는 사회보장 관계 법령에서 정하는 바에 따라 사회보장에 관한 상담에 응하여야 한다(법 제35조).

④ 통지의 의무

국가와 지방자치단체는 사회보장 관계 법령에서 정하는 바에 따라 사회보장에 관한 사항을 해당 국민에게 알려야 한다(법 제36조).

9) 재정(비용)

사회보장 비용의 부담(법 제28조)은 각각의 사회보장제도의 목적에 따라 국가, 지방자치단체 및 민간부문 간에 합리적으로 조정되어야 한다고 하고 있지만 각각의 제도에서 약간씩 다르다.

- 사회보험에 드는 비용: 사용자, 피용자 및 자영업자가 부담하는 것을 원칙으로 하되, 관계 법령이 정하는 바에 따라 국가가 그 비용의 일부를 부담할 수 있다.
- 공공부조: 비용의 전부 또는 일부는 국가와 지방자치단체가 부담한다.
- 사회서비스
  - 부담능력이 있는 국민에 대한 사회서비스에 드는 비용: 수익자가 부담함을 원칙으로 하되, 관계 법령에서 정하는 바에 따라 국가와 지방자치단체가 그 비용의 일부를 부담할 수 있다.
  - 관계 법령에서 정하는 일정 소득 수준 이하의 국민에 대한 사회서비스: 비용의 전부 또는 일부를 국가와 지방자치단체가 부담한다.

다양한 사회적 위험에 대응하기 위한 제도인 사회보험은 노동자, 사용자, 정부의 3자가 협력해야 하고 비용 부담도 마찬가지이다. 그러나 우리나라는 국가의 비용 부담이 너무 적어서 향후 확대가 필요하다. 특히 비용 납부에 대한 부담으로 저소득, 자영업자 등이 사회보험의 사각지대에 남아 있지 않게 하기 위해서는 정부의 부담이 더 확대되어야 한다.

물음 5-5

부담할 능력이 있는 국민에 대한 사회서비스에 드는 비용은 ________가 부담함을 원칙으로 한다.

10) 권리구제

위법 또는 부당한 처분을 받거나 필요한 처분을 받지 못함으로써 권리 또는 이익을 침해받은 국민은 「행정심판법」에 따른 행정심판을 청구하거나 「행정소송법」에 따른 행정소송을 제기하여 그 처분의 취소 또는 변경 등을 청구할 수 있다(법 제39조).

2. 사회보장급여의 이용 · 제공 및 수급권자 발굴에 관한 법률(사회보장급여법)

1) 목적 및 정의

(1) 목적

「사회보장기본법」에 따른 사회보장급여의 이용 및 제공에 관한 기준과 절차 등 기본적 사항을 규정하고 지원을 받지 못하는 지원대상자를 발굴하여 지원함으로써 사회보장급여를 필요로 하는 사람의 인간다운 생활을 할 권리를 최대한 보장하고, 사회보장급여가 공정하고 효과적으로 제공되도록 하며, 사회보장제도가 지역사회에서 통합적으로 시행될 수 있도록 그 기반을 구축하는 것을 목적으로 한다(법 제1조).

(2) 정의

사회보장급여와 관련된 개념들을 이 법에서 정의하고 있으며 기본적인 내용은 다음과 같다(법 제2조).

먼저, "사회보장급여"란 보장기관(관계 법령 등에 따라 사회보장급여를 제공하는 국가기관과 지방자치단체: 제5호)이 「사회보장기본법」 제3조 제1호[4]에 따라 제공하는 현금, 현물, 서비스 및 그 이용권을 말한다. "수급권자"란 「사회보장기본법」 제9조에 따른 사회보장급여를 제공받을 권리를 가진 사람을 말한다. "수급자"란 사회보장급여를 받고 있는 사람을 말한다. "지원대상자"란 사회보장급여를 필요로 하는 사람을 말한다.

2) 기본원칙

이 법의 기본원칙은 다음과 같다(법 제4조).

① 사회보장급여가 필요한 사람은 누구든지 자신의 의사에 따라 사회보장급여를 신청할 수 있으며, 보장기관은 이에 필요한 안내와 상담 등의 지원을 충분히 제공하여야 한다.
② 보장기관은 지원이 필요한 국민이 급여대상에서 누락되지 아니하도록 지원대상자를 적극 발굴하여 이들이 필요로 하는 사회보장급여를

4 "사회보장"이란 출산, 양육, 실업, 노령, 장애, 질병, 빈곤 및 사망 등의 사회적 위험으로부터 모든 국민을 보호하고 국민 삶의 질을 향상시키는 데 필요한 소득 · 서비스를 보장하는 사회보험, 공공부조, 사회서비스를 말한다.

적절하게 제공받을 수 있도록 노력하여야 한다.

③ 보장기관은 국민의 다양한 복지욕구를 충족시키고 생애주기별 필요에 맞는 사회보장급여가 공정 · 투명 · 적정하게 제공될 수 있도록 노력하여야 한다.

④ 보장기관은 사회보장급여와 「사회복지사업법」 제2조 제3호 및 제4호의 사회복지법인, 사회복지시설 등 사회보장 관련 민간 법인 · 단체 · 시설이 제공하는 복지혜택 또는 서비스를 효과적으로 연계하여 제공할 수 있도록 노력하여야 한다.

⑤ 보장기관은 국민이 사회보장급여를 편리하게 이용할 수 있도록 사회보장 정책 및 관련 제도를 수립 · 시행하기 위하여 노력하여야 한다.

⑥ 보장기관은 지역의 사회보장 수준이 균등하게 실현될 수 있도록 노력하여야 한다.

3) 사회보장급여의 절차

(1) 사회보장급여의 이용

① 사회보장급여의 신청(법 제5조)

사회보장급여 신청권자는 지원대상자의 주소지 관할 보장기관에 사회보장급여를 신청할 수 있다. 다만, 지원대상자의 주소지와 실제 거주지가 다른 경우에는 실제 거주지 관할 보장기관에도 신청할 수 있고, 중앙행정기관의 장이 지원대상자의 이용 편의, 사회보장급여의 제공 유형 등을 고려하여 필요하다고 결정한 사회보장급여의 경우에는 지원대상자의 주소지 관할이 아닌 보장기관에도 신청할 수 있다.

- 신청권자: 지원대상자와 그 친족, 「민법」에 따른 후견인, 「청소년 기본법」에 따른 청소년상담사 · 청소년지도사, 지원대상자를 사실상 보호

하고 있는 자(관련 기관 및 단체의 장을 포함한다) 등

- 보장기관의 업무담당자는 지원대상자가 누락되지 않도록 하기 위하여 관할 지역에 거주하는 지원대상자에 대한 사회보장급여의 제공을 직권으로 신청할 수 있다. 이 경우 지원대상자의 동의를 받아야 하며, 동의를 받은 경우에는 지원대상자가 신청한 것으로 본다. 이때 심신미약 또는 심신상실 등 대통령령으로 정하는 경우(피성년후견인 또는 피한정후견인인 경우, 미성년자인 경우, 그 밖에 심신장애로 의사를 결정할 능력이 미약하거나 없는 것으로 인정되는 경우)에는 지원대상자 동의 없이 직권으로 신청할 수 있다.
- 보장기관의 장이 지정한 법인 · 단체 · 시설 · 기관 등은 사회보장급여 신청권자의 요청에 따라 보장기관에 신청을 지원할 수 있다.

이와 같이 사회보장급여에 대한 엄격한 신청주의 절차, 제한적인 위기가구 발굴 방식만으로는 복지사각지대에서 어려움을 겪고 있는 국민들을 신속하고 효율적으로 지원하는 것이 어렵다는 문제를 해결하고자 신청방법을 다양화했다.

② 수급자격 조사(법 제7조)

복지급여 조사방법

보장기관의 장은 사회보장급여의 신청을 받으면 지원대상자와 그 부양의무자(배우자와 1촌의 직계혈족 및 그 배우자를 말한다)에 대하여 수급자격 확인을 위하여 다음의 자료 또는 정보를 제공받아 조사하고 처리할 수 있다.

1. 인적사항 및 가족관계 확인에 관한 사항
2. 소득 · 재산 · 근로능력 및 취업상태에 관한 사항
3. 사회보장급여 수급이력에 관한 사항
4. 그 밖에 수급권자를 선정하기 위하여 보장기관의 장이 필요하다고 인정하는 사항

③ 사회보장급여 제공의 결정(법 제9조)

보장기관의 장이 조사를 실시한 경우에는 사회보장급여의 제공 여부 및 제공 유형을 결정하되, 제공하고자 하는 사회보장급여는 지원대상자가 현재 제공받고 있는 사회보장급여와 보장내용이 중복되도록 하여서는 아니 된다. 보장기관의 장은 결정된 사회보장급여의 제공 여부와 그 유형 및 변경사항 신고의무 등을 서면(신청인의 동의에 의한 전자문서를 포함한다)으로 신청인에게 통지하여야 하며, 필요한 경우 구두 등의 방법을 병행할 수 있다.

(2) 지원대상자 발굴

① 발굴 및 홍보

보장기관의 장은 누락된 지원대상자가 적절한 사회보장급여를 제공받을 수 있도록 지원이 필요한 위기가구를 발굴하기 위하여 노력하여야 한다(법 제9조의2). 위기가구란 보장기관의 장이 위기상황에 처하여 있다고 판단한 사람의 가구, 자살자가 발생한 가구 또는 자살시도자가 발생한 가구로서 대통령령으로 정하는 기준에 해당하는 가구다.

복지사각지대 발굴

보장기관의 장은 지원대상자를 발굴하기 위하여 사회보장 급여의 내용 및 제공규모, 수급자가 되기 위한 요건과 절차, 그 밖에 사회보장급여 수급을 위하여 필요한 정보에 대한 자료 또는 정보의 제공과 홍보에 노력하여야 한다(법 제10조).

보건복지부장관은 보장기관의 업무를 지원하기 위하여 사회보장정보시스템을 통하여 단전, 단수, 단가스, 보험료체납 가구정보 등을 처리할 수 있다(법 제12조). 보장기관의 장은 지원대상자에 대한 발굴조사를 분기마다 정기적으로 실시하여야 하고, 보건복지부장관은 지원대상자 발굴체계의 운영 실태를 매년 정기적으로 점검하고 개선방안을 마련하여야 한다(법 제12조의2).

② 신고의무

복지사각지대 해소를 위해 사회보장급여를 필요로 하는 지원대상자를 발견했을 때 신고해야 하는 의무 규정이 있는데 이는 다음과 같다(법 제13조).

누구든지 출산, 양육, 실업, 노령, 장애, 질병, 빈곤 및 사망 등의 사회적 위험으로 인하여 사회보장급여를 필요로 하는 지원대상자를 발견하였을 때에는 보장기관에 알려야 한다. 신고의무자는 사회복지시설 및 기관의 장과 종사자, 의료인, 구조대 및 구급대 대원, 경찰공무원, 이장, 통장 등이다.

③ 민관협력(법 제14조)

지원대상자 발굴을 촉진하기 위해 다음과 같이 민관협력 규정을 두고 있다(법 제14조). 보장기관과 관계 기관 · 법인 · 단체 · 시설은 지역사회 내 사회보장이 필요한 지원대상자를 발굴하고, 가정과 지역공동체의 자발적인 협조가 이루어질 수 있도록 노력하여야 한다. 시장 · 군수 · 구청장은 지원대상자의 발굴 및 지역사회보호체계의 구축을 위하여 필요한 경우 지역사회보장협의체에 관계 기관 · 법인 · 단체 · 시설의 장 및 그 밖에 사각지대 발굴과 관련한 기관 · 법인 · 단체 · 시설의 장 등을 포함시켜 운영할 수 있다.

(3) 지원계획 수립(법 제15조)

보장기관의 장은 사회보장급여의 제공을 결정한 때에는 필요한 경우 다음의 사항이 포함된 수급권자별 사회보장급여 제공계획(지원계획)을 수립하여야 한다. 즉, 사회보장급여의 유형 · 방법 · 수량 및 제공기간, 사회보장급여를 제공할 기관 및 단체, 동일한 수급권자에 대하여 사회보장급여를 제공할 보장기관 또는 관계 기관 · 법인 · 단체 · 시설이 둘 이상인 경우 상호간 연계방법, 사회보장 관련 민간 법인 · 단체 · 시설이 제공하는 복지혜택과 연계가 필요한 경우 그 연계방법 등이다.

(4) 이의신청(법 제17조)

이 법에 따른 처분에 이의가 있는 수급권자 등은 그 처분을 받은 날로부터 90일 이내에 처분을 결정한 보장기관의 장에게 이의신청을 할 수 있다. 보장기관의 장은 이의신청을 받은 날부터 10일 이내에 그 이의신청에 대하여 결정하고 그 결과를 신청인에게 지체 없이 통지하여야 한다.

4) 사회보장급여의 관리

사회보장급여 제공 이후의 체계적인 사후관리를 위하여 급여의 적정성 확인조사, 급여의 변경 · 중지 및 환수 등 필요한 일련의 절차를 규정하고 있다.

(1) 급여의 적정성 및 부정수급 실태조사

보장기관의 장은 수급자에 대한 사회보장급여의 적정성 확인조사를 할 수 있다(법 제19조). 그리고 보건복지부장관은 속임수 등의 부정한 방법으로 사회보장급여를 받거나 타인으로 하여금 사회보장급여를 받게 한 경우(부정수급자)에 대하여 보장기관이 효과적인 대책을 세울 수 있도록 그 발생 현황, 피해사례 등에 관한 실태조사를 3년마다 실시하고, 그 결과를 공개하여야 한다(법 제19조의2).

(2) 수급자 변동 신고

주기적으로 또는 기간을 정하여 사회보장급여를 제공받는 수급자는 거주지, 세대원, 소득 · 재산 상태, 근로능력, 다른 급여의 수급이력 등이 변동되었을 때에는 지체 없이 관할 보장기관의 장에게 신고하여야 한다(법 제20조).

(3) 사회보장급여의 변경 · 중지, 환수

보장기관의 장은 사회보장급여의 제19조에 따른 적정성 확인조사 및 제20조에 따른 수급자의 변동신고에 따라 수급자 및 그 부양의무자의 인적사항, 가족관계, 소득 · 재산 상태, 근로능력 등에 변동이 있는 경우에는 직권 또는 수급자나 그 친족, 그 밖의 관계인의 신청에 따라 수급자에 대한 사회보장급여의 종류 · 지급방법 등을 변경할 수 있다. 사회보장급여의 변경 또는 중지는 서면(수급자의 동의에 의한 전자문서를 포함한다)으로 그 이유를 명시하여 수급자에게 통지하여야 하며, 필요한 경우 구두 등의 방법을 병행할 수 있다(법 제21조).

수급자가 제20조에 따른 신고를 고의로 회피하거나 속임수 등의 부정한 방법으로 사회보장급여를 받거나 타인으로 하여금 사회보장급여를 받게 한 경우에는 사회보장급여를 제공한 보장기관의 장은 그 비용의 전부 또는 일부를 그 사회보장급여를 받거나 받게 한 자(부정수급자)로부터 환수할 수 있다(법 제22조).

5) 사회보장에 관한 지역계획 및 운영체계

(1) 지역사회보장계획의 수립(법 제35조)

시 · 도지사, 시장 · 군수 · 구청장은 「사회보장기본법」 제16조에 따른 사회보장에 관한 기본계획과 연계된 지역사회보장계획(4년) 및 연차별 시행계획을 수립 · 시행한다.

시장 · 군수 · 구청장은 지역사회보장협의체의 심의와 해당 시 · 군 · 구 의회에 대한 보고를 거쳐 확정된 시 · 군 · 구 지역사회보장계획을 시행연도의 전년도 9월 30일까지, 그 연차별 시행계획을 시행연도의 전년도 11월 30일까지 각각 시 · 도지사에게 제출하여야 한다.

시 · 도지사(특별자치시장 제외)는 제출받은 시 · 군 · 구의 지역사회보장계획을 지원하는 내용 등을 포함한 시 · 도 지역사회보장계획을 수립해야 한다. 특별자치시장은 지역주민 등 이해관계인의 의견을 들어 지역사회보장계획을 수립해야 한다. 시 · 도지사(특별자치시장 포함)는 시 · 도 사회보장위원회의 심의와 해당 시 · 도 의회의 보고를 거쳐 확정된 시행연도의 전년도 11월 30일까지, 그 연차별 시행계획을 시행연도의 1월 31일까지 각각 보건복지부장관에게 제출하여야 한다. 이 경우 보건복지부장관은 제출된 계획을 사회보장위원회에 보고하여야 한다.

보장기관의 장은 지역사회보장계획의 수립 및 지원 등을 위하여 지역사회보장조사(지역 내 사회보장 관련 실태와 지역주민의 사회보장에 관한 인식 등에 관하여 필요한 조사)를 실시할 수 있다.

(2) 지역사회보장계획의 내용(법 제36조)

① 시 · 군 · 구 지역사회보장계획

1. 지역사회보장 수요의 측정, 목표 및 추진전략
2. 지역사회보장의 목표를 점검할 수 있는 지표(지역사회보장지표)의 설정 및 목표
3. 지역사회보장의 분야별 추진전략, 중점 추진사업 및 연계협력 방안
4. 지역사회보장 전달체계의 조직과 운영
5. 사회보장급여의 사각지대 발굴 및 지원 방안
6. 지역사회보장에 필요한 재원의 규모와 조달 방안
7. 지역사회보장에 관련한 통계 수집 및 관리 방안
8. 지역 내 부정수급 발생 현황 및 방지대책
9. 그 밖에 대통령령으로 정하는 사항

② 시 · 도 지역사회보장계획

1. 시 · 군 · 구의 사회보장이 균형적이고 효과적으로 추진될 수 있도록 지원하기 위한 목표 및 전략
2. 지역사회보장지표의 설정 및 목표
3. 시 · 군 · 구에서 사회보장급여가 효과적으로 이용 및 제공될 수 있는 기반 구축 방안
4. 시 · 군 · 구 사회보장급여 담당 인력의 양성 및 전문성 제고 방안
5. 지역사회보장에 관한 통계자료의 수집 및 관리 방안
6. 시 · 군 · 구의 부정수급 방지대책을 지원하기 위한 방안
7. 그 밖에 지역사회보장 추진에 필요한 사항

③ 특별자치시 지역사회보장계획

1. 시 · 군 · 구의 지역사회보장계획의 내용
2. 사회보장급여가 효과적으로 이용 및 제공될 수 있는 기반 구축 방안
3. 사회보장급여 담당 인력의 양성 및 전문성 제고 방안
4. 그 밖에 지역사회보장 추진에 필요한 사항

보건복지부장관은 시 · 도 지역사회보장계획의 시행결과를, 시 · 도지사는 시 · 군 · 구 지역사회보장계획의 시행결과를 각각 보건복지부령으로 정하는 바에 따라 평가할 수 있다(법 제39조).

(3) 시 · 도 사회보장위원회와 지역사회보장협의체

지역의 사회보장 증진 및 관련 기관 · 단체와 연계를 강화하고 사회보장 업무를 효율적으로 수행하기 위하여 시 · 도 사회보장위원회와 시 · 군 · 구 지역사회보장협의체를 두는 한편, 읍 · 면 · 동의 사회보장 관련 업무의 원활한 수행을 위하여 해당 읍 · 면 · 동 단위 지역사회보장협의체를 둔다. 그

리고 시 · 군 · 구에 사회보장 사무 전담기구를 설치할 수 있도록 하여 지역 사회보장의 원활한 운영체계를 마련하였다(법 제40조부터 제42조까지).

(4) 통합사례관리(법 제42조의2)

보건복지부장관, 시 · 도지사 및 시장 · 군수 · 구청장은 지원대상자의 사회보장 수준을 높이기 위하여 지원대상자의 다양하고 복합적인 특성에 따른 상담과 지도, 사회보장에 대한 욕구조사, 서비스 제공 계획의 수립을 실시하고, 그 계획에 따라 지원대상자에게 보건 · 복지 · 고용 · 교육 등에 대한 사회보장급여 및 민간 법인 · 단체 · 시설 등이 제공하는 서비스를 종합적으로 연계 · 제공하는 통합사례관리를 실시할 수 있다. 이에 따른 통합사례관리를 실시하기 위하여 필요한 경우에는 특별자치시 및 시 · 군 · 구에 통합사례관리사를 둘 수 있다.

통합사례관리

(5) 사회복지전담공무원(법 제43조)[5]

사회복지사업에 관한 업무를 담당하게 하기 위하여 시 · 도, 시 · 군 · 구, 읍 · 면 · 동 또는 사회보장사무 전담기구에 사회복지전담공무원을 둘 수 있다. 사회복지전담공무원은 「사회복지사업법」 제11조에 따른 사회복지사의 자격을 가진 사람으로 하며, 그 임용 등에 필요한 사항은 대통령령으로 정한다. 사회복지전담공무원은 사회보장급여에 관한 업무 중 취약계층에 대한 상담과 지도, 생활실태의 조사 등 보건복지부령으로 정하는 사회복지에 관한 전문적 업무를 담당한다.

공무원: 사회복지업무

5 사회복지전담공무원은 1987년 사회복지전문요원이란 이름의 시범사업으로 시작되었으며, 1992년 「사회복지사업법」에 그 근거가 규정되었다. 과거 읍 · 면 · 동에만 배치되었다가 1999년 시 · 도까지 확대 배치되었고, 2017년 근거 규정이 「사회보장급여법」으로 옮겨졌다.

물음 5-6

시 · 도지사, 시장 · 군수 · 구청장은 지역사회보장계획을 ____년마다 수립 · 시행해야 한다.

6) 지역사회보장 지원 및 균형발전

중앙행정기관의 장 및 시 · 도지사는 지역 간 사회보장 수준 차이를 최소화하기 위하여 예산 배분 등에 있어 필요한 조치를 하도록 하고, 특정 분야의 복지서비스가 취약한 지역을 사회보장 특별지원구역으로 선정 · 지원할 수 있도록 하여 지역 간 사회보장 균형발전을 위한 방안을 마련하였다(법 제45조부터 제48조까지). 그리고 보건복지부장관은 시 · 도 및 시 · 군 · 구의 사회보장 추진 현황 분석, 지역사회보장계획의 평가, 지역 간 사회보장의 균형발전 지원 등의 업무를 효과적으로 수행하기 위하여 지역사회보장균형발전지원센터[6]를 설치 · 운영할 수 있다(법 제46조).

7) 기타

사회보장급여로 지급된 금품과 이를 받을 권리는 압류하지 못한다(법 제50조)고 규정하여 사회보장급여를 보호하고 있다. 한편, 부정수급 신고자에게는 다음과 같이 포상금을 지급할 수 있도록 하고 있다(법 제53조의2). 보장기관의 장은 다음의 어느 하나에 해당하는 자를 신고한 사람에게 예산의 범위에서 포상금을 지급할 수 있다. 즉, 부정수급자나 법령에 위반되거나 부당한 방법으로 사회보장급여를 제공한 사회복지법인 및 사회복지시

---

6 지역사회보장균형발전지원센터(http://www.kccwp.or.kr)는 「사회보장급여법」에 의해 시 · 도 및 시 · 군 · 구의 사회보장계획 평가, 지역 간 사회보장의 균형발전 등을 지원하기 위하여 한국보건사회연구원에 설치 · 운영되고 있다.

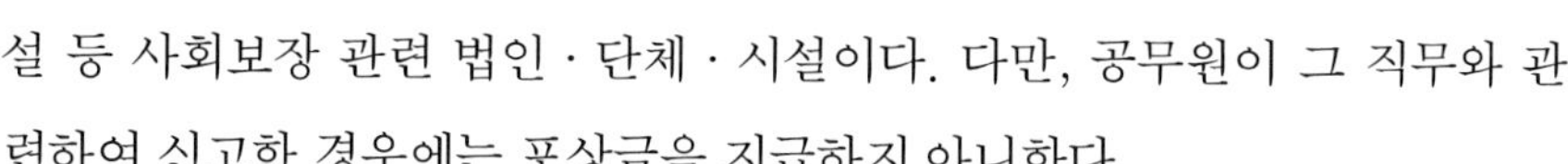
설 등 사회보장 관련 법인 · 단체 · 시설이다. 다만, 공무원이 그 직무와 관련하여 신고한 경우에는 포상금을 지급하지 아니한다.

핵심 정리

「사회보장기본법」은 「헌법」 제34조 제1항 인간다운 생활을 할 권리를 구체화하면서 개별 법률들을 지도하기 위한 기본법이다. 사회보장정책의 기본 방향은 평생사회 안전망 구축, 사회서비스 보장, 소득보장이다. 사회보장제도의 운영원칙은 적용범위의 보편성, 급여 수준 및 비용부담의 형평성, 운영의 민주성, 연계성 · 전문성의 강화, 국가 및 지방자치단체의 책임의 원칙이다.

「사회보장급여의 이용 · 제공 및 수급권자 발굴에 관한 법률」은 사회보장급여의 신청, 조사, 결정 · 지급, 사후관리에 이르는 복지대상자 선정과 지원에 필요한 일련의 절차 및 방법 등에 대한 사항을 구체적으로 규정하고, 소외계층을 발굴하기 위한 신고의무, 보호대상자에게 필요한 급여의 직권신청, 보호계획의 수립 · 지원, 상담 · 안내 · 의뢰 등 수급권자 보호를 강화하며 복지사각지대를 해소하기 위한 목적을 가진다.

물음에 대한 답

5-1 공공부조란 국가 및 지방자치단체의 책임하에 생활 유지 능력이 없거나 생활이 어려운 국민의 최저생활을 보장하고 자립을 지원하는 제도를 말한다.

5-2 국가는 중장기 사회보장 재정추계를 격년으로 실시하고 이를 공표하여야 한다.

5-3 사회보장수급권은 정당한 권한이 있는 기관에 서면으로 통지하여 포기할 수 있다.

5-4 사회보험은 국가의 책임으로 시행하고 공공부조와 사회서비스는 국가와 지방자치단체의 책임으로 시행하는 것을 원칙으로 한다.

5-5 부담할 능력이 있는 국민에 대한 사회서비스에 드는 비용은 수익자가 부담함을 원칙으로 한다.

5-6 시 · 도지사, 시장 · 군수 · 구청장은 지역사회보장계획을 4년마다 수립 · 시행해야 한다.

제6장

사회보험법 1

산재 · 고용보험의 보험관계는 관리 주체인 고용노동부장관과 산재보험 업무와 고용보험업무를 실제로 담당하는 일선 집행기관인 근로복지공단 및 고용노동부 고용센터, 「산업재해보상보험법(산재보험법)」, 「고용보험법」 및 「고용보험 및 산업재해보상보험의 보험료징수 등에 관한 법률(고용산재

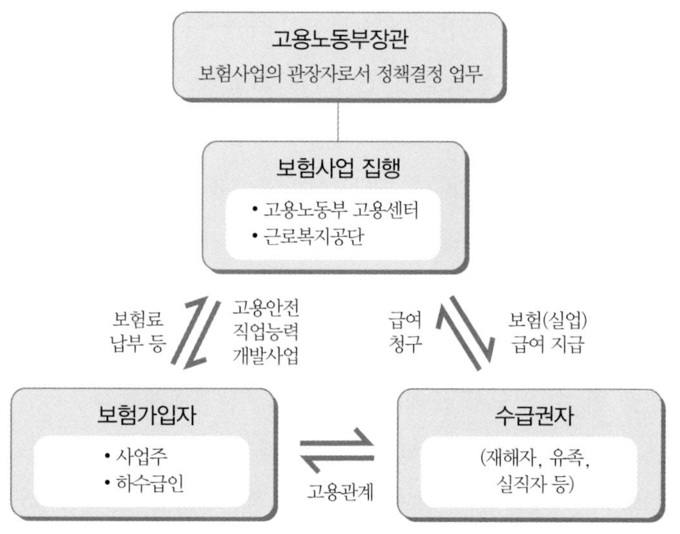

[그림 6-1] 산재 · 고용보험사업 수행체계

출처: 근로복지공단(2023: 3).

보험료징수법)」에 따라 보험료 납부 등 제반의무를 이행하는 보험가입자, 그리고 보험급여를 받을 권리가 있는 수급권자 등으로 기본구조를 형성하고 있다(근로복지공단, 2023).

1. 산업재해보상보험법(산재보험법)

1) 목적

산재보험 소개

이 법은 산업재해보상보험[1] 사업을 시행하여 근로자의 업무상 재해를 신속하고 공정하게 보상하며, 재해근로자의 재활 및 사회 복귀를 촉진하기 위하여 이에 필요한 보험시설을 설치 · 운영하고, 재해 예방과 그 밖에 근로자의 복지증진을 위한 사업을 시행하여 근로자 보호에 이바지하는 것을 목적으로 한다(법 제1조).

산재보험은 공업화가 진전되면서 급격히 증가하는 산업재해 근로자를 보호하기 위하여 1964년에 도입된 우리나라 최초의 사회보장보험이다. 목적에서 드러나듯이 산재보험제도는 국가가 사업주로부터 소정의 보험료를 징수하여 그 기금으로 사업주를 대신하여 보상을 함으로써 ① 재해자의 치료와 생계, 사회복귀를 지원하여 재해자 및 그 가족의 생활 안정을 도모하고 ② 사업주에게는 일시에 소요되는 과중한 보상비용을 분산시켜 정상적인 기업 활동을 보장한다(근로복지공단, 2023). 사업주로 하여금 안정적인 기업 운영을 할 수 있도록 도와주기 때문에 「산업재해보상보험법」은 산업

1 보상이란 적법한 공권력에 의해 가해진 희생을 사유재산의 보장과 공평부담의 관점에서 조정하기 위해 금전 또는 기타의 재화를 주는 것을 말한다. 한편, 배상이란 위법한 행위에 의해 타인에게 끼친 손해에 대해 손해가 없었던 것과 동일한 상태로 복귀시키는 것을 말한다.

화에 있어 필수적인 요소다. 그래서 다른 사회보험에 비해 저항이 없이 빠르게 제정되었다.

2) 대상

이 법에 따른 보험 관계의 성립과 소멸에 대하여는 고용산재보험료징수법으로 정하는 바에 따른다(법 제7조).

(1) 적용범위

산업재해보상보험에 있어서 보험관계란 보험에 가입한 사업주가 보험료를 납부하고, 업무상 재해가 발생하면 보험을 관장하는 자가 재해를 입은 근로자에게 보험급여를 행하는 관계를 말한다. 「산업재해보상보험법」 제6조에 의하면, 산재보험의 적용범위는 근로자를 사용하는 모든 사업 또는 사업장(이하 '사업'이라 한다)[2]이다. 다만, 위험률, 규모 및 장소 등을 고려하여 대통령령으로 정하는 사업에 대해서는 그 적용이 제외된다. 여기서 근로자란 「근로기준법」에 따른 근로자다(법 제5조 제2호). 대통령령에 의해 위험률 · 규모 및 장소 등을 고려하여 적용 제외되는 사업은 다음과 같다(시행령 제2조).

---

2 '사업'이란 어떤 목적을 위하여 업으로 행하여지는 계속적 · 사회적 · 경제적 활동단위로서 그 활동의 목적은 영리성 여부와는 관계가 없다. 한편, '사업장'은 사업이 행하여지고 있는 인적 · 물적 시설이 존재하는 장소적 범위를 중심으로 본 개념이다. 「산재보험법」에서는 제6조 이후부터 사업 또는 사업장을 '사업'으로 칭하고 있다.

- 「공무원 재해보상법」 또는 「군인 재해보상법」에 따라 재해보상이 되는 사업.[3] 다만, 「공무원 재해보상법」 제60조에 따라 순직유족급여 또는 위험직무순직유족급여에 관한 규정을 적용받는 경우는 제외한다.
- 「선원법」, 「어선원 및 어선 재해보상보험법」 또는 「사립학교교직원 연금법」에 따라 재해보상이 되는 사업
- 가구내 고용활동
- 농업, 임업(벌목업은 제외한다), 어업 및 수렵업 중 법인이 아닌 자의 사업으로서 상시근로자 수가 5명 미만인 사업

① 적용대상

가. 당연가입자

근로자를 사용하는 모든 사업 또는 사업장의 사업주(「산재보험법」의 적용을 받는 사업의 사업주)는 당연히 산업재해보상보험의 보험가입자가 된다(「고용산재보험료징수법」 제5조 제3항).

나. 임의가입자

이 법을 적용하지 아니하는 사업의 사업주는 공단의 승인을 받아 산재보험에 가입할 수 있다(「고용산재보험료징수법」 제5조 제4항).

다. 건강손상자녀에 대한 특례[4]

임신 중인 근로자가 업무수행 과정에서 업무상 재해, 출퇴근 사고 또는 대통령령으로 정하는 유해인자의 취급이나 노출로 인하여, 출산한 자녀에게

3 다른 사회보험으로 재해보상이 되는 사업이다.

4 대법원이 임신한 여성 근로자에게 그 업무에 기인하여 발생한 태아의 건강손상에 대하여도 업무상 재해를 인정하였다. 이에 따라 임신한 근로자의 업무상 이유로 건강이 손상된 자녀와 관련한 업무상 재해 인정기준 및 지급되는 보험급여에 관한 사항 등을 새롭게 규정할 필요성이 제기되어 이 부분이 신설되었다.

부상, 질병 또는 장해가 발생하거나 그 자녀가 사망한 경우 업무상의 재해로 본다. 이 경우 그 출산한 자녀(건강손상자녀)는 이 법을 적용할 때 해당 업무상 재해의 사유가 발생한 당시 임신한 근로자가 속한 사업의 근로자로 본다(법 제91조의12). 건강손상자녀에 대한 장해등급 판정은 18세 이후에 한다(법 제91조의13). 그리고 건강손상자녀에게 지급하는 보험급여 중 장해급여는 최저 보상기준 금액으로 하며, 장례비는 최저금액으로 한다(법 제91조의14).

라. 노무제공자에 대한 특례

기존 법에서는 특수형태근로종사자가 산업재해보상보험을 적용받기 위해서는 '특정 사업에의 전속성' 요건을 충족하여야 하는데, 배달앱 등 온라인 플랫폼 등을 통해 복수의 사업에 노무를 제공하는 경우에는 이러한 요건을 충족하지 못하여 산업재해 보호의 사각지대가 발생한다는 문제가 있었다. 이를 해결하기 위해 산업재해보상보험의 전속성 요건을 폐지하고, 기존 특수형태근로종사자 및 온라인 플랫폼 종사자 등을 포괄하는 개념으로 '노무제공자'의 정의를 신설하여 2023년 7월부터 산업재해보상보험의 적용을 받을 수 있도록 하였다.

"노무제공자"란 자신이 아닌 다른 사람의 사업을 위하여 다음 각 목의 어느 하나에 해당하는 방법에 따라 자신이 직접 노무를 제공하고 그 대가를 지급받는 사람으로서 업무상 재해로부터의 보호 필요성, 노무제공 형태 등을 고려하여 대통령령으로 정하는 직종에 종사하는 사람을 말한다(법 제91조의15).

> 가. 노무제공자가 사업주로부터 직접 노무제공을 요청받은 경우
> 나. 노무제공자가 사업주로부터 일하는 사람의 노무제공을 중개·알선하기 위한 전자적 정보처리시스템(온라인 플랫폼)을 통해 노무제공을 요청받는 경우

노무제공자는 이 법의 적용을 받는 근로자로 보며, 노무제공자의 노무를 제공받는 사업은 이 법의 적용을 받는 사업장으로 본다(법 제91조의16).

마. 특례가입자

㉮ 국외사업: 국외 근무 기간에 발생한 근로자의 재해를 보상하기 위하여 우리나라가 당사국이 된 사회보장에 관한 조약이나 협정으로 정하는 국가나 지역에서의 사업에 대하여는 고용노동부장관이 금융위원회와 협의하여 지정하는 자(보험회사)에게 이 법에 따른 보험사업을 자기의 계산으로 영위하게 할 수 있다(법 제121조).

㉯ 해외파견자: 보험가입자가 대한민국 밖의 지역에 파견하는 자(해외파견자)에 대하여 공단에 보험 가입 신청을 하여 승인을 받으면 해외파견자를 가입자의 대한민국 영역 안의 사업에 사용하는 근로자로 보아 산재보험 적용을 받도록 할 수 있다(법 제122조).

㉰ 현장실습생: 이 법이 적용되는 사업에서 현장실습을 하고 있는 학생 및 직업 훈련생(현장실습생) 중 고용노동부장관이 정하는 현장실습생은 그 사업에 사용되는 근로자로 본다(법 제123조).

㉱ 학생연구자에 대한 특례: 「연구실 안전환경 조성에 관한 법률」 제2조 제1호에 따른 대학 · 연구기관 등은 이 법의 적용을 받는 사업으로 본다. 연구활동종사자 중 대학 · 연구기관 등이 수행하는 연구개발과제에 참여하는 대통령령으로 정하는 학생 신분의 연구자(학생연구자)는 이 법을 적용할 때에는 그 사업의 근로자로 본다(법 제123조의2).

㉲ 중 · 소기업 사업주에 대한 특례: 대통령령으로 정하는 중 · 소기업 사업주(근로자를 사용하지 아니하는 자를 포함)는 공단의 승인을 받아 자기 또는 유족을 보험급여를 받을 수 있는 자로 하여 보험에 가입할 수 있다. 이 경우 사업주는 이 법을 적용할 때 근로자로 본다(법 제124조 제1항). 이때 중소기업 사업주의 범위는 보험가입자로서 300명 미만의 근로자

를 사용하는 사업주를 말한다(시행령 제122조).

㉶ 「국민기초생활보장법」상 수급자에 대한 특례: 「국민기초생활보장법」 제15조에 따른 자활급여 수급자 중 고용노동부장관이 정하여 고시하는 사업에 종사하는 자는 제5조 제2호에도 불구하고 이 법의 적용을 받는 근로자로 본다. 이때 자활급여 수급자의 보험료 산정 및 보험급여의 기초가 되는 임금액은 자활급여 수급자가 사업에 참여하여 받는 자활급여로 한다(법 제126조).

② 보험급여 수급자

다른 사회보험과는 다른 특징으로 산재보험은 사업주가 보험가입자가 되어 보험료를 전액부담하고 사업장 중심으로 관리가 이루어진다. 하지만 보험급여의 수급자는 업무상의 사유에 의한 부상 · 질병 · 신체장해 또는 사망 등 업무상 재해를 당한 근로자다.

물음 6-1

산재보험 보험가입자는 ________ 이고 보험급여의 수급자는 업무상 재해를 당한 근로자다.

(2) 보험사고: 업무상의 재해

산재보험의 대상이 되는 보험사고는 근로자의 '업무상의 재해'다. 그리고 이 업무상의 재해는 업무상의 사유에 따른 근로자의 부상, 질병, 장해 또는 사망을 말한다(법 제5조 제1호).

인정기준은 다음의 '업무상 사고', '업무상 질병', '출퇴근 재해'의 사유 중 하나로 부상 · 질병 또는 장해가 발생하거나 사망하면 업무상의 재해로 본다(법 제37조 제1항).

1. 업무상 사고
   가. 근로자가 근로계약에 따른 업무나 그에 따르는 행위를 하던 중 발생한 사고
   나. 사업주가 제공한 시설물 등을 이용하던 중 그 시설물 등의 결함이나 관리소홀로 발생한 사고
   다. 삭제 〈2017. 10. 24.〉
   라. 사업주가 주관하거나 사업주의 지시에 따라 참여한 행사나 행사준비 중에 발생한 사고
   마. 휴게시간 중 사업주의 지배관리하에 있다고 볼 수 있는 행위로 발생한 사고
   바. 그 밖에 업무와 관련하여 발생한 사고
2. 업무상 질병
   가. 업무수행 과정에서 물리적 인자(因子), 화학물질, 분진, 병원체, 신체에 부담을 주는 업무 등 근로자의 건강에 장해를 일으킬 수 있는 요인을 취급하거나 그에 노출되어 발생한 질병
   나. 업무상 부상이 원인이 되어 발생한 질병
   다. 「근로기준법」 제76조의2에 따른 직장 내 괴롭힘, 고객의 폭언 등으로 인한 업무상 정신적 스트레스가 원인이 되어 발생한 질병
   라. 그 밖에 업무와 관련하여 발생한 질병
3. 출퇴근 재해
   가. 사업주가 제공한 교통수단이나 그에 준하는 교통수단을 이용하는 등 사업주의 지배관리하에서 출퇴근하는 중 발생한 사고
   나. 그 밖에 통상적인 경로와 방법으로 출퇴근하는 중 발생한 사고

업무상 스트레스 산재신청

업무상 재해의 판단 요건은 크게 업무 기인성과 업무 수행성으로 나뉘며 이 두 가지 요소를 모두 충족하는 경우에만 업무상 재해로 인정된다. '업무 기인성'이란 재해가 업무에 기인한 것, 즉 업무 수행과 재해발생 사이에 상당한 인과관계가 있는 것을 말한다(대법원 판례 1991. 11. 8. 91누3307). '업무 수행성'이란 사용자의 지배 또는 관리하에 이루어지는 당해 근로자의 업무

수행 및 그에 수반되는 통상적인 활동과정에서 재해의 원인이 발생하는 것을 의미한다(대법원 판례 1992. 5. 12. 91누10466). 이렇게 엄격하게 '업무상'의 개념을 도입한 것은 자본가의 이익을 옹호하려는 시민법적 전통이 계속 남아 있는 것(윤찬영, 2010: 256)으로, 이로 인해 실제로 산업재해의 인정을 어렵게 만들고 있다. 특히 업무 수행성은 그 인정 범위를 너무 축소시켜 직업병이나 과로사의 경우, 업무상 재해의 인정 범위가 축소되는 결과를 가져오고 있다.

산재보험에 대한 오해

이때 근로자의 고의 · 자해행위나 범죄행위 또는 그것이 원인이 되어 발생한 부상 · 질병 · 장해 또는 사망은 업무상의 재해로 보지 아니한다. 업무상 재해의 구체적인 인정기준은 대통령령으로 정한다(법 제37조 제3항).

물음 6-2

산재보험의 대상이 되는 보험사고는 근로자의 ____________ ________다.

물음 6-3

업무상 재해의 판단 요건은 크게 ____________과 ____________으로 나뉘며, 이 두 가지 요소를 모두 충족하는 경우에만 업무상 재해로 인정이 된다.

3) 급여

(1) 급여의 종류와 산정

「산업재해보상보험법」에 따른 급여는 요양급여, 휴업급여, 장해급여, 유족급여, 상병보상연금, 장례비, 간병급여, 직업재활급여의 여덟 종이 있다(법 제36조).

① 요양급여

알고 보면 쉬운 산재 · 고용보험

요양급여는 근로자가 업무상의 사유로 부상을 당하거나 질병에 걸린 경우 중 4일 이상(3일 이내는 안 됨) 요양 중인 근로자에게 지급하는 급여다. 산재보험 의료기관에서 요양을 하게 하나, 부득이한 경우에 요양에 갈음하여 요양비를 지급할 수 있다. 요양급여의 범위는 진찰 및 검사, 약제 또는 진료재료와 의지(義肢), 그 밖의 보조기의 지급, 처치, 수술, 그 밖의 치료, 재활치료, 입원, 간호 및 간병, 이송, 그 밖에 고용노동부령으로 정하는 사항 등이다(법 제40조). 「국민건강보험법」의 요양급여와 비교하였을 때 「산업재해보상보험법」의 요양급여는 상대적으로 높은 수준을 유지한다.

요양급여의 신청을 한 자는 공단이 이 법에 따른 요양급여에 관한 결정을 하기 전에는 「국민건강보험법」에 의한 요양급여 또는 「의료급여법」에 의한 의료급여를 받을 수 있다. 만약 이를 받은 자가 본인 일부 부담금을 산재보험 의료기관에 납부한 후에 이 법에 따른 요양급여 수급권자로 결정된 경우에는 그 납부한 본인 일부 부담금 중 「산업재해보상보험법」에 따른 요양급여에 해당하는 금액을 공단에 청구할 수 있다(법 제42조).

② 그 밖의 급여

휴업급여는 산재 노동자에게 요양으로 취업하지 못한 기간에 대하여 지급하되, 1일당 지급액은 평균임금의 100분의 70에 상당하는 금액으로 하며, 취업하지 못한 기간이 3일 이내이면 지급하지 아니한다(법 제52조). 장해[5] 급

5 사회복지법상 '장해'와 '장애'에 대한 정의와 내용은 개별 법마다 다르다. 예를 들면, 「산업재해보상보험법」은 장해급여로 장해등급이 14급으로 나뉘지만 「국민연금법」은 장애연금으로 4등급으로 나뉜다. 또한 「장애인복지법」상의 장애등급도 국민연금 장애연금의 등급과는 또 다르다. 따라서 개별 법에 나오는 용어들은 같은 단어라도 뜻이 다를 수 있음을 알고 개별 법의 정의에 따라 잘 살펴보아야만 한다. 여기서 '장해'는 부상 또는 질병이 치유되었으나 정신적 또는 육체적 훼손으로 인하여 노동능력이 상실되거나 감소된 상태를 말한다.

여는 산재 치료 후 신체 등에 장해가 있는 경우에 그 근로자에게 지급하며, 장해등급에 따라 장해보상연금 또는 장해보상일시금으로 하되, 그 장해등급의 기준은 대통령령으로 정한다(법 제57조). 유족급여는 근로자가 산업재해로 사망 또는 사망 추정 시에 유족에게 지급한다(법 제62조). 유족급여는 산재를 당한 근로자뿐만 아니라 근로자와 함께 생활을 유지하던 가족의 생활까지 보장한다는 의미의 급여다.

그리고 상병보상연금(법 제66조), 장례비(법 제71조), 간병급여(법 제61조), 직업재활급여(법 제72조)가 있다.

③ 보험급여의 산정기준

산재보험의 급여는 요양급여와 같은 현물급여를 제외하고는 현금급여를 제공하는 경우가 많다. 현금급여는 동법에 따라 피해근로자의 임금, 통상임금 및 평균임금 등이 급여 산정을 위해 사용된다. 여기서 말하는 임금, 통상임금 및 평균임금은 「근로기준법」에 따른 임금, 평균임금 및 통상임금을 말한다(법 제5조 제2호).

물음 6-4

산재보험의 요양급여는 근로자가 업무상의 사유로 부상을 당하거나 질병에 걸린 경우 중 _____일 이상 요양 중인 근로자에게 지급하는 급여다.

(2) 보험급여 지급과 제한

보험급여는 지급 결정일로부터 14일 이내에 지급하여야 하며, 수급권자의 신청이 있는 경우에는 보험급여 수급계좌로 지급하여야 한다(법 제82조).

공단은 근로자가 다음의 어느 하나에 해당되면 보험급여의 전부 또는 일부를 지급하지 아니할 수 있다(법 제83조). 요양 중인 근로자가 정당한 사유 없이 요양에 관한 지시를 위반하여 부상 · 질병 또는 장해 상태를 악화시키거나 치유를 방해한 경우, 장해보상연금 또는 진폐보상연금 수급권자가 제59조에 따른 장해등급 또는 진폐장해등급 재판정 전에 자해(自害) 등 고의로 장해 상태를 악화시킨 경우다.

(3) 다른 법에 의한 보상 및 배상과의 관계

① 근로기준법과 민법

수급권자가 이 법에 따라 보험급여를 받았거나 받을 수 있으면 보험가입자는 동일한 사유에 대하여 「근로기준법」에 따른 재해보상책임이 면제된다(법 제80조 제1항). 근로자가 재해를 입었을 경우 사업주가 보상을 해야 하는 것이 의무다. 그러나 사업주가 보상을 미루며 재판으로 이어진다면 시간도 오래 걸리고 근로자가 사업주의 책임을 입증해야 하는 문제가 발생한다. 따라서 사회보험인 「산업재해보상보험법」으로 재해보상을 처리하게 되면 신속하게 근로자에게 보상을 할 수 있다는 장점이 있다. 또한 이것은 「근로기준법」상 동일한 산업재해에 대해 사용자의 이중 책임을 면제하면서 동시에 근로자도 이중적으로 이득을 볼 수 없도록 한 장치라고 볼 수 있다(박차상 외, 2015).

그리고 수급권자가 동일한 사유에 대하여 이 법에 따른 보험급여를 받으면 보험가입자는 그 금액의 한도 안에서 「민법」이나 그 밖의 법령에 따른 손해배상의 책임이 면제된다. 이 경우 장해보상연금 또는 유족보상연금을 받고 있는 자는 장해보상일시금 또는 유족보상일시금을 받은 것으로 본다(법 제80조 제2항).

수급권자가 동일한 사유로 「민법」이나 그 밖의 법령에 따라 이 법의 보험급여에 상당한 금품을 받으면 공단은 그 받은 금품을 대통령령으로 정하는 방법에 따라 환산한 금액의 한도 안에서 이 법에 따른 보험급여를 지급하지 아니한다. 다만, 수급권자가 지급받은 것으로 보게 되는 장해보상일시금 또는 유족보상일시금에 해당하는 연금액에 대하여는 그러하지 아니하다(법 제80조 제3항).

② 구상권(법 제87조)

근로복지공단은 제3자의 행위에 따른 재해로 보험급여를 지급한 경우에는 그 급여액의 한도 안에서 급여를 받은 사람의 제3자에 대한 손해배상청구권을 대위(代位)한다. 다만, 보험가입자인 둘 이상의 사업주가 같은 장소에서 하나의 사업을 분할하여 각각 행하다가 그중 사업주를 달리하는 근로자의 행위로 재해가 발생하면 그러하지 아니하다. 제3자의 행위에 따른 재해의 경우 수급권자가 제3자로부터 동일한 사유로 인하여 「산업재해보상보험법」의 보험급여에 상당하는 손해배상을 받으면 근로복지공단은 그 배상액을 대통령령이 정하는 방법에 따라 환산한 금액의 한도 안에서 이 법에 따른 보험급여를 지급하지 아니한다.

③ 부당수급자 명단 공개(법 제84조의2)

공단은 부정수급자로서 매년 직전 연도부터 과거 3년간 다음의 어느 하나에 해당하는 자의 명단을 공개할 수 있다. 즉, 부정수급 횟수가 2회 이상이고 부정수급액의 합계가 1억 원 이상인 자, 1회의 부정수급액이 2억 원 이상인 자다. 이 경우 연대책임자의 명단을 함께 공개할 수 있다.

④ 수급권의 보호(법 제88조)

근로자의 보험급여를 받을 권리는 퇴직하여도 소멸되지 않고, 또 보험급여를 받을 권리는 양도 또는 압류하거나 담보로 제공할 수 없다. 그리고 보험급여 수급계좌 예금 중 대통령령으로 정하는 액수 이하의 금액(보험급여 수급계좌에 입금된 금액 전액)은 압류할 수 없다.

4) 전달체계 및 위원회

(1) 보험의 관장과 근로복지공단

산업재해보상보험 사업은 고용노동부장관이 관장한다(법 제2조 제1항). 그리고 고용노동부장관의 위탁을 받아 이 법의 목적을 달성하기 위한 사업을 효율적으로 수행하기 위하여 근로복지공단을 설립한다(법 제10조).[6]

(2) 산업재해보상보험 및 예방심의위원회

산업재해보상보험 및 예방에 관한 중요 사항을 심의하게 하기 위하여 고용노동부에 산업재해보상보험 및 예방심의위원회를 둔다(법 제8조). 위원회는 다음의 사항을 심의한다(시행령 제3조). 즉, 요양급여의 범위나 비용 등 요양급여의 산정기준에 관한 사항, 산재보험료율의 결정에 관한 사항, 산업재해보상보험 및 예방기금의 운용계획 수립에 관한 사항, 산업안전 · 보건 업무와 관련되는 주요 정책 및 같은 법 제8조에 따른 산업재해 예방에 관한 중 · 장기 기본계획, 그 밖에 고용노동부장관이 산업재해보상보험 사업 및 산업안전 · 보건 업무에 관하여 심의에 부치는 사항이다.

5) 재정(비용)

(1) 보험료의 부담

이 법에 따른 보험사업에 드는 비용을 충당하기 위하여 징수하는 보험료나 그 밖의 징수금에 관하여는 「고용산재보험료징수법」에서 정하는 바에 따른다(법 제4조). 사업주가 부담하여야 하는 산재보험료는 그 사업주가 경영하는 사업의 임금총액에 같은 종류의 사업에 적용되는 산재보험료율을

6 근로복지공단이 수행하는 사무는 사례 적용을 참고하기 바란다.

곱한 금액으로 한다(「고용산재보험료징수법」 제13조 제5항). 이때 산재보험료율은 매년 6월 30일 현재 과거 3년 동안의 보수총액에 대한 산재보험급여 총액의 비율[7]을 기초로 하여, 「산업재해보상보험법」에 따른 연금 등 산재보험급여에 드는 금액, 재해예방 및 재해근로자의 복지증진에 드는 비용 등을 고려하여 사업의 종류별로 구분하여 고용노동부령으로 정한다(「고용산재보험료징수법」 제14조 제3항). 업종별 보험료율의 차이가 크고 너무 세분화되어 있어 형평성에 대한 문제가 제기 중이므로 향후 보험료율의 합리적 개선이 필요하다.

물음 6-5

산재보험료율은 매년 6월 30일 현재 과거 3년 동안의 보수총액에 대한 ________________ 의 비율을 기초로 한다.

(2) 국고의 부담

국가는 회계연도마다 예산의 범위에서 보험사업의 사무 집행에 드는 비용을 일반회계에서 부담하여야 한다. 그리고 국가는 회계연도마다 예산의 범위에서 보험사업에 드는 비용의 일부를 지원할 수 있다(법 제3조). 산재보험비용의 재원조달은 원칙적으로 사용주의 책임이지만, 행정사무 등을 위한 약간의 비용을 국가에서 부담한다.

(3) 산업재해보상보험 및 예방기금

고용노동부장관은 보험사업, 산업재해 예방 사업에 필요한 재원을 확보하고, 보험급여에 충당하기 위하여 '산업재해보상보험 및 예방기금'을 설치한다. 이 기금은 보험료, 기금운용 수익금, 적립금, 기금의 결산상 잉여금,

---

7 이것은 산재 발생률을 낮추려는 의도로 도입되었으나, 산재 발생 시 보험료 상승에 대한 부담 때문에 오히려 산재 발생을 은폐시키는 문제를 일으키고 있다.

정부 또는 정부 아닌 자의 출연금 및 기부금, 차입금, 그 밖의 수입금을 재원으로 하여 조성한다. 정부는 산업재해 예방 사업을 수행하기 위하여 회계연도마다 기금지출예산 총액의 100분의 3의 범위에서 정부의 출연금으로 세출예산에 계상(計上)하여야 한다(법 제95조).

6) 사례 적용

근로복지공단의 사업

근로복지공단이 특성화고 학생들을 대상으로 '찾아가는 산재보험 교육'을 실시한다고 18일 밝혔다.

현재 아르바이트를 하고 있거나 취업을 앞둔 특성화고 학생들을 직접 찾아가 산재보험과 근로기준법, 근로자 생활안정자금 융자사업, 알바 10계명을 교육한다. 공단 직원 55명으로 구성된 강사단이 지역의 특성화고를 방문해 교육을 진행한다. 공단은 지난해에도 11개 학교 4천 145명의 학생에게 교육을 실시했다.

공단 이사장은 "찾아가는 산재보험 교육은 청소년들이 향후 사회인으로서 안전하게 일할 수 있는 기반이 마련될 것"이라고 말했다. 교육을 희망하는 학교는 공단 홍보부(052-704-7616)로 신청하면 된다.

* 출처: 매일노동뉴스(2014. 11. 17.). www.labortoday.co.kr

근로복지공단은 고용노동부 산하 기관으로 산업재해보상보험 및 고용보험 사업을 담당하고 있다. 근로복지공단의 사업은 다음과 같은 조문으로 명시되어 있다.

법 제11조(공단의 사업) ① 공단은 다음 각 호의 사업을 수행한다.

1. 보험가입자와 수급권자에 관한 기록의 관리 · 유지
2. 보험료징수법에 따른 보험료와 그 밖의 징수금의 징수

3. 보험급여의 결정과 지급
4. 보험급여 결정 등에 관한 심사 청구의 심리 · 결정
5. 산업재해보상보험 시설의 설치 · 운영
5의2. 업무상 재해를 입은 근로자 등의 진료 · 요양 및 재활
5의3. 재활보조기구의 연구개발 · 검정 및 보급
5의4. 보험급여 결정 및 지급을 위한 업무상 질병 관련 연구
5의5. 근로자 등의 건강을 유지 · 증진하기 위하여 필요한 건강진단 등 예방사업
6. 근로자의 복지증진을 위한 사업
7. 그 밖에 정부로부터 위탁받은 사업
8. 제5호 · 제5호의2부터 제5호의5까지 · 제6호 및 제7호에 따른 사업에 딸린 사업

2. 고용보험법

1) 목적

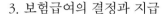

「고용보험법」은 고용보험의 시행을 통하여 실업의 예방, 고용의 촉진 및 근로자 등의 직업능력 개발과 향상을 꾀하고, 국가의 직업지도와 직업소개 기능을 강화하며, 근로자 등이 실업한 경우에 생활에 필요한 급여를 실시하여 근로자 등의 생활안정과 구직 활동을 촉진함으로써 경제 · 사회 발전에 이바지하는 것을 목적으로 한다(법 제1조).

목적에도 나타나듯이 「고용보험법」은 단순히 근로자의 실업 후 급여 지급만이 아니라 실업의 예방과 고용의 촉진에도 노력을 기울이는 적극적인 노동시장 정책의 핵심수단으로 기능하고 있다.

2) 대상

(1) 적용범위

① 적용대상(법 제8조)

「고용보험법」은 근로자를 사용하는 모든 사업 또는 사업장(사업)에 적용한다. 다만, 산업별 특성 및 규모 등을 고려하여 대통령령으로 정하는 사업에 대하여는 적용하지 아니한다(법 제8조 제1항).

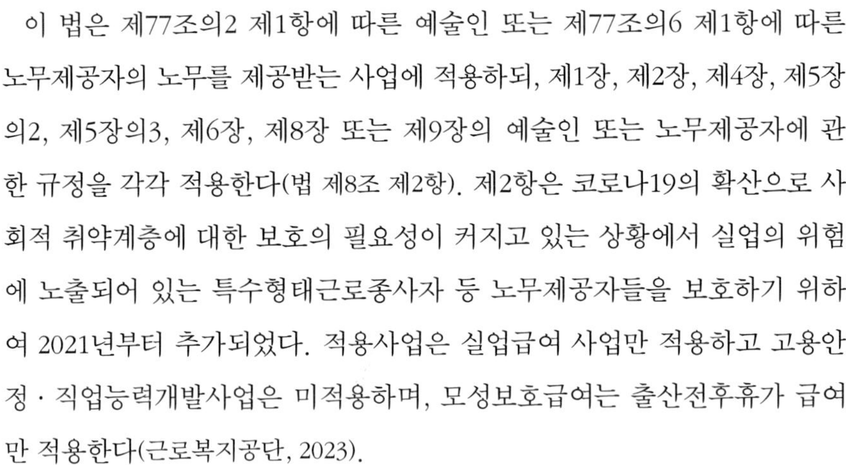

이 법은 제77조의2 제1항에 따른 예술인 또는 제77조의6 제1항에 따른 노무제공자의 노무를 제공받는 사업에 적용하되, 제1장, 제2장, 제4장, 제5장의2, 제5장의3, 제6장, 제8장 또는 제9장의 예술인 또는 노무제공자에 관한 규정을 각각 적용한다(법 제8조 제2항). 제2항은 코로나19의 확산으로 사회적 취약계층에 대한 보호의 필요성이 커지고 있는 상황에서 실업의 위험에 노출되어 있는 특수형태근로종사자 등 노무제공자들을 보호하기 위하여 2021년부터 추가되었다. 적용사업은 실업급여 사업만 적용하고 고용안정 · 직업능력개발사업은 미적용하며, 모성보호급여는 출산전후휴가 급여만 적용한다(근로복지공단, 2023).

예술인 고용보험 적용

노무제공자 고용보험 적용

한편, 외국인이 근로계약, 문화예술용역 관련 계약 또는 노무제공계약을 체결한 경우에는 체류자격의 활동범위 및 체류기간 등을 고려하여 이 법의 전부 또는 일부를 적용하도록 하였는데, 그 내용은 다음과 같다. 「외국인근로자의 고용 등에 관한 법률」의 적용을 받는 외국인근로자에게는 이 법을 적용한다. 다만, 4장(실업급여) 및 5장(육아휴직 급여 등)은 고용노동부령으로 정하는 바에 따른 신청이 있는 경우에만 적용한다(법 제10조의2).

② 적용 제외 근로자

적용 제외 근로자는 다음과 같다(법 제10조). 소정(所定)근로시간이 대통령령으로 정하는 시간 미만인 자,[8] 「국가공무원법」과 「지방공무원법」에 따른 공무원[다만, 대통령령으로 정하는 바에 따라 별정직 공무원, 「국가공무원법」 제26조의5 및 「지방공무원법」 제25조의5에 따른 임기제공무원의 경우는 본인의 의사에 따라 고용보험(제4장에 한정한다)에 가입할 수 있다], 「사립학교교직원 연금법」의 적용을 받는 자, 그 밖에 대통령령으로 정하는 자다.

한편, 65세 이후에 고용(65세 전부터 자격을 유지하던 사람이 65세 이후 계속 고용되는 경우 제외)되거나 자영업을 개시한 사람에게는 4장 및 5장을 적용하지 아니한다.

(2) 보험관계의 성립 및 소멸

「고용보험법」에 따른 보험관계의 성립 및 소멸에 대하여는 「고용산재보험료징수법」으로 정하는 바에 따른다(법 제9조).

3) 급여

고용보험은 제1조의 목적을 이루기 위하여 고용안정 · 직업능력개발 사업, 실업급여, 육아휴직 급여 등(출산전후휴가 급여 등 포함)을 실시한다(법 제4조).

(1) 고용안정 · 직업능력개발 사업

고용노동부장관은 피보험자 및 피보험자였던 사람, 그리고 취업할 의사를 가진 사람(피보험자 등)에 대한 실업의 예방, 취업의 촉진, 고용기회의 확대, 직업능력 개발 · 향상의 기회 제공 및 지원, 그 밖에 고용안정과 사업주

8 1개월간 소정근로시간이 60시간 미만인 사람(1주간의 소정근로시간이 15시간 미만인 사람을 포함한다)을 말한다. 다만, 3개월 이상 계속하여 근로를 제공하는 사람과 법 제2조 제6호에 따른 일용근로자(이하 "일용근로자"라 한다)는 제외한다(시행령 제3조).

에 대한 인력 확보를 지원하기 위하여 고용안정 · 직업능력개발 사업을 실시한다.[9] 또한 이 사업을 실시할 때에는 근로자의 수, 고용안정 · 직업능력개발을 위하여 취한 조치 및 실적 등 대통령령으로 정하는 기준에 해당하는 기업(우선지원 대상기업)을 우선적으로 고려하여야 한다(법 제19조). 고용안정 · 직업능력개발 사업은 실업을 예방하기 위한 적극적 노동시장정책의 수단이며, 근로자뿐만 아니라 사업주에게도 지원이 이루어진다. 대표적인 사업은 다음과 같다.

고용창출의 지원을 위해 고용노동부장관은 고용환경 개선, 근무형태 변경 등으로 고용의 기회를 확대한 사업주(시행령 제17조에 해당하는 사업주)에게 임금의 일부를 지원할 수 있다(법 제20조, 시행령 제17조). 또한 고용조정이 불가피하게 된 사업주가 근로자에 대한 휴업, 휴직, 직업전환에 필요한 직업능력개발 훈련, 인력의 재배치 등을 실시하거나 그 밖에 근로자의 고용안정을 위한 조치를 하면 그 사업주 또는 근로자에게 고용유지 지원금(시행령 제19조), 이직예정자 등의 재취업 지원(시행령 제22조)을 할 수 있다(법 제21조).

지역 고용의 촉진을 위한 지원(법 제22조)으로 지역 고용촉진 지원금(시행령 제24조)이 있으며, 고령자 등 노동시장의 통상적인 조건에서는 취업이 특히 곤란한 사람의 고용 촉진을 지원할 수 있다(법 제23조). 이를 위한 지원으로 고령자 고용연장 지원금(시행령 제25조), 장애인, 여성가장 등 노동시장의 통상적인 조건에서는 취업이 특히 곤란한 사람을 대상으로 하는 고용촉진장려금(시행령 제26조), 임금피크제 지원금(시행령 제28조), 출산육아기 고용안정장려금(시행령 제29조) 등이 있다. 한편, 건설근로자 등 고용상태가

9 이 사업은 근로자를 감원하지 않고 고용을 유지하거나 실직자를 채용하여 고용을 늘리는 사업주를 지원하여 근로자 고용안정 및 취약계층 고용촉진을 지원하는 사업과 근로자에게 직업훈련을 실시하거나 근로자가 자기개발을 위해 훈련받는 경우 사업주 및 근로자에게 일정 비용을 지원하는 사업이다.

불안정한 근로자를 위하여 고용상태의 개선을 위한 사업, 계속적인 고용기회의 부여 등 고용안정을 위한 사업, 그 밖에 대통령령으로 정하는 고용안정 사업을 실시하는 사업주에게 필요한 지원을 할 수 있다(법 제24조).

고용안정 및 취업 촉진을 위해 고용관리 진단 등 고용개선 지원사업, 피보험자 등의 창업을 촉진하기 위한 지원사업, 그 밖에 피보험자 등의 고용안정 및 취업을 촉진하기 위한 사업을 직접 실시하거나 이를 실시하는 자에게 필요한 비용을 지원 또는 대부할 수 있다(법 제25조). 그리고 상담 시설, 어린이집, 그 밖에 대통령령으로 정하는 고용촉진 시설을 설치 · 운영하는 자에게 필요한 지원을 할 수 있다(법 제26조).

한편, 피보험자 등의 직업능력을 개발 · 향상시키기 위하여 직업능력개발훈련을 실시하는 사업주에게 그 훈련에 필요한 비용을 지원할 수 있다(법 제27조). 또한 고용노동부장관은 피보험자의 직업능력개발에 필요한 비용을 지원할 수 있으며 취업을 촉진하기 위한 직업능력개발 훈련을 실시할 수 있고, 저소득 피보험자 등이 직업능력개발 훈련을 받는 경우 생계비를 대부할 수 있다(법 제29조). 이에 대한 세부사업으로는 근로자 직업능력 개발을 위한 지원(시행령 제43조), 능력개발비용의 대부(시행령 제45조), 능력개발비용의 지원(시행령 제46조), 실업자 취업훈련(시행령 제47조), 직업능력개발훈련 중 생계비 대부(시행령 제47조의2) 등이 있다.

(2) 실업급여

실업이란 '근로의 의사와 능력이 있음에도 불구하고 취업하지 못한 상태에 있는 것'으로 정의되고 있다(법 제2조 제3호). 실업급여는 고용보험 3대 사업의 하나로 근로자가 실직한 경우 일정 기간 동안 급여를 지급하여 실직자 및 그 가족의 생활안정을 도모하고 자신의 능력과 적성에 맞는 새로운 직장에 재취업할 수 있도록 지원하는 제도다(고용노동부, 2010).

실업급여

실업급여는 구직급여와 취업촉진 수당으로 구분하는데, 취업촉진 수당은 다시 조기재취업 수당, 직업능력개발 수당, 광역 구직활동비, 이주비로 나뉜다(법 제37조). 수급자격자가 신청하는 경우 실업급여 수급계좌를 개설하여 지급하고(법 제37조의2), 해당 계좌의 예금에 관한 채권 중 일정액[10]은 압류할 수 없다(법 제38조). 실업급여를 받을 권리는 양도 또는 압류하거나 담보로 제공할 수 없다(법 제38조)고 하여 수급권이 보호되고 있으며, 실업급여로서 지급된 금품에 대하여는 국가나 지방자치단체의 공과금(「국세기본법」 제2조 제8호 또는 「지방세기본법」 제2조 제1항 제26호에 따른 공과금을 말한다)을 부과하지 않도록(법 제38조의2) 하여 면제하고 있다.

① 구직급여

가. 수급 요건

구직급여는 피보험자의 실업기간 중 생활안정을 위해 현금으로 지급된다. 이직[11]한 피보험자가 다음의 요건을 모두 갖춘 경우에 지급한다(법 제40조 제1항).

첫째, 이직일 이전 18개월간(제41조에 따른 피보험 단위기간) 통산하여 180일 이상으로, 이것은 실업 발생 이전에 일정한 양의 보험료 납부기록을 소재해야만 신청자격을 획득할 수 있다는 것을 보여 준다. 둘째, 근로의 의사와 능력이 있고(비자발적 이직), 재취업을 위한 노력을 적극적으로 하고 있음(재취업노력이 없는 경우에는 미지급)에도 불구하고 취업하지 못한 상태여야 한다.

---

10 압류금지 실업급여 액수는 실업급여 수급계좌에 입금된 금액 전액을 말한다(시행령 제58조의3).

11 피보험자와 사업주 사이의 고용관계가 끝나게 되는 것(제77조의2 제1항에 따른 예술인 및 제77조의6 제1항에 따른 노무제공자의 경우에는 문화예술용역 관련 계약 또는 노무제공계약이 끝나는 것을 말한다)을 말한다(법 제2조 제2호).

셋째, 이직 사유가 제58조[12]에 따른 수급자격의 제한 사유(자발적 이직, 자신의 귀책사유)에 해당하지 않아야 한다. 이에 따르면 자발적 실업은 수급자격을 박탈당하는 것인데, 정당한 사유 없이 자발적 실업자에 대한 엄격한 수급자격 박탈은 문제로 지적되고 있다.

구직급여를 지급받으려는 사람은 이직 후 지체 없이 직업안정기관에 출석하여 실업을 신고하여야 한다(법 제42조).

구직급여의 수급기간 및 수급일수는 이 법에 따로 규정이 있는 경우 외에는 그 구직급여의 수급자격과 관련된 이직일의 다음날부터 계산하기 시작하여 12개월 내에 제50조 제1항[13]에 따른 소정급여일수를 한도로 하여 지급

---

12 법 제58조(이직 사유에 따른 수급자격의 제한) 제40조에도 불구하고 피보험자가 다음 각 호의 어느 하나에 해당한다고 직업안정기관의 장이 인정하는 경우에는 수급자격이 없는 것으로 본다. 〈개정 2010. 6. 4., 2020. 5. 26.〉

1. 중대한 귀책사유(歸責事由)로 해고된 피보험자로서 다음 각 목의 어느 하나에 해당하는 경우
   가. 「형법」 또는 직무와 관련된 법률을 위반하여 금고 이상의 형을 선고받은 경우
   나. 사업에 막대한 지장을 초래하거나 재산상 손해를 끼친 경우로서 고용노동부령으로 정하는 기준에 해당하는 경우
   다. 정당한 사유 없이 근로계약 또는 취업규칙 등을 위반하여 장기간 무단 결근한 경우
2. 자기 사정으로 이직한 피보험자로서 다음 각 목의 어느 하나에 해당하는 경우
   가. 전직 또는 자영업을 하기 위하여 이직한 경우
   나. 제1호의 중대한 귀책사유가 있는 사람이 해고되지 아니하고 사업주의 권고로 이직한 경우
   다. 그 밖에 고용노동부령으로 정하는 정당한 사유에 해당하지 아니하는 사유로 이직한 경우

13 [별표 1] 구직급여의 소정급여일수(제50조 제1항 관련)

구분		피보험기간				
		1년 미만	1년이상 3년미만	3년이상 5년미만	5년이상 10년미만	10년 이상
이직일 현재 연령	50세 미만	120일	150일	180일	210일	240일
	50세 이상	120일	180일	210일	240일	270일

비고: 「장애인고용촉진 및 직업재활법」 제2조 제1호에 따른 장애인은 50세 이상인 것으로 보아 위 표를 적용한다.

한다(법 제48조 제1항). 구직급여액(법 제46조)은 이직 당시 연령과 고용보험 가입기간(피보험 기간)에 따라 120~270일간 이직 전 평균임금의 60%를 지급한다. 그리고 구직급여는 실업의 신고일부터 계산하기 시작하여 7일간은 대기기간으로 보아 구직급여를 지급하지 아니한다. 다만, 최종 이직 당시 건설일용근로자였던 사람에 대해서는 실업의 신고일부터 계산하여 구직급여를 지급한다(법 제49조). 이렇게 대기기간을 두는 이유는 재취업 등의 사유가 생길 수 있으므로 이 경우 구직급여 신청을 취소할 수 있도록 하기 위함이다. 왜냐하면 실업급여를 받으면 피보험 가입기간이 소멸되기 때문에 이를 방지하고자 유예기간을 두는 것이다.

실업크레딧

그리고 실업크레딧과 관련하여 고용노동부장관은 「국민연금법」 제19조의2 제1항에 따라 구직급여를 받는 기간을 국민연금 가입기간으로 추가 산입하려는 수급자격자에게 국민연금 보험료의 일부를 지원할 수 있다. 이에 따른 지원금액은 「국민연금법」 제19조의2 제3항에 따른 연금보험료의 100분의 25의 범위로 한다(법 제55조의2).[14]

나. 연장급여

연장급여는 총 세 가지다. 이 중 훈련연장급여는 실업급여 수급자로서 직업안정기관장의 직업능력개발훈련지시에 의하여 훈련을 수강하는 경우에 지원받게 되는데, 구직급여의 100%를 최대 2년까지 지원받을 수 있다(법 제51조). 개별연장급여는 취업이 특히 곤란하고 생활이 어려운 수급자에게 임금수준, 재산상황, 부양가족여부 등을 고려하여 60일의 범위에서 연장하여 구직급여일액의 70%를 지급한다(법 제52조). 특별연장급여는 대량실업사태 발생 등으로 대통령령이 정한 사유 발생 시 60일의 범위에서 구직급여일액의 70%를 연장하여 지급한다(법 제53조).

---

14 실업크레딧 비용은 고용보험기금 25%, 국민연금기금 25%, 일반회계 25%, 자부담 25%다.

다. 급여의 제한

구직급여의 지급 제한은 크게 훈련 거부 등으로 인한 제한(법 제60조)과 부정행위 등에 따른 제한(법 제61조)으로 나뉜다.

라. 반환명령

직업안정기관의 장은 거짓이나 그 밖의 부정한 방법으로 구직급여를 지급받은 사람에게 지급받은 전체 구직급여의 전부 또는 일부의 반환을 명할 수 있고, 이에 추가하여 고용노동부령으로 정하는 기준에 따라 그 거짓이나 그 밖의 부정한 방법으로 지급받은 구직급여액에 상당하는 액수 이하의 금액을 징수할 수 있다. 이와 같은 경우에 거짓이나 그 밖의 부정한 방법이 사업주(사업주의 대리인 · 사용인, 그 밖의 종업원을 포함한다)의 거짓된 신고 · 보고 또는 증명으로 인한 것이면 그 사업주도 그 구직급여를 지급받은 자와 연대(連帶)하여 책임을 진다(법 제62조).

마. 상병급여

수급자격자가 실업신고를 한 이후에 질병 · 부상 또는 출산으로 취업이 불가능하여 실업의 인정을 받지 못한 경우에는 그 수급자격자의 청구에 의하여 제46조의 구직급여일액에 해당하는 금액을 구직급여에 갈음하여 지급할 수 있다(법 제63조).

물음 6-6

근로자의 구직급여는 이직일 이전 18개월간 피보험 단위기간이 통산(通算)하여 ______ 일 이상이어야 한다.

물음 6-7

고용보험법상 실업이란 근로의 ________와 ________이 있음에도 불구하고 취업하지 못한 상태를 말한다.

물음 6-8

고용보험법상 구직급여는 실업의 신고일로부터 계산하기 시작하여 _____일간은 대기기간으로 보아 구직급여를 지급하지 아니한다.

② 취업촉진 수당

취업촉진 수당은 구직급여 수급자에게 조기재취업 수당, 직업능력개발 수당, 광역 구직활동비, 이주비 등의 인센티브를 제공함으로써, 수급자의 장기실업 방지 및 재취업을 촉진하려는 것이다(고용노동부, 2019).

구직급여 지급 절차(법 제4장 제2절 구직급여 내용과 관련)는 다음 [그림 6-2]와 같다.

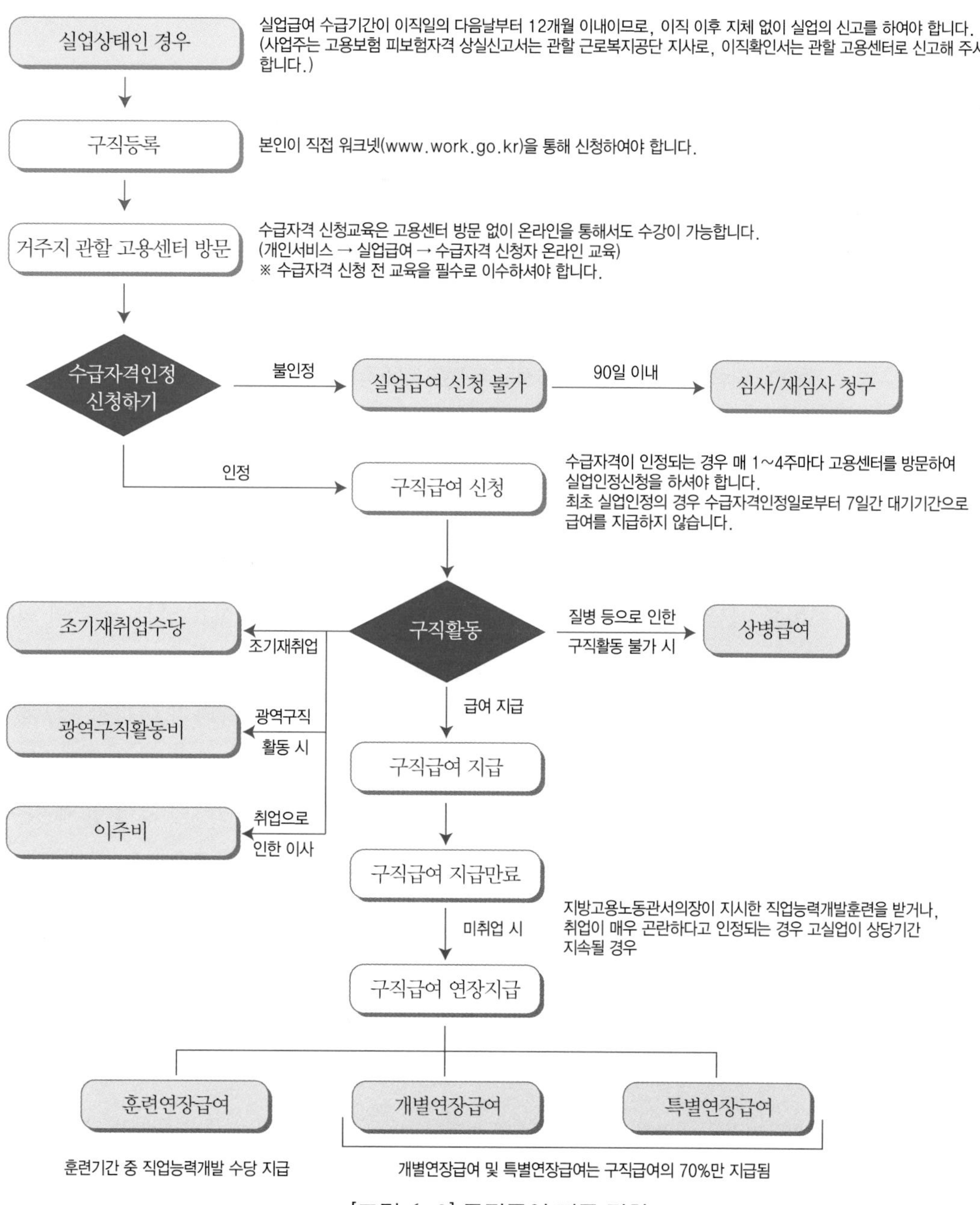

[그림 6-2] 구직급여 지급 절차

출처: 고용보험(https://www.ei.go.kr).

③ 자영업자에 대한 실업급여의 적용

가. 자영업자인 피보험자[15]의 실업급여 종류

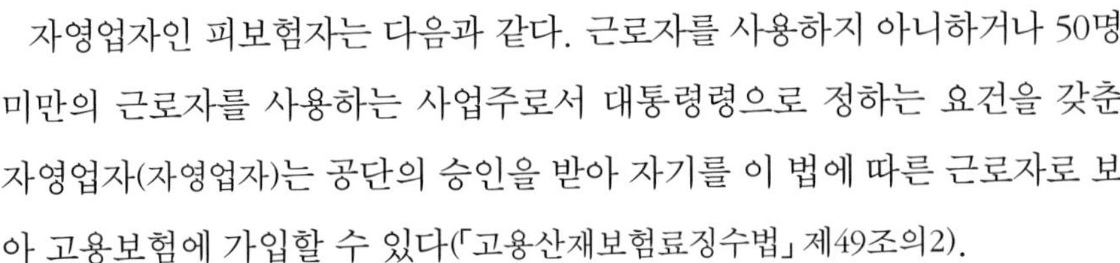

자영업자인 피보험자는 다음과 같다. 근로자를 사용하지 아니하거나 50명 미만의 근로자를 사용하는 사업주로서 대통령령으로 정하는 요건을 갖춘 자영업자(자영업자)는 공단의 승인을 받아 자기를 이 법에 따른 근로자로 보아 고용보험에 가입할 수 있다(「고용산재보험료징수법」 제49조의2).

자영업자인 피보험자의 실업급여 종류는 제37조(구직급여와 취업촉진 수당)에 따르되, 연장급여(법 제51조부터 제55조)와 조기재취업 수당(법 제64조)은 제외한다(법 제69조의2).

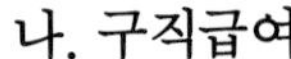

나. 구직급여

폐업한 자영업자인 피보험자가 다음의 요건을 모두 갖춘 경우에 구직급여를 지급한다. 즉, 폐업일 이전 24개월간 1년 이상 보험료 납부, 근로의 의사와 능력이 있음에도 불구하고 취업을 하지 못한 상태에 있을 것, 폐업사유가 제69조의7[16]에 따른 수급자격의 제한 사유에 해당하지 아니할 것, 재취업을 위한 노력을 적극적으로 할 것이다.

그리고 구직급여일액은 그 수급자격자의 기준보수의 60%로 하며(법 제69조의5), 소정급여일수는 제49조에 따른 대기기간이 끝난 다음날부터 계산하

---

15 자영업자인 피보험자는 직업능력개발훈련은 가입 즉시 가능하며, 국민내일배움카드제(고용보험 가입 자영업자, 고용보험 미가입자 중 사업기간이 1년 이상이고 연매출액 1억 5천만 원 미만의 자영업자)를 통해 훈련비용을 지원한다. 국민내일배움카드는 계좌발급일부터 5년간 300~500만 원 한도로 훈련비 일부를 지원한다(고용노동부, 2022).

16 법령을 위반하여 허가 취소를 받거나 영업 정지를 받음에 따라 폐업한 경우/방화(放火) 등 피보험자 본인의 중대한 귀책사유로서 고용노동부령으로 정하는 사유로 폐업한 경우/매출액 등이 급격하게 감소하는 등 고용노동부령으로 정하는 사유가 아닌 경우로서 전직 또는 자영업을 다시 하기 위하여 폐업한 경우/그 밖에 고용노동부령으로 정하는 정당한 사유에 해당하지 아니하는 사유로 폐업한 경우

기 시작하여 피보험기간에 따라 별표 2[17]에서 정한 일수가 되는 날까지로 한다(법 제69조의6).

(3) 육아휴직 급여

고용노동부장관은 「남녀고용평등과 일 · 가정 양립 지원에 관한 법률」 제19조[18]에 따른 육아휴직을 30일(「근로기준법」 제74조에 따른 출산전후휴가기간과 중복되는 기간은 제외한다) 이상 부여받은 피보험자 중 육아휴직을 시작한 날 이전에 제41조에 따른 피보험 단위기간이 합산하여 180일 이상인 피보험자에게 육아휴직 급여를 지급한다(법 제70조). 육아휴직 기간은 1년 이내

---

17 [별표 2] 자영업자 구직급여의 소정급여일수(제69조의6 관련)

구분	피보험기간			
	1년 이상 3년 미만	3년 이상 5년 미만	5년 이상 10년 미만	10년 이상
소정급여일수	120일	150일	180일	210일

18 「남녀고용평등과 일 · 가정 양립 지원에 관한 법률」 제19조(육아휴직) ① 사업주는 임신 중인 여성 근로자가 모성을 보호하거나 근로자가 만 8세 이하 또는 초등학교 2학년 이하의 자녀(입양한 자녀를 포함한다. 이하 같다)를 양육하기 위하여 휴직(이하 "육아휴직"이라 한다)을 신청하는 경우에 이를 허용하여야 한다. 다만, 대통령령으로 정하는 경우에는 그러하지 아니하다.

② 육아휴직의 기간은 1년 이내로 한다.

③ 사업주는 육아휴직을 이유로 해고나 그 밖의 불리한 처우를 하여서는 아니 되며, 육아휴직 기간에는 그 근로자를 해고하지 못한다. 다만, 사업을 계속할 수 없는 경우에는 그러하지 아니하다.

④ 사업주는 육아휴직을 마친 후에는 휴직 전과 같은 업무 또는 같은 수준의 임금을 지급하는 직무에 복귀시켜야 한다. 또한 제2항의 육아휴직 기간은 근속기간에 포함한다.

⑤ 기간제근로자 또는 파견근로자의 육아휴직 기간은 「기간제 및 단시간근로자 보호 등에 관한 법률」 제4조에 따른 사용기간 또는 「파견근로자 보호 등에 관한 법률」 제6조에 따른 근로자파견기간에서 제외한다.

⑥ 육아휴직의 신청방법 및 절차 등에 관하여 필요한 사항은 대통령령으로 정한다.

로 한다. 만약 피보험자가 육아휴직 기간 중에 그 사업에서 이직한 경우에는 그 이직하였을 때부터, 취업을 한 경우에는 그 취업한 기간에 대해서는 육아휴직 급여를 지급하지 아니한다(법 제73조).

2023년 기준 육아휴직 급여는 육아휴직 시작일을 기준으로 한 월 통상임금의 100분의 80에 해당하는 금액을 월별 지급액으로 한다. 다만, 해당 금액이 150만 원을 넘는 경우에는 150만 원으로 하고, 해당 금액이 70만 원보다 적은 경우에는 70만 원으로 한다. 그리고 육아휴직 급여의 25%는 육아휴직 기간 중에 지급하지 않고 직장 복귀 6개월 후에 합산하여 일시불로 지급한다(시행령 제95조).

육아휴직을 신청할 수 있는 근로자는 육아기 근로시간 단축을 신청할 수 있다. 이때는 육아휴직 급여의 일부를 지원하는데, 이것은 출산 및 양육부담이 가중되는 취업여성의 경력단절 현상을 방지하고 일과 가정의 양립을 지원하기 위한 급여다(법 제73조의2). 육아기 근로시간 단축 기간은 최대 1년간이며, 단축 후 근로시간은 주당 15~35시간을 허용해야 한다. 근로시간 단축으로 인해 임금이 줄어들게 되므로 육아기 근로시간 단축급여를 지원하게 된다. 자녀 1명당 육아휴직 미사용 시 이 기간과 육아기 근로시간 단축을 합산하여 최대 2년까지 사용할 수 있다(고용노동부, 2022).

(4) 출산전후휴가 급여

출산전후휴가 급여는 출산한 여성근로자의 근로의무를 면제하고 임금상실 없이 휴식을 보장받도록 하는 제도로, 고용노동부장관은 「남녀고용평등과 일 · 가정 양립 지원에 관한 법률」 제18조에 따라 피보험자가 「근로기준법」 제74조에 따른 출산전후휴가 또는 유산 · 사산휴가를 받은 경우와 「남녀고용평등과 일 · 가정 양립 지원에 관한 법률」 제18조의2에 따른 배우자 출산휴가를 받은 경우에 출산전후휴가 급여 등(출산전후휴가 급여 등)을 지급한다. 이때 대상은 임신 중인 여성근로자가 사업주로부터 출산전후휴가(또는 유산 또는 사산휴가)를 부여받아 사용하는 경우와 배우자 출산휴가를 받은 경우로서, 다음의 요건을 갖춘 경우에 지급한다(법 제75조).

육아휴직 급여와 출산전후휴가 급여 신청

1. 휴가가 끝난 날 이전에 제41조에 따른 피보험 단위기간이 합산하여 180일 이상일 것
2. 휴가를 시작한 날[출산전후휴가 또는 유산·사산휴가를 받은 피보험자가 속한 사업장이 우선지원 대상기업이 아닌 경우에는 휴가 시작 후 60일(한 번에 둘 이상의 자녀를 임신한 경우에는 75일)이 지난 날로 본다] 이후 1개월부터 휴가가 끝난 날 이후 12개월 이내에 신청할 것

임신 중의 여성에 대하여 출산 전과 출산 후를 통하여 90일(다태아의 경우 120일)의 출산전후휴가를 주되, 휴가기간의 배정은 출산 후에 45일(다태아일 경우 60일) 이상이 확보되도록 부여해야 한다(「근로기준법」 제74조).

출산전후휴가 급여 등은 「근로기준법」의 통상임금(휴가를 시작한 날을 기준으로 산정한다)에 해당하는 금액을 지급하는데 그 기준과 내용은 다음과 같다(법 제76조). 우선지원 대상기업[19]의 경우 90일(다태아 120일)의 급여가 고용보험에서 지급되고, 대규모 기업의 경우 최초 60일(다태아 75일)은 사업주가, 그 이후 30일(다태아 45일)은 고용보험에서 지급한다. 한편, 배우자 출산휴가 급여는 기간 중 최초 5일에 지급하는데 피보험자가 속한 우선지원 대상기업인 경우에 한정한다. 이러한 출산전후휴가 급여는 대통령령에 의해 상한액과 하한액(최저 임금)이 정해져 있다.

19 우선지원 대상기업의 근로자 기준 중 보건업 및 사회복지서비스업은 상시 사용 근로자 수 300명 이하다(시행령 제12조 제1항 관련 별표 1).

물음 6-9

사업주는 만 8세 이하 초등학교 2학년 이하의 자녀(입양자녀 포함)를 양육하기 위해 휴직을 신청하는 경우 이를 허용하여야 하는데 그 기간은 _____ 이내로 한다.

물음 6-10

육아휴직을 신청할 수 있는 근로자는 육아기 ___________ 을 신청할 수 있다.

(5) 예술인, 노무제공자에 대한 특례

예술인에 대한 특례는 제5장의2, 노무제공자에 대한 특례는 제5장의3에 제시되어 있다. 근로자에 비해 구직급여의 수급요건 등이 다른데, 그 내용은 〈표 6-1〉과 같다.

〈표 6-1〉 근로자, 예술인, 노무제공자 고용보험 비교

<table>
<tr><th colspan="2">구분</th><th>근로자</th><th>예술인</th><th>노무제공자</th></tr>
<tr><td rowspan="3">적용범위</td><td>적용 대상</td><td>근로자
(일용근로자 포함)</td><td>예술인
(단기예술인 포함)</td><td>노무제공자
(단기노무제공자 포함)</td></tr>
<tr><td rowspan="2">주요
적용 제외</td><td>주 15시간 미만자
(단, 3개월 이상 근무 시 적용)</td><td>문화예술용역 계약별 월 평균소득 50만 원 미만자(단, 소득합산신청에 의한 50만 원 이상 시 적용)</td><td>월 평균소득(월보수액) 80만 원 미만자(단, 소득합산신청에 의한 80만 원 이상 시 적용)</td></tr>
<tr><td colspan="3">65세 이후 신규자</td></tr>
<tr><td>보험료
징수</td><td>보험료율</td><td>• 실업급여 1.8%
• 고용안정 · 직업능력개발 0.25~0.85%</td><td colspan="2">• 실업급여 1.6%
• 고용안정 · 직업능력개발 미적용</td></tr>
</table>

실업급여 지급	수급요건	• 이직 전 18개월 중 피보험 단위기간 180일 이상 • 비자발적 이직	• 이직 전 24개월 중 피보험단위 기간 9개월 이상 • 비자발적 이직 • 대통령령으로 정하는 소득감소에 따른 이직 인정	• 이직 전 24개월 중 피보험단위 기간 12개월 이상 • 비자발적 이직 • 대통령령으로 정하는 소득감소에 따른 이직 인정
	지급수준	평균임금을 기준으로 산정한 구직급여 기초일액의 60%	이직 전 12개월 보수총액 기준 산정한 구직급여 기초일액의 60%	
	지급기간	120~270일		
	수급기간 중 소득활동 인정	수급기간 중 취업한 날에 대해서는 구직급여일액 전부를 감액	수급기간 중 소득발생 시 일부 또는 전부를 감액하고 구직급여 지급	
출산전후(휴가) 급여 지급	수급요건	휴가종료일 이전 피보험단위기간 180일 충족	출산(유산, 사산)일 직전 피보험단위기간 3개월 충족	
	지급수준	휴가 개시일 기준 월 통상임금의 100%	출산일 직전 1년간 월 평균보수의 100%	
	지급기간	출산전후 휴가기간 중 일부	출산일 전후 90일	

출처: 근로복지공단(2023: 104, 140)을 재구성.

4) 전달체계 및 위원회

고용보험은 고용노동부장관이 관장하며(법 제3조), 실제적으로 업무를 담당하는 기관은 근로복지공단과 고용노동부의 지방관서다. 이에 따라 사업장 관리, 고용보험 사무조합 업무는 근로복지공단 각 지사에서, 피보험자 신고, 실업급여 등의 각종 지원업무는 고용센터에서 담당하고 있다. 근로복지공단의 업무는 「산업재해보상보험법」에서 다루었으므로 여기서는 생략한다.

「고용보험법」 및 「고용산재보험료징수법」(보험에 관한 사항만 해당한다)의 시행에 관한 주요 사항을 심의하기 위하여 고용노동부에 고용보험위원회를 두며, 다음의 사항을 심의한다(법 제7조). 즉, 보험제도 및 보험사업의 개선에 관한 사항, 「고용산재보험료징수법」에 따른 보험료율의 결정에 관한 사항, 제11조의2에 따른 보험사업의 평가에 관한 사항, 제81조에 따른 기금운용 계획의 수립 및 기금의 운용 결과에 관한 사항, 그 밖에 위원장이 보험제도 및 보험사업과 관련하여 위원회의 심의가 필요하다고 인정하는 사항이다.

5) 재정(비용)

(1) 보험료의 부담(법 제6조)

이 법에 따른 보험사업에 드는 비용을 충당하기 위하여 징수하는 보험료와 그 밖의 징수금에 대하여는 「고용산재보험료징수법」으로 정하는 바에 따른다. 한편, 보험료 등의 고지 및 수납과 보험료 등의 체납관리는 고용노동부장관의 위탁을 받아 국민건강보험공단이 수행한다(「고용산재보험료징수법」 제4조).

징수된 고용안정 · 직업능력개발 사업의 보험료 및 실업급여의 보험료는 각각 그 사업에 드는 비용에서 충당한다. 다만, 실업급여의 보험료는 실업크레딧에 따른 국민연금 보험료의 지원, 육아휴직 급여, 육아기 근로시간 단축 급여, 출산전후휴가 급여, 노무제공자의 출산전후 급여 등에 드는 비용에 충당할 수 있다. 자영업자인 피보험자로부터 징수된 고용안정 · 직업능력개발 사업의 보험료 및 실업급여의 보험료는 각각 자영업자인 피보험자를 위한 사업에 드는 비용에 충당한다. 다만, 실업급여 보험료는 자영업자 피보험자를 위한 실업크레딧에 따른 국민연금 보험료 지원에 드는 비용에 충당할 수 있다.

(2) 국고의 부담(법 제5조)

국가는 매년 보험 사업에 드는 비용의 일부를 일반회계에서 부담하여야 하며, 매년 예산의 범위에서 보험 사업의 관리 · 운영에 드는 비용을 부담할 수 있다.

(3) 고용보험기금(법 제79조)

고용노동부장관은 보험 사업에 필요한 재원에 충당하기 위하여 고용보험기금을 설치하며, 고용보험기금은 보험료와 이 법에 따른 징수금 · 적립금 · 기금운용 수익금과 그 밖의 수입으로 조성한다(법 제78조). 기금은 고용노동부장관이 관리 · 운용하며, 기금의 관리 · 운용에 관한 세부 사항은 「국가재정법」의 규정에 따른다.

6) 사례 적용

두루누리 사회보험료 지원은 소규모 사업을 운영하는 사업주와 소속 근로자, 예술인, 노무제공자의 사회보험료(고용보험 · 국민연금)의 일부를 국가에서 지원함으로써 사회보험 가입에 따른 부담을 덜어 주고, 사회보험 사각지대를 해소하기 위한 사업이다. 2012년 7월부터 사회보험 가입 확대를 위해 소규모 사업의 저임금 근로자에 대한 사회보험료 지원제도를 시행하였다. 예술인 및 노무제공자의 사회보험료 지원은 고용보험에만 해당된다.

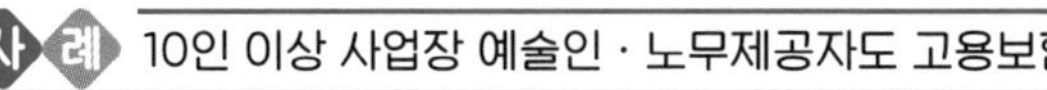

앞으로 예술인과 노무제공자(특수고용 · 플랫폼 종사자)는 10인 이상 사업장에 소속돼도 소득 요건만 충족하면 고용보험료를 지원받을 수 있게 된다. 정부는 13일 국무회의에서 예술인 · 노무제공자 사회보험료 지원요건 완화를 골자로 하는 「고용산재보험료징수법 시행령」 개정안을 심의 · 의결했다. 정부는 두루누리 사업을 통해 근로자와 사업주가 부담하는 고용보험료와 국민연금 보험료를 최대 80% 한도 내에서 3년까지 지원해 주고 있다. 지원 대상은 10인 미만 사업장에 종사하는 월소득 230만 원 미만 근로자, 예술인, 노무제공자다. 예술인과 노무제공자는 이 중 '사업장 요건' 때문에 상당수가 지원에서 배제됐다. 일의 특성상 한 사업장과의 계약기간이 짧고, 사업장 규모와 무관하게 개인의 전문성과 성과에 따라 보수가 책정되기 때문에 사업장 요건이 불합리한 기준으로 작용했다. 이에 고용노동부는 예술인과 노무제공자가 사업장 규모와 상관없이 소득 기준으로만 고용보험료를 지원받을 수 있도록 하는 내용의 개정안을 마련했다. 고용보험료 지원은 종사자 부담분에 한정된다. 고용부는 "이번 개정을 통해 내년에는 더 많은 예술인과 노무제공자가 추가로 지원받을 수 있을 것으로 기대한다."고 밝혔다.

출처: 뉴시스(2022. 12. 13.). www.newsis.com

〈관련 근거법〉

고용보험 및 산업재해보상보험의 보험료징수 등에 관한 법률(고용산재보험료징수법) 제21조(고용보험료의 지원) ① 국가는 근로자가 다음 각 호의 요건을 모두 충족하는 경우 그 사업주와 근로자가 제13조 제2항 및 제4항에 따라 각각 부담하는 고용보험료의 일부를 예산의 범위에서 지원할 수 있다.

1. 대통령령으로 정하는 규모 미만의 사업에 고용되어 대통령령으로 정하는 금액 미만의 보수를 받을 것
2. 대통령령으로 정하는 재산이 대통령령으로 정하는 기준 미만일 것
3. 「소득세법」 제4조 제1항 제1호의 종합소득이 대통령령으로 정하는 기준 미만일 것

② 제1항에 따른 고용보험료의 지원 수준, 지원 방법 및 절차 등 필요한 사항은 대통령령으로 정한다.

핵심 정리

「산업재해보상보험법」은 산업현장에서 활동하는 근로자에게 발생할 수 있는 제반 재해에 대해 보험방식으로 근로자와 그 가족을 보호함은 물론 사업주의 위험부담을 경감시키고자 하는 법이다. 다른 사회보험과는 달리 보험가입자는 사업주이며, 보험급여 수급자는 업무상 재해를 당한 근로자다.

「고용보험법」은 실업자에 대하여 생계를 지원하는 사후 구제적 차원의 단순한 실업보험이 아니라 사전적으로 실업의 예방, 재취업의 촉진, 잠재인력의 고용촉진, 직업능력 개발 및 인력수급 원활화 등을 목적으로 하는 적극적 인력정책의 핵심수단으로 도입되었다. 「고용보험법」의 고용보험사업(급여)은 고용안정 · 직업능력개발사업, 실업급여(구직급여와 취업촉진 수당), 육아휴직 급여, 출산전후휴가 급여가 있다.

물음에 대한 답

6-1 산재보험 보험가입자는 사업주이고 보험급여의 수급자는 업무상 재해를 당한 근로자다.

6-2 산재보험의 대상이 되는 보험사고는 근로자의 업무상의 재해다.

6-3 업무상 재해의 판단 요건은 크게 업무 기인성과 업무 수행성으로 나뉘며, 이 두 가지 요소를 모두 충족하는 경우에만 업무상 재해로 인정이 된다.

6-4 산재보험의 요양급여는 근로자가 업무상의 사유로 부상을 당하거나 질병에 걸린 경우 중 4일 이상 요양 중인 근로자에게 지급하는 급여다.

6-5 산재보험료율은 매년 6월 30일 현재 과거 3년 동안의 보수총액에 대한 산재보험급여 총액의 비율을 기초로 한다.

6-6 근로자의 구직급여는 이직일 이전 18개월간 피보험 단위기간이 통산(通算)하여 180일 이상이어야 한다.

6-7 고용보험법상 실업이란 근로의 의사와 능력이 있음에도 불구하고 취업하지 못한 상태를 말한다.

6-8 고용보험법상 구직급여는 실업의 신고일로부터 계산하기 시작하여 7일간은 대기기간으로 보아 구직급여를 지급하지 아니한다.

6-9 사업주는 만 8세 이하 초등학교 2학년 이하의 자녀(입양자녀 포함)를 양육하기 위해 휴직을 신청하는 경우 이를 허용하여야 하는데 그 기간은 1년 이내로 한다.

6-10 육아휴직을 신청할 수 있는 근로자는 육아기 근로시간 단축을 신청할 수 있다.

제7장 사회보험법 2

1. 국민연금법

노후의 소득보장을 위한 사회보험은 국민연금 이외에도 직역연금인 공무원연금(1960년 제정), 군인연금(1963년 제정), 사립학교교직원연금(1973년 제정), 별정우체국직원연금(1981년 제정)이 있다. 그동안 직역역금 간에는 재직기간을 합산할 수 있으나, 국민연금의 가입기간과 직역연금의 재직기간은 상호 연계가 되지 않아 공적연금의 사각지대가 발생하는 문제가 있었다. 이에 국민연금의 가입기간과 직역연금의 재직기간을 연계하여 연계노령연금, 연계퇴직연금 등의 연계급여를 지급함으로써 공적연금의 사각지대를 해소하고, 국민의 안정적인 노후생활을 보장하기 위해 2009년 「국민연금과 직역연금의 연계에 관한 법률」을 시행하여 직역연금과 국민연금의 연계가 가능해졌다.

공적연금 연계제도

1) 목적

「국민연금법」은 국민의 노령, 장애 또는 사망에 대하여 연금 급여를 실시함으로써 국민의 생활안정과 복지증진에 이바지하는 것을 목적으로 한다

(법 제1조). 목적에서 알 수 있듯이 국민연금은 사회적 차원에서 대응하는 노후소득보장제도다. 다른 사회보험이 단기보험인 데 반해, 국민연금은 일정한 가입기간을 수급 요건으로 하여 사망 또는 지급 사유가 소멸될 때까지 급여가 지급되는 장기보험이라는 특징이 있다.

2) 대상

(1) 가입대상

오랜만이에요, 금자님

국민연금은 원칙적으로 국내에 거주하는 18세 이상 60세 미만의 국민을 가입대상으로 한다. 그러나 타 직역연금 가입자[1]인 「공무원연금법」, 「군인연금법」 및 「사립학교교직원 연금법」, 「별정우체국법」을 적용받는 공무원, 군인 및 교직원, 별정우체국 직원과 그 밖에 대통령령으로 정하는 자는 가입 대상에서 제외된다(법 제6조).

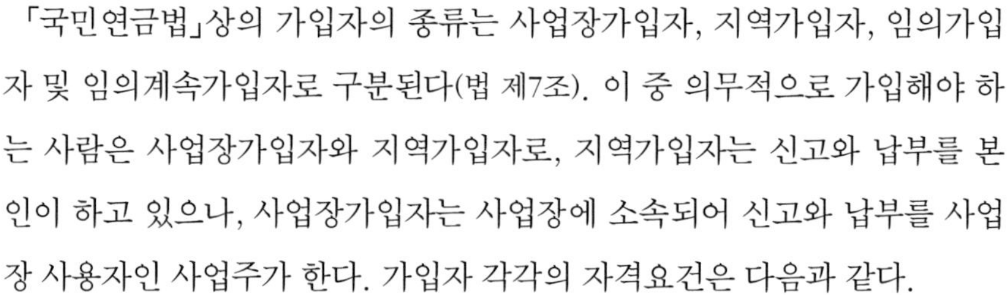
물음 7-1

국민연금법은 ______세 이상 ______세 미만의 모든 국민을 대상으로 한다.

(2) 가입자의 종류

국민연금 가입자의 종류

「국민연금법」상의 가입자의 종류는 사업장가입자, 지역가입자, 임의가입자 및 임의계속가입자로 구분된다(법 제7조). 이 중 의무적으로 가입해야 하는 사람은 사업장가입자와 지역가입자로, 지역가입자는 신고와 납부를 본인이 하고 있으나, 사업장가입자는 사업장에 소속되어 신고와 납부를 사업장 사용자인 사업주가 한다. 가입자 각각의 자격요건은 다음과 같다.

---

1 이미 노후 소득보장인 다른 사회보험에 가입되어 있는 경우는 국민연금 대상이 되지 않는다.

① 사업장가입자

사업장가입자란 사업장에 고용된 근로자 및 사용자[2]로서 국민연금에 가입된 자를 말한다(법 제3조 제1항 제6호). 사업의 종류, 근로자의 수 등을 고려하여 대통령령으로 정하는 사업장(당연적용사업장)의 18세 이상 60세 미만인 근로자와 사용자는 당연히 사업장가입자가 된다(법 제8조). 따라서 지역가입자가 사업장에 취업하면 자동적으로 사업장가입자가 되고, 지역가입자 자격은 상실된다.

한편, 국민연금에 가입된 사업장에 종사하는 18세 미만 근로자는 본인이 원하지 아니하는 경우를 제외하고는 사용자의 동의 여부와 관계없이 사업장가입자가 되며, 반면에 「국민기초생활보장법」에 따른 생계급여 수급자 또는 의료급여 수급자는 본인의 희망에 따라 사업장가입자가 되지 않을 수 있다.

② 지역가입자

지역가입자란 사업장가입자가 아닌 자로서 18세 이상 60세 미만인 자는 당연히 지역가입자가 된다(법 제9조). 다만, 퇴직연금 등 수급권자,[3] 「국민기초생활보장법」에 의한 수급자 중 생계급여, 의료급여 또는 보장시설 수급자, 소득활동에 종사하지 않는 국민연금 또는 다른 공적연금의 가입자나 수급권자의 배우자 및 보험료를 납부한 사실이 없고 소득활동에 종사하지 않는 27세 미만인 자는 지역가입자가 될 수 없다.

③ 임의가입자

사업장가입자와 지역가입자에 해당하지 않는 자로서 18세 이상 60세 미

---

2 "근로자"란 직업의 종류가 무엇이든 사업장에서 노무를 제공하고 그 대가로 임금을 받아 생활하는 자(법인의 이사와 그 밖의 임원을 포함한다)를 말한다. "사용자(使用者)"란 해당 근로자가 소속되어 있는 사업장의 사업주를 말한다(법 제3조).

3 민간보험이 아니라 사회보험의 퇴직연금 등을 말한다.

만인 자는 보건복지부령으로 정하는 바에 따라 국민연금공단에 가입신청서를 제출하는 경우에 임의가입자가 될 수 있다. 임의가입자는 보건복지부령으로 정하는 바에 따라 국민연금공단에 신청하여 탈퇴할 수 있다(법 제10조 및 시행규칙 제5조).

④ 임의계속가입자

국민연금 가입자 또는 가입자였던 자가 60세에 도달하여 국민연금 가입자의 자격을 상실하였으나, 가입기간이 부족하여 연금을 받지 못하거나 가입기간을 연장하여 더 많은 연금을 받고자 하는 경우 65세에 달할 때까지 신청에 의하여 가입할 수 있다(법 제13조).

(3) 자격상실

사업장가입자와 지역가입자 및 임의가입자는 사망, 국적상실 또는 국외로 이주한 경우, 60세가 된 때에는 그에 해당되는 날의 다음 날에 자격이 상실된다. 그러나 국민연금 가입대상 제외자에 해당하게 된 때에는 그날에 자격을 상실한다(법 제12조). 그 밖에 사업장가입자는 사용관계가 끝난 때는 그에 해당되는 날의 다음 날에 자격이 상실된다. 지역가입자는 사업장가입자의 자격을 취득한 때에는 취득한 그날에 자격을 상실한다. 임의가입자는 임의가입의 탈퇴 신청이 수리된 때와 일정 기간 이상 계속해서 연금보험료를 체납한 때에는 그에 해당되는 날의 다음 날에 자격이 상실되지만, 사업장가입자 또는 지역가입자의 자격을 취득한 때는 그날에 자격을 상실한다.

한편, 임의계속가입자는 사망한 때, 국적을 상실하거나 국외로 이주한 때, 탈퇴 신청이 수리된 때, 대통령령으로 정하는 기간 이상 계속하여 연금보험료를 체납한 때에는 그날의 다음 날에 자격을 상실한다.

(4) 가입기간 계산

국민연금 가입기간은 월 단위로 계산하되, 가입자의 자격을 취득한 날이 속하는 달의 다음 달부터 자격을 상실한 날의 전날이 속하는 달까지로 한다(법 제17조). 가입기간을 계산할 때 연금보험료를 내지 않은 기간은 가입기간에 산입하지 않지만, 사용자가 근로자의 임금에서 기여금을 공제하고 연금보험료를 내지 아니한 경우에는 내지 않은 그 기간의 2분의 1에 해당하는 기간을 근로자의 가입기간으로 산입한다.

「병역법」에 따른 현역병과 전환복무를 한 사람, 상근예비역, 사회복무요원으로 군 복무를 했던 자가 노령연금수급권을 취득한 때에는 6개월을 가입기간에 추가로 산입한다. 이때 가입기간을 추가로 산입하는 데 필요한 재원은 국가가 전부를 부담한다(법 제18조). 군 복무에 따른 가입기간 추가 산입은 군 복무의 사회적 중요성을 인식시키고 이에 따른 보상을 국가 차원에서 마련한 것이다.

또한 2명 이상의 자녀가 있는 가입자 또는 가입자였던 자가 노령연금수급권을 취득한 때에는 가입기간에 추가로 산입한다. 즉, 자녀가 2명인 경우에는 12개월, 자녀가 3명 이상인 경우에는 둘째 자녀에 대하여 인정되는 12개월에 두 자녀를 초과하는 자녀 1명마다 18개월을 더한 개월 수를 추가로 가입기간에 산입한다. 이때 추가로 산입하는 기간은 50개월을 초과할 수 없으며, 자녀 수의 인정방법 등에 관하여 필요한 사항은 대통령령으로 정한다. 추가 가입기간은 부모가 모두 가입자 또는 가입자였던 자인 경우에는 부와 모의 합의에 따라 2명 중 1명의 가입기간에만 산입하되, 합의하지 아니한 경우에는 균등 배분하여 각각의 가입기간에 산입한다. 가입기간을 추가로 산입하는 데 필요한 재원은 국가가 전부 또는 일부를 부담한다(법 제19조). 이는 저출산 · 고령화에 따른 대책 마련으로 출산을 장려하기 위한 것이다.

국민연금 출산 크레딧

한편, 국민연금 가입자 또는 가입자였던 자가 「고용보험법」에 따른 구직급여를 받는 기간을 가입기간으로 산입하기 위해 공단에 신청하는 경우에는 그 기간을 가입기간에 추가로 산입하도록 하는데, 추가 산입하는 기간은 1년을 초과할 수 없다. 요건은 18세 이상 60세 미만인 사람 중 가입자 또는 가입자였을 것과 대통령령으로 정하는 재산 또는 소득이 보건복지부장관이 정하여 고시하는 기준 이하일 것을 모두 갖추어야 한다. 이에 따른 비용은 일반회계, 국민연금기금, 고용보험기금, 자부담 각각 25%로 부담한다(법 제19조의2). 이것은 실업에 따른 국민연금 사각지대의 해소를 위하여 고용보험법상 구직급여를 수급하는 가입자 등에 대하여 국가에서 보험료의 일부를 지원하는 실업크레딧 제도를 도입한 것이다.

3) 급여

(1) 급여의 종류

「국민연금법」상 규정된 급여의 종류는 노령연금, 장애연금, 유족연금, 반환일시금 등 네 종류다(법 제49조). 그리고 유족연금 또는 반환일시금을 받지 못할 경우 장제보조적 · 보상적 성격으로 지급하는 급여인 사망일시금(법 제80조)이 있다. 이와 같은 급여의 종류는 〈표 7-1〉과 같다.

〈표 7-1〉 국민연금 급여의 종류

<table>
<tr><th colspan="2">연금 급여(매월 지급)</th><th colspan="2">일시금 급여</th></tr>
<tr><td>노령연금</td><td>• 노후 소득보장을 위한 급여
• 국민연금의 기초가 되는 급여</td><td rowspan="2">반환
일시금</td><td rowspan="2">연금을 받지 못하거나 더 이상 가입할 수 없는 경우 청산적 성격으로 지급하는 급여</td></tr>
<tr><td rowspan="2">장애연금</td><td rowspan="2">장애로 인한 소득감소에 대비한 급여</td></tr>
<tr><td rowspan="2">사망
일시금</td><td rowspan="2">유족연금 및 반환일시금을 받지 못할 경우 장제비적 성격으로 지급하는 급여</td></tr>
<tr><td>유족연금</td><td>가입자의 사망으로 인한 유족의 생계 보호를 위한 급여</td></tr>
</table>

출처: 국민연금공단(2022: 84).

① 노령연금

노후 소득보장을 위한 급여인 노령연금은 가입기간(연금보험료 납부기간)이 10년 이상이면 지급연령(60~65세)[4] 이후부터 평생 동안 매월 지급받을 수 있으며, 국민연금의 기초가 되는 급여다(법 제61조). 가입기간, 연령, 소득활동 유무에 따라 노령연금(소득활동에 따른 노령연금 포함), 조기노령연금으로 구분되며, 파생급여로 분할연금이 있다(국민연금공단, 2022).

분할연금은 이혼한 배우자의 노후생활 보장을 위한 것으로(법 제64조), 혼인 기간(배우자의 가입기간 중의 혼인 기간으로서 별거, 가출 등의 사유로 인하여 실질적인 혼인관계가 존재하지 아니하였던 기간을 제외한 기간을 말한다)이 5년 이상인 자가 다음의 요건을 모두 갖추면 그때부터 그가 생존하는 동안 배우자였던 자의 노령연금을 분할하여 일정한 금액의 연금을 받을 수 있다는 규정이다. 요건은 배우자와 이혼하였을 것, 배우자였던 사람이 노령연금수급자일 것, 60세가 되었을 것이다. 분할연금은 이 요건을 모두 갖추게 된 때부터 5년 이내에 청구하여야 한다. 그리고 분할연금 지급의 특례를 두어 분할연금 규정에도 불구하고 「민법」 제839조의2 또는 제843조에 따라 연금분

분할연금

4 현재 노령연금 수급 개시 연령은 60세이나, 노령화가 심화되는 사회에서 연금재정의 건전화를 위해 1953년 출생자부터 연금수급 개시 연령이 연장되어 1969년 이후 출생자부터는 65세부터 지급받을 수 있다(법 부칙 제8조).

〈노령연금 등 출생 연도별 지급개시 연령〉

노령연금, 분할연금, 반환일시금 등		조기노령연금	
		2013년 1월 이후	
~1952년생	60세부터	~1952년생	55세부터
1953~1956년생	61세부터	1953~1956년생	56세부터
1957~1960년생	62세부터	1957~1960년생	57세부터
1961~1964년생	63세부터	1961~1964년생	58세부터
1965~1968년생	64세부터	1965~1968년생	59세부터
1969년생~	65세부터	1969년생~	60세부터

출처: 국민연금공단(2022: 86).

할이 별도로 결정된 경우에는 그에 따르도록 하였다(법 제64조의2). 또 노령연금 수급연령이 되기 전에 이혼하는 경우에는 이혼의 효력이 발생하는 때부터 분할연금을 먼저 청구할 수 있도록 하는 분할연금 선청구 제도를 신설하였으며 이는 이혼 후 3년 이내에 신청하여야 한다(법 제64조의3).

노령연금의 종류와 이에 따른 수급 요건을 정리하면 다음 〈표 7-2〉와 같다.

〈표 7-2〉 노령연금 수급 요건

구분	요건
노령연금	• 가입기간 10년 이상, 60세에 도달한 자 • 노령연금수급권자가 65세 전에 소득이 있는 업무에 종사하는 경우에는 초과소득월액에 따라 구간별로 연금액이 감액됨(최대 감액 비율 노령연금액의 1/2). 근로소득공제 또는 필요경비 공제 후의 월 평균소득액이 전체 사업장가입자 및 지역가입자의 평균소득(A값) 이하인 경우에는 해당 없음
조기노령연금	가입기간 10년 이상, 연령 55세 이상인 자가 소득이 있는 업무에 종사하지 아니하고, 60세 도달 전에 청구한 경우[소득이 있는 업무에 종사하는 경우 60세 전에는 그 기간의 연금을 지급 정지하고, 60세 이후 65세 전에는 초과소득월액에 따라 구간별로 연금액이 감액됨(최대 감액 비율 노령연금액의 1/2)]
분할연금	가입기간 중 혼인기간이 5년 이상인 노령연금수급권자의 이혼한 배우자가 60세가 된 경우

출처: 국민연금공단(2022: 85).

② 장애연금

장애연금은 질병이나 부상의 초진일 당시 일정 기간 가입기간이 있고 완치된 후에도 신체 또는 정신상 장애가 남아 장애연금 지급대상(장애등급 1~

4급)이 되는 경우에 지급한다(법 제67조). 이는 장애로 인한 소득 감소 부분을 보전함으로써 자신과 가족의 안정된 생활을 보장하기 위한 것이다(국민연금공단, 2022). 장애연금을 받고 있는 경우에라도 사업장가입자 및 지역가입자로 가입되어 있으면 노령연금 수급을 위해 국민연금보험료를 내야 한다.

장애등급 결정은 다음과 같다. 완치일을 기준으로 장애 정도에 따라 1~4급으로 결정하며, 초진일로부터 1년 6개월이 지나도 완치되지 않은 경우에는 1년 6개월이 경과된 날을 기준으로 장애등급을 결정한다.

③ 유족연금

다음 어느 하나에 해당하는 사람이 사망하면 그 유족에게 유족연금을 지급한다.

- 노령연금 수급권자
- 가입기간이 10년 이상인 가입자 또는 가입자였던 자
- 연금보험료를 낸 기간이 가입대상기간의 3분의 1 이상인 가입자 또는 가입자였던 자
- 사망일 5년 전부터 사망일까지의 기간 중 연금보험료를 낸 기간이 3년 이상인 가입자 또는 가입자였던 자. 다만, 가입대상기간 중 체납기간이 3년 이상인 사람은 제외한다.
- 장애등급이 2급 이상인 장애연금 수급권자

유족연금을 지급받을 수 있는 유족은 가입자 또는 가입자였던 자가 사망할 당시 그에 의하여 생계를 유지하고 있던 가족으로 배우자, 〈표 7-3〉의 요건을 충족하는 자녀, 부모, 손자녀, 조부모 순위 중 최우선 순위자에게만 지급한다. 만약 연금을 받을 수 있는 대상자에게 같은 순위의 유족이 2명

이상이면 그 유족연금액을 똑같이 나누어 지급하되, 지급 방법은 대통령령으로 정한다(법 제73조).

〈표 7-3〉 배우자를 제외한 유족의 범위[5]

지급대상	요건	
자녀	25세 미만	또는 제52조의2에 따른 장애 상태에 있는 사람 (연령 제한 없음)
부모(배우자의 부모 포함)	60세 이상	
손자녀	19세 미만	
조부모(배우자의 조부모 포함)	60세 이상	

한편, 제52조의2에 따른 장애 상태란 다음의 어느 하나에 해당하는 상태를 말한다(법 제52조의2).

1. 제67조 제4항(장애연금의 장애등급)에 따른 장애등급 1급 또는 2급에 해당하는 상태
2. 「장애인복지법」 제2조에 따른 장애인 중 장애의 정도가 심한 장애인으로서 대통령령으로 정하는 장애 정도에 해당하는 상태

④ 반환일시금

반환일시금은 지급연령(60~65세)이 되었을 때 연금 급여를 받을 수 있는 요건을 충족하지 못하였거나 국외이주 등으로 더 이상 국민연금 가입대상이 아닌 경우 납부한 연금보험료에 이자를 더해 일시에 지급하는 급여다(법

5 2013년 1월 1일 이후 유족연금 지급 사유 발생 건부터 부모 및 조부모 급여 지급연령을 상향조정하여 적용한다(1953~1956년생은 61세부터로 조정되어 1969년생 이후는 65세).

제77조). 다음과 같은 경우에 지급된다. 가입기간이 10년 미만인 자가 지급연령(60~65세)이 된 경우(이때, 지급연령이 되기 전에 본인이 희망하는 경우에는 60세부터 반환일시금을 지급받을 수 있다), 가입자 또는 가입자였던 자가 사망하였으나 유족연금에 해당되지 않는 경우, 국적을 상실하거나 국외로 이주한 경우다.

⑤ 사망일시금

사망일시금은 가입자 또는 가입자였던 자가 사망하였으나 유족연금 또는 반환일시금을 지급받을 수 없는 경우 유족에게 장제부조적 성격의 일시금을 지급하여 가입자 간 형평성 문제를 보완하고 국민연금의 수혜범위를 확대하는 보완적 급여다(국민연금공단, 2022). 사망일시금은 유족이 없으면 그 배우자 · 자녀 · 부모 · 손자녀 · 조부모 · 형제자매 또는 4촌 이내 방계혈족 중 최우선 순위자에게 지급한다(법 제80조).

⑥ 외국인에 대한 연금

이 법의 적용을 받는 사업장에 사용되고 있는 외국인과 국내에 거주하는 외국인으로서 대통령령으로 정하는 자 외의 외국인은 당연히 사업장가입자 또는 지역가입자가 된다(법 제126조). 대한민국이 외국과 사회보장협정을 맺은 경우에는 이 법에도 불구하고 국민연금의 가입, 연금보험료의 납부, 급여의 수급 요건, 급여액 산정, 급여의 지급 등에 관하여 그 사회보장협정에서 정하는 바에 따른다(법 제127조).

물음 7-2

국민연금 노령연금을 받기 위해서는 ______년 이상 가입해야 한다.

물음 7-3

이혼한 배우자의 노후생활보장을 위한 __________은 노령연금에서 보장하고 있다.

물음 7-4

국민연금법상 장애연금 등급은 완치일을 기준으로 장애 정도에 따라 1~______급으로 결정한다.

(2) 연금액의 산정

국민연금액은 지급 사유에 따라 기본연금액과 부양가족연금액을 기초로 산정한다(법 제50조 제2항). 국민연금은 물가가 오르더라도 실질가치가 항상 보장된다. 즉, 처음 연금을 지급할 때는 과거 보험료 납부소득에 연도별 재평가율을 적용하여 현재가치로 재평가하여 계산한다. 예를 들어, 1988년도에 100만 원의 소득으로 국민연금에 가입되었다면 이를 2016년 현재가치로 재평가하면 약 581만 원의 소득액으로 인정하여 국민연금을 계산한다. 또한 국민연금은 연금을 받기 시작한 이후 전년도의 전국소비자물가변동률에 따라 연금액을 조정하여 지급한다(국민연금공단, 2018. 12. 2. www.nps.or.kr). 그리고 연금의 월별 지급액은 최고한도가 정해져 있다(법 제53조).

① 기본연금액

▶ 국민연금 많이 받는 방법

기본연금액 산정방식은 고소득자와 저소득자의 급여 수준 격차를 줄여주며, 물가변동률과 임금상승률을 반영하여 항상 실질가치를 보장해 주는 특징이 있다(국민연금공단, 2022). 기본연금액은 모든 연금액 산정의 기초가 되며, '균등부분'의 급여와 '소득비례부분'의 급여로 구성된다. '균등부분'은 연금 수급 전 3년간의 평균소득월액을 평균한 금액에 비례하고, '소득비례부분'은 자신의 가입기간 동안의 평균소득에 비례한다. '균등부분'은 가입자 전체의 소득과 관련하기에 소득재분배 기능을 하고 '소득비례부분'은 가입자 본인의 소득비례 기능을 한다. 자신의 가입기간 중 평균소득은 가입자 개인의 가입기간 중 매년 기준소득월액을 대통령령으로 정하는 바에 따라 보건복지부장관이 고시하는 연도별 재평가율에 의하여 연금 수급 전년도의 현재 가치로 환산한 후 이를 합산한 금액을 총 가입기간으로 나눈 금액이다(법 제51조). 따라서 기본연금액은 본인의 가입기간과 가입기간 중의 소득, 연금수급 당시 평균소득월액(가입자 전체의 소득)에 따라 달라진다.

② 부양가족연금액

부양가족연금액은 연금 급여를 지급할 때 기본연금액에 추가하여 지급되는 가족수당 성격의 부가 급여다. 부양가족연금액은 노령연금, 장애연금(장애등급 1~3급) 및 유족연금의 수급권자에게 지급되지만, 65세 미만의 소득활동이 있는 노령연금, 분할연금, 장애일시보상금, 반환일시금, 사망일시금 수급권자는 지급 대상이 되지 않는다.

부양가족연금액은 수급권자에 의해 생계를 유지하고 있는 다음의 자에 대하여 각각 규정된 금액으로 한다. 대상은 배우자(사실혼 포함), 19세 미만이거나 제52조의2에 따른 장애 상태에 있는 자녀(배우자가 혼인 전에 얻은 자녀를 포함), 60세 이상[6]이거나 제52조의2에 따른 장애 상태에 있는 부모(배우자의 부모, 부 또는 모의 배우자 포함)다. 이 경우 생계유지에 관한 대상자별 인정기준은 대통령령으로 정하며(법 제52조 제1항), 부양가족연금액은 매년 물가변동률에 따라 조정된다.

물음 7-5

국민연금액은 지급 사유에 따라 ________과 ________ ______을 기초로 산정한다.

---

6 유족연금에서처럼 부모의 연령은 상향조정이 적용된다.

(3) 연금의 지급 기간 및 지급 시기

연금은 지급 사유가 발생한 날이 속하는 달의 다음 달부터 수급권이 소멸한 날이 속하는 달까지 지급한다(법 제54조). 노령연금의 경우 수급 사유 발생일은 지급연령 도달일(60~65세 생일)이며(조기노령연금의 경우 청구일), 장애연금의 경우 완치일 또는 초진일로부터 1년 6개월 경과일, 유족연금의 경우 사망일이다. 연금의 수급권은 수급권자의 사망으로 소멸하며, 유족연금의 경우 배우자의 재혼, 자녀 또는 손자녀인 수급권자의 파양, 25세 도달(자녀), 19세 도달(손자녀) 등으로 소멸한다.

급여 수급권(받을 수 있는 권리)이 발생한 때로부터 5년 안에 청구하지 않으면 소멸시효가 완성되어 급여를 지급받을 수 없게 된다(법 제115조). 일시금은 지급 사유가 발생하고 5년이 지나면 지급받을 수 있는 권리가 소멸된다. 다만, 향후 연금 지급 사유가 발생할 때에는 소멸된 가입기간도 연금산정 시 가입기간에 포함하여 지급한다.

이러한 급여를 받을 권리는 양도 · 압류하거나 담보로 제공할 수 없으며 수급권자에게 지급된 급여로서 대통령령으로 정하는 금액(2023년 1월 기준 185만 원) 이하의 급여는 압류할 수 없고(법 제58조), 이 금액 이하의 급여를 본인 명의로 지정된 계좌(급여 수급전용계좌)로 입금하도록 공단에 신청할 수 있다(법 제54조의2). 그리고 급여 수급전용계좌에 입금된 급여와 이에 관한 채권은 압류할 수 없다(법 제58조).

(4) 중복급여의 조정

한 사람에게 급여가 집중되는 것을 방지하여 한정된 재원으로 좀 더 많은 사람이 골고루 혜택을 누려야 한다는 사회보험의 원리에 따라 국민연금 급여는 중복급여(둘 이상의 연금 급여가 발생하는 경우)가 제한되거나 조정될 수 있다. 중복급여는 국민연금 급여 간 조정과 국민연금 급여와 다른 법에 따른 급여 간 조정 및 정지가 있다.

① 「국민연금법」상 급여 간 조정(법 제56조)

수급권자에게 두 개 이상의 국민연금 급여 수급권이 생기면 수급권자의 선택에 따라 그중 하나만 지급하고 다른 급여의 지급은 정지된다. 그러나 선택하지 않은 급여(포기한 급여)가 다음의 어느 하나에 해당하는 경우에는 해당 호에 규정된 금액을 선택한 급여에 추가하여 지급한다.

1. 유족연금일 때(선택한 급여가 반환일시금일 때를 제외한다): 유족연금액의 100분의 30에 해당하는 금액
2. 반환일시금일 때: 제80조 제2항(사망일시금)에 상당하는 금액(단, 선택한 급여가 장애연금이고, 선택하지 아니한 급여가 본인의 연금보험료 납부로 인한 반환일시금일 경우는 장애연금만 지급)

이러한 급여 조정의 예로는 장애연금을 받고 있는 사람이 노후에 노령연금 수급권이 발생한 경우 그 두 개의 연금 급여 중 수급권자가 선택한 하나의 급여가 지급되고 다른 급여의 지급은 정지되는 경우를 들 수 있다.

② 다른 법률에 의한 중복급여 조정

다음은 다른 법에 의해 급여를 지급받을 경우 국민연금 급여액이 조정되거나 정지되는 경우다. 즉, 장애연금 또는 유족연금의 수급권자가 이 법의 지급 사유와 같은 사유로 「근로기준법」, 「산업재해보상보험법」, 「선원법」, 「어선원 및 어선 재해보상보험법」의 어느 하나에 해당하는 급여를 받을 수 있는 경우에는 장애연금액이나 유족연금액의 1/2에 해당하는 금액을 지급한다(법 제113조).

일정 기간 급여가 정지되는 경우는 다음과 같다. 제3자의 행위로 장애연금이나 유족연금의 지급 사유가 발생한 경우 그와 같은 사유로 제3자로부터 손해배상을 받았으면 공단은 그 배상액의 범위 안에서 연금을 지급하지

아니한다(법 제114조).

(5) 수급자에 대한 확인조사

수급자에 대한 확인조사는 급여 수급에 대한 부정을 방지하기 위함이며 그 내용은 다음과 같다. 공단은 수급자 및 수급자에 대한 급여의 적정성을 확인하기 위하여 매년 연간조사계획을 수립하고 수급자의 사망 · 이혼 · 생계유지 여부 등에 관한 조사를 실시하여야 한다. 이때 공단은 수급자, 그 배우자 또는 그 밖의 관계인이 조사를 두 번 이상 거부 · 방해 또는 기피한 경우에는 수급자에 대한 급여 지급을 정지 또는 중지할 수 있다(법 제122조의2).

4) 전달체계 및 위원회

(1) 관장기관

이 법에 따른 국민연금사업은 보건복지부장관이 맡아 주관한다(법 제2조). 보건복지부장관은 대통령령으로 정하는 바에 따라 5년마다 국민연금 재정 수지를 계산하고, 국민연금의 재정 전망과 연금보험료의 조정 및 국민연금 기금의 운용계획 등이 포함된 국민연금 운영 전반에 관한 계획을 수립하여 국무회의의 심의를 거쳐 대통령의 승인을 받아야 하며, 승인받은 계획을 국회에 제출하고 대통령령으로 정하는 바에 따라 공시하여야 한다. 다만, 급격한 경기변동 등으로 인하여 필요한 경우에는 5년이 지나지 아니하더라도 새로 국민연금 재정 수지를 계산하고 국민연금 운영 전반에 관한 계획을 수립할 수 있다(법 제4조).

(2) 국민연금공단

보건복지부장관의 위탁을 받아 이 법의 목적을 달성하기 위한 사업을 효율적으로 수행하기 위하여 국민연금공단을 설립한다(법 제24조).

국민연금공단은 다음의 업무를 한다(법 제25조).

1. 가입자에 대한 기록의 관리 및 유지
2. 연금보험료의 부과
3. 급여의 결정 및 지급
4. 가입자, 가입자였던 자, 수급권자 및 수급자를 위한 자금의 대여와 복지시설의 설치 · 운영 등 복지사업
5. 가입자 및 가입자였던 자에 대한 기금증식을 위한 자금 대여사업
6. 제6조의 가입대상(이하 "가입대상"이라 한다)과 수급권자 등을 위한 노후준비서비스 사업
7. 국민연금제도 · 재정계산 · 기금운용에 관한 조사연구
8. 국민연금기금 운용 전문인력 양성
9. 국민연금에 관한 국제협력
10. 그 밖에 이 법 또는 다른 법령에 따라 위탁받은 사항
11. 그 밖에 국민연금사업에 관하여 보건복지부장관이 위탁하는 사항

(3) 국민연금심의위원회

국민연금사업의 운영과 관련된 사항을 심의하기 위하여 보건복지부에 국민연금심의위원회를 두며, 심의사항은 다음과 같다(법 제5조). 즉, 국민연금제도 및 재정 계산에 관한 사항, 급여에 관한 사항, 연금보험료에 관한 사항, 국민연금기금에 관한 사항, 그 밖에 국민연금제도의 운영과 관련하여 보건복지부장관이 회의에 부치는 사항이다.

(4) 국민연금기금운용위원회

기금의 운용에 관한 다음의 사항을 심의 · 의결하기 위하여 보건복지부에 국민연금기금운용위원회(운용위원회)를 둔다(법 제103조).

1. 기금운용지침에 관한 사항
2. 기금을 관리기금에 위탁할 경우 예탁 이자율의 협의에 관한 사항
3. 기금 운용 계획에 관한 사항
4. 제107조 제3항에 따른 기금의 운용 내용과 사용 내용에 관한 사항
5. 그 밖에 기금의 운용에 관하여 중요한 사항으로서 운용위원회 위원장이 회의에 부치는 사항

국민연금기금 운용에 있어 결정 과정의 투명성을 확보하기 위해 회의록 공개에 관한 사항을 다음과 같이 구체적으로 정하였다(법 제103조의2). 위원장은 회의의 일시 · 장소 · 토의내용 · 의결사항 및 각 참석자의 발언내용이 전부 기록된 회의록(회의록)을 작성하여 보관하고, 회의록의 주요 내용을 요약하여 공개하여야 한다. 위원장은 회의의 개최일부터 1년이 지난 후에 회의록을 공개하여야 한다. 다만, 기금운용 업무의 공정한 수행에 지장을 초래하거나 금융시장 안정에 영향을 미칠 우려가 있는 안건의 경우에는 운용위원회의 의결을 거쳐 회의의 개최일부터 4년이 지난 후에 해당 안건의 회의록을 공개하여야 한다.

5) 재정(비용)

(1) 보험료의 부담

보건복지부장관은 국민연금사업 중 연금보험료의 징수에 관하여 이 법에서 정하는 사항을 건강보험공단에 위탁한다. 연금공단은 국민연금사업에 드는 비용에 충당하기 위하여 가입자와 사용자에게 가입기간 동안 매월 연금보험료를 부과하고, 국민건강보험공단이 이를 징수한다(법 제88조). 연금보험료는 가입자 자격취득 시의 신고 또는 정기결정에 의한 기준소득월액을 기준으로 '연금보험료율'에 의해 부과된다. 사업장가입자의 연금보험료

는 기여금과 부담금으로 구성되는데 이 중 기여금은 사업장가입자 본인이, 부담금은 사용자가 각각 부담하되, 그 금액은 각각 기준소득월액의 4.5%에 해당하는 금액으로 한다. 지역가입자, 임의가입자 및 임의계속가입자의 연금보험료는 본인이 부담하되, 그 금액은 기준소득월액의 9%로 한다.

기준소득월액

(2) 보험료의 납부 예외

납부 의무자는 사업장가입자 또는 지역가입자가 다음의 어느 하나에 해당하는 사유로 연금보험료를 낼 수 없으면 대통령령으로 정하는 바에 따라 그 사유가 계속되는 기간에는 연금보험료를 내지 아니할 수 있다(법 제91조). 즉, 사업 중단, 실직 또는 휴직 중인 경우, 「병역법」에 따른 병역의무를 수행하는 경우, 「초 · 중등교육법」이나 「고등교육법」에 따른 학교에 재학 중인 경우, 「형의 집행 및 수용자의 처우에 관한 법률」에 따라 교정시설에 수용 중인 경우, 종전의 「사회보호법」에 따른 보호감호시설이나 「치료감호법」에 따른 치료감호시설에 수용 중인 경우, 1년 미만 행방불명된 경우, 재해 · 사고 등으로 소득이 감소되거나 그 밖에 소득이 있는 업무에 종사하지 아니하는 경우로서 대통령령으로 정하는 경우다.

(3) 국고의 부담

국가는 매년 공단 및 건강보험공단이 국민연금사업을 관리 · 운영하는 데에 필요한 비용의 전부 또는 일부를 부담한다(법 제87조).

국민연금 사각지대를 해소하기 위한 연금보험료의 지원은 다음과 같다.

사업장가입자에 대한 지원은 영세사업장 저임금 근로자의 연금보험료를 지원하는 '두루누리' 사업이다. 국가는 사업장가입자로서 국민인 근로자가 대통령령으로 정하는 규모의 사업장(사용자를 제외한 근로자가 10명 미만인 사업장)에 고용되어 기준소득월액이 고시 소득 미만인 근로자로 재산 및 종합소득 요건을 충족하는 경우 해당 사업장가입자의 연금보험료 중 기여금

저소득 지역가입자 보험료 지원제도

및 부담금의 일부를 예산의 범위에서 지원할 수 있다(법 제100조의3).

지역가입자에 대한 지원으로 국가는 연금보험료를 내지 않는 지역가입자가 다음의 경우에 해당되면 12개월을 초과하지 않는 범위 내에서 일부를 지원할 수 있다(법 제100조의4). 즉, 연금보험료 납부를 재개하고, 재산 및 종합소득이 대통령령으로 정하는 기준 미만이어야 한다.

(4) 국민연금기금

보건복지부장관은 국민연금사업에 필요한 재원을 원활하게 확보하고, 이 법에 따른 급여에 충당하기 위한 책임준비금으로서 국민연금기금을 설치하며, 기금은 연금보험료, 기금 운용 수익금, 적립금, 공단의 수입지출 결산상의 잉여금 등의 재원으로 조성한다(법 제101조). 기금은 보건복지부장관이 관리·운용하는데, 이와 관련된 내용은 사례 적용 부분에 나와 있는 관련 근거법을 참고하기 바란다.

6) 사례 적용

사례 국민연금, 상장사·운용사 대상 의결권 관련 설명회

국민연금공단 기금운용본부는 정기 주주총회 시즌을 앞두고 상장사 등을 대상으로 국민연금 의결권 행사에 대한 설명회를 개최한다고 10일 밝혔다. 우선, 오는 13일 30여 개 국내 주식 위탁운용사와 간담회를 열고 의결권 행사 위임 및 행사 기준과 사례 등에 대해 설명한다. 이어 16일에는 국민연금 의안 분석 자문기관 2곳, 17일에는 한국상장사협의회 회원사를 대상으로 의결권 행사 세부 기준과 사례 등을 공유할 예정이다.

기금운용본부는 국민연금 의결권 행사에 대한 이해도를 높이고 수탁자 책임 활동의 투명성을 강화하기 위해 이러한 설명회를 정례적으로 개최하고 있다고 설명했다.

출처: 연합뉴스(2023. 2. 10.). www.yonhapnews.com

국민연금 기금은 큰 규모의 공공기금으로 국민연금의 수익성을 위해 다양한 용도로 이용된다. 이것은 공공의 기금이기 때문에 운영할 때에 국민들의 뜻을 모아 잘 운영할 수 있도록 국민연금기금운용위원회(법 제103조)와, 국민연금기금운용실무평가위원회(법 제104조) 기구를 두고 있다. 기금의 수익성을 위함과 동시에 대기업의 견제를 위해 국민연금이 지분을 가진 개체로서의 의결권을 행사하려고 하는데, 이에 대한 각계각층의 반발과 지지 등 다양한 의견이 있다. 기금운용의 주체는 국가라는 점에서 어떤 식으로 의결권을 행사하고, 누구의 의견을 반영하는가에 대한 문제는 지속적인 논의가 필요할 것으로 보인다. 뿐만 아니라 정경유착이 일어나는 등 여러 가지 부작용에 대한 사전방지책 또한 필요할 것이다.

〈관련 근거법〉

기금의 관리 및 운용

법 제102조(기금의 관리 및 운용) ① 기금은 보건복지부장관이 관리 · 운용한다.

② 보건복지부장관은 국민연금 재정의 장기적인 안정을 유지하기 위하여 그 수익을 최대로 증대시킬 수 있도록 제103조에 따른 국민연금기금운용위원회에서 의결한 바에 따라 다음의 방법으로 기금을 관리 · 운용하되, 가입자, 가입자였던 자 및 수급권자의 복지증진을 위한 사업에 대한 투자는 국민연금 재정의 안정을 해치지 아니하는 범위에서 하여야 한다. 다만, 제2호의 경우에는 기획재정부장관과 협의하여 국채를 매입한다.

1. 대통령령으로 정하는 금융기관에 대한 예입 또는 신탁
2. 공공사업을 위한 공공부문에 대한 투자
3. 「자본시장과 금융투자업에 관한 법률」 제4조에 따른 증권의 매매 및 대여

4. 「자본시장과 금융투자업에 관한 법률」 제5조 제1항 각 호에 따른 지수 중 금융투자상품지수에 관한 파생상품시장에서의 거래
5. 제46조에 따른 복지사업 및 대여사업
6. 기금의 본래 사업 목적을 수행하기 위한 재산의 취득 및 처분
7. 그 밖에 기금의 증식을 위하여 대통령령으로 정하는 사업

③ 제2항 제5호와 제6호에 따른 사업 외의 사업으로 기금을 관리 · 운용하는 경우에는 자산 종류별 시장수익률을 넘는 수익을 낼 수 있도록 신의를 지켜 성실하게 하여야 한다. 다만, 제2항 제2호에 따라 기금을 「공공자금관리기금법」에 따른 공공자금관리기금에 예탁할 경우 그 수익률은 같은 법 제7조 제2항에 따라 공공자금관리기금운용위원회가 5년 만기 국채 수익률 이상의 수준에서 대통령령으로 정하는 바에 따라 제103조에 따른 국민연금기금운용위원회와 협의하여 정한다.

④ 제2항 제3호에 따라 기금을 관리 · 운용하는 경우에는 장기적이고 안정적인 수익 증대를 위하여 투자대상과 관련한 환경 · 사회 · 지배구조 등의 요소를 고려할 수 있다.

⑤ 보건복지부장관은 기금의 운용 성과 및 재정 상태를 명확히 하기 위하여 대통령령으로 정하는 바에 따라 기금을 회계처리하여야 한다.

⑥ 보건복지부장관은 기금의 관리 · 운용에 관한 업무의 일부를 대통령령으로 정하는 바에 따라 공단에 위탁할 수 있다.

국민건강보험 홍보영상

2. 국민건강보험법

1) 목적

「국민건강보험법」은 국민의 질병 · 부상에 대한 예방 · 진단 · 치료 · 재활

과 출산 · 사망 및 건강증진에 대하여 보험급여를 실시함으로써 국민보건을 향상시키고 사회보장의 증진에 이바지함을 목적으로 한다(법 제1조).

2) 대상

(1) 적용대상

적용체계는 [그림 7-1]과 같다.

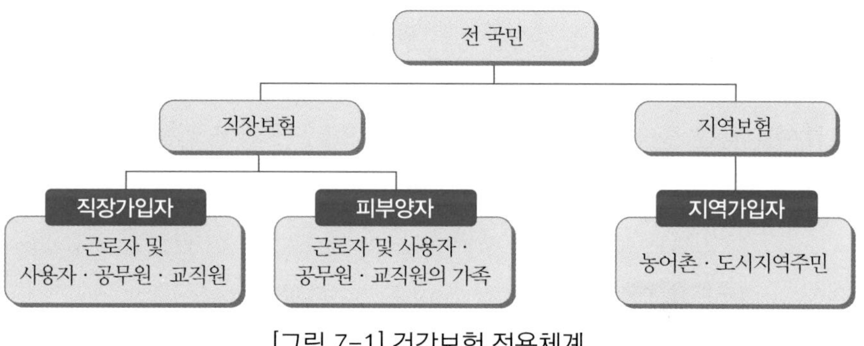

[그림 7-1] 건강보험 적용체계

출처: 국민건강보험공단(2022: 24).

① 자격요건과 대상

가입자가 될 수 있는 사람은 국내에 거주하는 국민으로서 적용 제외 대상자가 아닌 모든 사람이 일단 자격요건을 갖는다. 따라서 국민건강보험은 사회보험 중 가장 대상자가 포괄적이다. 자격요건을 갖는 사람은 가입자와 피부양자로 나뉘는데 피부양자는 다음에 해당하는 자 중 직장가입자에 의하여 주로 생계를 유지하는 사람으로서 소득 및 재산이 보건복지부령으로 정하는 기준 이하에 해당하는 사람을 말한다(법 제5조 제1항 및 제2항).[7] 즉,

7 나를 중심으로 직계존속은 부모 또는 그와 같은 항렬 이상(부, 모, 조부모, 외조부모 등)의 친족을, 직계비속은 아들, 딸이나 손자 등과 같이 아래 세대에 있는 친족을 뜻한다.

직장가입자의 배우자, 직장가입자의 직계존속(배우자의 직계존속을 포함한다), 직장가입자의 직계비속(배우자의 직계비속을 포함한다) 및 그 배우자, 직장가입자의 형제 · 자매 등이다.

외국인에 대한 특례로서, 정부는 외국 정부가 사용자인 사업장 근로자의 건강보험에 관하여 외국정부와의 합의에 의해 이를 따로 정할 수 있으며, 국내에 체류하고 있는 재외국민 또는 외국인은 이 법의 적용을 받는 가입자가 되며 피부양자가 될 수 있다(법 제109조).

② 적용 제외 대상

적용 제외 대상자는 다음과 같다(법 제5조 제1항). 「의료급여법」에 따라 의료급여를 받는 사람(수급권자)과 「독립유공자예우에 관한 법률」 및 「국가유공자 등 예우 및 지원에 관한 법률」에 의하여 의료보호를 받는 사람이다.

물음 7-6

건강보험의 가입요건을 갖는 사람은 ________ 와 ____________ 로 나뉜다.

(2) 가입자의 종류

가입자는 직장가입자 및 지역가입자로 구분한다(법 제6조 제1항). 이 법에서 "근로자"란 직업의 종류와 관계없이 근로의 대가로 보수를 받아 생활하는 사람(법인의 이사와 그 밖의 임원을 포함한다)으로서 공무원 및 교직원을 제외한 사람을 말한다. "사용자"란 근로자가 소속된 사업장의 사업주, 공무원이 소속된 기관의 장으로 대통령령이 정한 사람, 교직원이 소속된 사립학교를 설립 · 운영하는 자를 말한다(법 제3조).

① 직장가입자

직장가입자는 모든 사업장의 근로자 및 사용자와 공무원 및 교직원이다. 그러나 다음의 어느 하나에 해당하는 사람은 제외한다(법 제6조 제2항).

1. 고용 기간이 1개월 미만인 일용근로자
2. 「병역법」에 따른 현역병(지원에 의하지 아니하고 임용된 하사를 포함한다), 전환복무된 사람 및 군간부후보생
3. 선거에 당선되어 취임하는 공무원으로서 매월 보수 또는 보수에 준하는 급료를 받지 아니하는 사람
4. 그 밖에 사업장의 특성, 고용 형태 및 사업의 종류 등을 고려하여 대통령령으로 정하는 사업장의 근로자 및 사용자와 공무원 및 교직원

한편, 실업자에 대한 특례로서 실업 전 사용관계가 끝난 사람 중 직장가입자로서의 자격을 유지한 기간이 보건복지부령으로 정하는 기간 동안 통산 1년 이상인 사람은 지역가입자가 된 이후 최초로 지역가입자 보험료를 고지받은 날부터 그 납부기한에서 2개월이 지나기 이전까지 공단에 직장가입자로서의 자격을 유지할 것을 신청할 수 있다(법 제110조). 이때 자격은 임의계속가입자이며 사용기간이 끝난 다음 날부터 36개월이 되는 날까지 기간 동안 가능하다(시행령 제77조).

② 지역가입자

지역가입자는 가입자 중 직장가입자와 그 피부양자를 제외한 가입자를 말한다(법 제6조 제3항).

물음 7-7

건강보험의 가입자는 __________ 및 __________로 구분한다.

(3) 가입자 자격의 취득과 상실

① 자격취득의 시기(법 제8조)

가입자는 국내에 거주하게 된 날에 직장가입자 또는 지역가입자의 자격을 얻는다. 그러나 의료급여 수급권자이었던 사람은 그 대상자에서 제외된 날, 직장가입자의 피부양자이었던 사람은 그 자격을 잃은 날, 유공자 등 의료보호대상자이었던 사람은 그 대상자에서 제외된 날, 보험자에게 건강보험의 적용을 신청한 유공자 등 의료보호대상자는 신청한 그날에 자격을 얻는다.

② 자격변동의 시기(법 제9조)

지역가입자가 적용대상사업장의 사용자로 되거나 또는 근로자 · 공무원 또는 교직원(근로자 등)으로 사용된 날, 직장가입자가 다른 적용대상사업장의 사용자로 되거나 근로자 등으로 사용된 날, 지역가입자가 다른 세대로 전입한 날, 직장가입자인 근로자 등이 그 사용관계가 끝난 날의 다음 날, 직장 적용대상사업장에 휴업 · 폐업 등의 사유가 발생한 날의 다음 날에 자격이 변동된다.

③ 자격상실의 시기(법 제10조)

가입자는 사망한 날의 다음 날, 국적을 잃은 날의 다음 날, 국내에 거주하지 아니하게 된 날의 다음 날, 직장가입자의 피부양자가 된 날, 수급권자가 된 날, 건강보험의 적용을 받고 있던 자로서 유공자 등 의료보호대상자가 되어 건강보험의 적용배제신청을 한 날에 자격을 잃는다.

3) 급여

(1) 요양급여

요양급여는 가입자 및 피부양자의 질병·부상·출산 등에 대하여 진찰·검사, 약제·치료재료의 지급, 처치·수술 및 그 밖의 치료, 예방·재활, 입원, 간호, 이송을 제공하는 급여다(법 제41조). 가입자 또는 피부양자가 질병이나 부상으로 거동이 불편한 경우 등에는 방문요양급여를 실시할 수 있다(법 제41조의5).

요양급여(간호 및 이송을 제외한다)는 다음의 요양기관에서 행한다(법 제42조).

1. 「의료법」에 따라 개설된 의료기관
2. 「약사법」에 따라 등록된 약국
3. 「약사법」 제91조에 따라 설립된 한국희귀·필수의약품센터
4. 「지역보건법」에 따른 보건소·보건의료원 및 보건지소
5. 「농어촌 등 보건의료를 위한 특별조치법」에 따라 설치된 보건진료소

이 조문은 흔히 당연지정제로 일컬어지는 매우 중요한 조문이며, 이로 인해 대부분의 요양기관은 당연히 국민건강보험공단과 계약을 하게 되고, 국민건강보험에 가입된 국민들이 대부분의 요양기관에서 요양급여를 받을 수 있게 된다.

요양급여는 「국민건강보험법」의 급여 중 가장 기본적인 내용으로 대통령령에 따라 비용의 일부(본인일부부담금)를 본인이 부담한다(법 제44조). 요양급여 비용으로 인한 가계부담을 덜어 주기 위해 본인부담금의 상한액이 가입자의 소득수준 등에 따라 정해지며, 상한액을 초과한 경우에는 공단이 그 초과금액을 부담하여야 한다. 공단은 당사자에게 초과금액을 통보하고 이

를 지급하여야 한다.

가입자 또는 피부양자가 보건복지부령이 정하는 긴급하거나 그 밖의 부득이한 사유로 요양기관과 비슷한 기능을 하는 기관으로서 보건복지부령이 정하는 기관에서 질병 · 부상 · 출산 등에 대하여 요양을 받거나 요양기관이 아닌 장소에서 출산한 경우에는 공단은 그 요양급여에 상당하는 금액을 보건복지부령이 정하는 바에 의하여 그 가입자 또는 피부양자에게 요양비로 지급한다(법 제49조). 공단은 「장애인복지법」에 따라 등록한 장애인인 가입자 및 피부양자에게는 보조기기에 대하여 보험급여(보조기기 구입 시 구입금액 일부를 현금급여비로 지급)를 할 수 있다(법 제51조).

(2) 건강검진

영유아건강검진

공단은 가입자 및 피부양자에 대하여 질병의 조기발견과 그에 따른 요양급여를 하기 위하여 건강검진을 실시한다(법 제52조). 건강검진은 일반건강검진, 암검진 및 영유아건강검진으로 구분하여 실시한다.[8]

물음 7-8

__________은 질병의 조기발견과 그에 따른 요양급여를 하기 위해 실시한다.

(3) 부가급여

공단은 이 법에 규정한 요양급여 외에 대통령령이 정하는 바에 따라 임신 · 출산 진료비, 장제비, 상병수당, 그 밖의 급여를 실시할 수 있다(법 제50조). 이러한 부가급여는 현재 임신 · 출산 진료비[9]로 한다(시행령 제23조). 임신 · 출산 진료비 지원 대상은 임신 · 출산한 가입자 또는 피부양자, 2세 미만인 가

8 건강검진의 자세한 내용은 사례를 참고하기 바란다.

9 요양기관에서 본인부담금을 결제할 수 있는 바우처(국민행복카드)로 제공되고 있다.

입자 또는 피부양자(1세 미만 영유아)의 법정대리인(출산한 가입자 또는 피부양자가 사망한 경우에 한정한다)이다.

(4) 보험급여 수급권의 제한과 보호

① 급여의 제한(법 제53조)

공단은 보험급여를 받을 수 있는 사람이 다음의 어느 하나에 해당하면 보험급여를 하지 않는다.

1. 고의 또는 중대한 과실로 인한 범죄행위에 그 원인이 있거나 고의로 사고를 일으킨 경우
2. 고의 또는 중대한 과실로 공단이나 요양기관의 요양에 관한 지시에 따르지 아니한 경우
3. 고의 또는 중대한 과실로 제55조에 따른 문서와 그 밖의 물건의 제출을 거부하거나 질문 또는 진단을 기피한 경우
4. 업무 또는 공무로 생긴 질병·부상·재해로 다른 법령에 따른 보험급여나 보상(報償) 또는 보상(補償)을 받게 되는 경우

그리고 공단은 보험급여를 받을 수 있는 사람이 다른 법령에 따라 국가 또는 지방자치단체로부터 보험급여에 상당하는 급여를 받거나 보험급여에 상당하는 비용을 지급받게 되는 경우에는 그 한도 내에서 보험급여를 하지 아니한다.

또한 세대 단위의 보험료를 대통령령이 정하는 기간 이상 체납한 지역가입자에 대하여 보험료를 완납할 때까지 보험급여를 실시하지 않을 수 있다. 보험료를 체납한 경우에는 그 체납에 대하여 직장가입자 본인에게 귀책사유가 있는 경우에 한하여 지역가입자와 마찬가지로 보험급여를 실시하지 않을 수 있다. 이 경우 당해 직장가입자의 피부양자에게도 적용한다.

② 수급권의 보호(법 제59조)

보험급여를 받을 권리는 양도하거나 압류할 수 없으며, 요양비등수급계좌로 입금된 요양비등은 압류할 수 없다.

(5) 구상권(법 제58조)

공단은 제3자의 행위로 보험급여 사유가 생겨 가입자 또는 피부양자에게 보험급여를 한 경우에는 그 급여에 들어간 비용의 한도에서 그 제3자에게 권리를 얻는다. 이 경우에 있어 보험급여를 받은 사람이 제3자로부터 이미 손해배상을 받은 경우에는 공단은 그 배상액 한도에서 보험급여를 하지 아니한다.

4) 전달체계 및 위원회

2000년 7월 국민건강보험 관리조직이 통합되면서 국민건강보험공단 및 건강보험심사평가원이 업무를 개시하였고, 2003년 7월 지역의료보험과 직장의료보험의 재정 통합까지 이루어 단일한 국민건강보험제도를 이루게 되었다.

(1) 국민건강보험공단

국민건강보험은 사회보험제도의 하나로서 건강보험사업은 보건복지부장관이 맡아 주관하며(법 제2조), 건강보험의 보험자는 국민건강보험공단이다(법 제13조). 국민건강보험공단이 관장하는 업무는 다음과 같다(법 제14조).

1. 가입자 및 피부양자의 자격 관리
2. 보험료와 그 밖에 이 법에 따른 징수금의 부과 · 징수
3. 보험급여의 관리

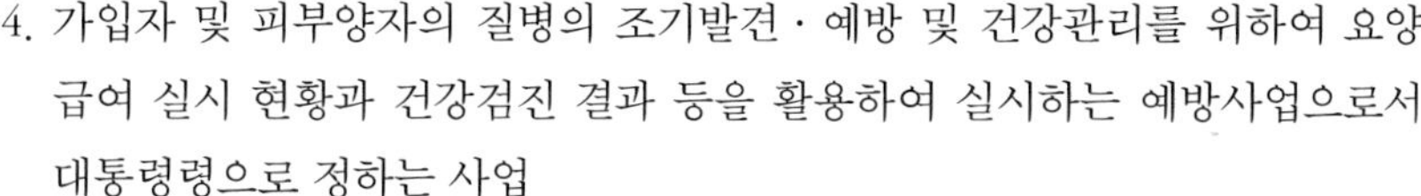

4. 가입자 및 피부양자의 질병의 조기발견 · 예방 및 건강관리를 위하여 요양급여 실시 현황과 건강검진 결과 등을 활용하여 실시하는 예방사업으로서 대통령령으로 정하는 사업
5. 보험급여 비용의 지급
6. 자산의 관리 · 운영 및 증식사업
7. 의료시설의 운영
8. 건강보험에 관한 교육훈련 및 홍보
9. 건강보험에 관한 조사연구 및 국제협력
10. 이 법에서 공단의 업무로 정하고 있는 사항
11. 「국민연금법」, 「고용보험 및 산업재해보상보험의 보험료징수 등에 관한 법률」, 「임금채권보장법」 및 「석면피해구제법」(이하 "징수위탁근거법"이라 한다)에 따라 위탁받은 업무
12. 그 밖에 이 법 또는 다른 법령에 따라 위탁받은 업무
13. 그 밖에 건강보험과 관련하여 보건복지부장관이 필요하다고 인정한 업무

한편, 공단은 「재난적의료비 지원에 관한 법률」에 따른 재난적의료비 지원사업에 사용되는 비용에 충당하기 위하여 매년 예산의 범위에서 출연할 수 있으며, 이 경우 출연 금액의 상한 등에 필요한 사항은 대통령령으로 정한다(법 제39조의2).

(2) 건강보험심사평가원(법 제62조)

건강보험심사평가원은 요양급여비용을 심사하고 요양급여의 적정성을 평가하기 위하여 설립한 기관으로, 공단과는 별도의 법인이다. 기존에 공단에서 담당하던 요양급여의 적정성 평가 업무를 독립적으로 수행하기 위해 「국민건강보험법」이 공포되면서 새롭게 신설된 기관이다.

건강보험심사평가원

물음 7-9

________________은 요양급여비용을 심사하고 요양급여의 적정성을 평가하기 위해 설립한 기관이다.

(3) 건강보험정책심의위원회

건강보험정책에 관한 다음의 사항을 심의 · 의결하기 위하여 보건복지부장관 소속으로 건강보험정책심의위원회를 둔다(법 제4조 제1항). 즉, 국민건강보험종합계획(5년마다 수립) 및 시행계획에 관한 사항(심의에 한정한다), 요양급여의 기준, 요양급여비용에 관한 사항, 직장가입자의 보험료율, 지역가입자의 보험료부과점수당 금액, 그 밖에 건강보험에 관한 주요 사항으로서 대통령령으로 정하는 사항이다.

심의위원회에서 보험료 부과와 관련된 기준이 심의 · 의결되기 때문에 위원회의 위원이 매우 중요하다. 따라서 향후 위원회의 위원 구성과 활동에 대해 많은 관심과 주의를 기울여야 한다.

(4) 재정운영위원회

제45조 제1항에 따른 요양급여비용의 계약 및 제84조에 따른 보험료의 결손처분 등 보험재정과 관련된 사항을 심의 · 의결하기 위하여 공단에 재정운영위원회를 둔다(법 제33조).

(5) 보험료부과제도개선위원회

보험료부과와 관련된 제도 개선을 위하여 보건복지부장관 소속으로 관계중앙행정기관 소속 공무원 및 민간전문가로 구성된 보험료부과제도개선위원회를 둔다(법 제72조의2). 제도개선위원회는 다음의 사항을 심의한다. 즉, 가입자의 소득 파악 실태에 관한 조사 및 연구에 관한 사항, 가입자의 소득 파악 및 소득에 대한 보험료 부과 강화를 위한 개선 방안에 관한 사항, 그 밖에 보험료부과와 관련된 제도 개선 사항으로서 위원장이 회의에 부치는 사항이다. 보건복지부장관은 제도개선위원회 운영 결과를 국회에 보고하여야 한다.

5) 재정(비용)

(1) 보험료의 부담

공단은 건강보험사업에 드는 비용을 충당하기 위하여 제77조에 따른 보험료 납부의무자로부터 보험료를 징수한다. 이때 보험료는 가입자의 자격을 취득한 날이 속하는 달의 다음 달부터 가입자의 자격을 잃은 날의 전날이 속하는 달까지 징수한다. 다만, 가입자의 자격을 매월 1일에 취득한 경우에는 그 달부터 징수한다. 월별 보험료액은 가입자의 보험료 평균액의 일정비율에 해당하는 금액을 고려하여 대통령령으로 정하는 기준에 따라 상한 및 하한을 정한다(법 제69조).

건강보험료 부과체계 개편

① 직장가입자

직장가입자에 대하여 보수월액보험료 외에 보수를 제외한 다른 소득을 기준으로 산정하는 소득월액보험료를 징수하는 근거를 두고 있다. 직장가입자의 월별 보험료액은 다음 각 호에 따라 산정한 금액으로 한다(법 제69조 제4항).

> 1. 보수월액보험료: 제70조에 따라 산정한 보수월액[10]에 제73조 제1항 또는 제2항에 따른 보험료율을 곱하여 얻은 금액
> 2. 소득월액보험료: 제71조에 따라 산정한 소득월액[11]에 제73조 제1항 또는 제2항에 따른 보험료율을 곱하여 얻은 금액

10 직장가입자의 보수월액은 직장가입자가 지급받는 보수를 기준으로 하여 산정한다.

직장가입자의 보수월액보험료는 직장가입자와 직장가입자가 근로자인 경우에는 소속 사업장의 사업주가, 직장가입자가 공무원인 경우에는 소속된 국가 또는 지방자치단체가 각각 보험료액의 100분의 50씩 부담한다. 다만, 직장가입자가 교직원으로서 사립학교에 근무하는 교원인 경우의 보험료액은 그 직장가입자가 100분의 50을, 소속 학교 경영기관이 100분의 30을, 국가가 100분의 20을 각각 부담한다. 직장가입자가 교직원인 경우 사용자가 부담액 전액을 부담할 수 없으면 그 부족액을 학교에 속하는 회계에서 부담하게 할 수 있다(법 제76조). 직장가입자의 소득월액보험료는 직장가입자가 부담한다.

② 지역가입자

지역가입자의 월별 보험료액은 세대 단위로 산정하되, 지역가입자가 속한 세대의 월별 보험료액은 보험료부과점수[12]에 보험료부과점수당 금액을 곱한 금액으로 한다(법 제69조).

물음 7-10

직장가입자의 보험료는 보수월액보험료 외에 보수를 제외한 다른 소득을 기준으로 산정하는 ____________를 징수하는 근거가 있다.

---

11 소득월액은 제70조에 따른 보수월액의 산정에 포함된 보수를 제외한 직장가입자의 소득(보수외소득)이 대통령령으로 정하는 금액을 초과하는 경우 다음의 계산식에 따라 산정한다.

(연간 보수외소득－대통령령으로 정하는 금액)×1/12

12 보험료부과점수는 지역가입자의 소득 및 재산을 기준으로 산정한다(법 제72조).

(2) 보험료의 납부(법 제77조)

직장가입자의 보험료는 다음의 구분에 따라 그 각 호에서 정한 자가 납부한다. 즉, 보수월액보험료는 사용자(이 경우 사업장의 사용자가 2명 이상인 때에는 그 사업장의 사용자는 해당 직장가입자의 보험료를 연대하여 납부한다)가, 소득월액보험료는 직장가입자가 납부한다.

사용자는 보수월액보험료 중 직장가입자가 부담하여야 하는 그 달의 보험료액을 그 보수에서 공제하여 납부하여야 한다. 이 경우 직장가입자에게 공제액을 알려야 한다.

지역가입자의 보험료는 그 가입자가 속한 세대의 지역가입자 전원이 연대하여 납부한다. 다만, 소득 및 재산이 없는 미성년자와 소득 및 재산 등을 고려하여 대통령령으로 정하는 기준에 해당하는 미성년자는 납부의무를 부담하지 아니한다. 지역가입자의 연대납부로 인해 그동안 소득과 재산이 없는 미성년자에게 보험료를 부담하게 했던 문제가 이로써 해결되었다.

(3) 보험료의 체납 등

공단은 보험료를 3회 이상 체납한 자가 신청하는 경우 보건복지부령으로 정하는 바에 따라 분할납부를 승인할 수 있다(법 제82조). 공단은 보험료를 3회 이상 체납한 자에 대하여 체납처분을 하기 전에 분할납부를 신청할 수 있음을 알리고, 보건복지부령으로 정하는 바에 따라 분할납부 신청의 절차 · 방법 등에 관한 사항을 안내하여야 한다.

한편, 공단은 고액 · 상습체납자의 인적사항을 공개할 수 있다(법 제83조). 공단은 이 법에 따른 납부기한의 다음 날부터 1년이 경과한 보험료, 연체금과 체납처분비(제84조에 따라 결손처분한 보험료, 연체금과 체납처분비로서 징수권 소멸시효가 완성되지 아니한 것을 포함한다)의 총액이 1천만 원 이상인 체납자가 납부능력이 있음에도 불구하고 체납한 경우 그 인적사항 · 체납액 등(인적사항 등)을 공개할 수 있다.

6) 사례 적용

사례 다시 돌아온 국가건강검진, 어떤 항목 검사받을까

건강보험공단에서는 건강보험 가입자를 대상으로 정기 무료 건강검진을 시행하고 있다. 지역건강보험 가입자 세대주나 세대원 중 만 20세 이상이면 국가건강검진 대상자다. 짝수 해인 경우에는 짝수년 출생자가, 홀수 해인 경우에는 홀수년 출생자가 검진 대상이다.

직장인 중 사무직은 2년에 1회, 비사무직은 매년 건강검진을 받아야 한다. 의료급여 수급자 중 세대주는 만 20~64세, 세대원은 만 20~64세가 건강검진 대상자에 해당한다. 검사항목은 공통 검사항목과 성별, 나이에 따라 추가되는 검사항목으로 나뉜다. 공통 검사항목으로는 몸무게와 키, 체중 등 기본적인 건강정보부터 구강검진, 흉부 방사선 촬영, 공복혈당 등을 검진한다. 여기서 만 40세 이상이 되면 위내시경 검사를 추가로 받게 되며, 만 50세 이상은 대장내시경 검사까지 받게 된다. 여성의 경우에는 경부암 검사를 추가로 받아야 한다.

출처: M메디소비자뉴스(2022. 11. 29.). http://www.medisobizanews.com

기존 제도에서 국민건강보험 지역가입자인 세대주, 세대원, 직장 피부양자는 만 40세 이상의 경우 만 2년에 한 번 건강검진을 받을 수 있었다. 한편, 직장가입자의 경우 사무직은 2년에 한 번, 비사무직은 매년 건강검진을 받도록 되어 있었다. 그래서 그동안 취업을 하지 않은 20~30대 청년은 지역가입자로서 건강검진 혜택에서 제외된다는 지적이 있어 왔는데 최근 개정을 통해 그동안 건강검진의 사각지대였던 미취업 청년과 전업주부가 건강검진 체계에 포함되었다.

〈관련 근거법〉

제52조(건강검진) ① 공단은 가입자와 피부양자에 대하여 질병의 조기 발견과 그에 따른 요양급여를 하기 위하여 건강검진을 실시한다.

② 제1항에 따른 건강검진의 종류 및 대상은 다음 각 호와 같다.

1. 일반건강검진: 직장가입자, 세대주인 지역가입자, 20세 이상인 지역가입자 및 20세 이상인 피부양자
2. 암검진: 「암관리법」 제11조 제2항에 따른 암의 종류별 검진주기와 연령 기준 등에 해당하는 사람
3. 영유아건강검진: 6세 미만의 가입자 및 피부양자

③ 제1항에 따른 건강검진의 검진항목은 성별, 연령 등의 특성 및 생애 주기에 맞게 설계되어야 한다.

④ 제1항에 따른 건강검진의 횟수 · 절차와 그 밖에 필요한 사항은 대통령령으로 정한다.

3. 노인장기요양보험법

1) 목적

「노인장기요양보험법」은 고령이나 노인성 질병 등의 사유로 일상생활을 혼자서 수행하기 어려운 노인 등[13]에게 제공하는 신체활동 또는 가사활동 지원 등의 장기요양급여[14]에 관한 사항을 규정하여 노후의 건강증진 및 생활안정을 도모하고 그 가족의 부담을 덜어 줌으로써 국민의 삶의 질을 향상하도록 함을 목적으로 한다(법 제1조).

노인장기요양보험 제도

13 "노인 등"이란 65세 이상의 노인 또는 65세 미만의 자로서 치매 · 뇌혈관성질환 등 대통령령으로 정하는 노인성 질병을 가진 자를 말한다(법 제2조 제1호).

14 "장기요양급여"란 제15조 제2항에 따라 6개월 이상 혼자서 일상생활을 수행하기 어렵다고 인정되는 자에게 신체활동 · 가사활동의 지원 또는 간병 등의 서비스나 이에 갈음하여 지급하는 현금 등을 말한다(법 제2조 제2호).

국민건강보험은 질환의 진단, 입원 및 외래치료, 재활치료 등을 목적으로 주로 병·의원 및 약국에서 제공하는 서비스를 급여 대상으로 하는 반면, 노인장기요양보험은 치매/중풍의 노화 및 노인성 질병 등으로 인하여 혼자 힘으로 일상생활을 영위하기 어려운 대상자에게 요양시설이나 재가 장기요양기관을 통해 신체활동 또는 가사지원 등의 서비스를 제공하는 제도다(노인장기요양보험 홈페이지, www.longtermcare.or.kr).

2) 대상

(1) 보험가입자(법 제7조)

장기요양보험의 가입자는 「국민건강보험법」 제5조 및 제109조에 따른 건강보험의 가입자로 한다. 그러나 「외국인근로자의 고용 등에 관한 법률」에 따른 외국인근로자 등 대통령령으로 정하는 외국인이 신청하는 경우 보건복지부령으로 정하는 바에 따라 장기요양보험 가입자에서 제외할 수 있다.

(2) 수급자

노인장기요양보험의 수급자가 되기 위해서는 먼저 신청자격을 갖추어야 한다.

장기요양인정을 신청할 수 있는 자는 노인 등으로서 장기요양보험 가입자 및 그 피부양자, 또는 「의료급여법」에 따른 수급권자의 자격을 갖추어야 한다(법 제12조). 그다음 장기요양등급판정위원회에서 이 신청자격요건을 충족하고 6개월 이상 동안 혼자서 일상생활을 수행하기 어렵다고 인정하는 경우 심신상태 및 장기요양이 필요한 정도 등 대통령령으로 정하는 등급판정기준에 따라 장기요양급여를 받을 자(수급자)로 판정하게 된다(법 제15조 제2항). 장기요양인정 점수는 장기요양이 필요한 정도를 나타내는 점수로서 보건복지부장관이 정하여 고시하는 심신의 기능 저하 상태를 측정하는 방법에 따라 산정한다(시행령 제7조 제2항).

3) 급여

(1) 기본원칙

장기요양급여는 노인 등이 자신의 의사와 능력에 따라 최대한 자립심으로 일상생활을 수행할 수 있도록 제공하여야 한다. 또한 장기요양급여는 노인 등의 심신상태·생활환경과 노인 등 및 그 가족의 욕구·선택을 종합적으로 고려하여 필요한 범위 안에서 이를 적정하게 제공하여야 한다. 그리고 노인 등이 가족과 함께 생활하면서 가정에서 장기요양을 받는 재가급여를 우선적으로 제공하여야 하며, 노인 등의 심신상태나 건강 등이 악화되지 아니하도록 의료서비스와 연계하여 이를 제공하여야 한다(법 제3조).

(2) 장기요양 기본계획과 실태조사

보건복지부장관은 노인 등에 대한 장기요양급여를 원활하게 제공하기 위하여 5년 단위로 장기요양 기본계획을 수립·시행하여야 한다(법 제6조). 그리고 보건복지부장관은 장기요양사업의 실태를 파악하기 위하여 3년마다 조사를 정기적으로 실시하고 그 결과를 공표하여야 한다(법 제6조의2).

(3) 급여의 종류

장기요양급여는 재가급여(방문요양, 방문목욕, 방문간호, 주·야간보호, 단기보호, 기타재가급여), 시설급여, 특별현금급여(가족요양비, 특례요양비, 요양병원간병비)다(법 제23조). 수급자는 재가급여, 시설급여 및 특별현금급여를 중복하여 받을 수 없으며, 동일한 시간에 방문요양, 방문목욕, 방문간호,

주 · 야간보호 또는 단기보호 급여를 두 가지 이상 받을 수 없다(시행규칙 제17조).

물음 7-11

노인장기요양보험 수급자는 재가급여, 시설급여 및 특별현금급여를 ________하여 받을 수 없다.

4) 전달체계 및 위원회

(1) 관리운영기관(법 제48조)

장기요양사업의 관리운영기관은 국민건강보험공단으로 하며, 공단은 다음의 업무를 관장한다. 장기요양보험가입자 및 그 피부양자와 의료급여 수급권자의 자격관리, 장기요양보험료의 부과 · 징수, 신청인에 대한 조사, 등급판정위원회의 운영 및 장기요양등급 판정, 장기요양인정서의 작성 및 개인별장기요양이용계획서의 제공, 장기요양급여의 관리 및 평가, 수급자 및 그 가족에 대한 정보제공 · 안내 · 상담 등 장기요양급여 관련 이용지원에 관한 사항, 재가 및 시설 급여비용의 심사 및 지급과 특별현금급여의 지급, 장기요양급여 제공내용 확인, 장기요양사업에 관한 조사 · 연구 및 홍보, 노인성질환예방사업, 이 법에 따른 부당이득금의 부과 · 징수 등, 장기요양급여의 제공기준을 개발하고 장기요양급여비용의 적정성을 검토하기 위한 장기요양기관의 설치 및 운영, 그 밖에 장기요양사업과 관련하여 보건복지부장관이 위탁한 업무다. 공단은 장기요양기관을 설치하는 목적에 필요한 최소한의 범위에서 이를 설치 · 운영하여야 한다.

(2) 장기요양위원회(법 제45조)

보건복지부장관 소속으로 장기요양보험료율, 재가 및 시설 급여비용 등을 심의하기 위해 장기요양위원회를 둔다.

(3) 등급판정위원회(법 제52조)

장기요양인정 및 장기요양등급 판정 등을 심의하기 위하여 공단에 장기요양등급판정위원회를 둔다. 등급판정위원회는 시 · 군 · 구 단위로 설치하나, 인구 수 등을 고려하여 하나의 시 · 군 · 구에 둘 이상의 등급판정위원회를 설치하거나 둘 이상의 시 · 군 · 구를 통합하여 하나의 등급판정위원회를 설치할 수 있다.

(4) 장기요양기관

재가급여 또는 시설급여를 제공하는 장기요양기관을 운영하려는 자는 소재지를 관할 구역으로 하는 시장 · 군수 · 구청장으로부터 지정을 받아야 한다. 이에 따라 장기요양기관으로 지정받으려는 자는 보건복지부령으로 정하는 장기요양에 필요한 시설 및 인력을 갖추어야 한다. 시장 · 군수 · 구청장은 장기요양기관을 지정한 때 지체 없이 지정 명세를 공단에 통보하여야 한다(법 제31조). 장기요양기관 지정의 유효기간은 지정받은 날로부터 6년으로 한다(법 제32조의3).

장기요양기관은 수급자가 장기요양급여를 쉽게 선택하도록 하고 장기요양기관이 제공하는 급여의 질을 보장하기 위하여 장기요양기관별 급여의 내용, 시설 · 인력 등 현황자료 등을 공단이 운영하는 인터넷 홈페이지에 게시하여야 한다(법 제34조).

장기요양기관 중 대통령령으로 정하는 기관을 운영하는 자와 종사자는 인권교육을 받아야 한다(법 제35조의3). 장기요양기관의 장은 장기요양요원이 수급자 및 그 가족이 장기요양요원에게 폭언 · 폭행 · 상해 또는 성희롱 · 성폭력 행위를 하는 경우 또는 급여외행위의 제공을 요구하는 경우로 인한 고충의 해소를 요청하는 경우 업무의 전환 등 대통령령으로 정하는 바에 따라 적절한 조치를 하여야 한다. 그리고 장기요양기관의 장기요양요원에게 급여외행위의 제공을 요구하는 행위 또는 수급자가 부담하여야 할 본인부담금의 전부 또는 일부를 부담하도록 요구하는 행위를 해서는 아니 된다(법 제35조의4).

5) 재정(비용)

(1) 보험료 징수

공단은 장기요양사업에 사용되는 비용에 충당하기 위하여 장기요양보험료를 징수한다. 장기요양보험료는 「국민건강보험법」에 따른 보험료(건강보험료)와 통합하여 징수한다. 이 경우 공단은 장기요양보험료와 건강보험료를 구분하여 고지하여야 한다. 공단은 이에 따라 통합 징수한 장기요양보험료와 건강보험료를 각각의 독립회계로 관리하여야 한다(법 제8조).

장기요양보험료는 「국민건강보험법」에 따라 산정한 보험료액에서 같은 법에 따라 경감 또는 면제되는 비용을 공제한 금액에 장기요양보험료율(2023년 0.91%)을 곱하여 산정한 금액으로 한다. 장기요양보험료율은 장기요양위원회의 심의를 거쳐 대통령령으로 정한다(법 제9조).

(2) 국가의 부담(법 제58조)

국가는 매년 예산의 범위 안에서 해당 연도 장기요양보험료 예상수입액의 100분의 20에 상당하는 금액을 공단에 지원한다.

국가와 지방자치단체는 대통령령으로 정하는 바에 따라 의료급여 수급권자의 장기요양급여비용, 의사소견서 발급비용, 방문간호지시서 발급비용 중 공단이 부담하여야 할 비용(「의료급여법」에 따른 수급자의 비용의 면제 및 감경으로 인하여 공단이 부담하게 되는 비용을 포함한다) 및 관리운영비의 전액을 부담하며, 이에 따라 지방자치단체가 부담하는 금액은 보건복지부령으로 정하는 바에 따라 특별시 · 광역시 · 특별자치시 · 도 · 특별자치도와 시 · 군 · 구가 분담한다.

(3) 본인 일부 부담금(법 제40조)

재가 및 시설 급여비용은 대통령령으로 정하는 바에 따라 비용의 일부를 본인이 부담한다. 이 경우 장기요양급여를 받는 수급자의 장기요양등급, 이용하는 장기요양급여의 종류 및 수준 등에 따라 본인부담의 수준을 달리 정할 수 있다. 그러나 수급자 중「의료급여법」제3조 제1항 제1호에 따른 수급자는 본인부담금을 부담하지 아니한다.

핵심 정리

「국민연금법」은 노후 빈곤이라는 사회적 위험에 공동으로 대처하여 개인과 사회의 부담을 줄이는 데 목적이 있다.「국민연금법」상의 급여는 노령연금, 장애연금, 유족연금, 반환일시금 등의 네 종류다.

「국민건강보험법」은 국민의 질병 및 부상에 대한 예방, 진단과 치료, 재활과 출산, 사망 및 건강증진에 대하여 보험급여를 실시함으로써 국민건강을 향상시키고 사회보장을 증진하는 데 목적이 있다.「국민건강보험법」에 따라 제공되는 급여는 요양급여(현물급여)와 요양비 지급, 건강검진, 부가급여가 있으며, 장애인에 대한 특례로 장애인 가입자 및 피부양자에게는 보조기기에 관한 보험급여를 실시할 수 있다.

「노인장기요양보험법」은 고령이나 노인성 질병 등의 사유로 일상생활을 혼자서 수행하기 어려운 노인 등에게 제공하는 신체활동 또는 가사활동 지원 등의 장기요양급여에 관한 사항을 규정하여 노후의 건강증진 및 생활안정을 도모하고 그 가족의 부담을 덜어 줌으로써 국민의 삶의 질을 향상하도록 함을 목적으로 한다.

물음에 대한 답

7-1 국민연금법은 18세 이상 60세 미만의 모든 국민을 대상으로 한다.

7-2 국민연금 노령연금을 받기 위해서는 10년 이상 가입해야 한다.

7-3 이혼한 배우자의 노후생활보장을 위한 분할연금권은 노령연금에서 보장하고 있다.

7-4 국민연금법상 장애연금 등급은 완치일을 기준으로 장애 정도에 따라 1~4급으로 결정한다.

7-5 국민연금액은 지급 사유에 따라 기본연금액과 부양가족연금액을 기초로 산정한다.

7-6 건강보험의 가입요건을 갖는 사람은 가입자와 피부양자로 나뉜다.

7-7 건강보험의 가입자는 직장가입자 및 지역가입자로 구분한다.

7-8 건강검진은 질병의 조기발견과 그에 따른 요양급여를 하기 위해 실시한다.

7-9 건강보험심사평가원은 요양급여비용을 심사하고 요양급여의 적정성을 평가하기 위해 설립한 기관이다.

7-10 직장가입자의 보험료는 보수월액보험료 외에 보수를 제외한 다른 소득을 기준으로 산정하는 소득월액보험료를 징수하는 근거가 있다.

7-11 노인장기요양보험 수급자는 재가급여, 시설급여 및 특별현금급여를 중복하여 받을 수 없다.

제8장
공공부조법

1. 국민기초생활보장법

「국민기초생활보장법」이 기존의 「생활보호법」과 다른 특징은 크게 세 가지다. 첫째, 최저생활보장은 권리라는 점을 부각시키기 위해 '수급권', '보장기관' 등의 용어를 사용하여 법률에 국민의 권리를 명확히 명시하였다.[1] 둘째, 「생활보호법」의 가장 큰 문제로 지적되어 왔던 대상자의 제한을 철폐하였다. 즉, 연령과 신체상태 등을 기준으로 대상자를 한정하였던 것을 폐지하고 소득인정액을 기준으로 하여 대상자를 선정하였다.[2] 셋째, 기존의 생계보호와 자활보호로 이원화되어 있던 급여체계를 다양화하여 개별 대상자에 맞는 급여가 이루어지도록 하였다. 주거급여와 긴급급여가 신설된 것

1 「생활보호법」은 빈곤의 책임이 개인과 가족에게 있다는 관점에서 법의 내용이 잔여적 · 시혜적 성격을 띠고 있었다. 「국민기초생활보장법」은 빈곤에 대한 사회구조적 접근을 기반으로 하여 법의 명칭과 법적용 대상자(수급권자), 의무자(보장기관), 보장의 내용(급여) 등 용어도 바꾸었다.

2 「생활보호법」에서는 65세 이상의 노쇠자, 18세 미만의 아동, 임산부, 질병 · 사고 등의 결과로 근로능력을 상실하거나 장애로 인해 근로능력이 없는 자로 보호대상자의 범위를 제한하였다. 그러나 「국민기초생활보장법」에서는 근로능력이나 연령에 관계없이 수입이 최저생계비에 미달하는 모든 가구를 수급대상자로 정하였다.

등이 이에 대한 예다.

1) 목적

「국민기초생활보장법」은 생활이 어려운 사람에게 필요한 급여를 실시하여 이들의 최저생활을 보장하고 자활을 돕는 것을 목적으로 한다(법 제1조). 이 법은 공공부조법으로서 헌법에 규정되어 있는 국민의 생존권 보장을 위한 구체적이고 최후의 보루로서 기능하는 법이다. 따라서 개인적 노력과 각종 사회보장제도 및 사회복지제도를 통해서 원조를 제공한 후에 최후로 최저생활을 보장하기 위해 마련된 법으로 볼 수 있다. 또한 가능한 한 도움을 받는 사람들이 자활, 자립할 수 있도록 돕는 것을 목적으로 하고 있다.

2) 대상

(1) 정의

이 법에 따른 정의는 다음과 같다(법 제2조).

- **수급권자**: 이 법에 따른 급여를 받을 수 있는 자격을 가진 사람을 말한다.
- **수급자**: 이 법에 따른 급여를 받는 사람을 말한다.
- **부양의무자**: 수급권자를 부양할 책임이 있는 사람으로서 수급권자의 1촌 직계혈족(부모, 아들 · 딸 등) 및 그 배우자(며느리, 사위 등)를 말한다. 다만, 사망한 1촌 직계혈족의 배우자는 제외한다.
- **차상위계층**: 수급권자에 해당하지 아니하는 계층으로서 소득인정액이 대통령령으로 정하는 기준 이하인 계층(기준 중위소득의 100분의 50 이하인 사람)을 말한다. 차상위계층에 속하는 사람에 대한 급여는 보장기관이 차상위자의 가구별 생활여건을 고려하여 예산의 범위 안에서 주거

급여, 의료급여, 교육급여, 장제급여, 자활급여의 전부 또는 일부를 행할 수 있다(법 제7조 제3항).

- **보장기관**: 이 법에 의한 급여를 행하는 국가 또는 지방자치단체를 말한다.
- **보장시설**: 제7조에 규정된 급여를 행하는 「사회복지사업법」에 의한 사회복지시설로서 보건복지부령이 정하는 시설을 말한다(법 제32조). 보장기관과 보장시설은 구분하여야 한다.
- **최저보장수준**: 국민의 소득 · 지출 수준과 수급권자의 가구 유형 등 생활실태, 물가상승률 등을 고려하여 제6조에 따라 급여의 종류별로 공표하는 금액이나 보장수준을 말한다.
- **소득인정액**: 보장기관이 급여의 결정 및 실시 등에 사용하기 위하여 산출한 개별가구의 소득평가액과 재산의 소득환산액을 합산한 금액을 말한다.

* 소득인정액의 산정(법 제6조의3)

- 개별가구의 소득평가액: 개별가구의 실제소득에도 불구하고 보장기관이 급여의 결정 및 실시 등에 사용하기 위하여 산출한 금액
  - 근로소득, 사업소득, 재산소득, 이전소득의 소득을 합한 개별가구의 실제소득에서 장애 · 질병 · 양육 등 가구 특성에 따른 지출요인, 근로를 유인하기 위한 요인, 그 밖에 추가적인 지출요인에 해당하는 금액을 감하여 산정
- 재산의 소득환산액: 개별가구의 재산가액에서 기본재산액(기초생활의 유지에 필요하다고 보건복지부장관이 정하여 고시하는 재산액을 말한다) 및 부채를 공제한 금액에 소득환산율을 곱하여 산정
  - 이 경우 소득으로 환산하는 재산의 범위는 일반재산(금융재산 및 자동차를 제외한 재산을 말한다), 금융재산, 자동차를 말한다.

- **최저생계비**: 국민이 건강하고 문화적인 생활을 유지하기 위하여 필요한 최소한의 비용으로서 제20조의2 제4항에 따라 보건복지부장관이 계측

기준 중위소득

하는 금액을 말한다.

- **기준 중위소득**: 보건복지부장관이 급여의 기준 등에 활용하기 위하여 제20조 제2항에 따른 중앙생활보장위원회의 심의 · 의결을 거쳐 고시하는 국민 가구소득의 중위값을 말한다.

* 기준 중위소득의 산정(법 제6조의2)

- 「통계법」 제27조에 따라 통계청이 공표하는 통계자료의 가구 경상소득(근로소득, 사업소득, 재산소득, 이전소득을 합산한 소득을 말한다)의 중간값에 최근 가구소득 평균 증가율, 가구규모에 따른 소득수준의 차이 등을 반영하여 가구규모별로 산정한다.
- 그 밖에 가구규모별 소득수준 반영 방법 등 기준 중위소득의 산정에 필요한 사항은 중앙생활보장위원회에서 정한다.

한편, 외국인에 대한 특례로서 국내에 체류하고 있는 외국인 중 대한민국 국민과 혼인하여 본인 또는 배우자가 임신 중이거나 대한민국 국적의 미성년 자녀를 양육하고 있거나 배우자의 대한민국 국적인 직계존속(直系尊屬)과 생계나 주거를 같이하고 있는 사람으로서 대통령령으로 정하는 사람이 이 법에 따른 급여를 받을 수 있는 자격을 가진 경우에는 수급권자가 된다(법 제5조의2).

물음 8-1

__________은 보장기관이 급여의 결정 및 실시 등에 사용하기 위하여 산출한 개별 가구의 소득평가액과 재산의 소득환산액을 합산한 금액을 말한다.

(2) 최저보장수준의 결정

보건복지부장관 또는 소관 중앙행정기관의 장은 급여의 종류별 수급자 선정기준 및 최저보장수준을 결정하여야 한다. 보건복지부장관 또는 소관 중앙행정기관의 장은 매년 8월 1일까지 중앙생활보장위원회의 심의 · 의결을 거쳐 다음 연도 급여의 종류별 수급자 선정기준 및 최저보장수준을 공표하여야 한다(법 제6조).

3) 급여

(1) 급여의 기본원칙

① 보충성의 원칙

이 법에 따른 급여는 수급자가 자신의 생활의 유지 · 향상을 위하여 그의 소득, 재산, 근로능력 등을 활용하여 최대한 노력하는 것을 전제로 이를 보충 · 발전시키는 것을 기본원칙으로 한다(법 제3조 제1항). 다시 말해, 개인의 노력으로 자기 생활을 유지하는 것이 우선이며 자기 스스로 생활을 유지할 수 없을 때 비로소 국가가 급여를 제공해 준다는 뜻이다.

② 타법우선의 원칙

부양의무자의 부양과 다른 법령에 따른 보호는 이 법에 따른 급여에 우선하여 행하여지는 것으로 한다(법 제3조 제2항). 그러므로 「국민기초생활보장법」상의 급여는 마지막으로 제공되는 사회복지급여이며 최후의 안전망이라고 볼 수 있다.

(2) 급여 실시의 기준

① 급여의 기본 수준

급여 제공에 있어서 검토되어야 할 사항 중 가장 중요한 점은 급여의 기본적 수준에 대한 시각이다. 이 법에 따른 급여는 건강하고 문화적인 최저 생활을 유지할 수 있는 것이어야 한다(법 제4조 제1항).

② 급여의 개별화

급여는 수급자의 욕구와 문제 등 수급자가 처한 상황을 개별화하여 적절한 내용과 수준으로 제공되어야 한다. 이 법에 따른 급여의 기준은 수급자의 연령, 가구 규모, 거주지역, 그 밖의 생활여건 등을 고려하여 급여의 종류별로 보건복지부장관이 정하거나 급여를 지급하는 중앙행정기관의 장(소관 중앙행정기관의 장)이 보건복지부장관과 협의하여 정한다(법 제4조 제2항). 그리고 지방자치단체인 보장기관은 해당 지방자치단체의 조례로 정하는 바에 따라 이 법에 따른 급여의 범위 및 수준을 초과하여 급여를 실시할 수 있다. 이 경우 해당 보장기관은 보건복지부장관 및 소관 중앙행정기관의 장에게 알려야 한다(법 제4조 제4항).

가. 개별가구 단위 급여

보장기관은 이 법에 따른 급여를 개별가구를 단위로 실시하되, 특히 필요하다고 인정하는 경우에는 개인 단위로 실시할 수 있다(법 제4조 제3항).

나. 신청주의 급여

수급권자와 그 친족, 기타 관계인은 관할 시장 · 군수 · 구청장에게 수급권자에 대한 급여를 신청할 수 있으며, 차상위자가 급여를 신청하려는 경우에도 마찬가지다(법 제21조 제1항).

다. 다른 법률과의 관계

주거급여(법 제11조)와 의료급여(법 제12조의3)에 따른 급여와 관련하여 다른 법률에 특별한 규정이 있는 경우를 제외하고는 이 법이 정하는 바에 따른다(법 제4조의2).

물음 8-2

보장기관은 급여를 ________를 단위로 하여 실시하되, 특히 필요하다고 인정되는 경우에는 개인 단위로 실시할 수 있다.

(3) 급여의 실시

① 급여의 신청(법 제21조)

수급권자와 그 친족, 그 밖의 관계인은 관할 시장 · 군수 · 구청장에게 수급권자에 대한 급여를 신청할 수 있다(신청주의 원칙). 그리고 사회복지전담공무원은 이 법에 따른 급여를 필요로 하는 사람이 누락되지 아니하도록 하기 위하여 관할지역에 거주하는 수급권자에 대한 급여를 직권으로 신청할 수 있다(직권주의 원칙). 이 경우 수급권자의 동의를 구하여야 하며, 수급권자의 동의는 수급권자의 신청으로 볼 수 있다.

국민기초생활수급 신청방법

② 조사(법 제22조)

시장 · 군수 · 구청장은 제21조에 따른 급여신청이 있는 경우에는 사회복지전담공무원으로 하여금 급여의 결정 및 실시 등에 필요한 다음의 사항을 조사하게 하거나 수급권자에게 보장기관이 지정하는 의료기관에서 검진을 받게 할 수 있다.

- 부양의무자의 유무 및 부양능력 등 부양의무자와 관련된 사항
- 수급권자 및 부양의무자의 소득 · 재산에 관한 사항
- 수급권자의 근로능력 · 취업상태 · 자활욕구 등 자활지원계획수립에 필요한 사항
- 그 밖에 수급권자의 건강상태 · 가구 특성 등 생활실태에 관한 사항

③ 급여의 결정(법 제26조)

시장 · 군수 · 구청장은 급여의 신청에 대한 조사를 하였을 때에는 지체 없이 급여 실시 여부와 급여의 내용을 결정하여야 한다. 보장기관의 장은 시 · 군 · 구 사회복지담당공무원이 조사한 내용을 차세대사회보장정보시스템에 등록하면, 해당 내용을 검토하여 보장 적합 또는 부적합을 결정한다. 이때 생계 · 의료 · 주거급여에 대한 결정은 시장 · 군수 · 구청장이 실시하고, 교육급여의 결정은 시 · 도교육감이 실시한다.

시장 · 군수 · 구청장은 급여 실시 여부와 급여 내용을 결정하였을 때에는 그 결정의 요지, 급여의 종류 · 방법 및 급여의 개시 시기 등을 서면으로 수급권자 또는 신청인에게 통지하여야 한다. 신청인에 대한 통지는 급여의 신청일부터 30일 이내에 하여야 한다.

④ 급여의 실시

이 법에 따른 급여는 수급권자 또는 수급자의 거주지를 관할하는 시 · 도지사와 시장 · 군수 · 구청장(교육급여인 경우에는 시 · 도의 교육감을 말한다)이 실시한다. 다만, 주거가 일정하지 아니한 경우에는 수급권자 또는 수급자가 실제 거주하는 지역을 관할하는 시장 · 군수 · 구청장이 실시한다. 보장기관은 수급권자 · 수급자 · 차상위계층에 대한 조사와 수급자 결정 및 급여의 실시 등 이 법에 따른 보장업무를 수행하게 하기 위하여 사회복지 전담공무원을 배치하여야 한다. 이 경우 제15조에 따른 자활급여 업무를 수행하는 사회복지 전담공무원은 따로 배치하여야 한다(법 제19조).

급여의 실시 및 내용이 결정된 수급자에 대한 급여는 급여의 신청일부터 시작한다(법 제27조). 시장 · 군수 · 구청장은 급여 실시 여부의 결정을 하기 전이라도 수급권자에게 급여를 실시하여야 할 긴급한 필요가 있다고 인정할 때에는 급여(법 제7조 제1항 각 호에 규정되어 있는 급여)의 일부를 실시할 수 있다. 이러한 긴급급여는 수급권자 욕구의 긴급성과 절박성에 부응하고

자 하는 급여다. 그러나 나중에 조사결과 급여를 실시하지 않기로 결정하게 되면 급여비용의 반환을 명할 수 있다.

⑤ 급여의 지급방법(법 제27조의2)

수급자에게 지급되는 급여를 수급권자 명의의 지정된 계좌에 입금하도록 하여, 그 계좌의 예금은 압류할 수 없도록 함으로써 수급자의 기초생활을 실질적으로 보장하고, 수급권 보호의 실효성을 확보하고 있다. 보장기관이 급여를 금전으로 지급할 때에는 수급자의 신청에 따라 수급자 명의의 지정된 계좌(급여 수급계좌)로 입금하여야 한다.

⑥ 급여의 변경(법 제29조)

보장기관은 수급자의 소득 · 재산 · 근로능력 등이 변동된 경우에는 직권으로 또는 수급자나 그 친족, 그 밖의 관계인의 신청에 의하여 그에 대한 급여의 종류 · 방법 등을 변경할 수 있다. 급여의 변경은 서면으로 그 이유를 구체적으로 밝혀 수급자에게 통지하여야 한다.

⑦ 급여의 중지(법 제30조)

보장기관은 수급자가 다음의 어느 하나에 해당하는 경우에는 급여의 전부 또는 일부를 중지하여야 한다. 즉, 수급자에 대한 급여의 전부 또는 일부가 필요 없게 된 경우, 수급자가 급여의 전부 또는 일부를 거부한 경우다. 한편, 근로능력이 있는 수급자가 제9조 제5항의 조건(조건부 생계급여지원의 조건)을 이행하지 아니하는 경우에 조건을 이행할 때까지 근로능력이 있는 수급자 본인의 생계급여의 전부 또는 일부를 지급하지 아니할 수 있다.

물음 8-3

급여의 실시 및 내용이 결정된 수급자에 대한 급여는 급여의
________부터 시작한다.

(4) 급여의 종류와 방법

「국민기초생활보장법」은 급여의 내용에 따라 생계급여, 주거급여, 교육급여, 의료급여, 해산급여, 장제급여, 자활급여의 일곱 가지로 구분한다(법 제7조 제1항). 수급권자에 대한 급여는 필요에 따라 일곱 가지 급여의 전부 또는 일부를 실시하는 것으로 한다(법 제7조 제2항). 2023년 현재 부양의무자 기준이 적용되는 급여는 의료급여이며, 생계급여는 부양의무자의 연소득 1억 원(월 소득 834만 원) 또는 일반재산 9억 원을 초과하는 경우에 제외한다. 생계 · 주거 · 의료 · 교육급여 수급권자는 소득인정액 기준은 중앙생활보장위원회의 심의 · 의결을 거쳐 결정하는 금액(생계급여 선정기준) 이하인 사람으로 한다.

① 생계급여

생계급여는 수급자에게 의복, 음식물 및 연료비와 그 밖에 일상생활에 기본적으로 필요한 금품을 지급하여 그 생계를 유지하게 하는 것으로 하며, 수급자의 주거에서 실시한다(법 제8조).

생계급여 수급권자는 부양의무자가 없거나, 부양의무자가 있어도 부양능력이 없거나 부양을 받을 수 없는 사람으로서,[3] 생계급여 선정기준은 기준중위소득의 100분의 30 이상으로 한다. 보장시설에 위탁하여 생계급여를 실시하는 경우에는 보건복지부장관이 정하는 고시에 따라 그 선정기준 등을 달리 정할 수 있다.

---

3 일부 부양의무자 조건이 적용되기에 법에는 규정이 남아 있다.

생계급여의 지급방법은 다음과 같다(법 제9조). 생계급여는 금전을 지급하는 것으로 한다. 수급품은 대통령령으로 정하는 바에 따라 매월 정기적으로 지급하여야 하며, 수급품은 수급자에게 직접 지급한다. 다만, 보장시설이나 타인의 가정에 위탁하여 생계급여를 실시하는 경우에는 그 위탁받은 사람에게 이를 지급할 수 있다. 이 경우 보장기관은 보건복지부장관이 정하는 바에 따라 정기적으로 수급자의 수급 여부를 확인하여야 한다. 생계급여는 보건복지부장관이 정하는 바에 따라 수급자의 소득인정액 등을 고려하여 차등지급[4]할 수 있다.

그리고 보장기관은 대통령령으로 정하는 바에 따라 근로능력이 있는 수급자에게 자활에 필요한 사업에 참가할 것을 조건으로 하여 생계급여를 지급할 수 있다. 이 경우 보장기관은 제28조에 따른 자활지원계획을 고려하여 조건을 제시하여야 한다. 이 제9조 제5항이 '조건부 (생계급여) 수급'에 대한 근거 조항이다. 급여 수급의 중요한 기준임에도 불구하고 근로능력평가기준과 관련된 중요한 사항은 보건복지부장관의 고시로 정하도록 되어 있어 수급권자의 권리보다는 행정부의 판단이나 입장이 반영될 여지가 크다. 현재 근로능력평가는 국민연금공단에 위탁하여 실시하고 있다.

② 주거급여

주거급여는 수급자에게 주거 안정에 필요한 임차료, 수선유지비, 그 밖의 수급품을 지급하는 것으로 한다. 주거급여에 관하여 필요한 사항은 따로 법률에서 정한다(법 제11조). 과거의 「생활보호법」에는 없었던 주거급여는 「국민기초생활보장법」 시행으로 신설된 급여로, 2014년 「주거급여

주거급여

4 과거 「생활보호법」에서는 동일 액수를 지급하였다. 그러나 「국민기초생활보장법」에서는 보충급여 방식을 채택하고 있어, 최저생계비에서 수급자의 소득인정액만큼을 차감하고 나머지 액수를 지급하고 있다. 이러한 보충급여는 근로의욕 저하를 가져오는 문제가 있어 근로유인제도를 필연적으로 수반하게 된다.

법」이 제정되어 이에 따르도록 되어 있다. 주거급여 선정기준은 기준 중위소득의 100분의 43 이상으로 한다(「주거급여법」 제5조). 2023년 현재 선정기준은 100분의 47 이하인 가구다.

③ 교육급여

교육급여는 수급자에게 입학금, 수업료, 학용품비, 그 밖의 수급품을 지급하는 것으로 하되, 학교의 종류 · 범위 등에 관하여 필요한 사항은 대통령령으로 정하며, 교육급여는 교육부장관의 소관으로 한다. 교육급여 선정기준은 기준 중위소득의 100분의 50 이상으로 한다(법 제12조).

④ 의료급여

의료급여는 수급자에게 건강한 생활을 유지하는 데 필요한 각종 검사 및 치료 등을 지급하는 것으로 한다. 의료급여 수급권자는 부양의무자가 없거나, 부양의무자가 있어도 부양능력이 없거나 부양을 받을 수 없는 사람으로서, 선정기준은 기준 중위소득의 100분의 40 이상으로 한다. 의료급여에 필요한 사항은 따로 「의료급여법」에서 정한다(법 제12조의3).

⑤ 해산급여

해산급여는 생계급여, 주거급여, 의료급여 중 하나 이상의 급여를 받는 수급자에게 조산, 분만 전과 분만 후의 필요한 조치와 보호에 대한 급여를 행하는 것으로 한다(법 제13조).

⑥ 장제급여

장제급여는 생계급여, 주거급여, 의료급여 중 하나 이상의 급여를 받는 수급자가 사망한 경우 사체의 검안 · 운반 · 화장 또는 매장, 그 밖의 장제조치를 행하는 것으로 한다. 장제급여는 보건복지부령이 정하는 바에 따라 실제로 장제를 실시하는 사람에게 장제에 필요한 비용을 지급함으로써 행한다(법 제14조).

⑦ 자활급여

자활급여는 수급자의 자활을 돕기 위하여 다음의 급여를 행하는 것으로 한다(법 제15조 제1항). 즉, 자활에 필요한 금품의 지급 또는 대여, 자활에 필요한 근로능력의 향상 및 기능습득의 지원, 취업알선 등 정보의 제공, 자활을 위한 근로기회의 제공, 자활에 필요한 시설 및 장비의 대여, 창업교육·기능훈련 및 기술·경영 지도 등 창업지원, 자활에 필요한 자산형성지원, 그 밖에 대통령령으로 정하는 자활조성을 위한 각종 지원이다.

자활급여는 관련 공공기관·비영리법인·시설과 그 밖에 대통령령으로 정하는 기관에 위탁하여 실시할 수 있다(법 제15조 제2항). 자활급여는 조건부 수급자만이 받는 급여가 아니며, '자활급여'와 조건부 수급자가 행하는 자활에 필요한 사업은 구분하여야 한다.

시장·군수·구청장은 수급자의 자활을 체계적으로 지원하기 위하여 보건복지부장관이 정하는 바에 따라 수급자 가구별로 자활지원계획을 수립하고 그에 따라 이 법에 의한 급여를 실시하여야 한다(법 제28조).

⑧ 급여의 특례

제8조(생계급여), 제11조(주거급여), 제12조(교육급여), 제12조의3(의료급여), 제13조(해산급여), 제14조(장제급여) 및 제15조(자활급여)에 따른 수급권자에 해당하지 아니하여도 생활이 어려운 사람으로서 일정 기간 동안 이 법에서 정하는 급여의 전부 또는 일부가 필요하다고 보건복지부장관 또는 소관 중앙행정기관의 장이 정하는 사람은 수급권자로 본다(법 제14조의2).

물음 8-4

국민기초생활보장법에 의한 급여는 생계급여, __________, 의료급여, 교육급여, 해산급여, 장제급여, 자활급여 등 일곱 가지가 있다.

물음 8-5

국민기초생활보장법상 의료급여의 선정기준은 기준 중위소득의 100분의 _____ 이상으로 한다.

4) 전달체계 및 위원회

(1) 보장기관

보장기관이라 함은 이 법에 따른 급여를 실시하는 국가 또는 지방자치단체를 말한다(법 제2조 제4호). 그러나 실제로 법에 의한 급여는 원칙적으로 수급권자 또는 수급자의 거주지를 관할하는 시·도지사와 시장·군수·구청장이 행한다(법 제19조 제1항).

(2) 보장시설

이 법에서 보장시설이라 함은 이 법상의 급여를 실시하는 「사회복지사업법」에 따른 사회복지시설(장애인 거주시설, 노인주거복지시설 및 노인의료복지시설, 아동복지시설 및 통합 시설, 정신요양시설 및 정신재활시설, 노숙인재활시설 및 노숙인요양시설, 한부모가족복지시설 등)로서 보건복지부령으로 정하는 시설을 말한다(법 제32조).

(3) 생활보장위원회

이 법에 따른 생활보장사업의 기획·조사·실시 등에 관한 사항을 심의 · 의결하기 위하여 보건복지부와 시 · 도 및 시 · 군 · 구(자치구를 말한다)에 각각 생활보장위원회를 둔다. 다만, 시 · 도 및 시 · 군 · 구에 두는 생활보장위원회는 그 기능을 담당하기에 적합한 다른 위원회가 있고 그 위원회의 위원이 제4항에 규정된 자격을 갖춘 경우에는 시 · 도 또는 시 · 군 · 구의 조례로 정하는 바에 따라 그 위원회가 생활보장위원회의 기능을 대신할 수 있다(법 제20조 제1항).

보건복지부에 두는 생활보장위원회(중앙생활보장위원회)는 다음의 사항을 심의 · 의결한다(법 제20조 제2항).

- 기초생활보장 종합계획의 수립
- 소득인정액 산정방식과 기준 중위소득의 결정
- 급여의 종류별 수급자 선정기준과 최저보장수준의 결정
- 급여기준의 적정성 등 평가 및 실태조사에 관한 사항
- 급여의 종류별 누락 · 중복, 차상위계층의 지원사업 등에 대한 조정
- 자활기금의 적립 · 관리 및 사용에 관한 지침의 수립
- 그 밖에 위원장이 회의에 부치는 사항

이처럼 중앙생활보장위원회는 다른 위원회가 유명무실한 것과 달리 의결권을 가진 강력한 위원회다.

(4) 자활지원

① 한국자활복지개발원(법 제15조의2)

수급자 및 차상위자의 자활촉진에 필요한 사업을 수행하기 위하여 한국자활복지개발원을 설립한다. 자활복지개발원은 법인으로 하며, 그 주된 사무소의 소재지에서 설립등기를 함으로써 성립한다.

② 광역자활센터(법 제15조의10)

보장기관은 수급자 및 차상위자의 자활촉진에 필요한 사업을 수행하게 하기 위하여 사회복지법인, 사회적협동조합 등 비영리법인과 단체(법인 등)를 법인 등의 신청을 받아 특별시 · 광역시 · 특별자치시 · 도 · 특별자치도(시 · 도) 단위의 광역자활센터로 지정할 수 있다.

③ 지역자활센터(법 제16조)

보장기관은 수급자 및 차상위자의 자활촉진에 필요한 다음의 사업을 수행하게 하기 위하여 사회복지법인, 사회적협동조합 등 비영리법인과 단체(법인 등)를 법인 등의 신청을 받아 지역자활센터로 지정할 수 있다. 이 경우 보장기관은 법인 등의 지역사회복지사업 및 자활지원사업 수행능력 · 경험 등을 고려하여야 한다.

자활촉진에 필요한 사업

- 자활의욕 고취를 위한 교육
- 자활을 위한 정보제공, 상담, 직업교육 및 취업알선
- 생업을 위한 자금 융자 알선
- 자영창업 지원 및 기술 · 경영 지도
- 자활기업의 설립 · 운영 지원
- 그 밖에 자활을 위한 각종 사업

보장기관은 지정을 받은 지역자활센터에 대하여 다음의 지원을 할 수 있다. 즉, 지역자활센터의 설립 · 운영 비용 또는 앞서 제시한 자활 촉진에 필요한 사업수행 비용의 전부 또는 일부, 국유 · 공유 재산의 무상임대, 보장기관이 실시하는 사업의 우선 위탁이다. 보장기관은 지역자활센터에 대하여 정기적으로 사업실적 및 운영실태를 평가하고 수급자의 자활촉진을 달성하지 못하는 지역자활센터에 대하여는 그 지정을 취소할 수 있다.

④ 자활기업(법 제18조)

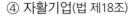

수급자 및 차상위자는 상호 협력하여 자활기업을 설립 · 운영할 수 있다. 자활기업을 설립 · 운영하려는 자는 다음의 요건을 모두 갖춰 보장기관의 인정을 받아야 한다.

1. 조합 또는 「부가가치세법」상 사업자의 형태를 갖출 것
2. 설립 및 운영 주체는 수급자 또는 차상위자를 2인 이상 포함하여 구성할 것. 다만, 설립 당시에는 수급자 또는 차상위자였으나, 설립 이후 수급자 또는 차상위자를 면하게 된 사람이 계속하여 그 구성원으로 있는 경우에는 수급자 또는 차상위자로 산정(算定)한다.
3. 그 밖에 운영기준에 관하여 보건복지부장관이 정하는 사항을 갖출 것

보장기관은 자활기업에게 직접 또는 자활복지개발원, 광역자활센터 및 지역자활센터를 통하여 다음의 지원을 할 수 있다. 즉, 자활을 위한 사업자금 융자, 국유지 · 공유지 우선 임대, 국가나 지방자치단체가 실시하는 사업의 우선 위탁, 자활기업 운영에 필요한 경영 · 세무 등의 교육 및 컨설팅 지원, 그 밖에 수급자의 자활촉진을 위한 각종 사업이다.

자활기업 인정(법 제18조) 및 인정취소(법 제18조의4), 공공기관의 자활기업생산품 우선구매(법 제18조의2), 투명한 기업관리를 위한 보고의무(법 제18조의3) 등이 규정되어 있는데, 이는 성실한 자활기업을 보호 · 육성하고 판로개척 등의 지원을 강화하려는 목적이 있다.

⑤ 수급자의 고용촉진(법 제18조의6)

보장기관은 수급자 및 차상위자의 고용을 촉진하기 위하여 상시근로자의 일정비율 이상을 수급자 및 차상위자로 채용하는 기업에 대하여 대통령령이 정하는 바에 따라 제18조 제3항(보장기관의 자활기업에 대한 지원)에 해당

하는 지원을 할 수 있다.

다음은 수급자의 취업활동으로 인해 돌봄이 필요하게 된 가구에 대한 지원을 강화하기 위하여 마련되었다. 시장 · 군수 · 구청장은 수급자 및 차상위자에게 가구별 특성을 감안하여 관련 기관의 고용지원서비스를 연계할 수 있다. 시장 · 군수 · 구청장은 수급자 및 차상위자의 취업활동으로 인하여 지원이 필요하게 된 해당 가구의 아동 · 노인 등에게 사회복지서비스를 지원할 수 있다.

⑥ 자활기금의 적립과 자산형성지원

보장기관은 이 법에 따른 자활지원사업의 원활한 추진을 위하여 자활기금을 적립한다. 보장기관은 자활지원사업의 효율적 추진을 위하여 필요하다고 인정되는 경우에는 자활기금의 관리 · 운영을 자활복지개발원 또는 자활지원사업을 수행하는 비영리법인에 위탁할 수 있다. 이 경우 그에 드는 비용은 보장기관이 부담한다(법 제18조의7).

자산형성지원사업 설명서

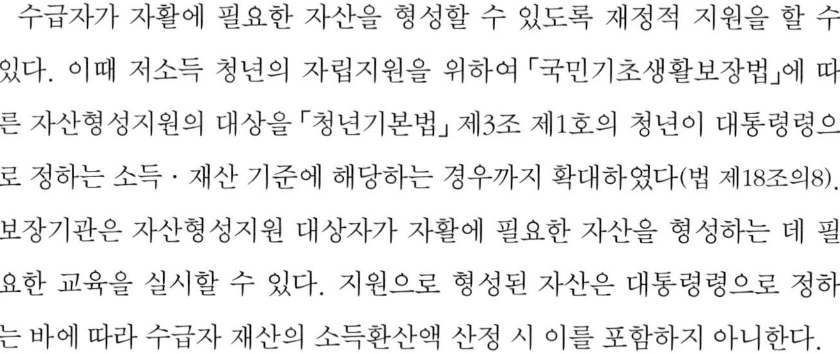

수급자가 자활에 필요한 자산을 형성할 수 있도록 재정적 지원을 할 수 있다. 이때 저소득 청년의 자립지원을 위하여 「국민기초생활보장법」에 따른 자산형성지원의 대상을 「청년기본법」 제3조 제1호의 청년이 대통령령으로 정하는 소득 · 재산 기준에 해당하는 경우까지 확대하였다(법 제18조의8). 보장기관은 자산형성지원 대상자가 자활에 필요한 자산을 형성하는 데 필요한 교육을 실시할 수 있다. 지원으로 형성된 자산은 대통령령으로 정하는 바에 따라 수급자 재산의 소득환산액 산정 시 이를 포함하지 아니한다.

물음 8-6

__________이라 함은 이 법에 따른 급여를 실시하는 국가 또는 지방자치단체를 말한다.

5) 재정(비용)

(1) 보장비용

이 법에서 보장비용은 보장업무에 드는 인건비와 사무비, 생활보장위원회의 운영에 드는 비용, 급여 실시 비용, 그 밖에 이 법에 의한 보장업무에 드는 비용 등을 말한다(법 제42조).

보장비용의 부담은 국가, 시 · 도, 시 · 군 · 구가 각각 차등하여 분담한다(법 제43조). 그리고 지방자치단체의 조례에 따라 이 법에 따른 급여 범위 및 수준을 초과하여 급여를 실시하는 경우 그 초과 보장비용은 해당 지방자치단체가 부담한다(법 제43조 제5항). 교육급여 보장비용 부담의 특례로 교육급여(법 제12조 및 제12조의2)에 따라 시 · 도교육감이 수행하는 보장업무에 드는 비용은 차등하여 분담한다(법 제43조의2).

(2) 비용의 징수(법 제46조)

수급자에게 부양능력을 가진 부양의무자가 있음이 확인된 경우에는 보장비용을 지급한 보장기관은 생활보장위원회의 심의 · 의결을 거쳐 그 비용의 전부 또는 일부를 그 부양의무자로부터 부양의무의 범위에서 징수할 수 있다. 이 조항은 공공부조에서 행하는 대표적인 구상권이다. 속임수나 그 밖의 부정한 방법으로 급여를 받거나 타인으로 하여금 급여를 받게 한 경우에는 보장비용을 지급한 보장기관이 그 비용의 전부 또는 일부를 그 급여를 받은 사람 또는 급여를 받게 한 자(부정수급자)로부터 징수할 수 있다.

(3) 반환명령(법 제47조)

보장기관은 급여의 변경 또는 급여의 정지 · 중지에 따라 수급자에게 이미 지급한 수급품 중 과잉지급분이 발생한 경우에는 즉시 수급자에 대하여 그 전부 또는 일부의 반환을 명하여야 한다.

6) 사례 적용

사례 '복지 사각지대' 부른 의료급여 부양의무자 기준 완화될까

기초생활보장제도 중 의료급여에만 남아 있는 부양의무 기준이 완화될 수 있을지 주목된다. 부양의무 기준은 그간 의료급여 문턱을 높여 복지 사각지대를 만드는 요인으로 지목돼 왔다. 13일 보건복지부에 따르면 복지부는 최근 '제3차 의료급여 3개년 기본계획 수립' 연구용역을 발주하며 2024~2026년 3년간 적용될 의료급여 정책의 본격적인 밑그림 그리기에 나섰다. 이번 연구를 통해 복지부는 앞서 제2차 기본계획의 성과와 한계를 분석하고, 앞으로 의료급여 중장기 발전방향과 제도개선을 위한 핵심분야, 정책목표, 세부 추진과제 및 구체적 실행방안 등을 도출할 계획이다.

특히 이번 연구에서 의료급여 부양의무자 기준의 단계적 완화 방안을 마련할 것으로 보인다. 부양의무 기준은 일정 수준 이상의 소득·재산이 있는 부모, 자녀, 배우자가 있으면 기초생활보장 대상에서 제외하도록 하는 제도다. 하지만 부양 의사가 없는 부양의무자로 인해 비수급 빈곤층이 늘자 정부는 주거·교육급여 부양의무자 기준을 차례로 폐지했고, 생계급여 부양의무자 기준 또한 2021년 10월 고소득(연 1억 원)·고재산(9억 원 이상) 부양의무자가 있는 경우를 제외하고는 폐지했다.

문제는 의료급여는 기준을 그대로 둬 생계급여를 받음에도 의료급여는 받지 못하는 '역전현상'이 발생한다는 것이다. 강은미 정의당 의원이 복지부로부터 제출받은 자료에 따르면 2021~2022년 의료급여 수급을 신청했다가 부양의무 기준에 걸려 2만 4,157명이 탈락했는데, 이들의 월 평균소득은 44만 원에 불과했다. 이는 생계급여를 신청했다가 부양의무 기준으로 탈락한 6,891명의 월 평균소득(75만 원)보다 작다. 최근 5년간(2017~2022년 6월) 의료급여 수급 탈락률도 43%(21만 7,903명 중 9만 4,249명 탈락)에 달한다. 의료급여 부양의무자 기준을 폐지해야 한다는 지적에 복지부는 올해 업무보고에서 의료급여 부양의무자 기준 개선 방안을 기본계획에 담겠다고 밝혔다.

출처: 아시아경제(2023. 1. 13.). https://view.asiae.co.kr

「국민기초생활보장법」과 관련하여 가장 이슈가 되었던 부양의무자 기준은 단계적으로 폐지되고 있다. 그러나 여전히 의료급여에서는 그 기준이 남아 있고 생계급여 역시 고소득 부양의무자 기준은 남아 있다. 이러한 근거가 되는 내용은 법 제3조에 명시된 부양의무자의 부양이 이 법에 의한 급여에 우선하여 행해진다는 부분이다.

〈관련 근거법〉

급여의 기본원칙

법 제3조(급여의 기본원칙) ① 이 법에 따른 급여는 수급자가 자신의 생활의 유지 · 향상을 위하여 그의 소득, 재산, 근로능력 등을 활용하여 최대한 노력하는 것을 전제로 이를 보충 · 발전시키는 것을 기본원칙으로 한다.

② 부양의무자의 부양과 다른 법령에 의한 보호는 이 법에 의한 급여에 우선하여 행하여지는 것으로 한다. 다만, 다른 법령에 의한 보호의 수준이 이 법에서 정하는 수준에 이르지 아니하는 경우에는 나머지 부분에 관하여 이 법에 따른 급여를 받을 권리를 잃지 아니한다.

2. 의료급여법

1) 목적

「의료급여법」은 생활이 어려운 자에게 의료급여를 실시함으로써 국민보건의 향상과 사회복지의 증진에 이바지함을 목적으로 한다(법 제1조). 목적에도 드러나듯이 「의료급여법」은 국민기초생활보장제도의 개념을 의료적 측면에서 구체적으로 실현하고 있는 법이다.

2) 대상

(1) 수급권자

수급권자라 함은 이 법에 따라 의료급여를 받을 수 있는 자격을 가진 사람을 말한다(법 제2조 제1호). 목적에는 생활이 어려운 사람에게 의료급여를 실시한다고 되어 있으나 대상자는 단순히 「국민기초생활보장법」 대상자와 동일한 것이 아니라 그 적용범위가 더 넓다. 그래서 2013년 개정으로 의료급여가 반드시 필요한 사람에게 제공될 수 있도록 다른 법령에 따라 수급권자가 되는 사람, 즉 이재민, 노숙인 등 수급권자 자격에 관한 기준을 보완하고, 수급권자의 소득 · 재산을 확인하는 등 수급권자의 인정 절차에 관한 규정을 마련하였다. 이 법에 의한 수급권자는 다음과 같다(법 제3조 제1항).

1. 「국민기초생활보장법」에 따른 의료급여 수급자
2. 「재해구호법」에 따른 이재민으로서 보건복지부장관이 의료급여가 필요하다고 인정한 사람
3. 「의사상자 등 예우 및 지원에 관한 법률」에 따라 의료급여를 받는 사람
4. 「입양특례법」에 따라 국내에 입양된 18세 미만의 아동
5. 「독립유공자 예우에 관한 법률」, 「국가유공자 등 예우 및 지원에 관한 법률」 및 「보훈보상대상자 지원에 관한 법률」의 적용을 받고 있는 사람과 그 가족으로서 국가보훈부장관이 의료급여가 필요하다고 추천한 사람 중에서 보건복지부장관이 의료급여가 필요하다고 인정한 사람
6. 「무형문화재 보전 및 진흥에 관한 법률」에 따라 지정된 국가무형문화재의 보유자(명예보유자를 포함한다)와 그 가족으로서 문화재청장이 의료급여가 필요하다고 추천한 사람 중 보건복지부장관이 의료급여가 필요하다고 인정한 사람
7. 「북한이탈주민의 보호 및 정착지원에 관한 법률」의 적용을 받고 있는

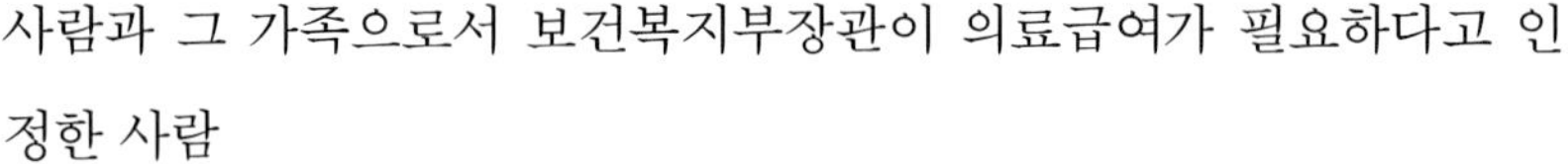

사람과 그 가족으로서 보건복지부장관이 의료급여가 필요하다고 인정한 사람

8. 「5 · 18민주화운동 관련자 보상 등에 관한 법률」 제8조에 따라 보상금 등을 받은 사람과 그 가족으로서 보건복지부장관이 의료급여가 필요하다고 인정한 사람
9. 「노숙인 등의 복지 및 자립지원에 관한 법률」에 따른 노숙인 등으로서 보건복지부장관이 의료급여가 필요하다고 인정한 사람
10. 그 밖에 생활 유지 능력이 없거나 생활이 어려운 사람으로서 대통령령이 정하는 사람[5]

제1항 제2호 및 제5호부터 제9호까지의 규정에 따른 수급권자의 인정 기준 등에 관한 사항은 보건복지부장관이 정하는 바에 따른다. 그리고 수급권자에 대한 의료급여의 내용과 기준은 대통령령으로 정하는 바에 따라 구분하여 달리 정할 수 있다(법 제3조 제2항, 제3항).

그 밖에 난민에 대한 특례로서 「난민법」에 따른 난민인정자로서 「국민기초생활보장법」 제12조의3 제2항에 따른 의료급여 수급권자의 범위에 해당하는 자는 수급권자로 본다(법 제3조의2).

(2) 수급권자의 구분

수급권자는 법 제3조 제3항의 규정에 의하여 1종 수급권자와 2종 수급권자로 구분한다(시행령 제3조 제1항). 이러한 구분은 사례 적용 부분을 참고하기 바란다.

5 시행령 제2조에 '일정한 거소가 없는 사람으로서 경찰관서에서 무연고자로 확인된 사람(행려환자)'으로 되어 있다.

(3) 적용 배제 수급권자(법 제4조)

수급권자가 업무 또는 공무로 생긴 질병 · 부상 · 재해로 다른 법령에 따른 급여나 보상(報償) 또는 보상(補償)을 받게 되는 경우에는 이 법에 따른 의료급여를 하지 아니한다. 그리고 수급권자가 다른 법령에 따라 국가나 지방자치단체 등으로부터 의료급여에 상당하는 급여 또는 비용을 받게 되는 경우에는 그 한도에서 이 법에 따른 의료급여를 하지 아니한다.

(4) 의료급여증의 부여(법 제8조)

시장 · 군수 · 구청장은 수급권자가 신청하는 경우 의료급여증을 발급하여야 한다. 다만, 부득이한 사유가 있는 경우에는 의료급여증을 갈음하여 의료급여증명서를 발급하거나 보건복지부령으로 정하는 바에 따라 의료급여증을 발급하지 아니할 수 있다. 누구든지 의료급여증, 의료증명서 또는 신분증명서를 다른 사람에게 양도하거나 대여하여 의료급여를 받게 하여서는 아니 된다.

3) 급여

(1) 급여의 내용

이 법에 따른 수급권자의 질병 · 부상 · 출산 등에 대한 의료급여의 내용은 다음과 같다(법 제7조). 즉, 진찰 · 검사, 약제 · 치료재료의 지급, 처치 · 수술과 그 밖의 치료, 예방 · 재활, 입원, 간호, 이송과 그 밖의 의료목적 달성을 위한 조치다. 의료급여를 받을 권리는 양도하거나 압류할 수 없다(법 제18조)고 하여 수급권을 보호하고 있다.

의료급여 이용절차

(2) 급여 절차

의료급여 절차는 [그림 8-1]과 같이 3단계를 거치게 되어 있다. 따라서 수급권자가 의료급여를 받고자 하는 경우에 우선적으로 제1차 의료급여기관[6]에 신청을 해야 한다(시행규칙 제3조 제1항). 제1차 의료급여기관 진료 중 제2차 또는 제3차 의료급여기관 진료가 필요한 경우에는 진료담당의사가 발급한 의료급여의뢰서를 7일 이내에 해당 의료급여기관에 제출하여야 한다.

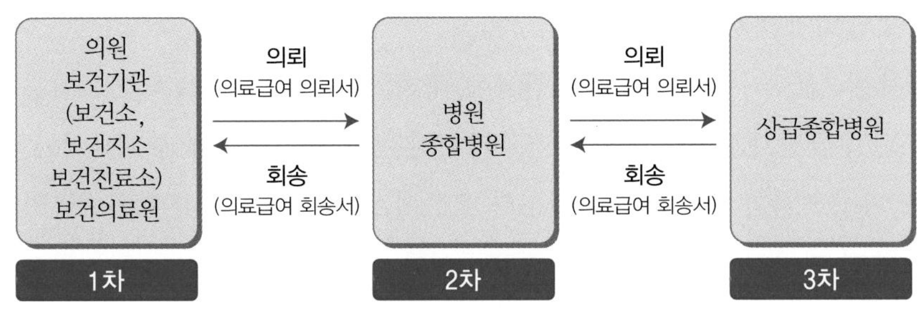

[그림 8-1] 의료급여 절차

출처: 보건복지부(2022: 6).

(3) 급여의 제한 등

① 급여의 제한(법 제15조)

시장 · 군수 · 구청장은 수급권자가 다음에 해당하는 경우에는 이 법에 의한 의료급여를 행하지 아니한다. 즉, 수급권자가 자신의 고의 또는 중대한 과실로 인한 범죄행위에 그 원인이 있거나 고의로 사고를 발생시켜 의료급여가 필요하게 된 경우, 수급권자가 정당한 이유 없이 이 법의 규정이나 의료급여기관의 진료에 관한 지시에 따르지 아니한 경우다.

6 "의료급여기관"이란 수급권자에 대한 진료 · 조제 또는 투약 등을 담당하는 의료기관 및 약국 등을 말한다(법 제2조 제2호).

② 급여의 변경(법 제16조)

시장 · 군수 · 구청장은 수급권자의 소득 · 재산상황 · 근로능력 등이 변동되었을 때에는 직권으로 또는 수급권자나 그 친족, 그 밖의 관계인의 신청을 받아 의료급여의 내용 등을 변경할 수 있다. 의료급여의 내용 등을 변경한 때에는 서면으로 그 이유를 밝혀 수급권자에게 알려야 한다.

③ 급여의 중지(법 제17조)

시장 · 군수 · 구청장은 수급권자에 대한 의료급여가 필요 없게 된 경우 또는 수급권자가 의료급여를 거부한 경우에는 의료급여를 중지하여야 한다. 수급권자가 의료급여를 거부한 경우에는 의료급여를 거부한 수급권자가 속한 가구원 전부에 대하여 의료급여를 중지하여야 한다. 시장 · 군수 · 구청장은 의료급여를 중지한 때에는 서면으로 그 이유를 밝혀 수급권자에게 알려야 한다.

(4) 구상권(법 제19조)

시장 · 군수 · 구청장은 제3자의 행위로 인하여 수급권자에게 의료급여를 한 경우에는 그 급여비용의 범위에서 제3자에게 손해배상을 청구할 권리를 얻는다. 이 경우 의료급여를 받은 사람이 제3자로부터 이미 손해배상을 받은 경우에는 시장 · 군수 · 구청장은 그 배상액의 한도에서 의료급여를 하지 아니한다.

4) 전달체계 및 위원회

(1) 보장기관(법 제5조)

「의료급여법」에 의한 의료급여에 관한 업무는 수급권자의 거주지를 관할하는 특별시장 · 광역시장 · 도지사와 시장 · 군수 · 구청장이 한다. 주거가 일정하지 아니한 수급권자에 대하여는 그가 실제 거주하는 지역을 관할하는 시장 · 군수 · 구청장이 한다. 특별시장 · 광역시장 · 도지사 및 시장 · 군수 · 구청장은 수급권자의 건강 유지 및 증진을 위하여 필요한 사업을 실시하여야 한다.

(2) 사례관리(법 제5조의2)

사례관리는 수급자의 자가 건강관리능력 향상, 합리적 의료이용 유도, 지지체계 구축을 통하여 건강한 삶의 질 향상과 의료급여 안정화에 기여하기 위한 목적을 가지고 있으며, 이와 관련된 내용은 다음과 같다.

보건복지부장관, 시 · 도지사 및 시장 · 군수 · 구청장은 수급권자의 건강관리 능력 향상 및 합리적 의료 이용 유도 등을 위하여 사례관리를 실시할 수 있다. 사례관리를 실시하기 위하여 시 · 도 및 시 · 군 · 구에 의료급여 관리사를 둔다. 의료급여 관리사의 자격 및 배치기준 등은 다음과 같다(시행규칙 제2조의3). 의료급여 관리사는 「의료법」 제2조에 따른 의료인(보건복지부장관의 면허를 받은 의사 · 치과의사 · 한의사 · 조산사 및 간호사)으로서 같은 법 제3조에 따른 의료기관에서 2년 이상 근무한 경력을 가진 사람으로 한다. 배치는 시 · 도에 1명으로 하되, 관할 시 · 군 · 구의 수가 15개를 초과하는 경우 1명을 더 배치할 수 있다. 그리고 시 · 군 · 구에는 1명을 배치한다. 의료급여 관리사의 업무는 수급권자의 건강관리 능력 향상을 위한 교육 및 상담, 의료급여제도 안내 및 의료기관 이용 상담, 의사의 의료와 보건지도 및 약사의 복약지도에 대한 수급권자의 이행여부 모니터링 등 요양방법의 지도, 수급권자와 보장시설 등 보건복지자원과의 연계, 그 밖의 의료급여 관리에 필요한 사항으로서 보건복지부장관이 정하는 사항이다.

(3) 의료급여심의위원회

의료급여사업의 실시에 관한 사항을 심의하기 위하여 보건복지부, 시 ·

도 및 시·군·구에 각각 의료급여심의위원회를 둔다(법 제6조). 보건복지부에 두는 의료급여심의위원회(중앙의료급여심의위원회)는 의료급여사업의 기본 방향 및 대책 수립에 관한 사항, 의료급여의 기준 및 수가에 관한 사항, 그 밖에 보건복지부장관 또는 위원장이 부의하는 사항 등을 심의한다.

(4) 의료급여기관

의료급여는 법에서 정한 의료급여기관에서 행한다. 이 경우 보건복지부장관은 공익 또는 국가시책상 의료급여기관으로 적합하지 아니하다고 인정하는 때에는 대통령령이 정하는 바에 따라 의료급여기관에서 제외할 수 있다(법 제9조 제1항). 법에서 정한 의료급여기관은 「의료법」에 따라 개설된 의료기관, 「지역보건법」에 따라 설치된 보건소·보건의료원 및 보건지소, 「농어촌 등 보건의료를 위한 특별조치법」에 따라 설치된 보건진료소, 「약사법」에 따라 개설등록된 약국 및 한국희귀·필수의약품센터 등이다.

의료급여기관은 1차, 2차, 3차로 구분하되 의료급여기관별 진료범위는 보건복지부령으로 정한다(법 제9조 제2항). 의료급여기관은 정당한 이유 없이 이 법에 의한 의료급여를 거부하지 못한다(법 제9조 제3항). 이를 위반한 경우 1년 이하의 징역 또는 1천만 원 이하의 벌금에 처한다(법 제35조). 그리고 의료급여기관은 의료급여를 하기 전에 수급권자에게 본인부담금을 청구하거나 수급권자가 이 법에 따라 부담하여야 하는 비용과 비급여비용 외에 입원보조금 등 다른 명목의 비용을 청구하여서는 아니 된다(법 제11조의4).

물음 8-7

주거가 일정하지 아니한 수급권자에 대하여는 그가 실제 ________하는 지역을 관할하는 시장, 군수, 구청장이 행한다.

5) 재정(비용)

(1) 급여비용의 부담(법 제10조)

급여비용은 대통령령이 정하는 바에 따라 그 전부 또는 일부를 제25조에 따른 의료급여기금에서 부담하되, 의료급여기금에서 일부를 부담하는 경우 그 나머지 비용은 본인이 부담한다. 의료급여에 대해 오해하는 부분 중 하나가 의료급여 수급자의 급여비용은 전부 국가가 지원하고 수급자는 돈을 내지 않는다고 생각하는 것이다. 그러나 법 제10조에도 나와 있듯이 의료급여 수급자의 의료비용 중 급여가 적용되는 부분(대부분 건강보험에서 급여가 적용되는 부분과 비슷하다)만 의료급여기금에서 지원되고 본인부담금과 비급여 부분은 본인이 부담한다. 이에 의료급여 2종 수급자의 경우, 본인부담금이 많아서 건강보험 가입자와 거의 차이가 없이 의료비용을 내고 있다는 비판이 제기되고 있다.

(2) 급여비용의 청구와 지급(법 제11조)

의료급여기관은 의료급여기금에서 부담하는 급여비용의 지급을 시장 · 군수 · 구청장에게 청구할 수 있다. 급여비용을 청구하려는 의료급여기관은 급여비용심사기관에 급여비용의 심사청구를 하여야 하며, 심사청구를 받은 급여비용심사기관은 이를 심사한 후 지체 없이 그 내용을 시장 · 군수 · 구청장 및 의료급여기관에 알려야 한다. 심사의 내용을 통보받은 시장 · 군수 · 구청장은 지체 없이 그 내용에 따라 급여비용을 의료급여기관에 지급하여야 한다.

실제 진행은 시행령 제20조에 따라 업무를 위탁받은 건강보험심사평가원과 건강보험공단이 실시한다(시행규칙 제20조, 제21조). 즉, 의료급여비용의 심사청구를 받은 건강보험심사평가원이 적합성을 심사하고 그 결과를 건강보험공단에 통보한다. 그 뒤 건강보험공단은 수급권자 자격을 점검한 후

시 · 도별 의료급여비용 예탁금의 범위 안에서 의료급여기관에 의료급여비용을 지급한다.

(3) 급여비용의 대지급 및 상환

급여비용의 일부를 의료급여기금에서 부담하는 경우에 그 나머지 급여비용(보건복지부장관이 정한 금액으로 한정한다)은 수급권자 또는 그 부양의무자의 신청에 따라 의료급여기금에서 이를 대지급할 수 있다(법 제20조).[7] 2종 수급자에게만 해당되는 대지급제도는 급여 적용 부분에만 적용되기 때문에 비급여 항목에 해당되는 부분에는 적용되지 않는다. 의료급여 수급자들은 많은 경우 비급여 부분에 있어 본인부담이 크기 때문에 실제로 도움이 되려면 비급여 부분을 포함한 본인부담금 총액에 대한 대지급이 이루어져야 할 필요가 있다.

또한 대지급을 받은 사람(그 부양의무자를 포함한다)은 보건복지부령이 정하는 바에 따라 그 거주지를 관할하는 시장 · 군수 · 구청장에게 대지급금을 상환하여야 한다. 이 경우 대지급금의 상환은 무이자로 한다. 대지급금을 상환받은 시장 · 군수 · 구청장은 이를 의료급여기금에 납입하여야 한다(법 제21조).

(4) 의료급여기금

급여비용의 재원에 충당하기 위하여 시 · 도에 의료급여기금(기금)을 설치한다. 기금은 국고보조금, 지방자치단체의 출연금, 대지급금(법 제21조에 의해 상환), 부당이득금(법 제23조에 의해 징수), 과징금(법 제29조의 규정에 의

---

7 2023년 대지급 기준(「의료급여수가의 기준 및 일반기준」 제20조)

- 2종 수급권자가 의료급여기관에 입원하여 발생한 급여비용 중 본인부담금이 20만 원을 초과한 경우
- 20만 원을 초과한 금액 중 수급권자 본인 또는 부양의무자의 신청에 의해 보장기관이 승인한 금액

해 징수), 그리고 당해 기금의 결산상 잉여금 및 그 밖의 수입금으로 조성한다. 국가와 지방자치단체는 기금 운영에 필요한 충분한 예산을 확보하여야 하며, 국고보조금의 비율은 보조금의 예산 및 관리에 관한 법령이 정하는 바에 의한다(법 제25조). 기금은 일반회계와 구분하여 별도의 계정을 설정하여 관리하여야 한다. 그리고 기금은 급여비용, 대지급에 드는 비용, 제33조 제2항의 규정에 의한 업무 위탁 시 소요되는 비용, 그 밖의 의료급여 업무에 직접 소요되는 비용으로서 보건복지부령이 정하는 비용에 한하여 이를 사용하여야 한다(법 제26조).

6) 사례 적용

의사상자 · 유공자도 '근로능력'에 따라 의료수급권 준다

앞으로는 의사상자나 북한이탈주민, 5 · 18 민주화운동 유공자도 저소득 기초수급권자와 동일하게 근로능력 등에 따라 의료급여 수급권을 부여받게 됩니다. 보건복지부는 「국민기초생활보장법」이 아닌 다른 법을 근거로 선정된 의료급여 수급권자도 근로능력에 따라 의료급여 수급권의 종류를 달리 적용하도록 하는 '의료급여법 시행령 일부 개정령안'이 오늘(2일) 국무회의에서 의결됐다고 밝혔습니다. 개정안에 따라 내년 1월 1일부터 의료급여 수급권을 신청하는 국가유공자나 국가무형문화재, 북한이탈주민, 5 · 18 민주화운동 유공자, 의사상자 등은 나이와 장애 여부, 근로능력 등을 종합적으로 고려해 의료수급권 자격이 부여됩니다.

그동안 의사상자 등은 일괄적으로 의료급여 1종 수급권자로 구분했으나, 저소득 기초수급권자와의 형평성을 위해 개정안이 마련됐다고 복지부는 설명했습니다. 의료급여 수급권자는 1종과 2종으로 구분하며, 1종 수급권자는 입원진료 시 급여비용 총액 전부를 기금에서 부담하는 등 2종보다 의료비 지원이 상대적으로 많습니다. 개정된 내용은 고시 개정 등 하위법령 정비를 거쳐 내년 1월 1일부터 시행되며, 일시적으로 수급권을 부여받은 이재민이나 노숙인은 적용대상에서 제외됩니다.

출처: KBS(2022. 8. 2.). https://news.kbs.co.kr

「생활보호법」이 「국민기초생활보장법」으로 바뀌면서 1종과 2종의 구분이 없어졌으나 「의료급여법」에는 여전히 수급권자의 구분이 남아 있다. 이로 인해 의료보장을 받지 못하는 사람들이 아직 많이 남아 있다.

〈관련 근거법〉

시행령 제3조(수급권자의 구분) ① 수급권자는 법 제3조 제3항에 따라 1종 수급권자와 2종 수급권자로 구분한다.

② 1종 수급권자는 다음 각 호의 어느 하나에 해당하는 사람으로 한다.

1. 법 제3조 제1항 제1호 및 제3호부터 제8호까지의 규정에 해당하는 사람 중 다음 각 목의 어느 하나에 해당하는 사람

가. 다음의 어느 하나에 해당하는 사람만으로 구성된 세대의 구성원

1) 18세 미만인 사람

2) 65세 이상인 사람

3) 「장애인고용촉진 및 직업재활법」에 따른 중증장애인

4) 질병, 부상 또는 그 후유증으로 치료나 요양이 필요한 사람 중에서 근로능력평가를 통하여 특별자치시장 · 특별자치도지사 · 시장(특별자치도의 행정시장은 제외한다) · 군수 · 구청장(구청장은 자치구의 구청장을 말하며, 이하 "시장 · 군수 · 구청장"이라 한다)이 근로능력이 없다고 판정한 사람

5) 세대의 구성원을 양육 · 간병하는 사람 등 근로가 곤란하다고 보건복지부장관이 정하는 사람

6) 임신 중에 있거나 분만 후 6개월 미만의 여자

7) 「병역법」에 의한 병역의무를 이행 중인 사람

나. 「국민기초생활보장법」 제32조에 따른 보장시설에서 급여를 받고 있는 사람

다. 보건복지부장관이 정하여 고시하는 결핵질환, 희귀난치성질환

또는 중증질환을 가진 사람

2. 법 제3조 제1항 제2호 및 제9호에 해당하는 사람
3. 제2조 제1호에 해당하는 수급권자
4. 제2조 제2호에 해당하는 사람으로서 보건복지부장관이 1종의료급여가 필요하다고 인정하는 사람

③ 제2항 제1호 가목 4)에 따른 근로능력평가의 기준, 방법 및 절차 등에 관하여 필요한 사항은 보건복지부장관이 정하여 고시한다.

④ 2종 수급권자는 다음 각 호의 어느 하나에 해당하는 사람으로 한다.

1. 법 제3조 제1항 제1호 및 제3호부터 제8호까지의 규정에 해당하는 사람 중 제2항 제1호에 해당하지 않는 사람
2. 삭제 〈2009. 2. 6.〉
3. 제2조 제2호에 해당하는 사람으로서 보건복지부장관이 2종의료급여가 필요하다고 인정하는 사람

3. 기초연금법

1) 목적

노인에게 기초연금을 지급하여 안정적인 소득기반을 제공함으로써 노인의 생활안정을 지원하고 복지를 증진함을 목적으로 한다(법 제1조).

2) 대상

기초연금은 65세 이상인 사람으로서 소득인정액이 보건복지부장관이 정하여 고시하는 금액(선정기준액) 이하인 사람에게 지급한다. 보건복지부장

기초연금 모바일 신청

관은 선정기준액을 정하는 경우 65세 이상인 사람 중 기초연금 수급자가 100분의 70 수준이 되도록 한다. 이때 공무원연금, 사립학교교직원연금, 군인연금, 별정우체국연금 수급권자 및 그 배우자는 원칙적으로 기초연금 수급대상에서 제외한다. 다만, 직역재직기간 10년 미만인 연계연금[8] 수급권자는 기초연금 수급이 가능하고, 장해보상금, 유족연금일시금, 유족일시금을 받은 이후 5년이 경과한 경우 기초연금 수급대상에 포함한다(법 제3조).

선정기준액은 65세 이상인 사람 및 그 배우자(노인가구)의 소득 · 재산 수준과 생활실태, 물가상승률 등을 고려하여 산정한다. 배우자가 있는 노인가구의 선정기준액은 배우자가 없는 노인가구의 선정기준액에 100분의 160을 곱한 금액으로 한다. 해당 연도 선정기준액은 전년도 12월 31일까지 보건복지부장관이 결정 · 고시하고, 1월 1일부터 12월 31일까지 적용한다(시행령 제4조).

물음 8-8

보건복지부장관은 기초연금 선정기준액을 정하는 경우 65세 이상의 사람 중 기초연금 수급자가 100분의 _____ 수준이 되도록 한다.

3) 연금액

기초연금 수급권자에 대한 기초연금의 금액(기초연금액)은 기준연금액과 국민연금 급여액 등을 고려하여 산정한다(법 제5조). 즉, 개인별 기초연금액을 산정한 뒤 감액(부부감액, 소득역전방지감액)하고 최종적으로 개인별 기초연금 급여액이 결정된다.

8 「국민연금과 직역연금의 연계에 관한 법률」에 따른 연계노령연금, 연계노령유족연금, 연계퇴직연금, 연계퇴직유족연금 등

(1) 기초연금액 산정

기초연금액은 기준연금액에서 국민연금액(A급여액) 등을 감액하여 산정하므로 기초연금 수급권자에게 산정되는 최대 금액이다. 기준연금액은 보건복지부장관이 그 전년도의 기준연금액에 대통령령으로 정하는 바에 따라 전국소비자물가변동률(「통계법」 제3조에 따라 통계청장이 매년 고시하는 전국소비자물가변동률을 말한다)을 반영하여 매년 고시한다.

기초연금액은 크게 세 가지의 대상 유형으로 산정된다(보건복지부, 2023). 첫째, 기준연금이 기초연금액으로 산정되는 대상은, 우선 무연금자, 국민연금 유족연금 · 장애연금 수급권자, 연계노령유족연금 수급권자 등(국민연금 노령연금 · 연계노령연금 수급권자가 아닌 사람)이다. 그다음 국민연금 급여액(국민연금 수급권자 및 연계노령연금 수급권자가 매월 지급받을 수 있는 급여액 중 부양가족연금액을 제외한 금액) 등이 기준연금액의 150% 이하인 사람이며, 마지막으로 장애인연금, 국민기초생활보장 수급권자다.

둘째, 기준연금액이 기초연금액으로 되는 산정 대상에 해당되지 않는 경우에는 소득재분배 급여(A급여)에 따른 산식에 따라 산정한다.[9] 그래서 (기준연금액−2/3×A급여액)+부가연금액으로 계산되며 이러한 산식으로 계산한 금액과 기준연금액의 250%에서 국민연금 급여액 등(부양가족연금액을 제외한 금액)을 차감한 금액을 비교하여 둘 중 큰 금액을 기초연금액으로 산정한다.

셋째, 특례를 적용받는 수급자의 경우 기초연금액은 기준연금액의 50%를 산정한다.

---

9 국민연금 급여액 중 기초연금적 성격을 가진 부분으로, 개인별 기초연금액을 결정하는 기준이 되는 급여다. 가입기간이 길수록, 일찍 가입할수록 A급여액은 증가하며, 가입기간이 동일하더라도 가입시기, 가입이력에 따라 A급여액은 다를 수 있다.

(2) 기초연금액 감액

산정된 기초연금액은 가구 유형, 소득인정액 수준에 따라 감액될 수 있다(법 제8조). 유형은 크게 두 가지로 먼저 부부감액이다. 단독가구와 부부가구의 생활비 차이를 감안하여 부부가 모두 기초연금 수급권자인 경우 각각의 기초연금액에서 20%를 감액한다. 두 번째는 소득역전방지감액으로 이것은 소득역전을 방지하기 위한 기초연금액의 감액이다. 즉, 기초연금을 받는 사람과 못 받는 사람 간에 기초연금 수급으로 인해 발생할 수 있는 소득역전을 최소화하기 위해 소득인정액이 선정기준액을 초과하는 범위에서 기초연금액의 일부를 감액한다. 대상은 소득인정액과 기초연금을 합산한 금액이 선정기준액을 초과하는 가구[선정기준액 < (소득인정액+기초연금액)]다.

물음 8-9

산정된 기초연금액은 ________, ________________에 따라 감액될 수 있다.

4) 전달체계

국가와 지방자치단체는 기초연금이 제1조의 목적에 따라 노인의 생활안정을 지원하고 복지를 증진하는 데 필요한 수준이 되도록 최대한 노력하여야 한다. 국가와 지방자치단체는 필요한 비용을 부담할 수 있도록 재원(財源)을 조성하여야 한다(법 제4조).

보건복지부장관 또는 시장 · 군수 · 구청장은 기초연금사업의 원활한 수행을 위하여 기초연금 관련 업무를 「국민연금법」 제24조에 따른 국민연금공단에 위탁할 수 있다(법 제28조 제2항).

5) 재정(비용)

기초연금에 소요되는 비용의 분담은 다음과 같다(법 제25조). 국가는 지방자치단체의 노인인구 비율 및 재정 여건 등을 고려하여 기초연금의 지급에 드는 비용 중 100분의 40 이상 100분의 90 이하의 범위에서 대통령령으로 정하는 비율에 해당하는 비용을 부담한다. 국가가 부담하는 비용을 뺀 비용은 시 · 도와 시 · 군 · 구가 상호 분담한다. 이 경우, 그 부담비율은 노인인구 비율 및 재정여건 등을 고려하여 보건복지부장관과 협의하여 시 · 도의 조례 및 시 · 군 · 구의 조례로 정한다.

4. 장애인연금법

1) 목적

「장애인연금법」은 18세 이상의 중증장애인으로서 소득인정액이 일정 수준 이하인 자에게 매월 일정액의 무기여(無寄與) 연금을 지급하는 장애인연금 제도를 도입하여 중증장애인에 대한 사회보장 사각지대를 해소하고 사회통합을 강화하려는 목적을 가지고, 2010년 4월 12일 제정되어 같은 해 7월 1일부터 시행되었다. 연금이라고 명칭되어 있으나 사회보험이 아니라 소득조사를 통해 저소득 장애인에게 지급되는 공공부조의 한 종류다.

2) 대상

"중증장애인"이란 「장애인복지법」 제32조에 따라 등록한 장애인 중 근로능력이 상실되거나 현저하게 감소되는 등 장애 정도가 중증인 사람으로서 대통령령으로 정하는 사람을 말한다(법 제2조).

수급권자의 범위(법 제4조 및 부칙 제4조)는 18세 이상인 중증장애인으로서 해당 장애인의 소득 및 재산을 환산한 소득인정액이 보건복지부장관이 정하여 고시하는 금액 이하인 사람으로 한다. 보건복지부장관은 선정기준을 정할 때 18세 이상 중증장애인 중 수급자가 70% 수준이 되도록 한다.

물음 8-10

장애인연금법 수급권자의 범위는 18세 이상인 중증장애인으로서 해당 장애인의 소득 및 재산을 환산한 ____________ 이 보건복지부장관이 정하여 고시하는 금액 이하인 사람으로 한다.

3) 급여

장애인연금의 종류로는 기초급여[근로능력의 상실 또는 현저한 감소로 인하여 줄어드는 소득을 보전(補塡)하여 주기 위하여 지급하는 급여]와 부가급여(장애로 인하여 추가로 드는 비용의 전부 또는 일부를 보전하여 주기 위하여 지급하는 급여)가 있다(법 제5조). 기초급여액은 보건복지부장관이 그 전년도 기초급여액에 대통령령으로 정하는 바에 따라 전국소비자물가변동률(「통계법」 제3조에 따라 통계청장이 매년 고시하는 전국소비자물가변동률을 말한다)을 반영하여 매년 고시한다. 이때 보건복지부장관이 「기초연금법」에 따라 전국소비자물가상승률 등을 고려하여 조정한 기준연금액을 고시한 경우에는 그 기준연금액을 장애인연금의 기초급여액으로 한다(법 제6조). 부가급여액은 월정액으로 하며, 수급권자와 그 배우자의 소득 수준 및 장애로 인한 추가 비용 등을 고려하여 대통령령으로 정한다(법 제7조).

핵심 정리

「국민기초생활보장법」은 생활이 어려운 사람에게 필요한 급여를 실시하여 이들의 최저생활을 보장하고 자활을 돕는 것을 목적으로 한다. 급여는 수급자가 자신의 생활의 유지 · 향상을 위하여 그의 소득, 재산, 근로능력 등을 활용하여 최대한 노력하는 것을 전제로 이를 보충, 발전시키는 것을 기본원칙으로 한다. 이 법에 의한 급여는 생계급여, 주거급여, 의료급여, 교육급여, 해산급여, 장제급여, 자활급여 등 일곱 가지가 있다.

「의료급여법」은 생활이 어려운 사람에게 의료급여를 실시함으로써 국민보건의 향상과 사회복지의 증진에 이바지함을 목적으로 한다. 모법인 「국민기초생활보장법」에서는 사라진 1종과 2종의 구분이 여전히 남아 있다는 문제가 있다.

「기초연금법」은 노인에게 기초연금을 지급하여 안정적인 소득기반을 제공함으로써 노인의 생활안정을 지원하고 복지를 증진함을 목적으로 한다.

「장애인연금법」은 18세 이상의 중증장애인으로서 소득인정액이 일정 수준 이하인 자에게 매월 일정액의 무기여 연금을 지급하는 장애인연금 제도를 도입하여 중증장애인에 대한 사회보장 사각지대를 해소하고 사회통합을 강화하려는 목적으로 만들어졌다.

물음에 대한 답

8-1 소득인정액은 보장기관이 급여의 결정 및 실시 등에 사용하기 위하여 산출한 개별 가구의 소득평가액과 재산의 소득환산액을 합산한 금액을 말한다.

8-2 보장기관은 급여를 개별가구를 단위로 하여 실시하되, 특히 필요하다고 인정되는 경우에는 개인 단위로 실시할 수 있다.

8-3 급여의 실시 및 내용이 결정된 수급자에 대한 급여는 급여의 신청일부터 시작한다.

8-4 국민기초생활보장법에 의한 급여는 생계급여, 주거급여, 의료급여, 교육급여, 해산급여, 장제급여, 자활급여 등 일곱 가지가 있다.

8-5 국민기초생활보장법상 의료급여의 선정기준은 기준 중위소득의 100분의 40 이상으로 한다.

8-6 보장기관이라 함은 이 법에 따른 급여를 실시하는 국가 또는 지방자치단체를 말한다.

8-7 주거가 일정하지 아니한 수급권자에 대하여는 그가 실제 거주하는 지역을 관할하는 시장, 군수, 구청장이 행한다.

8-8 보건복지부장관은 기초연금 선정기준액을 정하는 경우 65세 이상의 사람 중 기초연금 수급자가 100분의 70 수준이 되도록 한다.

8-9 산정된 기초연금액은 가구 유형, 소득인정액 수준에 따라 감액될 수 있다.

8-10 장애인연금법 수급권자의 범위는 18세 이상인 중증장애인으로서 해당 장애인의 소득 및 재산을 환산한 소득인정액이 보건복지부장관이 정하여 고시하는 금액 이하인 사람으로 한다.

제9장 사회복지사업법

「사회복지사업법」은 모든 국민이 인간다운 생활을 할 권리를 규정한 헌법 제34조 제1항과 국가의 사회보장 · 사회복지의 증진에 노력할 책임을 규정한 같은 조 제2항을 구체화하는 법률이며, 각종 사회복지서비스 분야에 관한 입법들의 일반법이자 기본법으로서 의의를 갖는다(윤찬영, 2010: 487).

1. 목적

1) 목적(법 제1조)

「사회복지사업법」은 사회복지사업에 관한 기본적 사항을 규정하여 사회복지를 필요로 하는 사람에 대하여 인간의 존엄성과 인간다운 생활을 할 권리를 보장하고 사회복지의 전문성을 높이며, 사회복지사업의 공정 · 투명 · 적정을 도모하고, 지역사회복지의 체계를 구축하고 사회복지서비스의 질을 높여 사회복지의 증진에 이바지함을 목적으로 한다.

2) 기본 이념(법 제1조의2)

사회복지를 필요로 하는 사람은 누구든지 자신의 의사에 따라 서비스를 신청하고 제공받을 수 있다. 사회복지법인 및 사회복지시설은 공공성을 가지며 사회복지사업을 시행하는 데 있어서 공공성을 확보하여야 한다. 사회복지사업을 시행하는 데 있어서 사회복지를 제공하는 자는 사회복지를 필요로 하는 사람의 인권을 보장하여야 한다. 그리고 사회복지서비스를 제공하는 자는 필요한 정보를 제공하는 등 사회복지서비스를 이용하는 사람의 선택권을 보장하여야 한다.

물음 9-1

사회복지사업을 시행하는 데 있어 사회복지를 제공하는 자는 사회복지를 필요로 하는 사람의 ________을 보장하여야 한다.

2. 대상 및 정의

1) 대상

「사회복지사업법」의 대상은 사회복지를 필요로 하는 사람으로 규정하고 있다(법 제1조 및 제33조의2 제1항). 또한 법 제2조 제1호 각 목의 법률[1]에 의

1 「국민기초생활보장법」, 「아동복지법」, 「노인복지법」, 「장애인복지법」, 「한부모가족지원법」, 「영유아보육법」, 「성매매방지 및 피해자보호 등에 관한 법률」, 「정신건강증진 및 정신질환자 복지서비스 지원에 관한 법률」, 「성폭력방지 및 피해자보호 등에 관한 법률」, 「입양특례법」, 「일제하 일본군위안부 피해자에 대한 생활안정지원 및 기념사업 등에 관한 법률」, 「사회복지공동모금회법」, 「장애인 · 노인 · 임산부 등의 편의증진 보장에 관한 법률」, 「가정폭력방지 및 피해자보호 등에 관한 법률」, 「농

해 급여 및 서비스를 받는 사람들로 볼 수도 있다.

사회복지사업의 내용 및 절차 등에 관하여 제2조 제1호 각 목의 법률에 특별한 규정이 있는 경우를 제외하고는 이 법에서 정하는 바에 따른다. 제2조 제1호 각 목의 법률을 개정하는 경우에는 이 법에 부합하도록 하여야 한다(법 제3조). 그러므로 이 법은 사회복지서비스의 일반적인 내용을 담은 법률로서 각 목의 법률은 특별법으로 세부내용은 그 법률을 적용한다. 그리고 각 목의 법률은 계속 추가되거나 삭제될 수 있다.

2) 정의(법 제2조)

- **사회복지사업**: 법 제2조 제1호 각 목의 법률에 따른 보호·선도(善導) 또는 복지에 관한 사업과 사회복지상담, 직업지원, 무료 숙박, 지역사회복지, 의료복지, 재가복지(在家福祉), 사회복지관 운영, 정신질환자 및 한센병력자의 사회복귀에 관한 사업 등 각종 복지사업과 이와 관련된 자원봉사활동 및 복지시설의 운영 또는 지원을 목적으로 하는 사업을 말한다.
- **지역사회복지**: 주민의 복지증진과 삶의 질 향상을 위하여 지역사회 차원에서 전개하는 사회복지를 말한다.
- **사회복지법인**: 사회복지사업을 할 목적으로 설립된 법인을 말한다.

어촌주민의 보건복지증진을 위한 특별법」, 「식품등 기부 활성화에 관한 법률」, 「의료급여법」, 「기초연금법」, 「긴급복지지원법」, 「다문화가족지원법」, 「장애인연금법」, 「장애인활동 지원에 관한 법률」, 「노숙인 등의 복지 및 자립지원에 관한 법률」, 「보호관찰 등에 관한 법률」, 「장애아동 복지지원법」, 「발달장애인 권리보장 및 지원에 관한 법률」, 「청소년복지 지원법」, 그 밖에 대통령령으로 정하는 법률(시행령 제1조의2 「건강가정기본법」, 「북한이탈주민의 보호 및 정착지원에 관한 법률」, 「자살예방 및 생명존중문화 조성을 위한 법률」, 「장애인·노인 등을 위한 보조기기 지원 및 활용촉진에 관한 법률」)

- **사회복지시설**: 사회복지사업을 할 목적으로 설치된 시설을 말한다.
- **사회복지관**: 지역사회를 기반으로 일정한 시설과 전문인력을 갖추고 지역주민의 참여와 협력을 통하여 지역사회의 복지문제를 예방하고 해결하기 위하여 종합적인 복지서비스를 제공하는 시설을 말한다.
- **사회복지서비스**: 국가 · 지방자치단체 및 민간부문의 도움을 필요로 하는 모든 국민에게 「사회보장기본법」 제3조 제4호에 따른 사회서비스 중 사회복지사업을 통한 서비스를 제공하여 삶의 질이 향상되도록 제도적으로 지원하는 것을 말한다.
- **보건의료서비스**: 국민의 건강을 보호 · 증진하기 위하여 보건의료인이 하는 모든 활동을 말한다.

3. 기본원칙

1) 국가 및 지방자치단체의 책임

(1) 복지와 인권증진의 책임(법 제4조)

국가와 지방자치단체는 사회복지서비스를 증진하고, 서비스를 이용하는 사람에 대하여 인권침해를 예방하고, 차별을 금지하며, 인권을 옹호할 책임을 진다(제1항). 이것은 「헌법」 제34조 제2항 '국가는 사회보장 · 사회복지의 증진에 노력할 의무를 진다.'의 이념을 반복적으로 강조한 것이다. 또한 국가와 지방자치단체는 사회복지서비스와 보건의료서비스를 함께 필요로 하는 사람에게 이들 서비스가 연계되어 제공되도록 노력하여야 한다(제2항). 그리고 국가와 지방자치단체, 그 밖에 사회복지사업을 하는 자는 사회복지를 필요로 하는 사람에 대하여 그 사업과 관련한 상담, 작업치료(作業治療), 직업훈련 등을 실시하고 필요한 경우에는 주민의 복지 욕구를 조사할 수 있다(제3항). 또한 국가와 지방자치단체는 도움을 필요로 하는 국민이 본인의 선호와 필요에 따라 적절한 사회복지서비스를 제공받을 수 있도록 사회복지서비스 수요자 등을 고려하여 사회복지시설이 균형 있게 설치되도록 노력하여야 한다(제4항). 한편, 국가와 지방자치단체는 민간부문의 사회복지 증진 활동이 활성화되고 국가 및 지방자치단체의 사회복지사업과 민간부문의 사회복지증진 활동이 원활하게 연계될 수 있도록 노력하여야 한다(제5항).

국가와 지방자치단체는 사회복지를 필요로 하는 사람의 인권이 충분히 존중되는 방식으로 사회복지서비스를 제공하고 사회복지와 관련된 인권교육을 강화하여야 한다(제6항). 국가와 지방자치단체는 사회복지서비스를 이용하는 사람이 긴급한 인권침해 상황에 놓인 경우 신속히 대응할 체계를 갖추어야 한다(제7항). 국가와 지방자치단체는 시설 거주자의 희망을 반영하여 지역사회보호체계에서 서비스가 제공될 수 있도록 노력하여야 한다(제8항). 국가와 지방자치단체는 사회복지서비스를 필요로 하는 사람들에게 사회복지서비스의 실시에 대한 정보를 제공하여야 한다(제9항). 마지막으로 국가와 지방자치단체는 사회복지서비스를 제공하는 자로부터 위법 또는 부당한 처분을 받아 권리나 이익을 침해당한 사람을 위하여 간이하고 신속한 구제조치를 마련하여야 한다.

(2) 지도 · 훈련 등

국가와 지방자치단체는 사회복지 자원봉사활동을 지원 · 육성하기 위한 책임(법 제9조), 가정봉사원 양성에 노력해야 한다는 책임(법 제41조의4)이 있다. 그리고 보건복지부장관은 이 법이나 그 밖의 사회복지 관련 법률의 시행에 관한 사무에 종사하는 공무원과 사회복지사업에 종사하는 사람의 자질 향상을 위하여 필요한 지도와 훈련을 할 수 있는 지도 · 훈련의 책임(법 제10조)이 있다.

물음 9-2

국가와 지방자치단체는 사회복지서비스를 제공하는 자로부터 위법 또는 부당한 처분을 받아 권리나 이익을 침해당하는 사람을 위하여 간이하고 신속한 __________를 마련하여야 한다.

2) 종사자의 인권존중 및 최대 봉사 원칙(법 제5조)

이 법에 따라 복지 업무에 종사하는 사람은 그 업무를 수행할 때에 사회복지를 필요로 하는 사람을 위하여 인권을 존중하고 차별 없이 최대로 봉사하여야 한다. 국가와 지방자치단체는 복지업무에 종사하는 사람이 그 업무를 수행할 때에 사회복지를 필요로 하는 사람의 인권을 침해하는 행위를 한 경우에는 제2조 제1호 각 목의 법률이 정하는 바에 따라 처분하고 그 사실을 공표하는 등의 조치를 하여야 한다.

3) 사회복지서비스 제공의 원칙(법 제5조의2)

전자바우처 이용방법

사회복지서비스를 필요로 하는 사람(보호대상자)에 대한 사회복지서비스 제공(서비스 제공)은 현물(現物)로 제공하는 것을 원칙으로 한다. 시장 · 군수 · 구청장은 국가 또는 지방자치단체 외의 자로 하여금 서비스 제공을 실시하게 하는 경우에는 보호대상자에게 사회복지서비스 이용권(이용권)을 지급하여 국가 또는 지방자치단체 외의 자로부터 그 이용권으로 서비스 제공을 받게 할 수 있다. 국가와 지방자치단체는 사회복지서비스의 품질향상과 원활한 제공을 위하여 필요한 시책을 마련하여야 한다. 국가와 지방자치단체는 사회복지서비스의 품질을 관리하기 위하여 사회복지서비스를 제공하는 기관 · 법인 · 시설 · 단체의 서비스 환경, 서비스 제공 인력의 전문성 등을 평가할 수 있다.

4) 시설 설치의 방해 금지

누구든지 정당한 이유 없이 사회복지시설의 설치를 방해하여서는 아니 된다(법 제6조). 이는 일반 국민들의 책임에 해당되는 것으로 님비현상, 지역이기주의 등에 의해 사회복지시설의 설치가 방해받는 것을 막기 위한 조항이다. 이것을 위반했을 경우 1년 이하의 징역 또는 1천만 원 이하의 벌금에 처한다(법 제54조 제1호). 또한 시장 · 군수 · 구청장은 정당한 이유 없이 사회복지시설의 설치를 지연시키거나 제한하는 조치를 하여서는 아니 된다.

5) 재가복지

국가나 지방자치단체는 보호대상자가 다음에 해당하는 재가복지서비스를 제공받도록 할 수 있다(법 제41조의2 제1항).

- 가정봉사서비스: 가사 및 개인활동을 지원하거나 정서활동을 지원하는 서비스
- 주간 · 단기보호서비스: 주간 · 단기보호시설에서 급식 및 치료 등 일상생활의 편의를 낮 동안 또는 단기간 동안 제공하거나 가족에 대한 교육 및 상담을 지원하는 서비스

시장 · 군수 · 구청장은 보호대상자별 서비스 제공 계획에 따라 보호대상자에게 사회복지서비스를 제공하는 경우, 시설 입소에 우선하여 재가복지서비스를 제공하도록 하여야 한다(법 제41조의2 제2항). 한편, 국가나 지방자치단체는 재가복지서비스를 필요로 하는 가정 또는 시설에서 보호대상자가 일상생활을 하기 위하여 필요한 각종 편의를 제공하는 가정봉사원을 양성하도록 노력하여야 한다(법 제41조의4).

6) 청문

보건복지부장관, 시 · 도지사 또는 시장 · 군수 · 구청장은 다음의 어느 하나에 해당하는 처분을 하려면 청문을 실시하여야 한다(법 제49조). 즉, 사회복지사의 자격취소(제11조의3), 사회복지법인의 설립허가 취소(제26조), 사회복지시설의 폐쇄(제40조)다.

물음 9-3

보호대상자에 대한 사회복지서비스 제공은 ________로 제공함을 원칙으로 한다.

물음 9-4

시장 · 군수 · 구청장은 보호대상자에게 사회복지서비스를 제공하는 경우 시설 입소에 우선하여 ______________를 우선적으로 제공하여야 한다.

4. 전달체계

1) 사회복지사

(1) 사회복지사의 자격

직업탐구: 사회복지사

보건복지부장관은 사회복지에 관한 전문 지식과 기술을 가진 사람에게 사회복지사 자격증을 발급할 수 있다. 사회복지사 등급은 1 · 2급으로 하되, 정신건강 · 의료 · 학교 영역에 대해서는 영역별로 정신건강사회복지사 · 의료사회복지사 · 학교사회복지사의 자격을 부여할 수 있다. 사회복지사 1급 자격은 국가시험에 합격한 사람에게 부여하고 정신건강사회복지사 · 의료사회복지사 · 학교사회복지사의 자격은 1급 사회복지사의 자격이 있는 사람 중에서 보건복지부령으로 정하는 수련기관에서 수련을 받은 사람에게 부여한다. 사회복지사의 등급별 · 영역별 자격기준 및 자격증의 발급절차 등은 대통령령으로 정한다(법 제11조). 사회복지서비스는 전문인력이 서비스 전달에 핵심이기 때문에 사회복지사가 무엇보다 중요하다.

지역과 함께하는 학교복지

다음의 어느 하나에 해당하는 자는 사회복지사가 될 수 없다(법 제11조의2).

1. 피성년후견인 또는 피한정후견인
2. 금고 이상의 형을 선고받고 그 집행이 끝나지 아니하였거나 그 집행을 받지 아니하기로 확정되지 아니한 사람
3. 법원의 판결에 따라 자격이 상실되거나 정지된 사람
4. 마약 · 대마 또는 향정신성의약품의 중독자
5. 「정신건강증진 및 정신질환자 복지서비스 지원에 관한 법률」 제3조 제1호에 따른 정신질환자. 다만, 전문의가 사회복지사로서 적합하다고 인정하는 사람은 그러하지 아니하다.

(2) 사회복지사의 자격취소 등(법 제11조의3)

보건복지부장관은 사회복지사가 다음의 어느 하나에 해당하는 경우 그 자격을 취소하여야 한다.

- 거짓이나 그 밖의 부정한 방법으로 자격을 취득한 경우
- 결격사유(법 제11조의2)에 해당하게 된 경우
- 자격증을 대여 · 양도 또는 위조 · 변조한 경우

그리고 보건복지부장관은 자격취소나 1년의 범위에서 정지시킬 수 있는

데, 그것은 다음과 같다.

- 사회복지사의 업무수행 중 그 자격과 관련하여 고의나 중대한 과실로 다른 사람에게 손해를 입힌 경우[2]
- 자격정지 처분을 3회 이상 받았거나, 정지 기간 종료 후 3년 이내에 다시 자격정지 처분에 해당하는 행위를 한 경우
- 자격정지 처분 기간에 자격증을 사용하여 자격 관련 업무를 수행한 경우

이에 따라 자격이 취소된 사람은 취소된 날부터 15일 내에 자격증을 보건복지부장관에게 반납하여야 한다. 보건복지부장관은 자격이 취소된 사람에게는 그 취소된 날부터 2년 이내에 자격증을 재교부하지 못한다.

(3) 사회복지사의 채용과 교육

사회복지법인 및 사회복지시설을 설치 · 운영하는 자는 대통령령[3]으로 정하는 바에 의하여 사회복지사를 그 종사자로 채용하고, 보고방법 · 보고주기 등 보건복지부령으로 정하는 바에 따라 시 · 도지사 또는 시장 · 군수 · 구청장에게 사회복지사의 임면에 관한 사항을 보고하여야만 한다(법 제13조). 보건복지부장관은 사회복지사의 자질 향상을 위하여 필요하다고 인정하면

---

2 보건복지부장관은 이에 해당하여 사회복지사의 자격을 취소하거나 정지시키려는 경우에는 법 제46조에 따른 한국사회복지사협회의 장 등 관계 전문가의 의견을 들을 수 있다.

3 시행령 제6조(사회복지사의 채용) ① 법 제13조 제1항 본문에 따라 사회복지법인 또는 사회복지시설을 설치 · 운영하는 자는 해당 법인 또는 시설에서 다음 각 호에 해당하는 업무에 종사하는 자를 사회복지사로 채용하여야 한다.
1. 사회복지프로그램의 개발 및 운영업무
2. 시설거주자의 생활지도업무
3. 사회복지를 필요로 하는 사람에 대한 상담업무

사회복지사에게 교육을 받도록 명할 수 있다. 다만, 사회복지법인 또는 사회복지시설에 종사하는 사회복지사는 정기적으로 인권에 관한 내용이 포함된 보수교육을 받아야 한다. 사회복지법인 또는 사회복지시설을 운영하는 자는 그 법인 또는 시설에 종사하는 사회복지사에 대하여 교육을 이유로 불리한 처분을 하여서는 아니 된다. 의무보수교육을 받지 않은 자나 보수교육을 이유로 사회복지사에게 불리한 처분을 하는 자에게는 500만 원 이하의 과태료를 부과한다(법 제58조).

(4) 사회복지사협회

사회복지사는 사회복지에 관한 전문 지식과 기술을 개발 · 보급하고 사회복지사의 자질 향상을 위한 교육훈련을 실시하며 사회복지사의 복지증진을 도모하기 위하여 한국사회복지사협회(협회)를 설립한다. 협회는 법인으로 하되, 협회의 조직과 운영 등에 필요한 사항은 대통령령으로 정한다(법 제46조).

한국사회복지사협회 50년

물음 9-5

사회복지사 자격취소 사항에 해당되는 경우 보건복지부장관이 자격을 취소하거나 _____년 범위에서 정지시킬 수 있다.

물음 9-6

사회복지법인 또는 사회복지시설에 종사하는 사회복지사는 정기적으로 ________에 관한 내용이 포함된 보수교육을 받아야 한다.

2) 사회복지법인

사회복지법인은 기본적으로 재단법인에 속하며, 이 법에 규정된 내용을 제외하고는 「민법」과 「공익법인의 설립 · 운영에 관한 법률」을 준용한다(법 제32조). 이 법에 따른 사회복지법인이 아닌 자는 사회복지법인이라는 명칭을 사용하지 못한다(법 제31조).

(1) 법인의 설립허가

사회복지법인(법인)을 설립하려는 자는 대통령령이 정하는 바에 따라 시 · 도지사의 허가를 받아야 하며, 설립된 법인은 주된 사무소의 소재지에서 설립등기를 하여야 한다(법 제16조). 다시 말하면 사회복지법인의 설립허가를 받고자 하는 자는 법인설립허가신청서에 보건복지부령이 정하는 서류를 첨부하여 사회복지법인의 주된 사무소의 소재지를 관할하는 시장 · 군수 · 구청장 및 시 · 도지사를 거쳐 보건복지부장관에게 제출(전자문서에 의한 제출을 포함한다)하여야 한다(시행령 제8조 제1항).

(2) 정관

법인의 정관에는 다음 각 호의 사항이 포함되어야 하며, 정관 변경 시 시 · 도지사의 인가를 받아야 한다(법 제17조).

포함되어야 하는 사항은 목적, 명칭, 주된 사무소의 소재지, 사업의 종류, 자산 및 회계에 관한 사항, 임원의 임면(任免) 등에 관한 사항, 회의에 관한 사항, 수익(收益)을 목적으로 하는 사업이 있는 경우 그에 관한 사항, 정관의 변경에 관한 사항, 존립시기와 해산 사유를 정한 경우에는 그 시기와 사유 및 남은 재산의 처리방법, 공고 및 공고방법에 관한 사항이다.

(3) 임원

법인은 대표이사를 포함한 이사 7명 이상과 감사 2명 이상을 두어야 한다(법 제18조). 법인은 임원을 임면하는 경우에는 보건복지부령이 정하는 바에 의하여 지체 없이 이를 시 · 도지사에게 보고하여야 한다.

이사

- 이사회의 구성에 있어서 대통령령이 정하는 특별한 관계에 있는 사람[4]이 이사 현원의 5분의 1을 초과할 수 없다.
  이사 임기: 3년, 연임할 수 있다.
  외국인 이사: 이사 현원의 2분의 1 미만
- 법인은 이사 정수의 3분의 1(소수점 이하는 버린다) 이상을 시 · 도 사회보장위원회 또는 지역사회보장협의체가 3배수로 추천한 사람들 중에서 선임하도록 하여야 한다.

사회보장위원회와 지역사회보장협의체는 이사를 추천하기 위하여 매년 다음 어느 하나에 해당하는 사람으로 이사 후보군을 구성하여 공고하여야 한다. 이때 사회복지법인의 대표자, 사회복지사업을 하는 비영리법인 또는 단체의 대표자, 지역사회보장협의체의 대표자는 제외한다.

---

4 법인이 가족과 친족 중심의 이사회를 구성하면서 시설을 폐쇄적으로 운영하고 시설 이용인들의 인권침해 및 재정비리를 저지르는 문제들을 막기 위해 대통령령으로 '특별한 관계에 있는 사람'의 이사회 구성을 규제하고 있다. 대통령령 제9조에 따른 특별한 관계에 있는 사람은 다음과 같다.

- 출연자, 출연자 또는 이사와의 관계가 6촌 이내의 혈족 및 4촌 이내의 인척, 출연자 또는 이사의 배우자(사실상 혼인관계에 있는 사람을 포함) 등이다.

- 사회복지 또는 보건의료에 관한 학식과 경험이 풍부한 사람
- 사회복지를 필요로 하는 사람의 이익 등을 대표하는 사람
- 「비영리민간단체 지원법」 제2조에 따른 비영리민간단체에서 추천한 사람
- 「사회복지공동모금회법」 제14조에 따른 사회복지공동모금지회에서 추천한 사람

감사

- 이사와 대통령이 정하는 특별한 관계에 있는 사람이 아니어야 한다.
- 감사 중 1명은 법률 또는 회계에 관한 지식이 있는 사람 중에서 선임하여야 한다.
- 대통령령으로 정하는 일정 규모 이상의 법인은 시 · 도지사의 추천을 받아 「주식회사 등의 외부감사에 관한 법률」 제2조 제7호에 따른 감사인에 속한 사람을 감사로 선임하여야 한다.
- 임기: 2년, 연임할 수 있다.

누구든지 임원의 선임과 관련하여 금품, 향응 또는 그 밖의 재산상 이익을 주고받거나 주고받을 것을 약속하여서는 아니 된다(법 제18조의2). 이사 또는 감사 중에 결원이 생겼을 때에는 2개월 이내에 보충하여야 한다(법 제20조).[5]

사회복지법인의 임원이 인권침해 등 현저한 불법행위를 한 경우 시 · 도지사가 해임 명령을 할 수 있게 하였는데, 해임 명령은 시 · 도지사가 시정요구를 한 날로부터 15일이 경과해도 이에 응하지 않을 경우에 한한다. 그러나 시정할 수 없는 것이 명백하거나 회계부정, 횡령, 뇌물수수 등 비리의 정도가 중대한 경우에는 시정요구 없이 임원의 해임을 명할 수 있다(법 제22조).

---

5 임원의 결격사유는 사례 적용을 참고하기 바란다.

사회복지법인 및 시설의 운영을 개선하기 위하여 이사회 회의록 작성을 의무화하고 회의록을 공개하도록 하였다(법 제25조). 회의록에는 개의, 회의 중지 및 산회 일시, 안건, 의사, 출석한 임원의 성명, 표결수, 그 밖에 대표이사가 작성할 필요가 있다고 인정하는 사항 등의 내용이 기재되어야 한다.

물음 9-7

사회복지법인을 설립하려는 자는 대통령령으로 정하는 바에 따라 __________의 허가를 받아야 한다.

물음 9-8

사회복지법인은 대표이사를 포함한 이사 _____명과 감사 2명 이상을 두어야 한다.

물음 9-9

이사회의 구성에 있어서 특별한 관계에 있는 사람이 이사 현원의 _____분의 1을 초과할 수 없다.

(4) 재산 등(법 제23조)

법인은 사회복지사업의 운영에 필요한 재산을 소유하여야 한다. 법인의 재산은 보건복지부령이 정하는 바에 따라 기본재산과 보통재산으로 구분하며, 기본재산은 그 목록과 가액(價額)을 정관에 기재하여야 한다.

법인의 기본재산은 부동산, 정관에서 기본재산으로 정한 재산, 이사회의 결의에 의하여 기본재산으로 편입된 재산에 해당하는 재산으로 하고, 그 밖의 재산은 보통재산으로 한다(시행규칙 제12조). 또한 기본재산은 목적사업용 기본재산(법인이 사회복지시설 등을 설치하는 데 직접 사용하는 기본재산)과 수익용 기본재산(법인이 그 수익으로 목적사업의 수행에 필요한 경비를 충당하기 위한 기본재산)으로 구분한다.

법인은 기본재산에 관하여 매도 · 증여 · 교환 · 임대 · 담보 제공 또는 용도변경을 하려는 경우와 보건복지부령으로 정하는 금액 이상을 1년 이상 장기차입(長期借入)하려는 경우에는 시 · 도지사의 허가를 받아야 한다.

(5) 설립허가의 취소 등(법 제26조)

시 · 도지사는 법인이 다음의 어느 하나에 해당할 때에는 기간을 정하여 시정명령을 하거나 설립허가를 취소할 수 있다.

- 설립허가 조건을 위반하였을 때
- 목적 달성이 불가능하게 되었을 때
- 목적사업 외의 사업을 하였을 때
- 정당한 사유 없이 설립허가를 받은 날부터 6개월 이내에 목적사업을 시작하지 아니하거나 1년 이상 사업실적이 없을 때
- 법인이 운영하는 시설에서 반복적 또는 집단적 성폭력범죄 및 학대관련범죄가 발생한 때
- 임원정수(제18조 제1항)를 위반한 때
- 외부추천 이사관련 내용(제18조 제2항)을 위반하여 이사를 선임한 때
- 제22조에 따른 임원의 해임 명령을 이행하지 아니한 때
- 그 밖에 이 법 또는 이 법에 따른 명령이나 정관을 위반하였을 때 등

다음의 경우에는 설립허가를 취소하여야만 한다.

- 거짓이나 그 밖의 부정한 방법으로 설립허가를 받았을 때
- 법인 설립 후 기본재산을 출연하지 아니한 때

(6) 수익사업(법 제28조)

법인은 목적사업의 경비에 충당하기 위하여 필요한 때에는 법인의 설립 목적 수행에 지장이 없는 범위 안에서 수익사업을 할 수 있다. 법인은 수익사업에서 생긴 수익을 법인 또는 그가 설치한 사회복지시설의 운영 외의 목적에 사용할 수 없다. 또한 수익사업에 관한 회계는 법인의 다른 회계와 구분하여 회계처리하여야 한다.

(7) 사회복지협의회(법 제33조)

사회복지에 관한 조사 · 연구를 하고 각종 복지사업을 조성하기 위하여 전국 단위의 한국사회복지협의회(중앙협의회)와 시 · 도 단위의 시 · 도 사회복지협의회(시 · 도협의회)를 두며, 필요한 경우에는 시 · 군 · 구 단위의 시 · 군 · 구 사회복지협의회(시 · 군 · 구협의회)를 둘 수 있다. 중앙협의회, 시 · 도협의회 및 시 · 군 · 구협의회는 이 법에 따른 사회복지법인으로 하되, 제23조 제1항(사회복지법인은 사회복지사업의 운영에 필요한 재산을 소유하여야 한다)은 적용하지 아니한다. 2003년 개정으로 시 · 군 · 구 단위 사회복지협의회의 설립이 법으로 규정되어 지역 중심의 협의회 활동이 더욱 활발해질 수 있는 계기가 마련되었다. 지역사회보장협의체가 민 · 관으로 구성되었다면 사회복지협의회는 민간만으로 구성되었으며 이 둘의 성격이 분명히 다르다는 점을 인식해야 한다.

3) 사회복지시설

(1) 시설의 설치

국가나 지방자치단체는 사회복지시설(시설)을 설치 · 운영할 수 있으며, 국가 또는 지방자치단체 외의 자가 시설을 설치 · 운영하려는 경우에는 보건복지부령이 정하는 바에 따라 시장 · 군수 · 구청장에게 신고하여야 한다. 시장 · 군수 · 구청장은 신고를 받은 경우 그 내용을 검토하여 이 법에 적합하면 신고를 수리하여야 한다(법 제34조). 시설을 설치 · 운영하는 자는 보건복지부령으로 정하는 재무 · 회계에 관한 기준에 따라 시설을 투명하게 운영하여야 한다.

- 시설의 시설의 설치 · 운영 신고를 할 수 없는 경우
  - 폐쇄명령을 받고 3년이 지나지 아니한 자
  - 파산선고를 받고 복권되지 아니한 사람 등 결격사유가 있는 개인 또는 개인이 임원인 법인

국가나 지방자치단체가 설치한 시설은 필요한 경우 사회복지법인이나 비영리법인에 위탁하여 운영하게 할 수 있으며 이에 따른 위탁 운영의 기준 · 기간 및 방법 등에 관하여 필요한 사항은 보건복지부령[6]으로 정한다. 국가 또는 지방자치단체가 설치한 시설을 위탁하여 운영하려는 경우에는 공개모집에 따라 수탁하는 법인(수탁자)을 선정해야 한다. 다만, 국가 또는 지방자치단체가 사회복지사업을 할 목적으로 설립한 비영리법인에 위탁하여 운영하려는 경우로서 보건복지부장관이 정하는 경우에는 공개모집을 하지 않을 수 있다(시행규칙 제21조).

사회복지시설 중 사회복지관은 지역복지증진을 위하여 다음의 사업을 실

6 시행규칙 제21조에서는 '수탁자선정심의위원회(선정위원회)'를 두고 심의하도록 하고 있다. 제21조의2에는 위탁 시 체결하여야 하는 내용이 규정되어 있다. 이러한 내용으로는 수탁자의 명칭, 주소 및 대표자의 이름, 위탁계약기간, 위탁대상시설 및 업무내용, 수탁자의 의무 및 준수 사항, 시설의 안전관리에 관한 사항, 시설종사자의 고용승계에 관한 사항, 계약의 해지에 관한 사항, 기타 시설의 운영에 필요하다고 인정되는 사항 등이다. 위탁계약기간은 5년으로 하되, 위탁자가 필요할 경우 선정위원회 심의를 거쳐 갱신할 수 있도록 하고 있다.

시할 수 있다(법 제34조의5).

- 지역사회의 특성과 지역주민의 복지욕구를 고려한 서비스 제공 사업
- 국가 · 지방자치단체 및 민간부문의 사회복지서비스를 연계 · 제공하는 사례관리 사업
- 지역사회 복지공동체 활성화를 위한 복지자원 관리, 주민교육 및 조직화 사업
- 그 밖에 복지증진을 위한 사업으로서 지역사회에서 요청하는 사업

사회복지관은 모든 지역주민을 대상으로 사회복지서비스를 실시하되, 다음에 해당하는 지역주민에게 우선 제공하여야 한다. 즉, 「국민기초생활보장법」에 따른 수급자 및 차상위계층, 장애인, 노인, 한부모가족 및 다문화가족, 직업 및 취업 알선이 필요한 사람, 보호와 교육이 필요한 유아 · 아동 및 청소년, 그 밖에 사회복지관의 사회복지서비스를 우선 제공할 필요가 있다고 인정되는 사람이다.

(2) 시설의 운영

① 시설장과 종사자

시설의 장은 상근하여야 하며, 다음의 어느 하나에 해당하는 자는 시설의 장이 될 수 없다(법 제35조). 만약 시설의 장이 다음의 어느 하나에 해당되었을 때에는 그 자격을 상실한다.

- 제19조 제1항 제1호, 제1호의2부터 제1호의9까지 및 제2호의2부터 제2호의 4까지의 어느 하나에 해당하는 사람
- 제22조에 따른 해임명령에 따라 해임된 날부터 5년이 지나지 아니한 사람
- 사회복지분야의 6급 이상 공무원으로 재직하다 퇴직한 지 3년이 경과하지 아니한 사람 중에서 퇴직 전 5년 동안 소속하였던 기초자치단체가 관할하는 시설의 장이 되고자 하는 사람

다음과 같이 종사자 채용 시 준수사항이 있다(법 제35조의3). 사회복지법인과 사회복지시설을 설치 · 운영하는 자는 해당 법인 또는 시설의 종사자를 채용할 때 정당한 사유 없이 채용광고의 내용을 종사자가 되려는 사람에게 불리하게 변경하여 채용하여서는 아니 된다. 또한 종사자를 채용한 후에 정당한 사유 없이 채용광고에서 제시한 근로조건을 종사자에게 불리하게 변경하여 적용하여서는 아니 된다.

② 운영위원회(법 제36조)

시설의 장은 시설의 운영에 관한 다음의 사항을 심의하기 위하여 시설에 운영위원회를 두어야 한다. 심의하는 사항은 시설 운영계획의 수립 · 평가에 관한 사항, 사회복지프로그램의 개발 · 평가에 관한 사항, 시설 종사자의 근무환경 개선에 관한 사항, 시설 거주자의 생활환경 개선 및 고충 처리 등에 관한 사항, 시설 종사자와 거주자의 인권보호 및 권익증진에 관한 사항, 시설과 지역사회의 협력에 관한 사항, 그 밖에 시설의 장이 운영위원회의 회의에 부치는 사항이다.

운영위원회는 시설과 지역사회를 연계시키며 지역주민을 시설 운영에 참여하게 함으로써 시설의 개방화와 민주적 운영을 지원하는 중요한 역할을 한다. 그래서 2012년 1월 개정 시 기존에 보건복지부령으로 정하게 되어 있던 운영위원회의 위원 구성 및 시설장의 보고사항을 법에 명시하도록 하는 조항이 다음과 같이 신설되었다.

운영위원회 위원은 시설의 장, 시설 거주자 대표, 시설 거주자의 보호자 대표, 시설 종사자의 대표, 해당 시 · 군 · 구 소속의 사회복지업무를 담당하는 공무원, 후원자 대표 또는 지역주민, 공익단체에서 추천한 사람, 그 밖에 시설의 운영 또는 사회복지에 관하여 전문적인 지식과 경험이 풍부한 사람 중에서 관할 시장 · 군수 · 구청장이 임명하거나 위촉한다. 그리고 시설의 장은 시설의 회계 및 예산 · 결산에 관한 사항, 후원금 조성 및 집행에 관한 사항, 그 밖에 시설 운영과 관련된 사건 · 사고에 관한 사항을 운영위원회에 보고하여야 한다.

③ 서류비치(법 제37조)

시설의 장은 후원금품대장 등 보건복지부령이 정하는 서류를 시설 내에 비치하여야 한다. 이 규정에 의하여 시설에 비치하여야 할 서류는 다음과 같다(시행규칙 제25조). 즉, 법인의 정관(법인에 한한다), 법인설립허가증사본(법인에 한한다), 사회복지시설신고증, 시설거주자 및 퇴소자의 명부, 시설거주자 및 퇴소자의 상담기록부, 시설의 운영계획서 및 예산 · 결산서, 후원금품대장, 시설의 건축물관리대장, 시설의 장과 종사자의 명부 등이다.

④ 보험가입의 의무(법 제34조의3)

시설의 운영자는 화재로 인한 손해배상책임과 화재 외의 안전사고로 인해 생명 · 신체에 피해를 입은 보호대상자에 따른 손해배상책임의 이행을 위하여 손해보험회사의 책임보험에 가입하거나 「사회복지사 등의 처우 및 지위향상을 위한 법률」 제4조에 따른 한국사회복지공제회의 책임공제에 가입하여야 한다.

(3) 시설의 서비스 최저기준과 평가

보건복지부장관은 시설에서 제공하는 서비스의 최저기준을 마련하여야 하며, 시설 운영자는 서비스 최저기준 이상으로 서비스 수준을 유지하여야 한다. 서비스 기준 대상시설과 서비스 내용 등에 관하여 필요한 사항은 보건복지부령으로 정한다(법 제43조).

2022년 경기도 사회복지관 평가 설명회

보건복지부장관과 시 · 도지사는 보건복지부령이 정하는 바에 따라 시설을 정기적으로 평가하고, 그 결과를 공표하거나 시설의 감독 · 지원 등에 반영할 수 있으며 시설 거주자를 다른 시설로 보내는 등의 조치를 할 수 있다

(법 제43조의2). 보건복지부장관이나 시 · 도지사는 3년마다 1회 이상 시설에 대한 평가를 실시하여야 하며, 서비스 최저기준을 고려하여 보건복지부장관이 평가기준을 정한다(시행규칙 제27조의2).

(4) 수용인원의 제한(법 제41조)

각 시설의 수용인원은 300명을 초과할 수 없다. 다만, 대통령령으로 정하는 경우에는 그러하지 아니하다. 이것은 시설의 대규모화로 인한 인권침해 등의 폐해를 방지하기 위한 것이다.

(5) 지도 · 감독(법 제51조)

보건복지부장관, 시 · 도지사 또는 시장 · 군수 · 구청장은 사회복지사업을 운영하는 자의 소관 업무에 관하여 지도 · 감독을 하며, 필요한 경우 그 업무에 관하여 보고 또는 관계 서류의 제출을 명하거나, 소속 공무원으로 하여금 법인의 사무소 또는 시설에 출입하여 검사 또는 질문을 하게 할 수 있다. 보건복지부장관, 시 · 도지사 또는 시장 · 군수 · 구청장은 지도 · 감독을 실시한 후 제26조(설립허가 취소 등) 및 제40조(시설의 개선, 사업의 정지, 시설의 폐쇄 등)에 따른 행정처분 등을 한 경우에는 처분 대상인 법인 또는 시설의 명칭, 처분사유, 처분내용 등 처분과 관련된 정보를 대통령령으로 정하는 바에 따라 공표할 수 있다.

그리고 시 · 도지사 또는 시장 · 군수 · 구청장은 사회복지법인과 사회복지시설에 대하여 지방의회의 추천을 받아 「공인회계사법」 제7조에 따라 등록한 공인회계사 또는 「주식회사 등의 외부감사에 관한 법률」 제2조 제7호에 따른 감사인을 선임하여 회계감사를 실시할 수 있다.

(6) 시설의 휴지 · 재개 · 폐지 신고 등(법 제38조)

시설의 재개 시 운영신고를 한 자는 지체 없이 시설의 운영을 시작하여야 한다. 시설의 운영자는 그 운영을 일정 기간 중단하거나 다시 시작하거나 시설을 폐지하려는 경우에는 보건복지부령으로 정하는 바에 따라 시장 · 군수 · 구청장에게 신고하여야 한다. 이러한 경우에는 보건복지부령이 정하는 바에 따라 시설 거주자의 권익을 보호하기 위한 시장 · 군수 · 구청장은 다음의 조치를 하고 신고를 수리하여야 한다.

시설 운영이 중단되거나 시설이 폐지되는 경우

- 시설 거주자가 자립을 원하는 경우 자립을 할 수 있도록 지원하고 그 이행을 확인하는 조치
- 시설 거주자가 다른 시설을 선택할 수 있도록 하고 그 이행을 확인하는 조치
- 시설 거주자가 이용료 · 사용료 등의 비용을 부담하는 경우 납부한 비용 중 사용하지 아니한 금액을 반환하게 하고 그 이행을 확인하는 조치
- 보조금 · 후원금 등의 사용 실태 확인과 이를 재원으로 조성한 재산 중 남은 재산의 회수조치
- 그 밖에 시설 거주자의 권익 보호를 위하여 필요하다고 인정되는 조치

시설 운영자가 시설 운영을 재개하려고 할 때

- 운영 중단 사유의 해소
- 향후 안정적 운영계획의 수립
- 그 밖에 시설 거주자의 권익 보호를 위하여 보건복지부장관이 필요하다고 인정하는 조치

(7) 시설의 개선, 사업의 정지 및 폐쇄 등(법 제40조)

보건복지부장관, 시 · 도지사 또는 시장 · 군수 · 구청장은 시설이 다음의 어느 하나에 해당할 때에는 그 시설의 개선, 사업의 정지, 시설의 장의 교체를 명하거나 시설의 폐쇄를 명할 수 있다.

- 시설이 설치기준에 미달하게 되었을 때
- 사회복지법인 또는 비영리법인이 설치 · 운영하는 시설의 경우 그 사회복지법인 또는 비영리법인의 설립허가가 취소되었을 때
- 설치 목적이 달성되었거나 그 밖의 사유로 계속하여 운영될 필요가 없다고 인정할 때
- 회계부정이나 불법행위 또는 그 밖의 부당행위 등이 발견되었을 때
- 신고를 하지 아니하고 시설을 설치 · 운영하였을 때
- 운영위원회를 설치하지 아니하거나 운영하지 아니하였을 때
- 정당한 이유 없이 제51조 제1항에 따른 보고 또는 자료 제출을 하지 아니하거나 거짓으로 하였을 때
- 정당한 이유 없이 제51조에 따른 검사 · 질문을 거부 · 방해하거나 기피하였을 때
- 시설에서 성폭력범죄 또는 학대관련범죄가 발생한 때: 성폭력 범죄, 아동 · 청소년 대상 성폭력범죄 , 아동학대관련범죄, 노인학대관련범죄, 장애인학대관련범죄가 발생한 때
- 1년 이상 시설이 휴지상태에 있어 시장 · 군수 · 구청장이 재개를 권고하였음에도 불구하고 재개하지 아니한 때 등

물음 9-10

보건복지부장관이나 시 · 도지사는 _____년마다 1회 이상 시설에 대한 평가를 실시하여야 한다.

5. 재정(비용)

1) 보조금(법 제42조)

보조금에 관한 조항은 다음과 같다. 국가나 지방자치단체는 사회복지사

업을 수행하는 자 중 대통령령이 정하는 자에게 운영비 등 필요한 비용의 전부 또는 일부를 보조할 수 있으며 보조금은 그 목적 외의 용도에 사용할 수 없다. 만약 이를 위반하였을 경우 5년 이하의 징역 또는 5천만 원 이하의 벌금에 처한다(법 제53조). 국가나 지방자치단체는 보조금을 받은 자가 거짓이나 그 밖의 부정한 방법으로 보조금을 받았을 때와 사업 목적 외의 용도에 보조금을 사용하였을 때는 보조금의 전부 또는 일부의 반환을 명해야 하며, 이 법 또는 이 법에 따른 명령을 위반하였을 때는 전부 또는 일부의 반환을 명할 수 있다.

2) 지방자치단체에 대한 지원금(법 제42조의3)

보건복지부장관은 시 · 도지사 및 시장 · 군수 · 구청장에게 사회복지사업의 수행에 필요한 비용을 지원할 수 있다. 보건복지부장관은 「사회보장급여의 이용 · 제공 및 수급권자 발굴에 관한 법률」 제39조에 따른 평가결과를 반영하여 지원을 할 수 있으며, 지원금의 지급기준 · 지급방법 등에 관하여 필요한 사항은 보건복지부령으로 정한다.

3) 비용의 징수(법 제44조)

이 법에 따른 복지조치에 필요한 비용을 부담한 지방자치단체의 장이나 그 밖에 시설을 운영하는 자는 그 혜택을 받은 본인 또는 그 부양의무자로부터 대통령령으로 정하는 바에 따라 그가 부담한 비용의 전부 또는 일부를 징수할 수 있다. 이 조항은 사회복지서비스 이용료에 대한 규정이다.

4) 후원금의 관리(법 제45조)

사회복지법인의 대표이사와 시설의 장은 아무런 대가 없이 무상으로 받은 금품이나 그 밖의 자산(후원금)의 수입 · 지출 내용을 공개하여야 하며 관리에 명확성이 확보되도록 하여야 한다. 후원금에 관한 영수증 발급, 수입 및 사용결과 보고 등 기타 후원금 관리 및 공개 절차 등 구체적인 사항은 보건복지부령으로 정한다.

6. 사례 적용

사례 사회복지법인 임원의 결격사유

경기도 공정특별사법경찰단은 올해 사회복지시설(법인)의 보조금 목적 외 사용, 허위 종사자 인건비 보조금, 사회복지법인 기본재산 무허가 처분 등 사회복지 보조금과 관련된 불법행위를 집중적으로 수사할 계획이라고 24일 밝혔다. 도 특사경은 지난해에도 위법행위를 저지른 16명의 대표자 및 종사자를 검거해 검찰에 송치한 바 있다. 지역아동센터 시설장이 건물공사비 및 센터 운영비로 사용하기 위해 인건비 보조금을 되돌려 받아서 보조금을 목적 외 용도로 사용하거나 장애인시설 법인대표와 시설장들이 행정관청 허가 없이 임대한 임대수익금을 횡령한 사례도 있었다.

「사회복지사업법」에 따르면 정부 또는 지방자치단체에서 지원받는 사회복지시설 보조금은 그 목적 외의 용도로 사용할 수 없고, 기본재산은 법인이 사회복지사업 운영을 위해 꼭 필요한 만큼 매도 · 임대 등 처분 시 도지사의 허가를 받아야 한다. 이를 위반하면 최대 5년 이하의 징역 또는 5천만 원 이하의 벌금이 부과된다.

출처: 경인일보(2023. 1. 24.). www.kyeongin.co.kr

사회복지법인의 민주적 운영을 위해서는 책임성 있는 이사회의 구성이 매우 중요하다. 사회복지법인의 비리 등은 단순한 비리가 아니라 복지에 대한 사회적 인식마저 편견으로 바뀌게 하는 부정적인 측면이 있기에 이를 신속하고 정확하게 발견할 수 있는 법적 조치가 필요하다. 사회복지법인 임원의 결격사유는 다음과 같다.

〈관련 근거법〉

법 제19조(임원의 결격사유) ① 다음 각 호의 어느 하나에 해당하는 사람은 임원이 될 수 없다.

1. 미성년자

1의2. 피성년후견인 또는 피한정후견인

1의3. 파산선고를 받고 복권되지 아니한 사람

1의4. 법원의 판결에 따라 자격이 상실되거나 정지된 사람

1의5. 금고 이상의 실형을 선고받고 그 집행이 끝나거나(집행이 끝난 것으로 보는 경우를 포함한다) 집행이 면제된 날부터 3년이 지나지 아니한 사람

1의6. 금고 이상의 형의 집행유예를 선고받고 그 유예기간 중에 있는 사람

1의7. 제1호의5 및 제1호의6에도 불구하고 사회복지사업 또는 그 직무와 관련하여 「아동복지법」 제71조, 「보조금 관리에 관한 법률」 제40조부터 제42조까지, 「지방재정법」 제97조, 「영유아보육법」 제54조 제2항 제1호, 「장애아동 복지지원법」 제39조 제1항 제1호 또는 「형법」 제28장 · 제40장(제360조는 제외한다)의 죄를 범하거나 이 법을 위반하여 다음 각 목의 어느 하나에 해당하는 사람

가. 100만 원 이상의 벌금형을 선고받고 그 형이 확정된 후 5년이 지나지 아니한 사람

나. 형의 집행유예를 선고받고 그 형이 확정된 후 7년이 지나지 아니한 사람

다. 징역형을 선고받고 그 집행이 끝나거나(집행이 끝난 것으로 보는 경우를 포함한다) 집행이 면제된 날부터 7년이 지나지 아니한 사람

1의8. 제1호의5부터 제1호의7까지의 규정에도 불구하고 「성폭력범죄의 처벌 등에 관한 특례법」 제2조의 성폭력범죄 또는 「아동 · 청소년의 성보호에 관한 법률」 제2조 제2호의 아동 · 청소년대상 성범죄를 저지른 사람으로서 형 또는 치료감호를 선고받고 확정된 후 그 형 또는 치료감호의 전부 또는 일부의 집행이 끝나거나(집행이 끝난 것으로 보는 경우를 포함한다) 집행이 유예 · 면제된 날부터 10년이 지나지 아니한 사람

1의9. 제1호의5부터 제1호의8까지의 규정에도 불구하고 「아동복지법」 제3조 제7호의2에 따른 아동학대관련범죄를 저지른 사람으로서 다음 각 목의 어느 하나에 해당하는 사람

가. 금고 이상의 실형을 선고받고 그 집행이 끝나거나(집행이 끝난 것으로 보는 경우를 포함한다) 집행이 면제된 날부터 10년이 지나지 아니한 사람

나. 금고 이상의 형의 집행유예를 선고받고 그 집행유예가 확정된 날부터 10년이 지나지 아니한 사람

다. 벌금형을 선고받고 그 형이 확정된 날부터 5년이 지나지 아니한 사람

2. 제22조에 따른 해임명령에 따라 해임된 날부터 5년이 지나지 아니한 사람

2의2. 제26조에 따라 설립허가가 취소된 사회복지법인의 임원이었던 사람(그 허가의 취소사유 발생에 관하여 직접적인 또는 이에 상응하는 책임이 있는 자로서 대통령령으로 정하는 사람으로 한정한다)으로서 그 설립허가가 취소된 날부터 5년이 지나지 아니한 사람

2의3. 제40조에 따라 시설의 장에서 해임된 사람으로서 해임된 날부터 5년이 지나지 아니한 사람

2의4. 제40조에 따라 폐쇄명령을 받고 3년이 지나지 아니한 사람

3. 사회복지분야의 6급 이상 공무원으로 재직하다 퇴직한 지 3년이 경과하지 아니한 사람 중에서 퇴직 전 5년 동안 소속하였던 기초자치단체가 관할하는 법인의 임원이 되고자 하는 사람

② 임원이 제1항 각 호의 어느 하나에 해당하게 되었을 때에는 그 자격을 상실한다.

핵심 정리

「사회복지사업법」은 사회복지서비스에 대한 일반적인 사항을 규정하고 있는데, 보호대상자에 대한 보호는 현물로 제공함을 원칙으로 하며, 보호대상자에게 국가 또는 지방자치단체는 재가복지서비스를 시설입소에 우선하여 제공받도록 할 수 있다. 그리고 사회복지서비스를 필요로 하는 자(보호대상자)와 그 친족 및 그 밖의 관계인은 관할 시장 · 군수 · 구청장에게 보호대상자에 대한 사회복지서비스의 제공을 신청할 수 있다.

사회복지법인의 이사회는 최고의사결정 기구로서 중요하며, 사회복지법인은 대표 이사를 포함한 이사 7명과 감사 2명 이상을 두어야 한다.

9-1 사회복지사업을 시행하는 데 있어 사회복지를 제공하는 자는 사회복지를 필요로 하는 사람의 인권을 보장하여야 한다.

9-2 국가와 지방자치단체는 사회복지서비스를 제공하는 자로부터 위법 또는 부당한 처분을 받아 권리나 이익을 침해당하는 사람을 위하여 간이하고 신속한 구제조치를 마련하여야 한다.

9-3 보호대상자에 대한 사회복지서비스 제공은 현물로 제공함을 원칙으로 한다.

9-4 시장 · 군수 · 구청장은 보호대상자에게 사회복지서비스를 제공하는 경우 시설 입소에 우선하여 재가복지서비스를 우선적으로 제공하여야 한다.

9-5 사회복지사 자격취소 사항에 해당되는 경우 보건복지부장관이 자격을 취소하거나 1년 범위에서 정지시킬 수 있다.

9-6 사회복지법인 또는 사회복지시설에 종사하는 사회복지사는 정기적으로 인권에 관한 내용이 포함된 보수교육을 받아야 한다.

9-7 사회복지법인을 설립하려는 자는 대통령령으로 정하는 바에 따라 시 · 도지사의 허가를 받아야 한다.

9-8 사회복지법인은 대표이사를 포함한 이사 7명과 감사 2명 이상을 두어야 한다.

9-9 이사회의 구성에 있어서 특별한 관계에 있는 사람이 이사 현원의 5분의 1을 초과할 수 없다.

9-10 보건복지부장관이나 시 · 도지사는 3년마다 1회 이상 시설에 대한 평가를 실시하여야 한다.

제10장

사회서비스법 1

1. 아동복지법

1) 목적

「아동복지법」은 아동이 건강하게 출생하여 행복하고 안전하게 자랄 수 있도록 아동의 복지를 보장하는 것을 목적으로 한다(법 제1조). 이 법에서 말하는 "아동복지"란 아동이 행복한 삶을 누릴 수 있는 기본적인 여건을 조성하고 조화롭게 성장 · 발달할 수 있도록 하기 위한 경제적 · 사회적 · 정서적 지원을 말한다(법 제3조 제2호).

2) 기본 이념

어린이들이 바라는 세상

기본 이념은 다음과 같다(법 제2조). 첫째, 아동은 자신 또는 부모의 성별, 연령, 종교, 사회적 신분, 재산, 장애유무, 출생지역, 인종 등에 따른 어떠한 종류의 차별도 받지 아니하고 자라나야 한다. 둘째, 아동은 완전하고 조화로운 인격발달을 위하여 안정된 가정환경에서 행복하게 자라나야 한다. 셋째, 아동에 관한 모든 활동에 있어서 아동의 이익이 최우선적으로 고려되어야 한다. 넷째, 아동은 아동의 권리보장과 복지증진을 위하여 이 법에 따른 보호와 지원을 받을 권리를 가진다.

이와 같이 기본 이념으로 제1항은 무차별 평등이념을 강조하고 있고, 제2항은 안정된 가정환경의 중요성을, 그리고 제3항은 아동 중심적 활동 이념을 밝히고 있다. 제4항은 아동의 권리에 대해 강조하고 있다.

3) 대상 및 책임주체

(1) 대상

「아동복지법」에서 말하는 아동은 18세 미만인 사람을 말한다(법 제3조). 「아동복지법」에 아동을 18세 미만으로 규정함에 따라 「한부모가족지원법」을 비롯한 아동과 관련된 대부분의 법에서도 아동에 대한 나이 규정을 18세 미만으로 하고 있다.

(2) 책임주체

온라인 영상 속 아동 인권 보호 가이드

아동의 복지증진 및 보호책임 주체는 크게 국가와 지방자치단체, 보호자[1] 등의 책무로 구분하여 각각의 책임을 밝히고 있다.

국가와 지방자치단체의 책무는 다음과 같다(법 제4조). 첫째, 아동의 안전·건강 및 복지증진을 위하여 아동과 그 보호자 및 가정을 지원하기 위한 정책을 수립·시행하여야 한다. 둘째, 보호대상아동 및 지원대상아동의 권익을 증진하기 위한 정책을 수립·시행하여야 한다. 셋째, 아동이 태어난 가정에서 성장할 수 있도록 지원하고, 아동이 태어난 가정에서 성장할 수 없을 때에는 가정과 유사한 환경에서 성장할 수 있도록 조치하며, 아동

1 친권자, 후견인, 아동을 보호·양육·교육하거나 그러한 의무가 있는 자 또는 업무·고용 등의 관계로 사실상 아동을 보호·감독하는 자를 말한다(법 제3조 제3호).

을 가정에서 분리하여 보호할 경우에는 신속히 가정으로 복귀할 수 있도록 지원하여야 한다. 넷째, 국가와 지방자치단체는 장애아동의 권익을 보호하기 위하여 필요한 시책을 강구하여야 한다. 다섯째, 아동이 자신 또는 부모의 성별, 연령, 종교, 사회적 신분, 재산, 장애유무, 출생지역 또는 인종 등에 따른 어떠한 종류의 차별도 받지 아니하도록 필요한 시책을 강구하여야 한다. 여섯째, 「UN 아동권리협약」에서 규정한 아동의 권리 및 복지증진 등을 위하여 필요한 시책을 수립 · 시행하고, 이에 필요한 교육과 홍보를 하여야 한다. 마지막으로, 아동의 보호자가 아동을 행복하고 안전하게 양육하기 위해 필요한 교육을 지원하여야 한다.

보호자 등의 책무는 다음과 같다(법 제5조). 아동의 보호자는 아동을 가정에서 그의 성장시기에 맞추어 건강하고 안전하게 양육하여야 한다. 아동의 보호자는 아동에게 신체적 고통이나 폭언 등의 정신적 고통을 가하여서는 아니 된다. 모든 국민은 아동의 권익과 안전을 존중하여야 하며, 아동을 건강하게 양육하여야 한다.

4) 급여

(1) 아동복지정책

① 아동정책기본계획의 수립

보건복지부장관은 아동정책의 효율적인 추진을 위하여 5년마다 아동정책기본계획을 수립하여야 하며, 기본계획은 다음의 사항을 포함하여야 한다(법 제7조).

1. 이전의 기본계획에 관한 분석 · 평가
2. 아동정책에 관한 기본방향 및 추진목표
3. 주요 추진과제 및 추진방법
4. 재원조달방안
5. 그 밖에 아동정책을 시행하기 위하여 특히 필요하다고 인정되는 사항

보건복지부장관, 관계 중앙행정기관의 장 및 시 · 도지사는 매년 기본계획에 따라 연도별 아동정책시행계획을 수립 · 시행하여야 한다(법 제8조).

② 아동종합실태조사(법 제11조)

보건복지부장관은 3년마다 아동의 양육 및 생활환경, 언어 및 인지 발달, 정서적 · 신체적 건강, 아동안전, 아동학대 등 아동의 종합실태를 조사하여 그 결과를 공표하고, 이를 기본계획과 시행계획에 반영하여야 한다. 다만, 보건복지부장관은 필요한 경우 보건복지부령으로 정하는 바에 따라 분야별 실태조사를 할 수 있다.

③ 아동정책영향평가(법 제11조의2)

국가와 지방자치단체는 대통령령으로 정하는 바에 따라 아동 관련 정책이 아동복지에 미치는 영향을 분석 · 평가(아동정책영향평가)하고, 그 결과를 아동 관련 정책의 수립 · 시행에 반영하여야 한다.

아동권리보장원

④ 아동권리보장원의 설립 및 운영(법 제10조의2)

보건복지부장관은 아동정책에 대한 종합적인 수행과 아동복지 관련 사업의 효과적인 추진을 위하여 필요한 정책의 수립을 지원하고 사업평가 등의 업무를 수행할 수 있도록 아동권리보장원을 설립한다. 보장원은 법인으로 하고, 주된 사무소의 소재지에 설립등기를 함으로써 성립한다. 보장원에는

보장원을 대표하고 그 업무를 총괄하기 위하여 원장을 두며, 원장은 보건복지부장관이 임면한다.

보장원은 다음의 업무를 수행한다.

1. 아동정책 수립을 위한 자료 개발 및 정책 분석
2. 아동정책기본계획 수립 및 시행계획 평가 지원
3. 아동정책조정위원회 운영 지원
4. 아동정책영향평가 지원
5. 아동보호서비스에 대한 기술지원
6. 아동학대 예방과 방지를 위한 업무[2]
7. 가정위탁사업 활성화 등을 위한 업무[3]
8. 지역 아동복지사업 및 아동복지시설의 원활한 운영을 위한 지원
9. 「입양특례법」에 따른 국내입양 활성화 및 입양 사후관리를 위한 업무
   가. 국내외 입양정책 및 서비스에 관한 조사 · 연구
   나. 입양 관련 국제협력 업무
   다. 그 밖에 「입양특례법」에 따라 보건복지부장관으로부터 위탁받은 업무
10. 아동 관련 조사 및 통계 구축
11. 아동 관련 교육 및 홍보
12. 아동 관련 해외정책 조사 및 사례분석
13. 그 밖에 이 법 또는 다른 법령에 따라 보건복지부장관, 국가 또는 지방자치단체로부터 위탁받은 업무

2 뒤의 '아동학대의 예방과 방지 의무' 참조

3 가정위탁지원센터에 대한 지원/효과적인 가정위탁사업을 위한 지역 간 연계체계 구축/가정위탁사업과 관련된 연구 및 자료발간/가정위탁사업을 위한 프로그램의 개발 및 평가/상담원에 대한 교육 등 가정위탁에 관한 교육 및 홍보/가정위탁사업을 위한 정보기반 구축 및 정보 제공/그 밖에 대통령령으로 정하는 가정위탁사업과 관련된 업무

물음 10-1

보건복지부장관은 _____ 년마다 아동의 종합실태를 조사하여 그 결과를 공표하고, 이를 기본계획과 시행계획에 반영하여야 한다.

(2) 아동보호서비스

① 보호조치

시 · 도지사 또는 시장 · 군수 · 구청장은 그 관할 구역에서 보호대상아동을 발견하거나 보호자의 의뢰를 받은 때에는 아동의 최상의 이익을 위하여 대통령령으로 정하는 바에 따라 다음의 해당하는 보호조치를 하여야 한다(법 제15조). 여기에서 "보호대상아동"이란 보호자가 없거나 보호자로부터 이탈된 아동 또는 보호자가 아동을 학대하는 경우 등 그 보호자가 아동을 양육하기에 적당하지 아니하거나 양육할 능력이 없는 경우의 아동을 말한다(법 제3조 제4호).

1. 전담공무원, 민간전문인력 또는 아동위원에게 보호대상아동 또는 그 보호자에 대한 상담 · 지도를 수행하게 하는 것
2. 「민법」 제777조 제1호 및 제2호에 따른 친족에 해당하는 사람의 가정에서 보호 · 양육할 수 있도록 조치하는 것
3. 보호대상아동을 적합한 유형의 가정에 위탁하여 보호 · 양육할 수 있도록 조치하는 것
4. 보호대상아동을 그 보호조치에 적합한 아동복지시설에 입소시키는 것
5. 약물 및 알코올 중독, 정서 · 행동 · 발달 장애, 성폭력 · 아동학대 피해 등으로 특수한 치료나 요양 등의 보호를 필요로 하는 아동을 전문치료기관 또는 요양소에 입원 또는 입소시키는 것
6. 「입양특례법」에 따른 입양과 관련하여 필요한 조치를 하는 것

시 · 도지사 또는 시장 · 군수 · 구청장은 제1항 제1호 및 제2호의 보호조치가 적합하지 아니한 보호대상아동에 대하여 제3호부터 제6호까지의 보호조치를 할 수 있다. 이 경우 제3호부터 제6호까지의 보호조치를 하기 전에 보호대상아동에 대한 상담, 건강검진, 심리검사 및 가정환경에 대한 조사를 실시하여야 한다. 시 · 도지사 또는 시장 · 군수 · 구청장은 보호조치를 하는 경우, 해당 보호대상아동의 개별 보호 · 관리 계획을 세워 보호하여야 하며, 그 계획을 수립할 때 해당 보호대상아동의 보호자를 참여시킬 수 있다. 시 · 도지사 또는 시장 · 군수 · 구청장은 제3호부터 제6호까지의 보호조치를 함에 있어서 해당 보호대상아동의 의사를 존중하여야 하며, 보호자가 있을 때에는 그 의견을 들어야 한다. 다만, 아동의 보호자가 「아동학대범죄의 처벌 등에 관한 특례법」에 따른 아동학대행위자인 경우에는 그러하지 아니하다. 시 · 도지사 또는 시장 · 군수 · 구청장은 제3호부터 제6호까지의 보호조치를 할 때까지 필요하면 아동일시보호시설 또는 학대피해아동쉼터에 보호대상아동을 입소시켜 보호하거나, 적합한 위탁가정 또는 적당하다고 인정하는 자에게 일시 위탁하여 보호하게 할 수 있다.

그리고 시 · 도지사 또는 시장 · 군수 · 구청장은 아동의 가정위탁보호를 희망하는 사람에 대하여 범죄경력을 확인하여야 한다. 보장원의 장 또는 가정위탁지원센터의 장은 위탁아동, 가정위탁보호를 희망하는 사람, 위탁아동의 부모 등의 신원확인 등의 조치를 시 · 도지사 또는 시장 · 군수 · 구청장에게 협조를 요청할 수 있다.

시 · 도지사 또는 시장 · 군수 · 구청장은 제2호부터 제6호까지의 보호조치 중인 보호대상아동의 양육상황을 보건복지부령으로 정하는 바에 따라 매년 점검하여야 한다(법 제15조의3).

② 퇴소조치

제15조 제1항 제3호부터 제5호까지의 보호조치 중인 보호대상아동의 연

령이 18세에 달하였거나, 보호 목적이 달성되었다고 인정되면 해당 시·도지사, 시장·군수·구청장은 대통령령으로 정하는 방법과 절차에 따라 그 보호 중인 아동의 보호조치를 종료하거나 해당 시설에서 퇴소시켜야 한다(법 제16조). 하지만 시·도지사 또는 시장·군수·구청장은 연령이 18세에 달한 보호대상아동이 보호조치를 연장할 의사가 있는 경우에는 그 보호기간을 해당 아동이 25세에 달할 때까지로 연장하여야 한다(법 제16조의3). 사후관리를 위해 시·도지사 또는 시장·군수·구청장은 전담공무원 등 관계 공무원으로 하여금 보호조치의 종료로 가정으로 복귀한 보호대상아동의 가정을 방문하여 해당 아동의 복지증진을 위하여 필요한 지도·관리를 제공하게 하여야 한다(법 제16조의2).

③ 친권상실 선고의 청구

시·도지사, 시장·군수·구청장 또는 검사는 아동의 친권자가 그 친권을 남용하거나 현저한 비행이나 아동학대, 그 밖에 친권을 행사할 수 없는 중대한 사유가 있는 것을 발견한 경우 아동의 복지를 위하여 필요하다고 인정할 때에는 법원에 친권행사의 제한 또는 친권상실의 선고를 청구하여야 한다. 아동복지시설의 장 및 「초·중등교육법」에 따른 학교의 장은 앞서 제시한 사유에 해당하는 경우 시·도지사, 시장·군수·구청장 또는 검사에게 법원에 친권행사의 제한 또는 친권상실의 선고를 청구하도록 요청할 수 있다(법 제18조).

가정위탁

④ 가정위탁

"가정위탁"이란 보호대상아동의 보호를 위하여 성범죄, 가정폭력, 아동학대, 정신질환 등의 전력이 없는 보건복지부령으로 정하는 기준에 적합한 가정에 보호대상아동을 일정 기간 위탁하는 것을 말한다(법 제3조 제6호). 가정위탁은 「UN 아동권리협약」을 시행하면서 문제로 제기되었던 '소년소녀

가장제도'를 가정위탁으로 전환하면서 활성화되었다.

물음 10-2

시 · 도지사 또는 시장 · 군수 · 구청장은 연령이 18세에 달한 보호대상아동이 보호조치를 연장할 의사가 있는 경우에는 그 보호기간을 해당 아동이 _____세에 달할 때까지로 연장하여야 한다.

(3) 아동보호서비스: 아동학대

① 아동학대의 정의

"아동학대"란 보호자를 포함한 성인이 아동의 건강 또는 복지를 해치거나 정상적 발달을 저해할 수 있는 신체적 · 정신적 · 성적 폭력이나 가혹행위를 하는 것과 아동의 보호자가 아동을 유기하거나 방임하는 것을 말한다(법 제3조 제7호). 정의에서도 알 수 있듯이 아동학대는 성인에 의해 행해지는 행위이므로 미성년자에 의한 아동의 학대는 포함되지 않는다.

"아동학대관련범죄"란 「아동학대범죄의 처벌 등에 관한 특례법」 제2조 제4호에 따른 아동학대범죄, 또는 아동에 대한 「형법」 제2편 제24장 살인의 죄 중 제250조부터 제255조까지의 죄에 해당하는 죄를 말한다(법 제3조 제7의2호).

② 금지행위와 벌칙

금지행위(법 제17조)와 벌칙(법 제71조)은 〈표 10-1〉과 같다. 이때 상습적으로 이 규정(법 제17조 금지행위)의 죄를 범한 자는 그 죄에 정한 형의 2분의 1까지 가중한다(법 제72조). 그리고 아동을 타인에게 매매하는 행위(「아동 · 청소년의 성보호에 관한 법률」 제12조에 따른 매매는 제외한다)의 미수범은 처벌한다(법 제73조).

〈표 10-1〉 금지행위와 벌칙

금지행위	벌칙
아동을 매매하는 행위(「아동 · 청소년의 성보호에 관한 법률」 제12조에 따른 매매는 제외한다)	10년 이하의 징역
아동에게 음란한 행위를 시키거나 이를 매개하는 행위 또는 아동에게 성적 수치심을 주는 성희롱 등의 성적 학대행위	10년 이하의 징역 또는 1억 원 이하의 벌금
• 아동의 신체에 손상을 주거나 신체의 건강 및 발달을 해치는 신체적 학대행위 • 아동의 정신건강 및 발달에 해를 끼치는 정서적 학대행위 • 자신의 보호 · 감독을 받는 아동을 유기하거나 의식주를 포함한 기본적 보호 · 양육 · 치료 및 교육을 소홀히 하는 방임행위 • 장애를 가진 아동을 공중에 관람시키는 행위 • 아동에게 구걸을 시키거나 아동을 이용하여 구걸하는 행위	5년 이하의 징역 또는 5천만 원 이하의 벌금
• 정당한 권한을 가진 알선기관 외의 자가 아동의 양육을 알선하고 금품을 취득하거나 금품을 요구 또는 약속하는 행위 • 아동을 위하여 증여 또는 급여된 금품을 그 목적 외의 용도로 사용하는 행위	3년 이하의 징역 또는 3천만 원 이하의 벌금
공중의 오락 또는 흥행을 목적으로 아동의 건강 또는 안전에 유해한 곡예를 시키는 행위 또는 이를 위하여 아동을 제3자에게 인도하는 행위	1년 이하의 징역 또는 1천만 원 이하의 벌금

③ 아동학대의 예방과 방지 의무(법 제22조)

국가와 지방자치단체는 아동학대의 예방과 방지를 위하여 다음의 조치를 취하여야 한다.

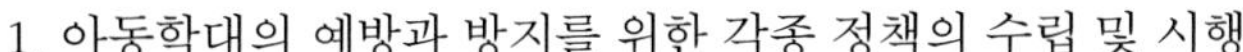

1. 아동학대의 예방과 방지를 위한 각종 정책의 수립 및 시행
2. 아동학대의 예방과 방지를 위한 연구 · 교육 · 홍보 및 아동학대 실태조사
3. 아동학대에 관한 신고체제의 구축 · 운영
4. 피해아동의 보호와 치료 및 피해아동의 가정에 대한 지원
5. 그 밖에 대통령령으로 정하는 아동학대의 예방과 방지를 위한 사항

또한 지방자치단체는 아동학대를 예방하고 수시로 신고를 받을 수 있도록 긴급전화를 설치하여야 한다.

시 · 도지사 또는 시장 · 군수 · 구청장은 피해아동의 발견 및 보호 등을 위하여 다음의 업무를 수행하여야 한다.

1. 아동학대 신고접수, 현장조사 및 응급보호
2. 피해아동, 피해아동의 가족 및 아동학대행위자에 대한 상담 · 조사
3. 그 밖에 대통령령으로 정하는 아동학대 관련 업무

그리고 이러한 업무를 수행하기 위하여 아동학대전담공무원을 두어야 한다. 아동학대전담공무원은 「사회복지사업법」 제11조에 따른 사회복지사의 자격을 가진 사람으로 하고 그 임용 등에 필요한 사항은 해당 시 · 도 또는 시 · 군 · 구의 조례로 정한다.

아동권리보장원은 아동학대예방사업의 활성화 등을 위하여 다음의 업무를 수행한다.

1. 아동보호전문기관에 대한 지원
2. 아동학대예방사업과 관련된 연구 및 자료 발간
3. 효율적인 아동학대예방사업을 위한 연계체계 구축
4. 아동학대예방사업을 위한 프로그램 개발 및 평가
5. 아동보호전문기관 · 학대피해아동쉼터 직원 및 아동학대전담공무원 직무교육, 아동학대예방 관련 교육 및 홍보
6. 아동보호전문기관 전산시스템 구축 및 운영
7. 그 밖에 대통령령으로 정하는 아동학대예방사업과 관련된 업무

④ 기타 조치

아동학대 신고의무자 교육

가. 아동학대 신고의무자 교육 및 예방교육의 실시

관계 중앙행정기관의 장은 신고의무자의 자격 취득 과정이나 보수교육 과정에 아동학대 예방 및 신고의무와 관련된 교육 내용을 포함하도록 하여야 한다(법 제26조). 신고의무자 및 신고와 관련된 내용은 「아동학대범죄의 처벌 등에 관한 특례법」으로 규정되어 「아동복지법」에서는 삭제되었다.

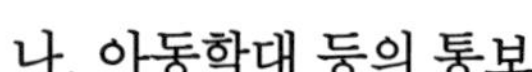

나. 아동학대 등의 통보

사법경찰관리는 아동 사망 및 상해사건, 가정폭력 사건 등에 관한 직무를 행하는 경우 아동학대가 있었다고 의심할 만한 사유가 있는 때에는 시 · 도지사, 시장 · 군수 · 구청장 또는 보장원의 장에게 그 사실을 통보하여야 한다. 사법경찰관 또는 보호관찰관은 「아동학대범죄의 처벌 등에 관한 특례법」 제14조 제1항에 따라 임시조치[4]의 청구를 신청하였을 때에는 시 · 도지사, 시장 · 군수 · 구청장 또는 보장원의 장에게 그 사실을 통보하여야 한다(법 제27조의2).

4 이러한 임시조치는 1. 피해아동등 또는 가정구성원(「가정폭력범죄의 처벌 등에 관한 특례법」 제2조 제2호에 따른 가정구성원을 말한다. 이하 같다)의 주거로부터 퇴

다. 사후관리

보장원 또는 아동보호전문기관의 장은 아동학대가 종료된 이후에도 가정방문, 전화상담 등을 통하여 아동학대의 재발 여부를 확인하여야 한다. 그리고 보장원 또는 아동보호전문기관의 장은 아동학대가 종료된 이후에도 아동학대의 재발 방지 등을 위하여 필요하다고 인정하는 경우 피해아동 및 보호자를 포함한 피해아동의 가족에게 필요한 지원을 제공할 수 있다(법 제28조).

라. 아동정보시스템

보건복지부장관은 아동학대 관련 정보를 공유하고 아동학대를 예방하기 위하여 피해아동, 그 가족 및 아동학대행위자에 관한 정보와 아동학대예방사업에 관한 정보를 아동정보시스템에 입력 · 관리하여야 한다다(법 제28조의2).

마. 피해아동 및 그 가족에 대한 지원

보장원 또는 아동보호전문기관의 장은 아동의 안전 확보와 재학대 방지, 건전한 가정기능의 유지 등을 위하여 피해아동 및 보호자를 포함한 피해아동의 가족에게 상담, 교육 및 의료적 · 심리적 치료 등의 필요한 지원을 제공하여야 한다(법 제29조).

거 등 격리, 2. 피해아동등 또는 가정구성원의 주거, 학교 또는 보호시설 등에서 100미터 이내의 접근 금지, 3. 피해아동등 또는 가정구성원에 대한 「전기통신기본법」 제2조 제1호의 전기통신을 이용한 접근 금지, 4. 친권 또는 후견인 권한 행사의 제한 또는 정지, 5. 아동보호전문기관 등에의 상담 및 교육 위탁, 6. 의료기관이나 그 밖의 요양시설에의 위탁, 7. 경찰관서의 유치장 또는 구치소에의 유치 중 어느 하나에 해당하는 조치다(「아동학대범죄의 처벌 등에 관한 특례법」 제19조 제1항 아동학대행위자에 대한 임시조치).

⑤ 아동학대행위자에 대한 조치

시 · 도지사, 시장 · 군수 · 구청장, 보장원의 장 또는 아동보호전문기관의 장은 아동학대행위자에 대하여 상담 · 교육 및 심리적 치료 등 필요한 지원을 제공하여야 하며, 이 경우 아동학대행위자는 상담 · 교육 및 심리적 치료 등에 성실히 참여하여야 한다(법 제29조의2).

법원은 아동학대관련범죄로 형 또는 치료감호를 선고하는 경우에는 판결(약식명령을 포함한다)로 그 형 또는 치료감호의 전부 또는 일부의 집행을 종료하거나 집행이 유예 · 면제된 날(벌금형을 선고받은 경우에는 그 형이 확정된 날)부터 일정 기간(취업제한기간) 동안 아동관련기관을 운영하거나 아동관련기관에 취업 또는 사실상 노무를 제공할 수 없도록 하는 명령(취업제한명령)을 아동학대관련범죄 사건의 판결과 동시에 선고(약식명령의 경우에는 고지를 말한다)하여야 한다. 취업제한기간은 10년을 초과하지 못한다.

그리고 아동관련기관의 설치 또는 설립인가 · 허가 · 신고를 관할하는 중앙행정기관의 장, 지방자치단체의 장, 교육감 또는 교육장은 아동관련기관을 운영하려는 자에 대하여 관계 기관의 장에게 아동학대관련범죄 전력 조회를 요청하여야 한다. 아동관련기관의 장은 그 기관에 취업 중이거나 사실상 노무를 제공 중인 사람 또는 취업하려 하거나 사실상 노무를 제공하려는 사람(취업자 등)에 대하여 아동학대관련범죄 전력을 확인하여야 한다(법 제29조의3).[5]

물음 10-3

__________란 보호자를 포함한 성인에 의하여 아동의 건강 · 복지를 해치거나 정상적 발달을 저해할 수 있는 신체적 · 정신적 · 성적 폭력이나 가혹행위를 하는 것과 아동의 보호자가 아동을 유기하거나 방임하는 것을 말한다.

---

5 취업제한 아동관련기관은 뒤의 사례 적용을 참고하기 바란다.

(4) 아동에 대한 지원 서비스

① 아동안전

아동복지시설의 장, 「영유아보육법」에 따른 어린이집의 원장, 「유아교육법」에 따른 유치원의 원장 및 「초 · 중등교육법」에 따른 학교의 장은 매년 아동안전[6]에 대한 교육계획을 수립하고 교육을 실시하여야 한다(법 제31조). 그리고 경찰청장은 유괴 등의 위험에 처한 아동을 보호하기 위하여 아동긴급보호소를 지정 · 운영할 수 있다(법 제34조).

② 취약계층 아동서비스 지원 및 자립지원

시설 퇴소 아동의 자립지원이 미약하다는 점이 계속 문제로 제기되어 왔었고, 이에 따라 위탁보호 및 시설 퇴소 아동의 자립지원을 위한 구체적인 내용이 다음과 같이 법으로 규정되었다.

가. 취약계층 아동에 대한 통합서비스 지원

국가와 지방자치단체는 아동의 건강한 성장과 발달을 도모하기 위하여 대통령령으로 정하는 바에 따라 아동의 성장 및 복지 여건이 취약한 가정을 선정하여 그 가정의 지원대상아동과 가족을 대상으로 보건, 복지, 보호, 교육, 치료 등을 종합적으로 지원하는 통합서비스를 실시한다(법 제37조).

나. 자립지원

국가와 지방자치단체는 보호대상아동의 위탁보호 종료 또는 아동복지시설 퇴소 이후의 자립을 지원하기 위하여 다음에 해당하는 조치를 시행하여야 한다(법 제38조).

---

6 성폭력 및 아동학대 예방, 실종 · 유괴의 예방과 방지, 감염병 및 약물의 오남용 예방 등 보건위생관리, 재난대비 안전, 교통안전

디딤씨앗통장

1. 자립에 필요한 주거 · 생활 · 교육 · 취업 등의 지원
1의2. 자립에 필요한 자립정착금 및 자립수당 지급
2. 자립에 필요한 자산의 형성 및 관리 지원(이하 "자산형성지원"이라 한다)
3. 자립에 관한 실태조사 및 연구
4. 사후관리체계 구축 및 운영
5. 그 밖에 자립지원에 필요하다고 대통령령으로 정하는 사항

보건복지부장관은 보호대상아동의 위탁보호 종료 또는 아동복지시설 퇴소 이후의 자립지원, 생활 및 정서적 · 신체적 건강 등에 대한 실태조사를 3년마다 실시하여야 한다(법 제38조의2). 그리고 보장원의 장, 가정위탁지원센터의 장 및 아동복지시설의 장은 보호하고 있는 15세 이상의 아동을 대상으로 매년 개별 아동에 대한 자립지원계획을 수립하고, 그 계획을 수행하는 종사자를 대상으로 자립지원에 관한 교육을 실시하여야 한다(법 제39조). 국가와 지방자치단체는 보호대상아동의 위탁보호 종료 또는 아동복지시설 퇴소 이후의 자립을 지원하기 위하여 자립지원전담기관을 설치 · 운영할 수 있다(법 제39조의2).

물음 10-4

보장원의 장, 가정위탁지원센터의 장 및 아동복지시설의 장은 보호하고 있는 _____세 이상의 아동을 대상으로 매년 개별 아동에 대한 자립지원계획을 수립하고, 그 계획을 수행하는 종사자를 대상으로 자립지원에 관한 교육을 실시하여야 한다.

다함께돌봄

(5) 방과 후 돌봄 서비스 지원(법 제44조의2)

시 · 도지사 및 시장 · 군수 · 구청장은 초등학교의 정규교육 이외의 시간 동안 다음의 돌봄서비스(방과 후 돌봄서비스)를 실시하기 위하여 다함께돌봄센터를 설치 · 운영할 수 있다.

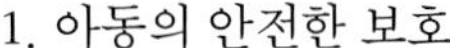

1. 아동의 안전한 보호
2. 안전하고 균형 있는 급식 및 간식의 제공
3. 등 · 하교 전후, 야간 또는 긴급상황 발생 시 돌봄서비스 제공
4. 체험활동 등 교육 · 문화 · 예술 · 체육 프로그램의 연계 · 제공
5. 돌봄 상담, 관련 정보의 제공 및 서비스의 연계
6. 그 밖에 보건복지부령으로 정하는 방과 후 돌봄서비스의 제공

5) 전달체계 및 위원회

아동복지시설의 장은 보호아동의 권리를 최대한 보장하여야 하며, 친권자가 있는 경우 보호아동의 가정복귀를 위하여 적절한 상담과 지도를 병행하여야 한다(법 제57조).

(1) 아동복지시설

① 설치와 운영

국가 또는 지방자치단체는 아동복지시설을 설치할 수 있다. 그리고 국가 또는 지방자치단체 외의 자는 관할 시장 · 군수 · 구청장에게 신고하고 아동복지시설을 설치할 수 있다(법 제50조). 신고한 아동복지시설을 폐업 또는 휴업하거나 그 운영을 재개하고자 하는 자는 보건복지부령으로 정하는 바에 따라 미리 시장 · 군수 · 구청장에게 신고하여야 한다(법 제51조). 아동복지시설의 장은 보호아동의 권리를 최대한 보장하여야 하며, 친권자가 있는 경우 보호아동의 가정복귀를 위하여 적절한 상담과 지도를 병행하여야 한다(법 제57조).

② 시설의 종류와 고유 업무

「아동복지법」상에서는 아동복지시설의 종류를 다음과 같이 규정하고 있으며, 이와 같은 시설을 종합시설로 설치할 수 있다(법 제52조).

1. 아동양육시설: 보호대상아동을 입소시켜 보호, 양육 및 취업훈련, 자립지원 서비스 등을 제공하는 것을 목적으로 하는 시설
2. 아동일시보호시설: 보호대상아동을 일시보호하고 아동에 대한 향후의 양육대책수립 및 보호조치를 행하는 것을 목적으로 하는 시설
3. 아동보호치료시설: 아동에게 보호 및 치료 서비스를 제공하는 다음 각 목의 시설
   가. 불량행위를 하거나 불량행위를 할 우려가 있는 아동으로서 보호자가 없거나 친권자나 후견인이 입소를 신청한 아동 또는 가정법원, 지방법원 소년부지원에서 보호위탁된 19세 미만인 사람을 입소시켜 치료와 선도를 통하여 건전한 사회인으로 육성하는 것을 목적으로 하는 시설
   나. 정서적 · 행동적 장애로 인하여 어려움을 겪고 있는 아동 또는 학대로 인하여 부모로부터 일시 격리되어 치료받을 필요가 있는 아동을 보호 · 치료하는 시설
4. 공동생활가정:[7] 보호대상아동에게 가정과 같은 주거여건과 보호, 양육, 자립지원 서비스를 제공하는 것을 목적으로 하는 시설
5. 자립지원시설: 아동복지시설에서 퇴소한 사람에게 취업준비기간 또는 취업 후 일정 기간 동안 보호함으로써 자립을 지원하는 것을 목적으로 하는 시설
6. 아동상담소: 아동과 그 가족의 문제에 관한 상담, 치료, 예방 및 연구 등을 목적으로 하는 시설
7. 아동전용시설: 어린이공원, 어린이놀이터, 아동회관, 체육 · 연극 · 영화 · 과학실험전시 시설, 아동휴게숙박시설, 야영장 등 아동에게 건전한 놀이 · 오락, 그 밖의 각종 편의를 제공하여 심신의 건강유지와 복지증진에 필요한 서비스를 제공하는 것을 목적으로 하는 시설

7 시장 · 군수 · 구청장은 공동생활가정 중에서 피해아동에 대한 보호, 치료, 양육 서비스 등을 제공하는 학대피해아동쉼터를 지정할 수 있다(법 제53조의2).

8. 지역아동센터: 지역사회 아동의 보호 · 교육, 건전한 놀이와 오락의 제공, 보호자와 지역사회의 연계 등 아동의 건전 육성을 위하여 종합적인 아동복지서비스를 제공하는 시설
9. 아동보호전문기관
10. 가정위탁지원센터
11. 아동권리보장원
12. 자립지원전담기관

③ 아동보호전문기관

지방자치단체는 학대받은 아동의 치료, 아동학대의 재발 방지 등 사례관리 및 아동학대예방을 담당하는 아동보호전문기관을 시 · 도 및 시 · 군 · 구에 1개소 이상 두어야 한다(법 제45조).

아동보호전문기관의 업무는 다음과 같다(법 제46조).

1. 피해아동, 피해아동의 가족 및 아동학대행위자를 위한 상담 · 치료 및 교육
2. 아동학대예방 교육 및 홍보
3. 피해아동 가정의 사후관리
4. 그 밖에 대통령령으로 정하는 아동학대예방사업과 관련된 업무

④ 가정위탁지원센터

지방자치단체는 보호대상아동에 대한 가정위탁사업을 활성화하기 위하여 시 · 도 및 시 · 군 · 구에 가정위탁지원센터를 둔다(법 제48조). 가정위탁지원센터는 가정위탁사업의 홍보 및 가정위탁을 하고자 하는 가정의 발굴, 가정위탁을 하고자 하는 가정에 대한 조사 및 가정위탁 대상 아동에 대한 상담, 가정위탁을 하고자 하는 사람과 위탁가정 부모에 대한 교육, 위탁가정의 사례관리, 친부모 가정으로의 복귀 지원, 가정위탁 아동의 자립 계획

및 사례관리, 관할 구역 내 가정위탁 관련 정보 제공, 그 밖에 대통령령으로 정하는 가정위탁과 관련된 업무를 수행한다(법 제49조).

⑤ 고유 업무 외 사업

아동복지시설은 각 시설 고유의 목적 사업을 해치지 아니하고 각 시설별 설치기준 및 운영기준을 충족하는 경우 다음의 사업을 추가로 실시할 수 있다(법 제52조 제3항).

1. 아동가정지원사업: 지역사회아동의 건전한 발달을 위하여 아동, 가정, 지역 주민에게 상담, 조언 및 정보를 제공하여 주는 사업
2. 아동주간보호사업: 부득이한 사유로 가정에서 낮 동안 보호를 받을 수 없는 아동을 대상으로 개별적인 보호와 교육을 통하여 아동의 건전한 성장을 도모하는 사업
3. 아동전문상담사업: 학교부적응아동 등을 대상으로 올바른 인격형성을 위한 상담, 치료 및 학교폭력예방을 실시하는 사업
4. 학대아동보호사업: 학대아동의 발견, 보호, 치료 및 아동학대의 예방 등을 전문적으로 실시하는 사업
5. 공동생활가정사업: 보호대상아동에게 가정과 같은 주거여건과 보호를 제공하는 것을 목적으로 하는 사업
6. 방과 후 아동지도사업: 저소득층 아동을 대상으로 방과 후 개별적인 보호와 교육을 통하여 건전한 인격형성을 목적으로 하는 사업

⑥ 시설의 개선, 폐쇄, 정지

보건복지부장관, 시 · 도지사 또는 시장 · 군수 · 구청장은 아동복지시설과 교육훈련시설(대학 및 전문대학은 제외한다)이 다음의 어느 하나에 해당하는 경우에는 소관에 따라 그 시설의 개선, 6개월 이내의 사업 정지, 위탁의 취소 또는 해당 시설의 장의 교체를 명하거나 시설의 폐쇄를 명할 수 있다(법 제56조).

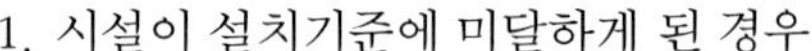

1. 시설이 설치기준에 미달하게 된 경우
2. 사회복지법인 또는 비영리법인이 설치 · 운영하는 시설로서 그 사회복지법인이나 비영리법인의 설립허가가 취소된 경우
3. 설치목적의 달성이나 그 밖의 사유로 계속하여 운영될 필요가 없다고 인정할 때
4. 보호대상아동에 대한 아동학대행위가 확인된 경우
5. 거짓이나 그 밖의 부정한 방법으로 경비의 지원을 받은 경우
6. 아동복지시설의 사업정지기간 중에 사업을 한 경우

물음 10-5

지역사회 아동의 보호 · 교육, 건전한 놀이와 오락의 제공, 보호자와 지역사회의 연계 중 아동의 건전 육성을 위하여 종합적인 아동복지서비스를 제공하는 시설은 __________ 다.

(2) 아동정책조정위원회

아동의 권리증진과 건강한 출생 및 성장을 위하여 종합적인 아동정책을 수립하고 관계 부처의 의견을 조정하며, 그 정책의 이행을 감독하고 평가하기 위하여 국무총리 소속하에 아동정책조정위원회를 둔다(법 제10조). 위원회는 기본계획의 수립에 관한 사항, 아동의 권익 및 복지증진을 위한 기본방향에 관한 사항, 아동정책의 개선과 예산지원에 관한 사항, 아동 관련 국제조약의 이행 및 평가 · 조정에 관한 사항, 아동정책에 관한 관련 부처 간 협조에 관한 사항, 그 밖에 위원장이 부의하는 사항을 심의 · 조정한다.

(3) 기타

① 아동복지심의위원회

시 · 도지사, 시장 · 군수 · 구청장은 연도별 아동복지정책시행계획 수립 · 시행 등에 따른 시행계획 수립 및 시행에 관한 사항, 보호조치에 관한 사항, 제16조(보호대상아동의 퇴소조치 등)에 따른 퇴소조치에 관한 사항, 친권상실 선고의 청구 등에 따른 친권행사의 제한이나 친권상실 선고 청구에 관한 사항 등을 심의하기 위하여 그 소속으로 아동복지심의위원회를 각각 둔다(법 제12조).

② 아동복지전담공무원

아동복지에 관한 업무(아동에 대한 상담 및 보호조치, 가정환경에 대한 조사, 아동복지시설에 대한 지도 · 감독 등)를 담당하기 위하여 시 · 도 및 시 · 군 · 구에 각각 아동복지전담공무원(전담공무원)을 둘 수 있다(법 제13조). 전담공무원은 「사회복지사업법」 제11조에 따른 사회복지사의 자격을 가진 사람으로 한다.

③ 아동위원

시 · 군 · 구에 명예직인 아동위원을 둔다(법 제14조). 아동위원은 그 관할 구역의 아동에 대하여 항상 그 생활상태 및 가정환경을 상세히 파악하고 아동복지에 필요한 원조와 지도를 행하며 전담공무원, 민간전문인력 및 관계 행정기관과 협력하여야 한다.

6) 사례 적용

사례 아동학대 범죄자 취업제한

그간 아동학대 유죄판결을 받으면 「아동복지법」에 따라 무조건 일률적으로 10년간 체육시설이나 학교 등에 취업하지 못했다. 하지만 앞으로는 범죄의 경중에 따라 법원이 '최장 10년의 범위' 내에서 취업제한 명령을 내리는 쪽으로 바뀐다. 헌법재판소가 지난 6월 관련 「아동복지법」 조항이 "재범 위험성이 없는 사람의 직업선택 자유를 과도하게 제한한다."고 위헌 결정을 내리면서 효력을 잃어 법을 개정했기 때문이다. 1일 보건복지부에 따르면 이런 내용을 담은 「아동복지법」 개정안이 지난달 23일 국회 본회의를 통과해 공포 후 6개월이 지나고서 시행된다.

개정안은 법원이 아동학대범죄 사건에 대한 판결을 내리면서 형(치료감호) 집행 종료나 집행유예·면제된 날부터 '10년을 초과하지 않는 기간'을 정해 학교나 체육시설 등 아동관련기관 취업제한 명령을 동시에 선고하도록 했다. 또한 재범 위험성이 현저히 낮거나 그 밖에 취업을 제한해서는 안 되는 특별한 사정이 있으면 취업제한을 하지 않아도 되게 했다.

출처: 연합뉴스(2018. 12. 1.). www.yna.co.kr

그동안 아동학대 범죄자는 형 집행 종료 후 일률적으로 10년간 아동관련기관을 운영하거나 아동관련기관에 취업하는 것이 제한되어 있었다. 이 조항에 대해 헌법재판소가 위헌 결정을 내려 관련 조항이 개정됨으로써 형의 경중에 따라 차등해서 취업제한 기간이 적용된다. 이것이 적용되는 아동관련기관은 다음과 같다.

〈관련 근거법〉

법 제29조의3(아동관련기관의 취업제한 등) 제1항 각 호

1. 보장원, 지방자치단체(전담공무원, 민간전문인력, 아동학대전담공무원으로 한정한다), 제37조에 따른 취약계층 아동 통합서비스 수행기

관, 아동보호전문기관, 제44조의2에 따른 다함께돌봄센터, 제48조에 따른 가정위탁지원센터 및 제52조의 아동복지시설

2. 「가정폭력방지 및 피해자보호 등에 관한 법률」 제4조의6의 긴급전화센터, 같은 법 제5조의 가정폭력 관련 상담소 및 같은 법 제7조의2의 가정폭력피해자 보호시설
3. 「건강가정기본법」 제35조의 건강가정지원센터
4. 「다문화가족지원법」 제12조의 다문화가족지원센터
5. 「성매매방지 및 피해자보호 등에 관한 법률」 제5조의 성매매피해자 등을 위한 지원시설 및 같은 법 제10조의 성매매피해상담소
6. 「성폭력방지 및 피해자보호 등에 관한 법률」 제10조의 성폭력피해상담소 및 같은 법 제12조의 성폭력피해자보호시설 및 같은 법 제18조의 성폭력피해자통합지원센터
7. 「영유아보육법」 제2조 제3호의 어린이집, 같은 법 제7조에 따른 육아종합지원센터 및 같은 법 제26조의2에 따른 시간제보육서비스지정기관
8. 「유아교육법」 제2조 제2호의 유치원
9. 「의료법」 제3조의 의료기관(같은 법 제2조의 의료인에 한정한다)
10. 「장애인복지법」 제58조의 장애인복지시설
11. 「정신건강증진 및 정신질환자 복지서비스 지원에 관한 법률」 제3조에 따른 정신건강복지센터, 정신건강증진시설, 정신요양시설 및 정신재활시설
12. 「주택법」 제2조 제3호의 공동주택의 관리사무소(경비업무 종사자에 한정한다)
13. 「청소년기본법」 제3조에 따른 청소년시설, 청소년단체
14. 「청소년활동진흥법」 제2조 제2호의 청소년활동시설
15. 「청소년복지 지원법」 제29조 제1항의 청소년상담복지센터, 같은

법 제30조의 이주배경청소년지원센터 및 같은 법 제31조 각 호의 청소년쉼터, 청소년자립지원관, 청소년치료재활센터

16. 「청소년 보호법」 제35조의 청소년 보호 · 재활센터
17. 「체육시설의 설치 · 이용에 관한 법률」 제2조 제1호의 체육시설 중 아동의 이용이 제한되지 아니하는 체육시설로서 문화체육관광부장관이 지정하는 체육시설
18. 「초 · 중등교육법」 제2조 각 호의 학교 및 같은 법 제28조에 따라 학습부진아 등에 대한 교육을 실시하는 기관
19. 「학원의 설립 · 운영 및 과외교습에 관한 법률」 제2조 제1호의 학원 및 같은 조 제2호의 교습소 중 아동의 이용이 제한되지 아니하는 학원과 교습소로서 교육부장관이 지정하는 학원 · 교습소
20. 「한부모가족지원법」 제19조의 한부모가족복지시설
21. 아동보호전문기관 또는 학대피해아동쉼터를 운영하는 법인
22. 「보호소년 등의 처우에 관한 법률」에 따른 소년원 및 소년분류심사원
23. 「민법」 제32조에 따라 보건복지부장관의 설립 허가를 받아 아동인권, 아동복지 등 아동을 위한 사업을 수행하는 비영리법인(대표자 및 아동을 직접 대면하는 업무에 종사하는 사람에 한정한다)
24. 「아이돌봄 지원법」 제11조에 따른 서비스제공기관
25. 「입양특례법」 제20조에 따른 입양기관
26. 「모자보건법」 제15조의18에 따른 산후조리도우미 서비스를 제공하는 사람을 모집하거나 채용하는 기관(직접 산후조리도우미 서비스를 제공하는 사람에 한정한다)

2. 아동수당법

1) 목적

이 법은 아동에게 아동수당을 지급하여 아동 양육에 따른 경제적 부담을 경감하고 건강한 성장 환경을 조성함으로써 아동의 기본적 권리와 복지를 증진함을 목적으로 한다(법 제1조). 이 법은 아동수당을 통해 아동 양육에 대한 국가의 책임성을 강화하고자 만들어졌다.

2) 대상

아동수당은 8세 미만의 아동에게 매월 10만 원을 지급한다. 그리고 2세 미만의 아동에게는 매월 50만 원 이상으로서 대통령령이 정하는 금액을 추가로 지급한다(법 제4조).

3) 신청 및 방법

(1) 아동수당관련 정보의 제공(법 제5조)

보건복지부장관 또는 특별자치시장 · 특별자치도지사 · 시장 · 군수 · 구청장(자치구의 구청장을 말한다. 이하 같다)은 8세 미만 아동의 보호자에게 아동수당 지급의 대상 · 금액 및 신청방법 등 아동수당 관련 정보를 제공하여야 한다.

(2) 아동수당의 지급 신청(법 제6조)

아동수당을 지급받으려는 보호자 또는 보건복지부령으로 정하는 보호자의 대리인(보호자 등)은 특별자치시장 · 특별자치도지사 · 시장 · 군수 · 구청장에게 아동수당의 지급을 신청할 수 있다.

(3) 아동수당의 지급 결정 등(법 제9조)

특별자치시장 · 특별자치도지사 · 시장 · 군수 · 구청장은 제7조에 따른 조사 · 질문 등을 거쳐 아동수당 수급권의 발생 · 변경 · 상실에 관한 사항을 확인하고, 아동수당의 지급 여부 등을 결정한다.

(4) 아동수당의 지급 시기 및 방법 등(법 제10조)

특별자치시장 · 특별자치도지사 · 시장 · 군수 · 구청장은 아동수당의 지급을 결정한 아동에 대하여 아동수당의 지급을 신청한 날이 속하는 달부터 8세 생일이 도래하는 달의 전달까지 매월 정기적으로 수급아동 또는 그 보호자에게 아동수당을 지급한다. 다만, 수급아동이 「아동복지법」 제52조 제1항 제1호의 아동양육시설이나 같은 항 제4호의 공동생활가정에서 보호조치되고 있는 경우 등 보건복지부장관이 정하는 경우에는 아동수당의 전부 또는 일부를 같은 법 제42조의 자산형성지원사업에 따라 개설된 수급아동 명의의 계좌에 입금하여 지급할 수 있다.

물음 10-6

아동수당은 _____세 미만의 아동에게 매월 10만 원을 지급한다.

핵심 정리

「아동복지법」은 아동이 건강하게 출생하여 행복하게 안전하게 자랄 수 있도록 아동의 복지를 보장하는 것을 목적으로 한다. 아동학대란 보호자를 포함한 성인에 의하여 아동의 건강 · 복지를 해치거나 정상적 발달을 저해할 수 있는 신체적 · 정신적 · 성적 폭력이나 가혹행위를 하는 것과 아동의 보호자가 아동을 유기하거나 방임하는 것을 말한다.
「아동수당법」은 아동에게 아동수당을 지급하여 아동 양육에 따른 경제적 부담을 경감하고 건강한 성장 환경을 조성함으로써 아동의 기본적 권리와 복지를 증진함을 목적으로 한다.

물음에 대한 답

10-1 보건복지부장관은 3년마다 아동의 종합실태를 조사하여 그 결과를 공표하고, 이를 기본계획과 시행계획에 반영하여야 한다.

10-2 시 · 도지사 또는 시장 · 군수 · 구청장은 연령이 18세에 달한 보호대상아동이 보호조치를 연장할 의사가 있는 경우에는 그 보호기간을 해당 아동이 25세에 달할 때까지로 연장하여야 한다.

10-3 아동학대란 보호자를 포함한 성인에 의하여 아동의 건강 · 복지를 해치거나 정상적 발달을 저해할 수 있는 신체적 · 정신적 · 성적 폭력이나 가혹행위를 하는 것과 아동의 보호자가 아동을 유기하거나 방임하는 것을 말한다.

10-4 보장원의 장, 가정위탁지원센터의 장 및 아동복지시설의 장은 보호하고 있는 15세 이상의 아동을 대상으로 매년 개별 아동에 대한 자립지원계획을 수립하고, 그 계획을 수행하는 종사자를 대상으로 자립지원에 관한 교육을 실시하여야 한다.

10-5 지역사회 아동의 보호 · 교육, 건전한 놀이와 오락의 제공, 보호자와 지역사회의 연계 중 아동의 건전 육성을 위하여 종합적인 아동복지서비스를 제공하는 시설은 지역아동센터다.

10-6 아동수당은 8세 미만의 아동에게 매월 10만 원을 지급한다.

제11장 사회서비스법 2

1. 영유아보육법

1) 목적

이 법은 영유아의 심신을 보호하고 건전하게 교육하여 건강한 사회 구성원으로 육성함과 아울러 보호자의 경제적·사회적 활동이 원활하게 이루어지도록 함으로써 영유아 및 가정의 복지증진에 이바지함을 목적으로 한다(법 제1조).

2) 대상

이 법의 대상자가 되는 "영유아"란 7세 이하의 취학 전 아동을 말한다(법 제2조 제1호). 그리고 어린이집의 이용대상은 보육이 필요한 영유아를 원칙으로 하며, 다만 필요한 경우 어린이집의 장은 만 12세까지 연장하여 보육할 수 있다(법 제27조).

3) 급여

(1) 보육의 이념과 책임

① 보육의 개념

"보육"이란 영유아를 건강하고 안전하게 보호·양육하고 영유아의 발달 특성에 맞는 교육을 제공하는 어린이집 및 가정양육 지원에 관한 사회복지 서비스를 말한다(법 제2조 제2호). 기존에는 어린이집을 이용하는 영유아만 지원하다가 2008년 12월 개정으로 가정양육을 지원할 수 있게 됨에 따라 보육의 정의가 바뀌었다.

② 보육의 이념

보육은 영유아의 이익을 최우선적으로 고려하여 제공되어야 하고, 영유아가 안전하고 쾌적한 환경에서 건강하게 성장할 수 있도록 하여야 한다. 또한 영유아는 자신이나 보호자의 성, 연령, 종교, 사회적 신분, 재산, 장애, 인종 및 출생지역 등에 따라 어떠한 종류의 차별도 받지 아니하고 보육되어야 한다(법 제3조).

③ 보육의 책임

모든 국민은 영유아를 건전하게 보육할 책임을 진다. 국가와 지방자치단체는 보호자와 더불어 영유아를 건전하게 보육할 책임을 지며 이에 필요한 재원을 안정적으로 확보하도록 노력하여야 한다. 특별자치시장·특별자치도지사·시장·군수·구청장은 영유아의 보육을 위한 적절한 어린이집을 확보하여야 한다. 국가와 지방자치단체는 보육교직원의 양성 및 근로조건 개선을 위하여 노력하여야 한다(법 제4조). 그리고 교육부장관은 이 법의 적절한 시행을 위하여 보육실태조사를 3년마다 실시하고 그 결과를 공표하여야 한다(법 제9조).

보호자 교육에 대한 근거로 국가와 지방자치단체는 영유아의 보호자에게 영유아의 성장 · 양육방법, 보호자의 역할, 영유아의 인권 등에 대한 교육을 실시할 수 있다(법 제9조의2).

물음 11-1

________이란 영유아를 건강하고 안전하게 보호 · 양육하고 영유아의 발달 특성에 맞는 교육을 제공하는 어린이집 및 가정 양육 지원에 관한 사회복지서비스를 말한다.

(2) 보육의 제공

① 취약보육의 우선 실시

국가나 지방자치단체, 사회복지법인, 그 밖의 비영리법인이 설치한 어린이집과 대통령령으로 정하는 어린이집의 원장은 영아 · 장애아 · 「다문화가족지원법」 제2조 제1호에 따른 다문화가족의 아동 등에 대한 보육(취약보육)을 우선적으로 실시하여야 한다. 교육부장관, 시 · 도지사 및 시장 · 군수 · 구청장은 취약보육을 활성화하는 데 필요한 각종 시책을 수립 · 시행하여야 하며, 취약보육의 종류[1]와 실시 등에 필요한 사항은 교육부령으로 정한다(법 제26조).

---

1 취약보육의 종류는 다음과 같다(시행규칙 제28조).
1. 영아 보육: 만 3세 미만의 영아를 대상으로 보육서비스를 제공하는 것
2. 장애아 보육: 「장애인복지법」 제32조에 따라 장애인으로 등록된 영유아 등에게 보육서비스를 제공하는 것
3. 다문화아동 보육: 「다문화가족지원법」 제2조 제1호에 따른 다문화가족의 영유아 등에게 보육서비스를 제공하는 것
4. 그 밖의 연장형 보육: 별표 8에 따른 어린이집의 운영일 및 운영시간 외에 시간을 연장하여 보육서비스를 제공하는 것

시간제보육

② 시간제보육 서비스

국가 또는 지방자치단체는 제34조에 따른 무상보육 및 「유아교육법」 제24조에 따른 무상교육 지원을 받지 아니하는 영유아에 대하여 필요한 경우 시간제보육 서비스를 지원할 수 있다(법 제26조의2). 대상자는 생후 6개월 이상의 영유아 중 교육부장관이 정하는 영유아로 한다(시행규칙 제28조의2).

③ 보육의 우선 제공

국가나 지방자치단체, 사회복지법인, 그 밖의 비영리법인이 설치한 어린이집과 대통령령으로 정하는 어린이집의 장은 다음에 해당하는 자가 우선적으로 보육시설을 이용할 수 있도록 하여야 한다(법 제28조).

1. 「국민기초생활 보장법」에 따른 수급자
2. 「한부모가족지원법」 제5조에 따른 지원대상자의 자녀

2의2. 「한부모가족지원법」 제5조의2 제2항에 따른 지원대상자의 손자녀

3. 「국민기초생활 보장법」 제24조에 따른 차상위계층의 자녀
4. 「장애인복지법」 제2조에 따른 장애인 중 교육부령으로 정하는 장애 정도에 해당하는 자의 자녀

4의2. 「장애인복지법」 제2조에 따른 장애인 중 교육부령으로 정하는 장애 정도에 해당하는 자가 형제자매인 영유아

5. 「다문화가족지원법」 제2조 제1호에 따른 다문화가족의 자녀
6. 「국가유공자 등 예우 및 지원에 관한 법률」 제4조 제1항에 따른 국가유공자 중 제3호의 전몰군경, 제4호·제6호·제12호·제15호·제17호의 상이자로서 교육부령으로 정하는 자, 제5호·제14호·제16호의 순직자의 자녀
7. 제1형 당뇨를 가진 경우로서 의학적 조치가 용이하고 일상생활이 가능하여 보육에 지장이 없는 영유아
8. 그 밖에 소득수준 및 보육수요 등을 고려하여 교육부령으로 정하는 자의 자녀

다만, 「고용정책 기본법」에 따라 고용촉진시설의 설치 · 운영을 위탁받은 공공단체 또는 비영리법인이 설치 · 운영하는 어린이집의 원장은 근로자의 자녀가 우선적으로 어린이집을 이용하게 할 수 있다. 그리고 사업주는 사업장 근로자의 자녀가 우선적으로 직장어린이집을 이용할 수 있도록 하여야 한다.

④ 양육수당

국가와 지방자치단체는 어린이집이나 「유아교육법」 제2조에 따른 유치원을 이용하지 아니하는 영유아에 대하여 영유아의 연령을 고려하여 양육에 필요한 비용을 지원할 수 있다. 영유아가 90일 이상 지속하여 해외에 체류하는 경우에는 그 기간 동안 양육에 필요한 비용 지원을 정지한다(법 제34조의2).

⑤ 보육서비스 이용권

국가와 지방자치단체는 무상보육, 양육수당에 따른 비용지원을 위하여 보육서비스 이용권을 영유아의 보호자에게 지급할 수 있다(법 제34조의3).

4) 전달체계 및 위원회

(1) 어린이집

① 어린이집의 종류

"어린이집"이란 보호자의 위탁을 받아 영유아를 보육하는 기관을 말하며(법 제2조 제3호), 어린이집의 종류는 다음과 같다(법 제10조).

1. 국공립어린이집: 국가나 지방자치단체가 설치 · 운영하는 어린이집
2. 사회복지법인어린이집: 「사회복지사업법」에 따른 사회복지법인(이하 "사회복지법인"이라 한다)이 설치 · 운영하는 어린이집
3. 법인 · 단체등어린이집: 각종 법인(사회복지법인을 제외한 비영리법인)이나 단체 등이 설치 · 운영하는 어린이집으로서 대통령령으로 정하는 어린이집
4. 직장어린이집: 사업주가 사업장의 근로자를 위하여 설치 · 운영하는 어린이집(국가나 지방자치단체의 장이 소속 공무원 및 국가나 지방자치단체의 장과 근로계약을 체결한 자로서 공무원이 아닌 자를 위하여 설치 · 운영하는 어린이집을 포함한다)
5. 가정어린이집: 개인이 가정이나 그에 준하는 곳에 설치 · 운영하는 어린이집
6. 협동어린이집: 보호자 또는 보호자와 보육교직원이 조합(영리를 목적으로 하지 아니하는 조합에 한정한다)을 결성하여 설치 · 운영하는 어린이집
7. 민간어린이집: 제1호부터 제6호까지의 규정에 해당하지 아니하는 어린이집

② 어린이집의 설치

국가나 지방자치단체는 국공립어린이집을 설치 · 운영하여야 한다. 이 경우 국공립어린이집은 보육계획(법 제11조)에 따라 도시 저소득주민 밀집 주거지역 및 농어촌지역 등 취약지역, 「산업입지 및 개발에 관한 법률」 제2조 제8호에 따른 산업단지 지역에 우선적으로 설치하여야 한다. 국공립어린이집을 설치할 경우 지방보육정책위원회의 심의를 거쳐야 한다(법 제12조). 그리고 국공립어린이집 외의 어린이집을 설치 · 운영하려는 자는 특별자치시장 · 특별자치도지사 · 시장 · 군수 · 구청장의 인가를 받아야 한다(법 제13조).

대통령령으로 정하는 일정 규모 이상 사업장[2]의 사업주는 직장어린이집을 설치하여야 한다. 다만, 사업장의 사업주가 직장어린이집을 단독으로

---

2 상시 여성근로자 300명 이상 또는 상시근로자 500명 이상을 고용하고 있는 사업장(시행령 제20조)

설치할 수 없을 때에는 사업주 공동으로 직장어린이집을 설치 · 운영하거나, 지역의 어린이집과 위탁계약을 맺어 근로자 자녀의 보육(위탁보육)을 지원하여야 한다(법 제14조). 조사기관(교육부장관 및 대통령령으로 정하는 기관)의 장은 직장어린이집 설치 등 의무 이행에 관한 실태조사를 매년 실시하여야 하고, 실태조사 대상사업장의 사업주는 특별한 사정이 없으면 이에 따라야 한다. 이 경우, 조사기관의 장은 실태조사를 완료한 후 그 결과를 교육부장관에게 통보하여야 한다. 실태조사 결과 교육부장관은 미이행 사업장(직장어린이집 설치 등의 의무를 이행하지 아니한 사업장 및 실태조사에 불응한 사업장)의 명단을 공표할 수 있다(법 제14조의2).

시 · 도지사, 시장 · 군수 · 구청장은 제14조에 따른 사업장의 사업주가 직장어린이집의 설치 등 의무를 이행하지 아니하는 경우에는 상당한 기간을 정하여 그 의무를 이행할 것을 명할 수 있다(법 제44조의2). 시 · 도지사, 시장 · 군수 · 구청장은 제44조의2에 따른 명령을 이행하지 아니한 자에 대하여 그 명령의 이행에 필요한 상당한 기간을 정하여 그 기간 내에 이행할 것을 다시 명할 수 있으며, 이를 이행하지 아니한 경우에는 같은 조에 따른 명령이 있었던 날을 기준으로 하여 1년에 2회, 매회 1억 원의 범위에서 이행강제금을 부과 · 징수할 수 있다(법 제44조의3).

물음 11-2

국공립어린이집 외에 어린이집을 설치 · 운영하려는 자는 특별자치도지사, 시장, 군수, 구청장에게 ________ 를 받아야 한다.

③ 어린이집운영위원회와 부모모니터링단

어린이집의 원장은 어린이집운영의 자율성과 투명성을 높이고 지역사회와의 연계를 강화하여 지역 실정과 특성에 맞는 보육을 실시하기 위하여 어린이집에 어린이집운영위원회를 설치 · 운영할 수 있다. 다만, 제26조에 따른 취약보육을 우선적으로 실시하여야 하는 어린이집과 대통령령으로 정하는 어린이집은 어린이집운영위원회를 설치 · 운영하여야 한다. 어린이집 운영위원회는 그 어린이집의 원장, 보육교사 대표, 학부모 대표 및 지역사회 인사(직장어린이집의 경우에는 그 직장의 어린이집 업무 담당자로 한다)로 구성한다. 이 경우 학부모 대표가 2분의 1 이상이 되도록 구성하여야 한다. 운영위원회 위원은 5~15명 이내 범위에서 정하며, 아동학대 예방에 관한 사항, 보육교직원 권익보호에 관한 사항 등을 심의하며 연간 4회 이상 개최하여야 한다(법 제25조).

부모모니터링

시 · 도지사 또는 시장 · 군수 · 구청장은 어린이집 보육환경을 모니터링하고 개선을 위한 컨설팅을 하기 위하여 부모, 보육 · 보건 전문가로 점검단을 구성 · 운영할 수 있다(법 제25조의2). 그리고 보호자는 영유아의 보육환경 · 보육내용 등 어린이집 운영실태를 확인하기 위해 원장에게 어린이집 참관을 요구할 수 있다(법 제25조의3).

④ 어린이집 평가

교육부장관은 영유아의 안전과 보육서비스의 질 향상을 위하여 어린이집의 보육환경, 보육과정 운영, 보육인력의 전문성 및 이용자 만족도 등에 대하여 정기적으로 평가를 실시하여야 한다(법 제30조). 교육부장관은 평가 결과에 따라 어린이집 보육서비스의 관리, 보육사업에 대한 재정적 · 행정적 지원 등 필요한 조치를 할 수 있다.

현직보육교사 Q&A

(2) 보육교직원

"보육교직원"이란 어린이집 영유아의 보육, 건강관리 및 보호자와의 상담, 그 밖에 어린이집의 관리 · 운영 등의 업무를 담당하는 자로서 어린이집의 원장 및 보육교사와 그 밖의 직원을 말한다(법 제2조 제5호). 어린이집에는 보육교직원을 두어야 하며, 보육교사의 업무 부담을 경감할 수 있도록 보조교사 등을 둔다. 휴가 또는 보수교육 등으로 보육교사 업무에 공백이 생기는 경우 대체교사를 배치한다(법 제17조).

어린이집의 원장은 어린이집을 총괄하고 보육교사와 그 밖의 직원을 지도·감독하며 영유아를 보육한다. 보육교사는 영유아를 보육하고 어린이집의 원장이 불가피한 사유로 직무를 수행할 수 없을 때에는 그 직무를 대행한다(법 제18조).

보육교직원은 영유아를 보육함에 있어 영유아에게 신체적 고통이나 고성·폭언 등의 정신적 고통을 가하여서는 아니 된다. 그리고 보육교직원은 업무를 수행함에 있어 영유아의 생명·안전보호 및 위험방지를 위하여 주의의무를 다하여야 한다(법 제18조의2).

5) 재정(비용): 무상보육

무상보육과 관련된 비용 부담은 다음과 같다(법 제34조). 국가와 지방자치단체는 영유아에 대한 보육을 무상으로 하되, 그 내용 및 범위는 대통령령으로 정한다. 국가와 지방자치단체는 장애아 및 「다문화가족지원법」 제2조 제1호에 따른 다문화가족의 자녀의 무상보육에 대하여는 대통령령으로 정하는 바에 따라 그 대상의 여건과 특성을 고려하여 지원할 수 있다. 무상보육 실시에 드는 비용은 대통령령으로 정하는 바에 따라 국가나 지방자치단체가 부담하거나 보조하여야 한다. 교육부장관은 표준보육비용을 결정하기 위해 3년마다 조사를 실시하며, 조사 결과를 바탕으로 물가상승률, 최저임금 상승률 등 교육부장관이 정하는 사항을 반영하여 중앙보육정책위원회의 심의를 거쳐 매년 표준보육비용을 결정하여야 한다.

6) 사례 적용

사례 어린이집 위법행위 공익신고자 보호

어린이집 위법행위에 대한 공익신고 내용을 해당 어린이집 원장에게 알려 준 시청 공무원이 검찰에 송치됐다. 경기 안산단원경찰서는 17일 공무상 비밀누설 혐의로 군포시청 공무원 A 씨를 기소 의견으로 검찰에 송치했다. 또 시청에 제보한 교사를 색출해 해고한 어린이집 원장 B 씨에게 공익신고자보호법 위반 혐의를 적용, 기소 의견으로 검찰에 넘겼다. 경찰에 따르면, A 씨는 지난 3월 군포시의 한 민간어린이집 교사로부터 "정원 외 원생을 받고 있다."는 신고를 받고 나서 이를 B 씨에게 누설한 혐의를 받고 있다. A 씨는 경찰 조사에서 "'주의해 달라'는 내용만 전달한 것"이라고 진술한 것으로 알려졌다.

출처: 문화일보(2018. 9. 17.). www.munhwa.com

어린이집 관련 위법행위는 공익신고를 통해 드러나는 경우가 많다. 그래서 다음과 같은 근거조항을 두어 위법행위를 신고한 공익신고자를 보호하고 포상금을 지급하도록 하고 있다.

〈관련 근거법〉

법 제42조의2(위법행위의 신고 및 신고자 보호) ① 누구든지 다음 각 호의 어느 하나에 해당하는 자를 관계 행정기관이나 수사기관에 신고 또는 고발할 수 있다.

1. 거짓이나 그 밖의 부정한 방법으로 보조금을 교부받거나 유용(流用)한 자
2. 제24조 제1항에 따른 어린이집 운영기준을 지키지 아니한 자
3. 제33조에 따른 급식관리기준을 지키지 아니한 자
4. 제33조의2에 따른 어린이집 차량안전관리 기준을 지키지 아니한 자

4의2. 제33조의4에 따른 어린이집의 위생관리기준을 지키지 아니한 자

5. 거짓이나 그 밖의 부정한 방법으로 제34조에 따른 비용을 지원받은 자
6. 거짓이나 그 밖의 부정한 방법으로 제38조 제1항에 따른 보육료와 그 밖의 필요경비 등을 받은 자
7. 제38조의2를 위반하여 어린이집의 회계에 속하는 재산이나 수입을 보육 목적 외로 부정하게 사용한 자
8. 「아동복지법」 제3조 제7호에 따른 아동학대 행위를 한 자
9. 그 밖에 교육부령으로 정하는 자

② 어린이집을 설치 · 운영하는 자는 보육교직원이 제1항에 따른 신고 또는 고발을 하였다는 이유로 「공익신고자 보호법」 제2조 제6호에 따른 불이익조치를 하여서는 아니 된다.

③ 교육부장관, 시 · 도지사 및 시장 · 군수 · 구청장은 제1항 제1호 및 제3호부터 제8호까지에 해당하는 사항에 대하여 신고 또는 고발한 사람에게 예산의 범위에서 포상금을 지급할 수 있다.

④ 제1항에 따른 신고 절차 · 방법 및 제3항에 따른 포상금 지급의 기준 · 방법 및 절차 등에 필요한 사항은 대통령령으로 정한다.

2. 한부모가족지원법

1) 목적

다양한 가족 인식개선: 한부모

이 법은 한부모가족이 안정적인 가족 기능을 유지하고 자립할 수 있도록 지원함으로써 한부모가족의 생활 안정과 복지증진에 이바지함을 목적으로 한다(법 제1조).

2) 대상

(1) 지원대상자

이 법에 따른 지원대상자는 제4조 제1호, 제1호의2 및 제2호부터 제5호까지의 규정에 해당하는 자로서 여성가족부령이 정하는 자로 한다(법 제5조).

1. "모" 또는 "부"란 다음 각 목의 어느 하나에 해당하는 자로서 아동인 자녀를 양육하는 자를 말한다.
   가. 배우자와 사별 또는 이혼하거나 배우자로부터 유기(遺棄)된 자
   나. 정신이나 신체의 장애로 장기간 노동능력을 상실한 배우자를 가진 자
   다. 교정시설 · 치료감호시설에 입소한 배우자 또는 병역복무 중인 배우자를 가진 사람
   라. 미혼자[사실혼(事實婚) 관계에 있는 자는 제외한다]
   마. 가목부터 라목까지에 규정된 자에 준하는 자로서 여성가족부령으로 정하는 자

1의2. "청소년 한부모"란 24세 이하의 모 또는 부를 말한다.

2. "한부모가족"이란 모자가족 또는 부자가족을 말한다.
3. "모자가족"이란 모가 세대주[세대주가 아니더라도 세대원(世代員)을 사실상 부양하는 자를 포함한다]인 가족을 말한다.
4. "부자가족"이란 부가 세대주[세대주가 아니더라도 세대원을 사실상 부양하는 자를 포함한다]인 가족을 말한다.
5. "아동"이란 18세 미만(취학 중인 경우에는 22세 미만을 말하되, 「병역법」에 따른 병역의무를 이행하고 취학 중인 경우에는 병역의무를 이행한 기간을 가산한 연령 미만을 말한다)의 자를 말한다.

여성가족부령인 시행규칙 제3조에는 "지원대상자의 범위는 여성가족부장관이 매년 「국민기초생활보장법」 제2조 제11호에 따른 기준 중위소득, 지원대상자의 소득수준 및 재산의 정도 등을 고려하여 지원의 종류별로 정

하여 고시한다."라고 규정되어 있다. 즉, 모든 한부모가족을 지원하는 것이 아니라 저소득 한부모가족만 지원하고 있는 것이다. 지원대상자 중 아동의 연령을 초과하는 자녀가 있는 한부모가족의 경우 그 자녀를 제외한 나머지 가족구성원을 지원대상자로 한다.

(2) 지원대상자 특례

지원대상자의 특례는 크게 세 가지다(법 제5조의2).

첫째, 혼인 관계에 있지 아니한 자로서 출산 전 임신부와 출산 후 해당 아동을 양육하지 아니하는 모는 제5조에도 불구하고 제19조 제1항 제3호의 출산지원시설을 이용할 때에는 이 법에 따른 지원대상자가 된다.

둘째, 부모가 사망하거나 생사가 분명하지 아니한 아동, 부모가 정신 또는 신체의 장애 · 질병으로 장기간 노동능력을 상실한 아동, 부모의 장기복역 등으로 부양을 받을 수 없는 아동, 부모가 이혼하거나 유기하여 부양을 받을 수 없는 아동 및 이에 준하는 자로서 여성가족부령으로 정하는 아동과 그 아동을 양육하는 조부 또는 조모로서 여성가족부령으로 정하는 자는 이 법에 따른 지원대상자가 된다.

셋째, 국내에 체류하고 있는 외국인 중 대한민국 국적의 아동을 양육하고 있는 모 또는 부로서 대통령령[3]으로 정하는 사람이 제5조(보호대상자)에 해당하면 이 법에 따른 지원대상자가 된다. 과거에는 혼인한 경우에만 대상자가 될 수 있었는데, 그 부분을 없애서 외국인도 혼인 여부와 관계없이 대한민국 국적의 아동을 양육하면 한부모가족 지원 대상이 될 수 있도록 하여 다문화 한부모가족 지원의 사각지대를 해소하고자 하였다.

---

3 「출입국관리법」 제31조에 따른 외국인 등록을 마친 자를 말한다(시행령 제10조).

3) 급여

(1) 복지급여

지원대상자 또는 그 친족이나 그 밖의 이해관계인은 제12조에 따른 복지급여를 관할 특별자치시장 · 특별자치도지사 · 시장 · 군수 · 구청장에게 신청할 수 있다(법 제11조). 복지급여는 생계비, 아동교육지원비, 아동양육비, 그 밖에 대통령령으로 정하는 비용이다. 이 법에 따른 지원대상자가 「국민기초생활보장법」 등 다른 법령에 따라 지원을 받고 있는 경우에는 그 범위에서 이 법에 따른 급여를 하지 아니하지만, 아동양육비는 지급할 수 있다.

아동양육비를 지급할 때에 미혼모나 미혼부가 5세 이하의 아동을 양육하거나 34세 이하의 모 또는 부가 아동을 양육하는 경우에 예산의 범위에서 추가적인 복지급여를 실시하여야 한다. 모 또는 부의 직계존속이 5세 이하의 아동을 양육하는 경우에도 또한 같다. 그리고 국가나 지방자치단체는 이 법에 따른 지원대상자의 신청이 있는 경우에는 예산의 범위에서 직업훈련비와 훈련기간 중 생계비를 추가적으로 지급할 수 있다(법 제12조).

물음 11-3

아동양육비를 지급할 때 미혼모나 미혼부가 _____세 이하 아동을 양육할 경우 추가적인 복지급여를 실시하여야 한다.

(2) 복지자금

국가나 지방자치단체는 한부모가족의 생활안정과 자립을 촉진하기 위하여 사업에 필요한 자금, 아동교육비, 의료비, 주택자금, 그 밖에 대통령령으로 정하는 한부모가족의 복지를 위하여 필요한 자금 중 어느 하나의 자금을 대여할 수 있다(법 제13조). 앞의 복지급여와 복지자금은 다른 것이므로 구분해야 한다.

(3) 가족지원서비스

국가나 지방자치단체는 한부모가족에게 다음의 가족지원서비스를 제공하도록 노력하여야 한다(법 제17조). 가족지원서비스는 아동의 양육 및 교육서비스, 장애인 · 노인 · 만성질환자 등의 부양 서비스, 취사 · 청소 · 세탁 등 가사 서비스, 교육 · 상담 등 가족관계 증진 서비스, 인지청구 및 자녀 양육비 청구 등을 위한 법률상담, 소송대리 등 법률구조서비스, 그 밖에 대통령령으로 정하는 한부모가족에 대한 가족지원서비스 등이다.

(4) 청소년 한부모 교육 및 자립 지원

청소년 한부모[4]에 대한 교육 지원은 다음과 같다(법 제17조의2).

국가나 지방자치단체는 청소년 한부모가 학업을 할 수 있도록 청소년 한부모의 선택에 따라 다음에 해당하는 지원을 할 수 있다.

1. 「초 · 중등교육법」 제2조에 따른 학교에서의 학적 유지를 위한 지원 및 교육비 지원 또는 검정고시 지원
2. 「평생교육법」 제31조 제2항에 따른 학력인정 평생교육시설에 대한 교육비 지원
3. 「초 · 중등교육법」 제28조에 따른 교육 지원
4. 그 밖에 청소년 한부모의 교육 지원을 위하여 여성가족부령으로 정하는 사항

국가와 지방자치단체는 청소년 한부모의 학업과 양육의 병행을 위하여 그 자녀가 청소년 한부모가 속한 「고등교육법」 제2조에 따른 학교에 설치된 직장어린이집을 이용할 수 있도록 지원할 수 있다.

---

4 청소년 한부모란 24세 이하의 모 또는 부를 말한다.

청소년 한부모 자립지원 패키지

한편, 청소년 한부모에 대한 자립지원은 다음과 같다(법 제17조의4). 국가나 지방자치단체는 청소년 한부모가 주거마련 등 자립에 필요한 자산을 형성할 수 있도록 재정적인 지원을 할 수 있다. 이에 따른 지원으로 형성된 자산은 청소년 한부모가 이 법에 따른 지원대상자에 해당하는지 여부를 조사·확인할 때 이를 포함하지 아니한다.

(5) 자녀양육비 이행지원

여성가족부장관은 자녀양육비 산정을 위한 자녀양육비 가이드라인을 마련하여 법원이 이혼 판결 시 적극 활용할 수 있도록 노력하여야 한다(법 제17조의3).

(6) 실태조사

여성가족부장관은 한부모가족 지원을 위한 정책수립에 활용하기 위하여 3년마다 한부모가족에 대한 실태조사를 실시하고 그 결과를 공표하여야 한다(법 제6조).

4) 한부모가족복지시설

한부모가족복지시설은 다음의 시설로 한다(법 제19조).

1. 출산지원시설: 다음 각 목의 어느 하나에 해당하는 자의 임신·출산 및 그 출산 아동(3세 미만에 한정한다)의 양육을 위하여 주거 등을 지원하는 시설
   가. 제4조 제1호의 모
   나. 혼인 관계에 있지 아니한 자로서 출산 전 임신부
   다. 혼인 관계에 있지 아니한 자로서 출산 후 해당 아동을 양육하지 아니하는 모

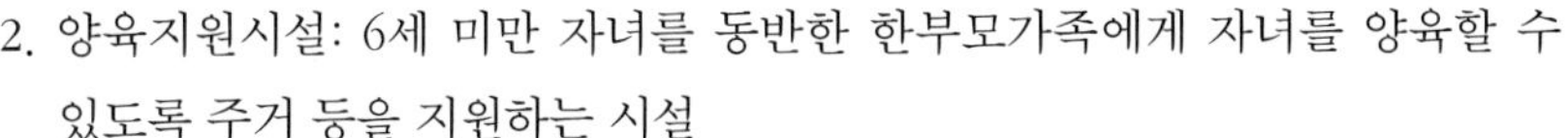

2. 양육지원시설: 6세 미만 자녀를 동반한 한부모가족에게 자녀를 양육할 수 있도록 주거 등을 지원하는 시설
3. 생활지원시설: 18세 미만(취학 중인 경우에는 22세 미만을 말하되,「병역법」에 따른 병역의무를 이행하고 취학 중인 경우에는 병역의무를 이행한 기간을 가산한 연령 미만을 말한다) 자녀를 동반한 한부모가족에게 자립을 준비할 수 있도록 주거 등을 지원하는 시설
4. 일시지원시설: 배우자(사실혼 관계에 있는 사람을 포함한다)가 있으나 배우자의 물리적 · 정신적 학대로 아동의 건전한 양육이나 모 또는 부의 건강에 지장을 초래할 우려가 있을 경우 일시적 또는 일정 기간 동안 모와 아동, 부와 아동, 모 또는 부에게 주거 등을 지원하는 시설
5. 한부모가족복지상담소: 한부모가족에 대한 위기 · 자립 상담 또는 문제해결 지원 등을 목적으로 하는 시설

국가나 지방자치단체는 한부모가족복지시설을 설치할 수 있다. 제19조에 따른 한부모가족복지시설의 장은 청소년 한부모가 입소를 요청하는 경우에는 우선 입소를 위한 조치를 취하여야 한다. 국가나 지방자치단체 외의 자가 한부모가족복지시설을 설치 · 운영하려면 시장 · 군수 · 구청장에게 신고하여야 한다(법 제20조).

3. 건강가정기본법

1) 목적

「건강가정기본법」은 건강한 가정생활의 영위와 가족의 유지 및 발전을 위한 국민의 권리 · 의무와 국가 및 지방자치단체 등의 책임을 명백히 하고, 가정문제의 적절한 해결방안을 강구하며 가족구성원의 복지증진에 이바지할 수 있는 지원정책을 강화함으로써 건강가정 구현에 기여하는 것을 목적으로 한다(법 제1조).

2) 정의

"가족"이라 함은 혼인 · 혈연 · 입양으로 이루어진 사회의 기본단위를 말하며, "가정"이라 함은 가족구성원이 생계 또는 주거를 함께하는 생활공동체로서 구성원의 일상적인 부양 · 양육 · 보호 · 교육 등이 이루어지는 생활단위를 말한다. 그리고 "1인가구"라 함은 1명이 단독으로 생계를 유지하고 있는 생활단위를 말한다. "건강가정"이라 함은 가족구성원의 욕구가 충족되고 인간다운 삶이 보장되는 가정을 말하며, "건강가정사업"이라 함은 건강가정을 저해하는 문제(가정문제)의 발생을 예방하고 해결하기 위한 여러 가지 조치와 가족의 부양 · 양육 · 보호 · 교육 등의 가정기능을 강화하기 위한 사업을 말한다(법 제3조).

3) 기본 내용

(1) 권리와 의무 및 책임

모든 국민은 가정의 구성원으로서 안정되고 인간다운 삶을 유지할 수 있는 가정생활을 영위할 권리를 가진다. 그리고 모든 국민은 가정의 중요성을 인식하고 그 복지의 향상을 위하여 노력하여야 한다(법 제4조).

국가 및 지방자치단체는 건강가정을 위하여 필요한 제도와 여건을 조성하고 이를 위한 시책을 강구하여 추진하여야 하며, 이러한 시책을 강구함에 있어 가족구성원의 특성과 가정유형을 고려하여야 한다. 그리고 국가 및 지방자치단체는 민주적인 가정형성, 가정친화적 환경조성, 양성평등한 가족가치 실현 및 가사노동의 정당한 가치평가를 위하여 노력하여야 한다(법 제5조).

(2) 건강가정정책

① 건강가정기본계획의 수립(법 제15조)

여성가족부장관은 관계 중앙행정기관의 장과 협의하여 건강가정기본계획(기본계획)을 5년마다 수립하여야 한다. 기본계획에는 다음의 사항이 포함되어야 한다.

1. 가족기능의 강화 및 가정의 잠재력개발을 통한 가정의 자립 증진 대책
2. 사회통합과 문화계승을 위한 가족공동체문화의 조성
3. 다양한 가족의 욕구충족을 통한 건강가정 구현
4. 민주적인 가족관계와 양성평등적인 역할분담
5. 가정친화적인 사회환경의 조성
6. 가족의 양육·부양 등의 부담완화와 가족해체예방을 통한 사회비용 절감
7. 위기가족에 대한 긴급 지원책
8. 가족의 건강증진을 통한 건강사회 구현
9. 가족지원정책의 추진과 관련한 재정조달 방안
10. 1인가구의 복지증진을 위한 대책

② 가족실태조사(법 제20조)

국가 및 지방자치단체는 개인과 가족의 생활실태를 파악하고, 건강가정 구현 및 가정문제 예방 등을 위한 서비스의 욕구와 수요를 파악하기 위하여 3년마다 가족실태조사를 실시하고 그 결과를 발표하여야 한다.

(3) 건강가정사업

① 가정에 대한 지원

국가 및 지방자치단체는 가정이 원활한 기능을 수행하도록 지원하여야 한다. 이에 대하여 지원하여야 할 사항은 다음과 같다(법 제21조).

1. 가족구성원의 정신적 · 신체적 건강지원
2. 소득보장 등 경제생활의 안정
3. 안정된 주거생활
4. 태아검진 및 출산 · 양육의 지원
5. 직장과 가정의 양립
6. 음란물 · 유흥가 · 폭력 등 위해환경으로부터의 보호
7. 가정폭력으로부터의 보호
8. 가정친화적 사회분위기의 조성
9. 그 밖에 건강한 가정의 기능을 강화 · 지원할 수 있는 관련 사항

또한 국가와 지방자치단체는 「재난 및 안전관리 기본법」 제3조 제1호에 따른 재난 중 대통령령으로 정하는 재난에 의하여 가족의 부양 · 양육 · 보호 · 교육 등 가족기능이 현저하게 저하된 경우 원활한 가족기능을 수행하는 데 긴급하게 필요한 범위에서 지원(위기가족긴급지원)을 하여야 한다(법 제21조의2). 위기가족긴급지원은 가족돌봄(아이돌봄지원, 가사돌봄지원 등), 가족의 심리 · 정서지원(가족상담, 집단프로그램, 자조모임 운영 등), 연계(법률구조, 의료지원, 복지서비스 등), 그 밖에 여성가족부장관이 필요하다고 인정하는 지원이다.

② 가정봉사원(법 제30조)

국가 및 지방자치단체는 건강한 가정을 유지하기 위하여 필요한 경우에는 가정을 방문하여 가사 · 육아 · 산후조리 · 간병 등을 돕는 가정봉사원을 지원할 수 있다. 가정봉사원은 여성가족부령이 정하는 바에 따라 교육을 받아야 한다. 국가 및 지방자치단체는 가정봉사원에게 예산의 범위 안에서 일정 금액을 지급할 수 있다.

③ 기타 건강가정사업

그 밖에 건강가정사업의 내용은 다음과 같다.

국가 및 지방자치단체는 자녀양육지원 강화(법 제22조), 가족단위 복지증진(법 제23조), 가족의 건강증진(법 제24조), 가족부양 지원(법 제25조), 민주적이고 양성평등한 가족관계의 증진(법 제26조), 가족단위의 시민적 역할증진(법 제27조), 가정생활문화의 발전(법 제28조), 가정의례 확립을 위한 지원정책 수립(법 제29조), 이혼예방 및 이혼가정 지원(법 제31조), 건강가정교육(법 제32조), 건강가정과 관련되는 자원봉사활동사업의 육성과 장려(법 제33조)를 위해 노력해야 한다.

4) 건강가정지원센터와 건강가정사(법 제35조)

국가 및 지방자치단체는 가정문제의 예방 · 상담 및 치료, 건강가정의 유지를 위한 프로그램의 개발, 가족문화운동의 전개, 가정 관련 정보 및 자료 제공 등을 위하여 건강가정지원센터(센터)를 설치 · 운영하여야 한다.

가족센터 체험기

센터에는 건강가정사업을 수행하기 위하여 관련 분야에 대한 학식과 경험을 가진 전문가(건강가정사)를 두어야 하며, 건강가정사는 대학 또는 이와 동등 이상의 학교에서 사회복지학 · 가정학 · 여성학 등 여성가족부령이 정하는 관련 교과목을 이수하고 졸업한 사람이어야 한다

건강가정사의 직무는 다음과 같다(시행령 제4조).

1. 가정문제의 예방 · 상담 및 개선
2. 건강가정의 유지를 위한 프로그램의 개발
3. 건강가정 실현을 위한 교육[민주적이고 양성(兩性) 평등적인 가족관계 교육을 포함한다]
4. 가정생활문화운동의 전개

5. 가정 관련 정보 및 자료 제공
6. 가정에 대한 방문 및 실태 파악
7. 아동보호전문기관 등 지역사회자원과의 연계
8. 그 밖에 건강가정사업과 관련하여 여성가족부장관이 정하는 활동

물음 11-4

건강가정지원센터에는 건강가정사업을 수행하기 위하여 관련 분야에 대한 학식과 경험을 가진 전문가인 ____________ 를 두어야 한다.

4. 다문화가족지원법

1) 목적

「다문화가족지원법」은 다문화가족 구성원이 안정적인 가족생활을 영위하고 사회구성원으로서의 역할과 책임을 다할 수 있도록 함으로써 이들의 삶의 질 향상과 사회통합에 이바지함을 목적으로 한다(법 제1조).

2) 대상

(1) 다문화가족(법 제2조)

이 법에서 "다문화가족"이란 다음의 어느 하나에 해당하는 가족을 말한다.

가. 「재한외국인 처우 기본법」 제2조 제3호의 결혼이민자와 「국적법」 제2조부터 제4조[5]까지의 규정에 따라 대한민국 국적을 취득한 자로 이루어진 가족
나. 「국적법」 제3조 및 제4조에 따라 대한민국 국적을 취득한 자와 같은 법 제2조부터 제4조까지의 규정에 따라 대한민국 국적을 취득한 자로 이루어진 가족

이 법에서 "결혼이민자 등"이란 다문화가족의 구성원으로서 다음의 어느 하나에 해당하는 자를 말한다.

가. 「재한외국인 처우 기본법」 제2조 제3호의 결혼이민자
나. 「국적법」 제4조에 따라 귀화허가를 받은 자

그리고 "아동 · 청소년"이란 24세 이하인 사람을 말한다.

한편, 다문화가족이 이혼 등의 사유로 해체된 경우에도 그 구성원이었던 자녀에 대하여는 이 법을 적용한다(법 제14조의2).

(2) 사실혼 배우자 및 자녀

대한민국 국민과 사실혼 관계에서 출생한 자녀를 양육하고 있는 다문화가족 구성원에 대하여 법 제5조부터 제12조까지의 규정을 준용한다(법 제14조).

---

5 「국적법」 제2조(출생에 의한 국적 취득), 제3조(인지에 의한 국적 취득), 제4조(귀화에 의한 국적 취득)이다.

3) 급여

(1) 다문화가족 지원을 위한 기본계획(법 제3조의2)

다문화가족 지원정책

여성가족부장관은 다문화가족 지원을 위하여 5년마다 다문화가족정책에 관한 기본계획(기본계획)을 수립하여야 한다(다문화가족 지원정책). 기본계획에는 다음의 사항을 포함하여야 한다.

1. 다문화가족 지원정책의 기본 방향
2. 다문화가족 지원을 위한 분야별 발전시책과 평가에 관한 사항
3. 다문화가족 지원을 위한 제도 개선에 관한 사항

3의2. 다문화가족 구성원의 경제 · 사회 · 문화 등 각 분야에서 활동 증진에 관한 사항

4. 다문화가족 지원을 위한 재원 확보 및 배분에 관한 사항
5. 그 밖에 다문화가족 지원을 위하여 필요한 사항

(2) 실태조사(법 제4조)

여성가족부장관은 다문화가족의 현황 및 실태를 파악하고 다문화가족 지원을 위한 정책수립에 활용하기 위하여 3년마다 다문화가족에 대한 실태조사를 실시하고 그 결과를 공표하여야 한다.

(3) 국가와 지방자치단체의 역할

국가와 지방자치단체는 다문화가족에 대한 이해증진(법 제5조), 생활정보 제공 및 교육 지원(법 제6조), 평등한 가족관계의 유지를 위한 조치(법 제7조), 가정폭력 피해자에 대한 보호 · 지원(법 제8조), 의료 및 건강관리를 위한 지원(법 제9조), 아동 · 청소년 보육 및 교육(법 제10조), 다국어에 의한 서비스 제공(법 제11조) 등을 위해 노력하여야 한다.

4) 다문화가족지원센터(법 제12조)

국가와 지방자치단체는 다문화가족지원센터(지원센터)를 설치 · 운영할 수 있으며, 지원센터의 설치 · 운영을 대통령령으로 정하는 법인이나 단체에 위탁할 수 있다. 국가 또는 지방자치단체 아닌 자가 지원센터를 설치 · 운영하고자 할 때에는 미리 시 · 도지사 또는 시장 · 군수 · 구청장의 지정을 받아야 한다.

지원센터는 다음의 업무를 수행한다.

1. 다문화가족을 위한 교육 · 상담 등 지원사업의 실시
2. 결혼이민자 등에 대한 한국어교육
3. 다문화가족 지원서비스 정보제공 및 홍보
4. 다문화가족 지원 관련 기관 · 단체와의 서비스 연계
5. 일자리에 관한 정보제공 및 일자리의 알선
6. 다문화가족을 위한 통역 · 번역 지원사업
7. 다문화가족 내 가정폭력 방지 및 피해자 연계 지원
8. 그 밖에 다문화가족 지원을 위하여 필요한 사업

지원센터에는 다문화가족에 대한 교육 · 상담 등의 업무를 수행하기 위하여 관련 분야에 대한 학식과 경험을 가진 전문인력을 두어야 한다. 전문인력은 건강가정사, 사회복지사, 그 밖에 여성가족부장관이 인정하는 관련 분야의 전문인력을 말한다(시행규칙 제3조).

물음 11-5

국가와 지방자치단체는 다문화가족지원센터를 설치 · 운영할 수 있으며, 지원센터의 설치 · 운영을 대통령령으로 정하는 법인이나 단체에 ________ 할 수 있다.

핵심 정리

「영유아보육법」은 영유아의 심신을 보호하고 건전하게 교육하여 건강한 사회 구성원으로 육성함과 아울러 보호자의 경제적 · 사회적 활동이 원활하게 이루어지도록 함으로써 가정복지증진에 이바지함을 목적으로 한다.
「한부모가족지원법」은 한부모가족이 건강하고 문화적인 생활을 영위할 수 있도록 함으로써 한부모가족의 생활안정과 복지증진에 이바지함을 목적으로 한다. 그러나 모든 한부모가족을 지원하는 것이 아니라 자산조사를 통해 저소득한부모가족만 지원한다.
「건강가정기본법」은 건강한 가정생활의 영위와 가족의 유지 및 발전을 위한 국민의 권리 · 의무와 국가 및 지방자치단체 등의 책임을 명백히 하고, 가정문제의 적절한 해결방안을 강구하며 가족구성원의 복지증진에 이바지할 수 있는 지원정책을 강화함으로써 건강가정 구현에 기여하는 것을 목적으로 한다.
「다문화가족지원법」은 다문화가족 구성원이 안정적인 가족생활을 영위하고 사회구성원으로서의 역할과 책임을 다할 수 있도록 함으로써 이들의 삶의 질 향상과 사회통합에 이바지함을 목적으로 한다.

물음에 대한 답

11-1 보육이란 영유아를 건강하고 안전하게 보호 · 양육하고 영유아의 발달 특성에 맞는 교육을 제공하는 어린이집 및 가정양육 지원에 관한 사회복지서비스를 말한다.

11-2 국공립어린이집 외에 어린이집을 설치 · 운영하려는 자는 특별자치도지사, 시장, 군수, 구청장에게 인가를 받아야 한다.

11-3 아동양육비를 지급할 때 미혼모나 미혼부가 5세 이하 아동을 양육할 경우 추가적인 복지급여를 실시하여야 한다.

11-4 건강가정지원센터에는 건강가정사업을 수행하기 위하여 관련 분야에 대한 학식과 경험을 가진 전문가인 건강가정사를 두어야 한다.

11-5 국가와 지방자치단체는 다문화가족지원센터를 설치 · 운영할 수 있으며, 지원센터의 설치 · 운영을 대통령령으로 정하는 법인이나 단체에 위탁할 수 있다.

제12장
사회서비스법 3

1. 장애인복지법

1) 목적(법 제1조)

「장애인복지법」은 장애인의 인간다운 삶과 권리보장을 위한 국가와 지방자치단체 등의 책임을 명백히 하고, 장애 발생 예방과 장애인의 의료 · 교육 · 직업재활 · 생활환경개선 등에 관한 사업을 정하여 장애인복지대책을 종합적으로 추진하며, 장애인의 자립생활 · 보호 및 수당지급 등에 관하여 필요한 사항을 정하여 장애인의 생활안정에 기여하는 등 장애인의 복지와 사회활동 참여증진을 통하여 사회통합[1]에 이바지함을 목적으로 한다.

장애인 인권의 제도적 보장

2) 대상

"장애인"이란 신체적 · 정신적 장애로 오랫동안 일상생활이나 사회생활에

1 장애인복지의 기본이념은 장애인의 완전한 사회 참여와 평등을 통하여 사회통합을 이루는 데에 있다(법 제3조).

서 상당한 제약을 받는 자를 말한다(법 제2조 제1항). 「장애인복지법」의 적용을 받는 장애인은 제1항에 따른 장애인 중 다음에 해당하는 장애가 있는 자로서 대통령령으로 정하는 장애의 종류 및 기준에 해당하는 자를 말한다.

> 1. "신체적 장애"란 주요 외부 신체 기능의 장애, 내부기관의 장애 등을 말한다.
> 2. "정신적 장애"란 발달장애 또는 정신질환으로 발생하는 장애를 말한다.

장애등급제 폐지

이와 같이 법상에는 장애인을 두 가지로만 구분하였으며 시행령에서 세부 내용을 정하도록 하여 장애유형의 확대를 유연하게 명시할 수 있도록 하였다. 「장애인복지법」의 적용을 받는 대상자는 계속 확대되어 왔으며, 현재의 15종의 장애 종류를 포함하는 대상자는 별표 1[2]에서 정하고 있으며, 장애의 정도는 보건복지부령으로 정한다(시행령 제2조). 장애의 정도는 '장애의 정도가 심한 장애인'과 '장애의 정도가 심하지 않은 장애인'으로 나누고 있다(시행규칙 별표 1).

한편, 이에 해당하는 장애인 중 「국가유공자 등 예우 및 지원에 관한 법률」 등 대통령령으로 정하는 다른 법률을 적용받는 장애인에 대하여는 대통령령으로 정하는 바에 따라 이 법의 적용을 제한할 수 있다(법 제15조). 그동안 이 법의 제한을 받는 대상으로 「정신건강증진 및 정신질환자 복지서비스 지원에 관한 법률」의 적용을 받는 정신장애인이 포함되어 있었는데,

2 「장애인복지법」 시행령 제2조에 따른 장애인 유형(별표 1)

1. 지체장애인	6. 지적장애인	11. 호흡기장애인
2. 뇌병변장애인	7. 자폐성장애인	12. 간장애인
3. 시각장애인	8. 정신장애인	13. 안면장애인
4. 청각장애인	9. 신장장애인	14. 장루 · 요루장애인
5. 언어장애인	10. 심장장애인	15. 뇌전증장애인

2022년 12월부터 이 규정이 삭제되어 시행되었다. 이에 따라 정신장애인들도 이 법에 따른 장애인복지시설 이용이 가능하게 되었다.

3) 책임

(1) 국가와 지방자치단체의 책임(법 제9조)

국가와 지방자치단체는 장애 발생을 예방하고, 장애의 조기발견에 대한 국민의 관심을 높이며, 장애인의 자립을 지원하고, 보호가 필요한 장애인을 보호하여 장애인의 복지를 향상시킬 책임을 진다. 또한 여성 장애인의 권익을 보호하기 위하여 정책을 강구하여야 한다. 아울러 장애인복지정책을 장애인과 그 보호자에게 적극적으로 홍보하여야 하며, 국민이 장애인을 올바르게 이해하도록 하는 데 필요한 정책을 강구하여야 한다.

(2) 국민의 책임

모든 국민은 장애 발생의 예방과 장애의 조기발견을 위하여 노력하여야 하며, 장애인의 인격을 존중하고 사회통합의 이념에 기초하여 장애인의 복지향상에 협력하여야 한다(법 제10조). 누구든지 장애를 이유로 정치 · 경제 · 사회 · 문화 생활의 모든 영역에서 차별을 받지 아니하고, 누구든지 장애인을 비하 · 모욕하거나 장애인을 이용하여 부당한 영리행위를 하여서는 아니 되며, 장애인의 장애를 이해하기 위하여 노력하여야 한다(법 제8조).

4) 급여

(1) 기본정책 강구

「장애인복지법」에서 제2장은 기본정책을 강구하는 내용으로 구성되어 있으나 선언적인 이야기일 뿐 구체적인 실행방법이 없다. 그래서 실제 행해지는 사업이나 조치들은 「장애인차별금지 및 권리구제 등에 관한 법률」과 같이 각 조문에 해당되는 개별 법률들로 따로 제정 · 실행되고 있다.

국가와 지방자치단체가 해야 하는 주요 내용으로는 장애발생 예방(법 제17조), 의료와 재활치료(법 제18조), 사회적응 훈련(법 제19조), 교육(법 제20조), 직업(법 제21조),[3] 정보에의 접근(법 제22조), 편의시설(법 제23조),[4] 안전대책 강구(법 제24조), 사회적 인식개선(법 제25조), 장애인에 대한 차별 · 편견 및 학대의 예방과 방지 등에 관한 홍보영상을 제작 · 배포 · 송출(제25조의3), 선거권 행사를 위한 편의 제공(법 제26조), 주택 보급(법 제27조), 문화환경 정비 등(법 제28조), 복지 연구 등의 진흥(법 제29조),[5] 경제적 부담의 경감(법 제30조), 장애인 가족 지원(법 제30조의2) 등이 있다.

보건복지부장관은 장애인의 권익과 복지증진을 위하여 관계 중앙행정기관의 장과 협의하여 5년마다 장애인정책종합계획을 수립 · 시행하여야 하며, 다음의 사항이 포함되어야 한다(법 제10조의2).

1. 장애인의 복지에 관한 사항
2. 장애인의 교육문화에 관한 사항
3. 장애인의 경제활동에 관한 사항
4. 장애인의 사회참여에 관한 사항
5. 장애인의 안전관리에 관한 사항
6. 그 밖에 장애인의 권익과 복지증진을 위하여 필요한 사항

---

3 직업과 관련된 개별 법으로 「장애인고용촉진 및 직업재활법」이 있다.

4 편의시설과 관련해서는 「장애인 · 노인 · 임산부 등의 편의증진 보장에 관한 법률」이 있다.

5 장애인 관련 조사 · 연구 및 정책개발 · 복지진흥 등을 위하여 한국장애인개발원을 설립한다(법 제29조의2).

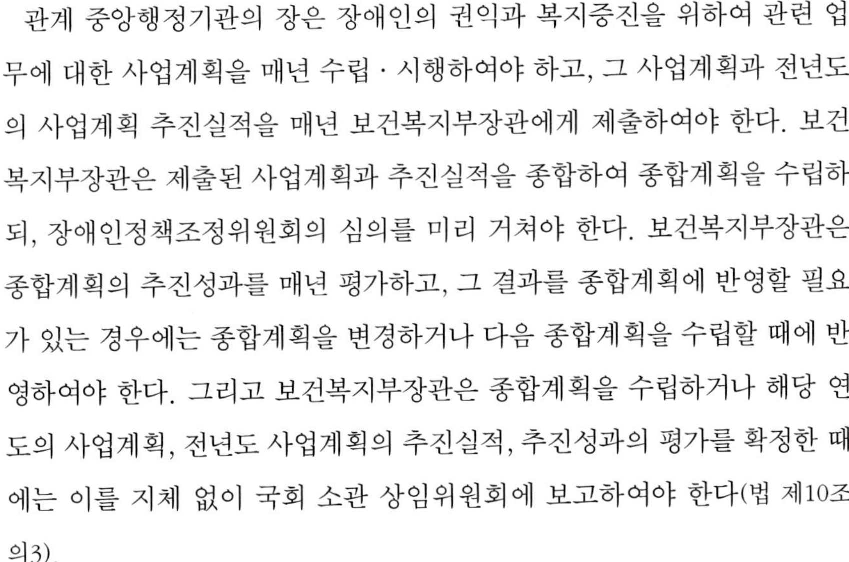

관계 중앙행정기관의 장은 장애인의 권익과 복지증진을 위하여 관련 업무에 대한 사업계획을 매년 수립·시행하여야 하고, 그 사업계획과 전년도의 사업계획 추진실적을 매년 보건복지부장관에게 제출하여야 한다. 보건복지부장관은 제출된 사업계획과 추진실적을 종합하여 종합계획을 수립하되, 장애인정책조정위원회의 심의를 미리 거쳐야 한다. 보건복지부장관은 종합계획의 추진성과를 매년 평가하고, 그 결과를 종합계획에 반영할 필요가 있는 경우에는 종합계획을 변경하거나 다음 종합계획을 수립할 때에 반영하여야 한다. 그리고 보건복지부장관은 종합계획을 수립하거나 해당 연도의 사업계획, 전년도 사업계획의 추진실적, 추진성과의 평가를 확정한 때에는 이를 지체 없이 국회 소관 상임위원회에 보고하여야 한다(법 제10조의3).

(2) 복지조치

① 조사

보건복지부장관은 장애인 복지정책의 수립에 필요한 기초 자료로 활용하기 위하여 3년마다 장애인의 실태조사를 실시하여야 한다(법 제31조).

② 장애인 등록

장애인, 그 법정대리인 또는 대통령령이 정하는 보호자는 장애 상태와 그 밖에 보건복지부령이 정하는 사항을 시장·군수 또는 구청장에게 등록하여야 하며, 시장·군수·구청장은 등록을 신청한 장애인이 제2조에 따른 기준에 맞으면 장애인 등록증을 내주어야 한다(법 제32조). 등록증은 양도하거나 대여하지 못하며, 등록증과 비슷한 명칭이나 표시를 사용해서는 아니 된다. 이를 위반한 자는 1년 이하의 징역이나 1천만 원 이하의 벌금에 처한다(법 제87조). 시장·군수·구청장은 장애인 등록 및 장애 상태의 변화에 따른 장애 정도를 조정함에 있어 장애인의 장애 인정과 장애 정도 사정이 적정한지를 확인하기 위하여 필요한 경우 대통령령으로 정하는 「공공기관의 운영에 관한 법률」 제4조에 따른 공공기관에 장애 정도에 관한 정밀심사를 의뢰할 수 있다.[6]

장애인 등록을 위해 신청자는 의료기관의 전문의사로부터 장애진단 및 검사를 통해 장애진단서를 발급받아 주소지 관할 읍 · 면 · 동사무소에 제출하여 장애인 등록을 한다. 이렇게 전문의사에게 심사를 의뢰하는 과정을 거치는데 이것은 대상자 선정 시 전문가의 의견을 필요로 하는 대표적인 예다.

재외동포 및 외국인 중 다음의 어느 하나에 해당하는 사람은 제32조에 따라 장애인 등록을 할 수 있다(법 제32조의2). 「재외동포의 출입국과 법적 지위에 관한 법률」 제6조에 따라 국내거소신고를 한 사람, 「주민등록법」 제6조에 따라 재외국민으로 주민등록을 한 사람, 「출입국관리법」 제31조에 따라 외국인등록을 한 사람으로서 같은 법 제10조 제1항에 따른 체류자격 중 대한민국에 영주할 수 있는 체류자격을 가진 사람, 「재한외국인 처우 기본법」 제2조 제3호에 따른 결혼이민자, 「난민법」제2조 제2호에 따른 난민인정자 등이다.

③ 복지서비스에 관한 장애인 지원사업

보건복지부장관 또는 특별자치시장 · 특별자치도지사 · 시장 · 군수 · 구청장은 활동지원급여 신청, 장애인 보조기기 교부 신청, 장애인 거주시설 이용 신청, 그 밖에 대통령령으로 정하는 서비스 신청에 대하여 서비스의 수급자격, 양 및 내용 등의 결정에 필요한 서비스 지원 종합조사를 실시할 수 있다(법 제32조의4).

국가와 지방자치단체는 등록한 장애인에게 필요한 복지서비스가 적시에

---

6 현재 국민연금공단이 정밀심사기관이다.

제공될 수 있도록 다음의 장애인 지원사업을 실시한다(법 제32조의6).

1. 복지서비스에 관한 상담 및 정보 제공
2. 장애인학대 등 안전문제 또는 생계곤란 등 위기상황에 놓여 있을 가능성이 높은 장애인에 대한 방문 상담
3. 복지서비스 신청의 대행
4. 장애인 개인별로 필요한 욕구의 조사 및 복지서비스 제공 계획의 수립 지원
5. 장애인과 복지서비스 제공 기관·법인·단체·시설과의 연계
6. 복지서비스 등 복지자원의 발굴 및 데이터베이스 구축
7. 그 밖에 복지서비스의 제공에 필요한 사업

그리고 특별자치시장·특별자치도지사·시장·군수·구청장은 복지서비스가 필요한 장애인을 발굴하고 공공 및 민간의 복지서비스를 연계·제공하기 위하여 민관협력을 통한 사례관리를 실시할 수 있다(법 제32조의7).

④ 장애인 관련 수당

국가와 지방자치단체가 지급할 수 있는 장애인 관련 수당은 세 가지로 나뉘며 지급 대상 및 기준, 방법 등 필요한 사항은 대통령령으로 정한다.

첫 번째는 장애수당으로 국가와 지방자치단체는 장애인의 장애 정도와 경제적 수준을 고려하여 장애로 인한 추가적 비용을 보전하기 위하여 장애수당을 지급할 수 있다(법 제49조). 대상자는 18세 이상의 등록장애인으로 「국민기초생활보장법」에 따른 수급자 또는 차상위계층으로서 장애로 인한 추가적 비용보전이 필요한 사람이 대상이 되며, 장애아동수당 지급자는 제외한다(시행령 제30조 제1항). 다만, 생계급여와 의료급여를 받는 장애인에게는 장애수당을 반드시 지급하여야 한다. 그러나 「장애인연금법」 제2조

제1호에 따른 중증장애인[7]에게는 장애수당을 지급하지 아니한다.

두 번째는 장애아동수당으로 국가와 지방자치단체는 장애아동에게 보호자의 경제적 생활 수준 및 장애아동의 장애 정도를 고려하여 장애로 인한 추가적 비용을 보전하게 하기 위하여 장애아동수당을 지급할 수 있다(법 제50조 제1항). 장애아동수당을 받기 위해서는 18세 미만(해당 장애인이 「초 · 중등교육법」에 따른 고등학교와 이에 준하는 특수학교 또는 각종 학교에 재학 중인 사람으로서 「장애인연금법」에 따른 수급자가 아닌 경우에는 20세 이하의 경우를 포함한다)일 것, 장애인으로 등록하였을 것, 「국민기초생활보장법」에 따른 수급자 또는 차상위계층으로서 장애로 인한 추가적 비용 보전이 필요할 것의 세 가지 요건을 모두 갖추어야 한다(시행령 제30조 제2항).

세 번째는 보호수당으로 국가와 지방자치단체는 장애인을 보호하는 보호자에게 그의 경제적 수준과 장애인의 장애 정도를 고려하여 장애로 인한 추가적 비용을 보전하게 하기 위하여 보호수당을 지급할 수 있다(법 제50조 제2항). 보호수당의 대상자는 「국민기초생활보장법」에 따른 수급자일 것, 중증 장애로 다른 사람의 도움이 없이는 일상생활을 영위하기 어려운 18세 이상(해당 장애인이 20세 이하로서 「초 · 중등교육법」에 따른 고등학교와 이에 준하는 특수학교 또는 각종학교에 재학 중인 경우는 제외한다)의 장애인을 보호하거나 부양할 것의 두 가지 요건을 모두 갖추어야 한다(시행령 제30조 제3항).

⑤ 자립생활 지원

국가와 지방자치단체는 장애인의 자기결정에 의한 자립생활을 위하여 활동지원사의 파견 등 활동보조서비스 또는 장애인보조기구의 제공, 그 밖의 각종 편의 및 정보제공 등 필요한 시책을 강구하여야 한다(법 제53조). 이와

장애인 탈시설 및 자립지원

7 "중증장애인"이란 「장애인복지법」 제32조에 따라 등록한 장애인 중 근로능력이 상실되거나 현저하게 감소되는 등 장애 정도가 중증인 사람으로서 대통령령으로 정하는 사람을 말한다(「장애인연금법」 제2조).

관련하여 국가와 지방자치단체는 장애인의 자립생활을 실현하기 위하여 장애인자립생활지원센터를 통하여 필요한 각종 지원서비스를 제공한다(법 제54조). 국가와 지방자치단체는 장애인이 일상생활 또는 사회생활을 원활히 할 수 있도록 활동지원급여를 지원할 수 있다. 또한 임신 등으로 인하여 이동이 불편한 여성장애인에게 임신 및 출산과 관련한 진료 등을 위하여 경제적 부담능력 등을 감안하여 활동지원사의 파견 등 활동보조서비스를 지원할 수 있다(법 제55조).

⑥ 기타 조치

국가와 지방자치단체는 장애인의 장애 유형 · 정도별 재활 및 자립지원 서비스 제공(법 제35조), 산후조리도우미 지원(법 제37조), 장애인 보조견의 훈련 · 보급 지원(법 제40조), 자금 대여(법 제41조), 생업 지원(법 제42조), 고용 촉진(법 제46조), 국유 · 공유 재산의 우선매각이나 유상 · 무상 대여(법 제48조)의 지원을 할 수 있다. 한편, 국가와 지방자치단체, 그 밖의 공공단체는 장애인이 사용하는 자동차 등에 대한 지원(법 제39조) 등을 하여야 하며, 소관 공공시설 안에 매점이나 자동판매기의 설치를 허가하거나 위탁할 때 장애인의 신청을 우선적으로 반영하도록 하여야 하고(법 제42조), 장애인복지시설과 장애인복지단체에서 생산한 물품의 우선 구매에 필요한 조치를 마련해야 한다(법 제44조).

물음 12-1

보건복지부장관은 장애인 복지정책의 수립에 필요한 기초 자료로 활용하기 위하여 _____년마다 장애인의 실태조사를 실시하여야 한다.

물음 12-2

국가와 지방자치단체는 장애인의 장애 정도와 경제적 수준을 고려하여 장애로 인한 추가적 비용을 보전(補塡)하게 하기 위하여 ________을 지급할 수 있다.

5) 장애인학대금지 등

'장애인학대'란 장애인에 대하여 신체적 · 정신적 · 정서적 · 언어적 · 성적 폭력이나 가혹행위, 경제적 착취, 유기 또는 방임을 하는 것을 말한다.

(1) 장애인권익옹호기관[8](법 제59조의11)

장애인권익 옹호기관

국가는 지역 간의 연계체계를 구축하고 장애인학대를 예방하기 위하여 중앙장애인권익옹호기관을 설치 · 운영하여야 한다. 그리고 학대받은 장애인을 신속히 발견 · 보호 · 치료하고 장애인학대를 예방하기 위하여 지역장애인권익옹호기관을 시 · 도에 둔다. 시 · 도 장애인권익옹호기관은 다음의 업무를 담당한다.

1. 장애인학대의 신고접수, 현장조사 및 응급보호
2. 피해장애인과 그 가족, 장애인학대행위자에 대한 상담 및 사후관리
3. 장애인학대 예방 관련 교육 및 홍보
4. 장애인학대사례판정위원회 설치 · 운영
5. 관계 기관 · 법인 · 단체 · 시설 간 협력체계의 구축 및 교류
6. 그 밖에 보건복지부령으로 정하는 장애인학대 예방과 관련된 업무

---

8 아동학대와 노인학대 관련 업무를 담당하는 기관은 '보호전문기관'으로 명칭을 한 것과 달리 장애인학대 관련 업무를 담당하는 기관은 '권익옹호기관'이라는 명칭을 쓰고 있다.

(2) 장애인학대 금지행위 및 벌칙

장애인학대와 관련된 금지행위(법 제59조의9)와 이에 따른 벌칙(법 제86조)은 〈표 12-1〉과 같다.

〈표 12-1〉 장애인학대 금지행위 및 벌칙

금지행위(제59조의9)	벌칙(제86조)
장애인에게 성적 수치심을 주는 성희롱 · 성폭력 등의 행위	10년 이하의 징역 1억 원 이하의 벌금
장애인의 신체에 상해를 입히는 행위	7년 이하의 징역 7천만 원 이하의 벌금
장애인을 폭행, 협박, 감금, 그 밖에 정신상 · 신체상의 자유를 부당하게 구속하는 수단으로 장애인의 자유의사에 어긋나는 노동을 강요하는 행위	
장애인의 신체에 폭행을 가하는 행위	5년 이하의 징역 5천만 원 이하의 벌금
자신의 보호 · 감독을 받는 장애인을 유기하거나 의식주를 포함한 기본적 보호 및 치료를 소홀히 하는 방임행위	
장애인에게 구걸을 하게 하거나 장애인을 이용하여 구걸하는 행위	
장애인을 체포 또는 감금하는 행위	
장애인의 정신건강 및 발달에 해를 끼치는 정서적 학대행위	
장애인을 위해 증여 또는 급여된 금품을 그 목적 외의 용도에 사용하는 행위	3년 이하의 징역 3천만 원 이하의 벌금
공중의 오락 또는 홍행을 목적으로 장애인의 건강 또는 안전에 유해한 곡예를 시키는 행위	1년 이하의 징역 1천만 원 이하의 벌금

(3) 장애인학대 및 장애인 대상 성범죄 신고

장애인학대 신고의무와 절차는 다음과 같다(법 제59조의4). 누구든지 장애인학대 및 장애인 대상 성범죄를 알게 된 때에는 중앙장애인권익옹호기관 또는 지역장애인권익옹호기관(장애인권익옹호기관)이나 수사기관에 신고할 수 있다. 그러나 신고의무대상자가 그 직무상 장애인학대 및 장애인 대상 성범죄를 알게 된 경우에는 지체 없이 장애인권익옹호기관 또는 수사기관에 신고하여야 하며, 신고의무자가 신고의무 위반 시 300만 원 이하의 과태료를 부과한다. 행정기관의 장은 신고의무자의 자격 취득 과정이나 보수교육 과정에 장애인학대 및 장애인 대상 성범죄 예방 및 신고의무에 관한 교육 내용을 포함하도록 하여야 한다.

누구든지 장애인학대 및 장애인 대상 성범죄 신고인에게 장애인학대범죄 신고 등을 이유로 다음의 불이익조치를 하여서는 아니 된다(법 제59조의5).

1. 파면, 해임, 해고, 그 밖에 이에 준하는 신분상실의 조치
2. 징계, 정직, 감봉, 강등, 승진 제한, 그 밖에 이에 준하는 부당한 인사조치
3. 전보, 전근, 직무 미부여, 직무 재배치, 그 밖에 이에 준하는 인사조치
4. 성과평가 또는 동료평가 등을 통한 임금, 상여금 등의 차별적 지급
5. 교육 · 훈련 등 자기계발 기회의 박탈 및 예산 · 인력 등에 대한 업무상 제한, 그 밖에 이에 준하는 근무 조건의 차별적 조치
6. 요주의 대상자 명단의 작성 · 공개, 집단 따돌림 및 폭행 · 폭언, 그 밖에 이에 준하는 정신적 · 신체적 위해 행위
7. 직무에 대한 부당한 감사, 조사 및 그 결과의 공표

제59조의4에 따라 장애인학대 신고를 접수한 장애인권익옹호기관의 직원이나 사법경찰관리는 지체 없이 장애인학대현장에 출동하여야 한다(법 제59조의7). 장애인학대현장에 출동한 자는 학대받은 장애인을 학대행위자로부터 분리하거나, 치료가 필요하다고 인정할 때에는 장애인권익옹호기관 또는 의료기관 등에 인도하여야 한다. 장애인학대행위자 등 장애인학대와 관련되어 있는 자는 장애인학대현장에 출동한 자에 대하여 현장조사를 거부하거나 업무를 방해하여서는 아니 된다.

장애인학대사건의 심리에 있어 보조인 선임 방법 및 절차 등은 다음과 같이 규정되어 있다(법 제59조의8). 학대받은 장애인의 법정대리인, 직계친족,

형제자매, 장애인권익옹호기관의 상담원 또는 변호사는 장애인학대관련범죄의 심리에 있어서 보조인이 될 수 있다. 다만, 변호사가 아닌 경우에는 법원의 허가를 받아야 한다. 법원은 학대받은 장애인을 증인으로 신문하는 경우 본인 또는 검사의 신청이 있는 때에는 본인과 신뢰관계에 있는 사람의 동석을 허가할 수 있다.

장애인권익옹호기관의 장은 장애인학대가 종료된 후에도 사후관리를 위하여 가정방문, 시설방문, 전화상담 등을 통하여 장애인학대의 재발 여부를 확인하여야 한다(법 제59조의12). 장애인권익옹호기관의 장은 장애인학대가 종료된 후에도 피해장애인의 안전 확보, 장애인학대의 재발 방지, 건전한 가정기능의 유지 등을 위하여 피해장애인, 피해장애인의 보호자 · 가족 및 장애인학대행위자에게 상담, 교육 및 의료적 · 심리적 치료 등의 지원을 하여야 한다.

그리고 특별시장 · 광역시장 · 특별자치시장 · 도지사 · 특별자치도지사는 피해장애인의 임시 보호 및 사회복귀 지원을 위하여 장애인 쉼터를 설치 · 운영할 수 있다(법 제59조의13).

물음 12-3

국가는 지역 간의 연계체계를 구축하고 장애인학대를 예방하기 위하여 ____________________ 을 설치, 운영하여야 한다.

6) 전달체계 및 위원회

(1) 복지시설

장애인 생활시설이 대규모화되면서 시설 이용자들의 개별적 요구를 충족시키지 못하고, 자율성 감소나 사생활 침해와 같은 부작용이 발생하고 있고, 시설 이용자들이 전문적인 서비스를 제공받기에 어려우며, 다양한 환경과 상호작용할 수 있는 기회를 제한하여 결과적으로 지역사회와 분리되는 결과를 초래한다는 문제들이 지속적으로 제기되어 왔다. 그래서 장애인복지시설 이용자 중심의 서비스체계를 구축하는 방향으로 다음과 같이 장애인복지시설 이용에 관한 기본적 원칙이 제시되었다.

국가와 지방자치단체는 장애인이 제58조에 따른 장애인복지시설의 이용을 통하여 기능회복과 사회적 향상을 도모할 수 있도록 필요한 정책을 강구하여야 하며, 장애인복지시설을 이용하는 장애인의 인권을 보호하기 위하여 필요한 정책을 마련하고 관련 프로그램을 실시할 수 있는 기반을 조성하여야 한다. 장애인복지실시기관은 장애인복지시설에 대한 장애인의 선택권을 최대한 보장하여야 하며, 장애인의 선택권을 보장하기 위하여 장애인복지시설을 이용하려는 장애인에게 시설의 선택에 필요한 정보를 충분히 제공하여야 한다. 제58조에 따른 장애인복지시설의 선택에 필요한 정보 제공과 서비스 제공 시에는 장애인의 성별 · 연령 및 장애의 유형과 정도를 고려하여야 한다(법 제57조).

① 장애인복지시설의 종류

장애인복지시설의 종류는 다음과 같으며, 장애인복지시설의 구체적인 종류와 사업 등에 관한 사항은 보건복지부령으로 정한다(법 제58조).

1. 장애인 거주시설: 거주공간을 활용하여 일반 가정에서 생활하기 어려운 장애인에게 일정 기간 동안 거주 · 요양 · 지원 등의 서비스를 제공하는 동시에 지역사회생활을 지원하는 시설
2. 장애인 지역사회재활시설: 장애인을 전문적으로 상담 · 치료 · 훈련하거나 장애인의 일상생활, 여가활동 및 사회참여활동 등을 지원하는 시설(장애인복지관, 장애인주간보호시설, 장애인 체육시설, 장애인심부름센터 등)

3. 장애인 직업재활시설: 일반 작업환경에서는 일하기 어려운 장애인이 특별히 준비된 작업환경에서 직업훈련을 받거나 직업생활을 할 수 있도록 하는 시설(직업훈련 및 직업 생활을 위하여 필요한 제조 · 가공 시설, 공장 및 영업장 등 부속용도의 시설로서 보건복지부령으로 정하는 시설을 포함한다).
   - 보호작업장: 직업능력이 낮은 장애인에게 직업적응능력 및 직무기능향상 훈련 등 직업재활훈련 프로그램을 제공하고 보호가 가능한 조건에서 근로의 기회를 제공하여, 이에 상응하는 노동의 대가로 임금을 지급하며, 장애인 근로사업장이나 그 밖의 경쟁적인 고용시장으로 옮겨 갈 수 있도록 돕는 역할을 하는 시설
   - 근로작업장: 직업능력은 있으나 이동 및 접근성 또는 사회적 제약 등으로 취업이 어려운 장애인에게 근로의 기회를 제공하고, 최저 임금 이상의 임금을 지급하며, 경쟁적인 고용시장으로 옮겨 갈 수 있도록 돕는 역할을 하는 시설
   - 장애인직업적응훈련시설: 작업능력이 극히 낮은 장애인에게 작업활동, 일상생활훈련 등을 제공하여 기초작업능력을 습득시키고, 작업평가 및 사회적응훈련 등을 실시하여 장애인 보호작업장 또는 장애인근로사업장이나 그 밖의 경쟁적인 고용시장으로 옮겨 갈 수 있도록 돕는 역할을 하는 시설
4. 장애인 의료재활시설: 장애인을 입원 또는 통원하게 하여 상담, 진단 · 판정, 치료 등 의료재활서비스를 제공하는 시설(재활의원, 재활병원 등)
5. 그 밖에 대통령령으로 정하는 시설(시행령 제36조): 장애인 쉼터, 피해장애아동 쉼터, 장애인생산품 판매시설

② 장애인복지시설의 설치

국가와 지방자치단체는 장애인복지시설을 설치할 수 있다. 이 외의 자가 장애인복지시설을 설치 · 운영하려면 해당 시설 소재지 관할 시장 · 군수 · 구청장에게 신고하여야 하며, 신고한 사항 중 보건복지부령으로 정하는 중요한 사항을 변경할 때에도 신고하여야 한다. 다만, 폐쇄 명령(법 제62조)을 받고 1년이 지나지 아니한 자는 시설의 설치 · 운영 신고를 할 수 없다. 장애인 거주시설의 정원은 30명을 초과할 수 없다(법 제59조).

성범죄자의 취업제한과 관련된 내용은 다음과 같다(법 제59조의3). 법원은 성범죄(성폭력범죄 또는 아동·청소년 대상 성범죄)로 형 또는 치료감호를 선고하는 경우에는 판결(약식명령을 포함)로 그 형 또는 치료감호의 전부 또는 일부의 집행을 종료하거나 집행이 유예·면제된 날(벌금형을 선고받은 경우에는 그 형이 확정된 날)부터 일정 기간 동안 장애인복지시설을 운영하거나 취업 또는 사실상 노무를 제공할 수 없도록 하는 명령(취업제한명령)을 성범죄 사건의 판결과 동시에 선고(약식명령의 경우에는 고지를 말한다)하여야 한다. 다만, 재범의 위험성이 현저히 낮은 경우, 그 밖에 취업을 제한하여서는 아니 되는 특별한 사정이 있다고 판단하는 경우에는 그러하지 아니하다. 취업제한기간은 10년을 초과하지 못한다.

③ 시설 운영의 개시 등

시설 운영자가 시설 운영을 중단 또는 재개하거나 시설을 폐지하려는 때에는 보건복지부령이 정하는 바에 따라 미리 시장·군수·구청장에게 신고하여야 한다(법 제60조). 그리고 시설 운영자가 시설 운영을 중단하거나 시설을 폐지할 때에는 시설 이용자의 권익을 보호하기 위하여 필요한 조치를 하여야 한다.[9] 그리고 시장·군수·구청장은 그 조치내용을 확인하고 신고를 수리해야 한다.

④ 거주시설 이용 절차

거주시설 이용과 관련해서는 먼저 장애인 거주시설의 이용 신청 및 이용 중단 절차와 이에 관련하여 필요한 조치를 규정하여 이용 중단에 따른 어떠한 불이익한 처분이나 차별을 하지 못하도록 하고 있다. 즉, 장애인 거주시설을 이용하려는 자와 그 친족, 그 밖의 관계인은 보건복지부령으로 정하는 서

9 뒤의 사례 적용을 참고하기 바란다.

류를 갖추어 시장 · 군수 · 구청장에게 장애인의 시설 이용을 신청하여야 한다. 시설 이용을 신청받은 시장 · 군수 · 구청장은 제32조의4에 따른 서비스 지원 종합조사 결과 등을 활용하여 이용 신청자의 시설 이용 적격성 여부를 심사하고 그 결과에 따라 시설 이용 여부를 결정하여야 한다(법 제60조의2).

두 번째는 장애인 거주시설의 서비스 최저기준에 대한 내용이다. 보건복지부장관은 장애인 거주시설에서 제공하여야 하는 서비스의 최저기준을 마련하여야 하며, 장애인복지실시기관은 그 기준이 충족될 수 있도록 필요한 조치를 취하여야 한다. 시설 운영자는 서비스의 최저기준 이상으로 서비스의 수준을 유지하여야 한다. 서비스 최저기준의 구체적인 내용과 시행에 관하여 필요한 사항은 보건복지부령으로 정한다(법 제60조의3).

마지막으로, 장애인 거주시설 운영자의 의무에 대한 내용이다. 시설 운영자는 시설 이용자의 인권을 보호하고, 인권이 침해된 경우에는 즉각적인 회복조치를 취하여야 한다. 시설 운영자는 시설 이용자의 거주, 요양, 생활지원, 지역사회생활 지원 등을 위하여 필요한 서비스를 제공하여야 한다. 시설 운영자는 시설 이용자의 사생활 및 자기결정권의 보장을 위하여 노력하여야 한다. 그리고 시설 운영자는 시설 이용자의 인권을 보호하기 위하여 장애인 거주시설에 시설 이용 장애인 인권지킴이단을 두어야 한다(법 제60조의4).

⑤ 감독 및 시설의 개선, 정지, 폐쇄 명령 등

장애인복지실시기관(보건복지부장관, 시 · 도지사, 시 · 군 · 구청장)은 장애인복지시설을 설치 · 운영하는 자의 소관업무 및 시설 이용자의 인권실태 등을 지도 · 감독하며, 필요한 경우 그 시설에 관한 보고 또는 관련 서류 제출을 명하거나 소속 공무원에게 그 시설의 운영 상황 · 장부, 그 밖의 서류를 조사 · 검사하거나 질문하게 할 수 있다(법 제61조).

장애인복지실시기관은 장애인복지시설이 다음의 어느 하나에 해당하는 때에는 그 시설의 개선, 사업의 정지, 시설의 장의 교체를 명하거나 해당 시설의 폐쇄를 명할 수 있다(법 제62조 제1항).

1. 제59조 제6항에 따른 시설기준에 미치지 못한 때
2. 정당한 사유 없이 제61조에 따른 보고를 하지 아니하거나 거짓으로 보고한 때 또는 조사 · 검사 및 질문을 거부 · 방해하거나 기피한 때
3. 사회복지법인이나 비영리법인이 설치 · 운영하는 시설인 경우 그 사회복지법인이나 비영리법인의 설립 허가가 취소된 때
4. 시설의 회계 부정이나 시설이용자에 대한 인권침해 등 불법행위, 그 밖의 부당행위 등이 발견된 때
5. 설치 목적을 이루었거나 그 밖의 사유로 계속하여 운영할 필요가 없다고 인정되는 때
6. 장애인복지시설에서 성폭력범죄 또는 학대관련범죄가 발생한 때
7. 이 법 또는 이 법에 따른 명령이나 처분을 위반한 경우

장애인복지시실시기관은 장애인 거주시설이 제60조의3에 따른 서비스 최저기준을 유지하지 못할 때에는 그 시설의 개선, 사업의 정지, 시설의 장의 교체를 명하거나 해당 시설의 폐쇄를 명할 수 있다(법 제62조 제2항).

물음 12-4

장애인 거주시설의 정원은 _____ 명을 초과할 수 없다.

(2) 장애인정책조정위원회

장애인 종합정책을 수립하고 관계 부처 간의 의견을 조정하며 그 정책의 이행을 감독 · 평가하기 위하여 국무총리 소속하에 장애인정책조정위원회를 둔다(법 제11조). 위원회는 필요하다고 인정되면 관계 행정기관에 그 직원의 출석 · 설명과 자료 제출을 요구할 수 있다. 위원회는 다음의 사항을 심의 · 조정한다.

1. 장애인복지정책의 기본방향에 관한 사항
2. 장애인복지 향상을 위한 제도개선과 예산지원에 관한 사항
3. 중요한 특수교육정책의 조정에 관한 사항
4. 장애인 고용촉진정책의 중요한 조정에 관한 사항
5. 장애인 이동보장 정책조정에 관한 사항
6. 장애인정책 추진과 관련한 재원조달에 관한 사항
7. 장애인복지에 관한 관련 부처의 협조에 관한 사항
8. 그 밖에 장애인복지와 관련하여 대통령령으로 정하는 사항

(3) 장애인복지 전문인력

장애인복지는 여러 학문과 기술이 종합적으로 팀워크를 이루어서 실천되어야 효과적으로 목적을 달성할 수 있다. 따라서 장애인복지실천에는 다양한 장애인복지 전문인력이 요청되는데, 이를 「장애인복지법」에서 규정하고 있다. 국가와 지방자치단체, 그 밖의 공공단체는 의지 · 보조기 기사, 언어재활사, 장애인재활상담사, 한국수어 통역사, 점역 · 교정사 등 장애인복지 전문인력, 그 밖에 장애인복지에 관한 업무에 종사하는 자를 양성 · 훈련하는 데에 노력해야 한다(법 제71조).

7) 사례 적용

사례 장애인 학대

경상북도 안동시 장애인들이 안동시청 앞에서 무기한 노숙농성을 시작했다. 이들은 안동시를 향해 인권침해가 발생한 장애인거주시설 '선산재활원' 폐쇄처분에 따른 후속조치를 제대로 이행하라고 요구 중이다. 420장애인차별철폐안동공동투쟁단(이하 420안동공투단)은 8일 오전 11시, 안동시청 앞에서 기자회견을 열고 "선산재활원 임시 운영진을 새로 구성하고 거주인을 신속히 분리조치하라"며, 안동시가 이를 수용할 때까지 노숙농성을 이어 가겠다고 밝혔다.

> 안동시 와룡면 지적장애인거주시설 선산재활원(사회복지법인 선산재활원)은 지난달 22일, 안동시로부터 '시설폐쇄' 처분을 받았다. 시설폐쇄는 지방자치단체가 장애인거주시설에 내릴 수 있는 가장 강력한 행정명령이다. 처분대로라면 선산재활원은 올해 12월 13일까지 거주자들에 대한 자립생활 계획 등의 조치를 세우고 시설을 폐쇄해야 한다.

출처: 비마이너(2022. 8. 8.). www.beminor.com

시설 운영자가 시설 운영을 중단하거나 폐지할 때에는 이용자 권익을 위한 다음과 같은 조치를 하도록 규정되어 있다.

〈관련 근거법〉

제60조(장애인복지시설 운영의 개시 등) ① 제59조 제2항에 따라 신고한 자는 지체 없이 시설 운영을 시작하여야 한다.

② 시설 운영자가 시설 운영을 중단 또는 재개하거나 시설을 폐지하려는 때에는 보건복지부령이 정하는 바에 따라 미리 시장·군수·구청장에게 신고하여야 한다.

③ 시설 운영자가 제2항에 따라 시설 운영을 중단하거나 시설을 폐지할 때에는 보건복지부령이 정하는 바에 따라 시설 이용자의 권익을 보호하기 위하여 다음 각 호의 조치를 하여야 한다. 이 경우 시장·군수·구청장은 그 조치 내용을 확인하고 제2항에 따른 신고를 수리하여야 한다.

1. 시장·군수·구청장의 협조를 받아 시설 이용자가 다른 시설을 선택할 수 있도록 하고 그 이행을 확인하는 조치
2. 시설 이용자가 이용료·사용료 등의 비용을 부담하는 경우 납부한 비용 중 사용하지 아니한 금액을 반환하게 하고 그 이행을 확인하는 조치

3. 보조금 · 후원금 등의 사용 실태 확인과 이를 재원으로 조성한 재산 중 남은 재산의 회수조치
4. 그 밖에 시설 이용자의 권익 보호를 위하여 필요하다고 인정되는 조치

④ 시설 운영자가 제2항에 따라 시설 운영을 재개하려고 할 때에는 보건복지부령으로 정하는 바에 따라 시설 이용자의 권익을 보호하기 위하여 다음 각 호의 조치를 하여야 한다. 이 경우 시장 · 군수 · 구청장은 그 조치 내용을 확인하고 제2항에 따른 신고를 수리하여야 한다.

1. 운영 중단 사유의 해소
2. 향후 안정적 운영계획의 수립
3. 그 밖에 시설 이용자의 권익 보호를 위하여 보건복지부장관이 필요하다고 인정하는 조치

⑤ 제1항과 제2항에 따른 시설 운영의 개시 · 중단 · 재개 및 시설 폐지의 신고 등에 관하여 필요한 사항은 보건복지부령으로 정한다.

2. 정신건강증진 및 정신질환자 복지서비스 지원에 관한 법률(약칭: 정신건강복지법)

1995년 제정된 「정신보건법」은 2016년 5월 29일에 정신질환자의 범위를 중증정신질환자로 축소 정의하고, 전 국민 대상의 정신건강증진의 장을 신설하며, 비자의 입원 · 퇴원 제도를 개선하고, 정신질환자에 대한 복지서비스 제공을 추가하는 등 현행 법률상 미흡한 점을 개선 · 보완하여 「정신건강증진 및 정신질환자 복지서비스 지원에 관한 법률」로 명칭이 바뀌면서 전부 개정되어 2017년 5월 30일부터 시행되었다.

1) 목적

이 법은 정신질환의 예방 · 치료, 정신질환자의 재활 · 복지 · 권리보장과 정신건강 친화적인 환경 조성에 필요한 사항을 규정함으로써 국민의 정신건강증진 및 정신질환자의 인간다운 삶을 영위하는 데 이바지함을 목적으로 한다(법 제1조).

2) 기본 이념

이 법의 기본 이념은 다음과 같다.

모든 국민은 정신질환으로부터 보호받을 권리를 가진다. 그리고 모든 정신질환자는 인간으로서의 존엄과 가치를 보장받고, 최적의 치료를 받을 권리를 가진다. 모든 정신질환자는 정신질환이 있다는 이유로 부당한 차별대우를 받지 아니한다. 미성년자인 정신질환자는 특별히 치료, 보호 및 교육을 받을 권리를 가진다.

정신질환자에 대해서는 입원 또는 입소(입원 등)가 최소화되도록 지역사회 중심의 치료가 우선적으로 고려되어야 하며, 정신건강증진시설에 자신의 의지에 따른 입원 또는 입소(자의입원 등)가 권장되어야 한다. 정신건강증진시설에 입원 등을 하고 있는 모든 사람은 가능한 한 자유로운 환경을 누릴 권리와 다른 사람들과 자유로이 의견교환을 할 수 있는 권리를 가진다.

또한 정신질환자는 원칙적으로 자신의 신체와 재산에 관한 사항에 대하여 스스로 판단하고 결정할 권리를 가진다. 특히 주거지, 의료행위에 대한 동의나 거부, 타인과의 교류, 복지서비스의 이용 여부와 복지서비스 종류의 선택 등을 스스로 결정할 수 있도록 자기결정권을 존중받는다. 정신질환자는 자신에게 법률적 · 사실적 영향을 미치는 사안에 대하여 스스로 이해하여 자신의 자유로운 의사를 표현할 수 있도록 필요한 도움을 받을 권리를 가진다. 정신질환자는 자신과 관련된 정책의 결정과정에 참여할 권리를 가진다(법 제2조).

3) 대상

"정신질환자"란 망상, 환각, 사고(思考)나 기분의 장애 등으로 인하여 독립적으로 일상생활을 영위하는 데 중대한 제약이 있는 사람을 말한다(법 제3조 제1호).

정신질환과 정신장애의 차이

4) 정신건강증진 정책의 추진

보건복지부장관은 관계 행정기관의 장과 협의하여 5년마다 정신건강증진 및 정신질환자 복지서비스 지원에 관한 국가의 기본계획(국가계획)을 수립하여야 한다. 그리고 시 · 도지사는 국가계획에 따라 각각 시 · 도 단위의 정신건강증진 및 정신질환자 복지서비스 지원에 관한 계획(지역계획)을 수립하여야 한다(법 제7조). 보건복지부장관은 5년마다 실태조사를 실시하여야 한다(법 제10조).

그 밖의 복지서비스 개발, 고용 및 직업재활 지원, 평생교육 지원, 문화 · 예술 · 여가 · 체육활동 지원, 지역사회 거주 · 치료 · 재활 등 통합지원, 가족에 대한 정보제공과 교육 등 정신질환자에 대한 복지서비스 제공 근거가 마련되어 있다(법 제33조부터 제38조까지).

5) 입원 등

입원과 관련된 내용은 다음과 같다.

먼저, 정신질환자나 그 밖에 정신건강상 문제가 있는 사람은 보건복지부령으로 정하는 입원 등 신청서를 정신의료기관등의 장에게 제출함으로써 그 정신의료기관등에 자의입원 등을 할 수 있다(법 제41조).

동의입원제도는 다음과 같다. 환자 본인 및 보호의무자[10]의 동의를 받아 보건복지부령으로 정하는 입원 등 신청서를 정신의료기관등의 장에게 제출함으로써 입원 등을 할 수 있다(법 제42조).

보호의무자에 의한 입원은 보호의무자 2명 이상이 신청한 경우로 정신건강의학과전문의가 입원 등이 필요하다고 진단한 경우에만 해당 정신질환자를 입원 등을 시킬 수 있다(법 제43조).

시장 · 군수 · 구청장에 의한 행정입원은 다음과 같다. 정신건강의학과전문의 또는 정신건강전문요원은 정신질환으로 자신의 건강 또는 안전이나 다른 사람에게 해를 끼칠 위험이 있다고 의심되는 사람을 발견하였을 때에는 특별자치시장 · 특별자치도지사 · 시장 · 군수 · 구청장에게 대통령령으로 정하는 바에 따라 그 사람에 대한 진단과 보호를 신청할 수 있다. 경찰관도 정신건강의학과전문의 또는 정신건강전문요원에게 진단과 보호의 신청을 요청할 수 있다(법 제44조).

입원단계의 권리구제 절차를 강화하기 위하여 각 국립정신병원 및 대통령령으로 정하는 기관 안에 입원적합성심사위원회를 설치하여, 보호의무자 또는 시장 · 군수 · 구청장에 의한 입원의 경우 입원사실을 3일 이내에 위 위원회에 신고하도록 하고, 위원회는 입원의 적합성 여부를 1개월 이내에 판단하도록 하였다(법 제45조부터 제49조까지). 그리고 입원 환자의 회전문 현상, 입원의 장기화, 반복되는 재입원의 문제를 통제하기 위하여 입원 · 퇴원 등과 관련된 관리시스템을 구축하도록 하였다(법 제67조).

10 민법에 따른 후견인 또는 부양의무자는 정신질환자의 보호의무자가 된다(법 제39조).

6) 전달체계

(1) 정신건강복지센터와 국가트라우마 센터

보건복지부장관은 필요한 지역에서의 소관 정신건강증진사업[11]등의 제공 및 연계 사업을 전문적으로 수행하게 하기 위하여 정신건강복지센터를 설치 · 운영할 수 있다(법 제15조). 그리고 보건복지부장관은 재난이나 그 밖의 사고로 정신적 충격을 받은 사람의 심리적 안정과 사회 적응을 지원(심리지원)하기 위하여 국가트라우마센터를 설치 · 운영할 수 있다(법 제15조의 2). 국가트라우마센터의 심리지원을 받을 수 있는 사람은 다음과 같다.

국가트라우마센터 운영 확대

1. 재난이나 그 밖의 사고로 정신적 피해를 입은 사람과 그 가족
2. 재난이나 사고 상황에서 구조, 복구, 치료 등 현장대응업무에 참여한 사람으로서 정신적 피해를 입은 사람

(2) 정신건강증진시설(법 제27조)

"정신건강증진시설"이란 정신의료기관, 정신요양시설 및 정신재활시설을 말한다(법 제3조). 이 중 정신재활시설의 종류는 다음과 같다.

1. 생활시설: 정신질환자 등이 생활할 수 있도록 주로 의식주 서비스를 제공하는 시설
2. 재활훈련시설: 정신질환자 등이 지역사회에서 직업활동과 사회생활을 할 수 있도록 주로 상담 · 교육 · 취업 · 여가 · 문화 · 사회참여 등 각종 재활활동을 지원하는 시설

11 "정신건강증진사업"이란 정신건강 관련 교육 · 상담, 정신질환의 예방 · 치료, 정신질환자의 재활, 정신건강에 영향을 미치는 사회복지 · 교육 · 주거 · 근로 환경의 개선 등을 통하여 국민의 정신건강을 증진시키는 사업을 말한다(법 제3조 제2호).

3. 그 밖에 대통령령으로 정하는 시설(시행령 제16조): 생산품판매시설, 중독자재활시설, 종합시설(2개 이상의 정신재활시설의 기능을 복합적 · 종합적으로 제공하는 시설)

(3) 정신건강전문요원(법 제17조)

보건복지부장관은 정신건강 분야에 관한 전문지식과 기술을 갖추고 보건복지부령으로 정하는 수련기관에서 수련을 받은 사람에게 정신건강전문요원의 자격을 줄 수 있다. 정신건강전문요원은 그 전문분야에 따라 정신건강임상심리사, 정신건강간호사, 정신건강사회복지사, 정신건강작업치료사로 구분한다. 최근 정신질환자의 신체적 · 정신적 기능장애의 회복을 돕는 정신건강작업치료사의 역할이 중요하게 부각되고 있음에 따라 정신건강작업치료사를 정신건강전문요원에 포함시키는 개정이 2020년에 이루어졌다.

물음 12-5

보건복지부장관은 필요한 지역에서 소관 정신건강증진사업 등의 제공 및 연계사업을 전문적으로 수행하기 위하여 ________________를 설치 · 운영할 수 있다.

물음 12-6

정신건강증진시설이란 정신의료기관, 정신요양시설 및 ________________을 말한다.

핵심 정리

「장애인복지법」에서는 장애유형을 신체적 장애와 정신적 장애로 나누고 대통령령으로 장애의 종류에 대해 세부 내용을 정하도록 하고 있으며, 장애인 등록은 재외동포 및 외국인도 할 수 있다.

「정신건강증진 및 정신질환자 복지서비스 지원에 관한 법률」은 정신질환의 예방 · 치료, 정신질환자의 재활 · 복지 · 권리보장과 정신건강 친화적인 환경 조성에 필요한 사항을 규정함으로써 국민의 정신건강증진 및 정신질환자가 인간다운 삶을 영위하는 데 이바지함을 목적으로 한다.

물음에 대한 답

12-1 보건복지부장관은 장애인 복지정책의 수립에 필요한 기초 자료로 활용하기 위하여 3년마다 장애인의 실태조사를 실시하여야 한다.

12-2 국가와 지방자치단체는 장애인의 장애 정도와 경제적 수준을 고려하여 장애로 인한 추가적 비용을 보전(補塡)하게 하기 위하여 장애수당을 지급할 수 있다.

12-3 국가는 지역 간의 연계체계를 구축하고 장애인학대를 예방하기 위하여 중앙장애인권익옹호기관을 설치, 운영하여야 한다.

12-4 장애인 거주시설의 정원은 30명을 초과할 수 없다.

12-5 보건복지부장관은 필요한 지역에서 소관 정신건강증진사업 등의 제공 및 연계사업을 전문적으로 수행하기 위하여 정신건강복지센터를 설치 · 운영할 수 있다.

12-6 정신건강증진시설이란 정신의료기관, 정신요양시설 및 정신재활시설을 말한다.

제13장 사회서비스법 4

1. 노인복지법

1) 목적

「노인복지법」은 노인의 질환을 사전예방 또는 조기발견하고 질환상태에 따른 적절한 치료 · 요양으로 심신의 건강을 유지하고, 노후의 생활안정을 위하여 필요한 조치를 강구함으로써 노인의 보건복지증진에 기여함을 목적으로 한다(법 제1조). 목적에도 드러나듯이 노인복지는 의료적인 부분이 같이 연계되어 지원되어야 하고 이러한 내용으로 법 내용도 이루어졌다.

2) 대상

「노인복지법」에 나이에 대한 기준은 정확히 명시되어 있지 않다. 그러나 노인주택의 입소자격(법 제33조의2 제1항)에서 60세 이상인 노인이라는 규정을 제외하고는 대부분 65세 이상의 노인을 개별 조항(법 제25조, 제26조, 제27조, 제28조)에서 법의 대상자로 명시하고 있다.

3) 급여

(1) 보건복지증진

① 노인 사회참여 지원(법 제23조)

국가 또는 지방자치단체는 노인의 사회참여 확대를 위하여 노인의 지역봉사 활동기회를 넓히고 노인에게 적합한 직종의 개발과 그 보급을 위한 시책을 강구하고, 근로능력이 있는 노인에게 일할 기회를 우선적으로 제공하도록 노력하여야 하며, 노인의 지역봉사 활동 및 취업의 활성화를 기하기 위하여 노인지역봉사기관, 노인취업알선기관 등 노인복지관계기관에 대하여 필요한 지원을 할 수 있다.

② 생업지원(법 제25조)

국가, 지방자치단체, 그 밖의 공공단체 중 대통령령으로 정하는 기관은 소관 공공시설에 식료품 · 사무용품 · 신문 등 일상생활용품의 판매를 위한 매점이나 자동판매기의 설치를 허가 또는 위탁할 때에는 65세 이상 노인의 신청이 있는 경우 이를 우선적으로 반영하여야 한다. 국가, 지방자치단체, 그 밖의 공공단체 중 대통령령으로 정하는 기관은 소관 공공시설에 청소, 주차관리, 매표 등의 사업을 위탁하는 경우에는 65세 이상 노인을 100분의 20 이상 채용한 사업체를 우선적으로 고려할 수 있다.

③ 경로우대(법 제26조)

국가 또는 지방자치단체는 65세 이상의 자에 대하여 대통령령이 정하는 바에 의하여 국가 또는 지방자치단체의 수송시설 및 고궁 · 능원 · 박물관 · 공원 등의 공공시설을 무료로 또는 그 이용요금을 할인하여 이용하게 할 수 있으며, 노인의 일상생활에 관련된 사업을 경영하는 자에게 65세 이상의 자에 대하여 그 이용요금을 할인하여 주도록 권유할 수 있다.

④ 건강진단과 홀로 사는 노인 지원

국가 또는 지방자치단체는 대통령령이 정하는 바에 의하여 65세 이상의 자에 대하여 건강진단과 보건교육을 실시할 수 있으며, 이에 의한 건강진단 결과 필요하다고 인정한 때에는 그 건강진단을 받은 자에 대하여 필요한 지도를 하여야 한다. 이 경우 성별 다빈도질환 등을 반영해야 한다(법 제27조). 또한 국가 또는 지방자치단체는 노인성 질환자의 경제적 부담능력 등을 고려하여 노인성 질환(안 질환, 무릎관절증, 전립선 질환)의 예방교육, 조기발견 및 치료 등에 필요한 비용의 전부 또는 일부를 지원할 수 있다(법 제27조의4).

한편, 국가 또는 지방자치단체는 홀로 사는 노인에 대하여 방문요양과 돌봄 등의 서비스와 안전확인 등의 보호조치를 취하여야 한다(법 제27조의2). 보건복지부장관은 홀로 사는 노인에 대한 돌봄과 관련하여 사업의 홍보, 종사자 교육 등의 사업을 수행하기 위하여 독거노인종합지원센터를 설치 · 운영할 수 있다(법 제27조의3).

독거노인종합지원센터

⑤ 상담 · 입소 등의 조치(법 제28조)

보건복지부장관, 시 · 도지사, 시장 · 군수 · 구청장(복지실시기관)은 노인에 대한 복지를 도모하기 위하여 필요하다고 인정한 때에는 다음의 조치를 하여야 한다. 그리고 복지실시기관은 65세 미만의 자에 대하여도 그 노쇠현상이 현저하여 특별히 보호할 필요가 있다고 인정할 때에는 그와 같은 조치를 할 수 있다.

1. 65세 이상의 자 또는 그를 보호하고 있는 자를 관계공무원 또는 노인복지상담원으로 하여금 상담 · 지도하게 하는 것
2. 65세 이상의 자로서 신체적 · 정신적 · 경제적 이유 또는 환경상의 이유로 거택에서 보호받기가 곤란한 자를 노인주거복지시설 또는 재가노인복지시설에 입소시키거나 입소를 위탁하는 것

3. 65세 이상의 자로서 신체 또는 정신상의 현저한 결함으로 인하여 항상 보호를 필요로 하고 경제적 이유로 거택에서 보호받기가 곤란한 자를 노인의료복지시설에 입소시키거나 입소를 위탁하는 것

⑥ 안전사고 예방 및 노인실태조사

국가와 지방자치단체는 노인의 안전을 보장하고 낙상사고 등 노인에게 치명적인 사고를 예방하기 위하여 필요한 시책을 수립 · 시행하여야 한다. 이 경우 안전사고 예방 시책은 「재난 및 안전관리 기본법」에 따른 국가안전관리기본계획, 시 · 도안전관리계획 및 시 · 군 · 구안전관리계획과 연계되어야 한다(법 제4조의2).

보건복지부장관은 노인의 보건 및 복지에 관한 실태조사를 3년마다 실시하고 그 결과를 공표하여야 한다(법 제5조). 노인실태조사는 노인복지 시책을 위한 기본 자료로 사용된다.

⑦ 인권교육

노인복지시설 중 경로당과 노인교실을 제외한 시설을 설치 · 운영하는 자와 그 종사자는 인권에 관한 교육(인권교육)을 받아야 한다. 그리고 시설을 설치 · 운영하는 자는 해당 시설을 이용하고 있는 노인들에게 인권교육을 실시할 수 있다(법 제6조의3, 시행령 제11조의2).

물음 13-1

국가 또는 지방자치단체는 __________ 노인에 대하여 방문요양과 돌봄 등의 서비스와 안전확인 등의 보호조치를 취하여야 한다.

(2) 일자리전담기관

고령사회에서 일할 의사를 지닌 노인에게 알맞은 일자리를 창출하여 제공하는 일은 개인적 차원이나 사회적 차원에서 매우 중요한 과제다. 노인일자리사업은 노인에게 노후의 보충적 소득보장을 통해 경제적 도움을 제공할 뿐만 아니라 활동적 노화 및 생산적 노후생활을 영위하게 함으로써 노인의 삶의 질 향상에 기여할 수 있을 것이다. 노인의 능력과 적성에 맞는 일자리지원사업을 전문적 · 체계적으로 수행하기 위한 전담기관(노인일자리전담기관)은 다음의 기관으로 한다(법 제23조의2).

1. 노인인력개발기관: 노인일자리개발 · 보급사업, 조사사업, 교육 · 홍보 및 협력사업, 프로그램인증 · 평가사업 등을 지원하는 기관
2. 노인일자리지원기관: 지역사회 등에서 노인일자리의 개발 · 지원, 창업 · 육성 및 노인에 의한 재화의 생산 · 판매 등을 직접 담당하는 기관
3. 노인취업알선기관: 노인에게 취업 상담 및 정보를 제공하거나 노인일자리를 알선하는 기관

경기도 노인일자리 및 사회활동 지원사업

(3) 실종노인에 관한 신고의무

누구든지 정당한 사유 없이 사고 등의 사유로 인하여 보호자로부터 이탈된 노인(실종노인)을 경찰관서 또는 지방자치단체의 장에게 신고하지 아니하고 보호하여서는 아니 된다(법 제39조의10). 이를 위반한 자는 3년 이하의 징역 또는 3천만 원 이하의 벌금에 처한다(법 제55조의4).

제31조에 따른 노인복지시설(인가 · 신고 등을 하지 아니하고 노인을 보호하는 시설을 포함한다)의 장 또는 그 종사자는 그 직무를 수행하면서 실종노인임을 알게 된 때에는 지체 없이 보건복지부령으로 정하는 신상카드를 작성하여 지방자치단체의 장과 실종노인의 데이터베이스 구축 · 운영 업무를 수행하는 기관의 장에게 제출하여야 한다.

보건복지부장관은 실종노인의 발생 예방, 조속한 발견과 복귀를 위하여 실종노인과 관련된 조사 및 연구, 실종노인의 데이터베이스 구축 · 운영, 그 밖에 실종노인의 보호 및 지원에 필요한 사항의 업무를 수행해야 한다. 그리고 경찰청장은 실종노인의 조속한 발견과 복귀를 위하여 실종노인에 대한 신고체계의 구축 및 운영, 그 밖에 실종노인의 발견과 복귀를 위하여 필요한 사항을 시행하여야 한다.

(4) 노인학대

"노인학대"란 노인에 대하여 신체적 · 정신적 · 정서적 · 성적 폭력 및 경제적 착취 또는 가혹행위를 하거나 유기 또는 방임을 하는 것을 말한다(법 제1조의2 제4호). "노인학대관련범죄"란 보호자에 의한 65세 이상 노인에 대한 노인학대로서 「형법」 제2편 제25장 상해와 폭행의 죄 중 제257조(상해, 존속상해), 제258조(중상해, 존속중상해), 제260조(폭행, 존속폭행) 제1항 · 제2항, 제261조(특수폭행) 및 제264조(상습범)의 죄 등 어느 하나에 해당되는 죄를 말한다(법 제1조의2 제5호).

범국민적으로 노인학대에 대한 인식을 높이고 관심을 유도하기 위하여 매년 6월 15일을 노인학대예방의 날로 지정하고 있다(법 제6조 제4항).

① 금지행위

노인학대 행위(법 제39조의9)와 이에 따른 벌칙(법 제55조의2~제55조의4)은 〈표 13-1〉과 같다.

〈표 13-1〉 노인에 대한 금지행위와 벌칙

금지행위	벌칙
노인의 신체에 상해를 가하는 행위	7년 이하의 징역 또는 7천만 원 이하의 벌금
• 노인의 신체에 폭행을 가하는 행위 • 노인에게 성적 수치심을 주는 성폭력 · 성희롱 등의 행위 • 자신의 보호 · 감독을 받는 노인을 유기하거나 의식주를 포함한 기본적 보호 및 치료를 소홀히 하는 방임행위 • 노인에게 구걸을 하게 하거나 노인을 이용하여 구걸하는 행위 • 폭언, 협박, 위협 등으로 노인의 정신건강에 해를 끼치는 정서적 학대행위	5년 이하의 징역 또는 5천만 원 이하의 벌금
노인을 위하여 증여 또는 급여된 금품을 그 목적 외의 용도에 사용하는 행위	3년 이하의 징역 또는 3천만 원 이하의 벌금

법원은 노인학대관련범죄로 형 또는 치료감호를 선고하는 경우에는 판결(약식명령을 포함한다)로 그 형 또는 치료감호의 전부 또는 일부의 집행을 종료하거나 집행이 유예 · 면제된 날(벌금형을 선고받은 경우에는 그 형이 확정된 날다)부터 일정 기간 동안 노인관련기관을 운영하거나 노인관련기관에 취업 또는 사실상 노무를 제공할 수 없도록 하는 명령(취업제한명령)을 판결과 동시에 선고(약식명령의 경우에는 고지를 말한다)하여야 한다. 취업제한기간은 10년을 초과하지 못한다(법 제39조의17).

보건복지부장관, 시 · 도지사 또는 시장 · 군수 · 구청장은 노인학대 행위로 제60조에 따른 처벌(양벌규정)을 받은 법인 등이 운영하는 시설에 대하여 그 위반행위, 처벌내용, 해당 법인 또는 시설의 명칭, 대표자 성명, 시설장 성명 등의 사항을 공표할 수 있다. 그리고 요양보호사 자격취소 처분을 받거나 노인학대 관련 처벌을 받은 자로서 노인학대행위로 노인의 생명을 해치거나 신체 또는 정신에 중대한 피해를 입힌 노인복지시설의 장과 종사자에 대하여 법 위반 이력 및 명단 등의 사항을 공표할 수 있다(법 제39조의18).

② 노인보호전문기관(법 제39조의5)

노인보호전문기관은 지역 간 연계체계 구축과 지원사업을 하는 중앙노인보호전문기관과 실제 학대받은 노인의 발견 · 보호 · 치료를 담당하는 지역노인보호전문기관으로 나누어 설치 · 운영된다.[1]

③ 긴급전화 및 노인학대 신고의무와 절차

노인학대 신고 앱

국가 및 지방자치단체는 노인학대를 예방하고 수시로 신고를 받을 수 있도록 긴급전화를 설치하여야 한다(법 제39조의4 제1항).

또한 누구든지 노인학대를 알게 된 때에는 노인보호전문기관 또는 수사기관에 신고할 수 있다. 특히 신고의무자가 직무상 65세 이상의 사람에 대한 노인학대를 알게 된 때에는 즉시 노인보호전문기관 또는 수사기관에 신고하여야 한다(법 제39조의6). 신고의무자가 노인학대를 신고하지 않은 경우에는 500만 원 이하의 과태료를 부과한다(법 제61조의2 제2항). 신고인의 신분은 보장되어야 하며 그 의사에 반하여 신분이 노출되어서는 아니 된다(법 제39조의6 제3항).

④ 응급조치 의무

제39조의6의 규정에 의하여 노인학대 신고를 접수한 노인보호전문기관의 직원이나 사법경찰관리는 지체 없이 노인학대의 현장에 출동하여야 한다. 이 경우 노인보호전문기관의 장이나 수사기관의 장은 서로 동행해 줄 것을 요청할 수 있다. 현장에 출동한 자는 학대받은 노인을 노인학대행위자로부터 분리하거나 치료가 필요하다고 인정할 때에는 노인보호전문기관 또는 의료기관에 인도하여야 한다(법 제39조의7 제1항부터 제5항). 누구든지

1 노인보호전문기관의 업무는 사례 적용을 참고하기 바란다.

노인학대 현장에 출동한 자에 대하여 현장조사를 거부하거나 업무를 방해하여서는 아니 된다(법 제39조의7 제6항). 국가와 지방자치단체는 학대피해노인을 일정 기간 보호하고 심신 치유 프로그램을 제공하기 위하여 학대피해노인 전용쉼터를 설치 · 운영할 수 있다(법 제39조의19).

⑤ 노인학대 사후관리 등(법 제39조의20)

노인보호전문기관의 장은 노인학대가 종료된 후에도 가정방문, 시설방문, 전화상담 등을 통하여 노인학대의 재발 여부를 확인하여야 한다. 노인보호전문기관의 장은 노인학대가 종료된 후에도 노인학대의 재발 방지를 위하여 필요하다고 인정하는 경우 피해노인 및 보호자를 포함한 피해노인의 가족에게 상담, 교육 및 의료적 · 심리적 치료 등의 지원을 하여야 한다. 그리고 피해노인의 보호자 · 가족은 정당한 사유 없이 노인보호전문기관의 업무 수행을 거부하거나 방해하여서는 아니 된다.

물음 13-2

국가 및 지방자치단체는 노인학대 업무를 담당하는 ________ ________ 을 설치하여야만 한다.

4) 전달체계

(1) 노인복지시설

노인복지시설은 노인주거복지시설, 노인의료복지시설, 노인여가복지시설, 재가노인복지시설, 노인보호전문기관, 노인일자리지원기관, 학대피해노인 전용쉼터로 나눌 수 있다(법 제31조).[2] 노인복지시설은 국가 또는 지방

2 노인보호전문기관, 노인일자리지원기관, 학대피해노인 전용쉼터는 앞서 제시했으므로 여기에서 설명은 생략한다.

자치단체가 설치할 수 있으며 그 외에 자가 설치하고자 하는 경우에는 시장·군수·구청장에게 신고해야 한다(법 제33조, 제35조, 제37조, 제39조).

① 노인복지시설의 종류

가. 노인주거복지시설

노인주거복지시설은 가정을 대신하여 노인들이 생활할 수 있도록 주거를 포함한 일체의 생활이 가능하도록 서비스를 제공하는 시설로서, 다음과 같은 종류로 나뉜다(법 제32조).

1. 양로시설: 노인을 입소시켜 급식과 그 밖에 일상생활에 필요한 편의를 제공함을 목적으로 하는 시설(입소정원 10명 이상)
2. 노인공동생활가정: 노인들에게 가정과 같은 주거여건과 급식, 그 밖에 일상생활에 필요한 편의를 제공함을 목적으로 하는 시설(입소정원 5~9명 시설)
3. 노인복지주택: 노인에게 주거시설을 임대하여 주거의 편의·생활지도·상담 및 안전관리 등 일상생활에 필요한 편의를 제공함을 목적으로 하는 시설(30세대 이상 시설)

나. 노인의료복지시설

노인의료복지시설은 주거생활은 물론 보건 의료적 서비스를 제공하는 시설로서, 입소 조치에 따른 비용 부담의 정도 및 질환의 정도 등에 따라 나눌 수 있다(법 제34조).

1. 노인요양시설: 치매·중풍 등 노인성질환 등으로 심신에 상당한 장애가 발생하여 도움을 필요로 하는 노인을 입소시켜 급식·요양과 그 밖에 일상생활에 필요한 편의를 제공함을 목적으로 하는 시설(입소정원 10명 이상)

2. 노인요양공동생활가정: 치매 · 중풍 등 노인성질환 등으로 심신에 상당한 장애가 발생하여 도움을 필요로 하는 노인에게 가정과 같은 주거여건과 급식 · 요양, 그 밖에 일상생활에 필요한 편의를 제공함을 목적으로 하는 시설 (입소정원 5~9명)

다. 노인여가복지시설

노인여가복지시설은 노인들이 건강하고 건전한 여가활동을 할 수 있도록 제반 서비스를 제공하는 시설로서 그 구체적인 목적의 차이에 따라서 다음과 같이 나눌 수 있다(법 제36조).

1. 노인복지관: 노인의 교양 · 취미생활 및 사회참여활동 등에 대한 각종 정보와 서비스를 제공하고, 건강증진 및 질병예방과 소득보장 · 재가복지, 그 밖에 노인의 복지증진에 필요한 서비스를 제공함을 목적으로 하는 시설
2. 경로당: 지역노인들이 자율적으로 친목도모 · 취미활동 · 공동작업장 운영 및 각종 정보교환과 기타 여가활동을 할 수 있도록 하는 장소를 제공함을 목적으로 하는 시설
3. 노인교실: 노인들에 대하여 사회활동 참여욕구를 충족시키기 위하여 건전한 취미생활 · 노인건강유지 · 소득보장, 기타 일상생활과 관련한 학습프로그램을 제공함을 목적으로 하는 시설

국가 또는 지방자치단체는 경로당의 활성화를 위하여 지역별 · 기능별 특성을 갖춘 표준 모델 및 프로그램을 개발 · 보급하여야 한다(법 제37조 제4항). 그리고 예산의 범위에서 「양곡관리법」에 따른 정부관리양곡 구입비와 경로당의 냉난방 비용의 전부 또는 일부를 보조할 수 있다(법 제37조의2). 한편, 경로당은 전기요금, 전기통신요금, 도시가스요금, 수도요금을 감면받을 수 있다(법 제37조의3).

라. 재가노인복지시설

재가노인복지시설은 다음의 어느 하나 이상의 서비스를 제공하는 것을 목적으로 하는 시설을 말한다(법 제38조).

1. 방문요양서비스: 가정에서 일상생활을 영위하고 있는 노인(재가노인)으로서 신체적 · 정신적 장애로 어려움을 겪고 있는 노인에게 필요한 각종 편의를 제공하여 지역사회 안에서 건전하고 안정된 노후를 영위하도록 하는 서비스
2. 주 · 야간보호서비스: 부득이한 사유로 가족의 보호를 받을 수 없는 심신이 허약한 노인과 장애노인을 주간 또는 야간 동안 보호시설에 입소시켜 필요한 각종 편의를 제공하여 이들의 생활안정과 심신기능의 유지 · 향상을 도모하고, 그 가족의 신체적 · 정신적 부담을 덜어 주기 위한 서비스
3. 단기보호서비스: 부득이한 사유로 가족의 보호를 받을 수 없어 일시적으로 보호가 필요한 심신이 허약한 노인과 장애노인을 보호시설에 단기간 입소시켜 보호함으로써 노인 및 노인가정의 복지증진을 도모하기 위한 서비스
4. 방문 목욕서비스: 목욕장비를 갖추고 재가노인을 방문하여 목욕을 제공하는 서비스
5. 그 밖의 서비스: 그 밖에 재가노인에게 제공하는 서비스로서 보건복지부령으로 정하는 서비스(시행규칙 제26조의2: 재가노인지원서비스, 방문간호서비스, 복지용구지원서비스)

② 수탁의무(법 제41조)

양로시설, 노인공동생활가정 및 노인복지주택, 노인요양시설 및 노인요양공동생활가정 또는 재가노인복지시설을 설치 · 운영하는 자가 복지실시기관으로부터 노인의 입소 · 장례를 위탁받은 때에는 정당한 이유 없이 이를 거부하여서는 안 된다.

③ 감독(법 제42조)

복지실시기관은 노인복지시설 또는 요양보호사교육기관을 설치 · 운영하

는 자로 하여금 당해 시설 또는 사업에 관하여 필요한 보고를 하게 하거나 관계 공무원으로 하여금 해당 시설 또는 사업의 운영상황을 조사하게 하거나 장부, 기타 관계서류를 검사하게 할 수 있다.

(2) 요양보호사(법 제39조의2)

노인복지시설의 설치 · 운영자는 보건복지부령으로 정하는 바에 따라 노인 등의 신체활동 또는 가사활동 지원 등의 업무를 전문적으로 수행하는 요양보호사를 두어야 한다. 요양보호사가 되려는 사람은 요양보호사를 교육하는 기관에서 교육과정을 마치고 시 · 도지사가 실시하는 요양보호사 자격시험에 합격하여야 하며, 시 · 도지사는 요양보호사 자격시험에 합격한 사람에게 요양보호사 자격증을 교부하여야 한다.

물음 13-3

________________은 가정을 대신하여 노인들이 생활할 수 있도록 주거를 포함한 일체의 생활이 가능하도록 서비스를 제공하는 시설이다.

물음 13-4

노인복지시설의 설치 · 운영자는 보건복지부령으로 정하는 바에 따라 노인 등의 신체활동 또는 가사활동 지원 등의 업무를 전문적으로 수행하는 __________를 두어야 한다.

5) 재정(비용)

노인일자리전담기관의 설치 · 운영 또는 위탁에 소요되는 비용, 건강진단 등과 상담 · 입소 등의 조치에 소요되는 비용 및 노인복지시설의 설치 · 운영에 소요되는 비용은 대통령령이 정하는 바에 따라 국가 또는 지방자치단체가 부담한다(법 제45조).

6) 사례 적용

 노인보호전문기관

경기도사회서비스원 경기도노인보호전문기관 다섯 곳이 '노인학대 예방의 날'을 맞아 온라인 기념식을 개최한다. 경기도사회서비스원에 따르면, 노인학대 예방의 날(매년 6월 15일)은 노인인권을 보호하고 노인학대를 예방하기 위해 「노인복지법」에 따라 제정된 법정 기념일이다. 사회서비스원은 지난해 도내 노인학대 현황, 전국 최초 노인보호전문기관 상근직 변호사로 임용된 임정후 변호사의 학대피해노인 권리보호·지원방안 연구결과 발표를 준비했다. 노인인권의 의미를 공유할 수 있는 '노인인권사진 공모전' 시상식도 한다. 지난 4월부터 한 달 동안 노인이 직접 참여한 사진 공모에 대한 시상이 진행된다. 기념식은 오는 14일 오후 2시 유튜브를 통해 온라인으로 생중계될 예정이다. 참여방법은 유튜브에 경기도노인보호전문기관을 검색하거나 행사 포스터 QR 코드 접속을 통해 행사를 시청할 수 있다. 경기도노인보호전문기관 관계자는 "이번 행사를 통해 2022년 경기도 노인학대의 현황을 살펴보는 객관적인 자료뿐만 아니라, 어르신들이 바라는 세상을 함께 나눌 수 있는 의미 있는 시간을 마련했으니 많은 관심을 가져 달라."고 전했다. 한편, 경기도노인보호전문기관은 경기도사회서비스원 소속 공공 광역센터로 경기도(남부), 경기동부, 경기북부, 경기북서부, 경기서부 다섯 곳의 권역별로 나눠 운영 중이다.

출처: 뉴시스(2022. 6. 9.). www.newsis.com

지역 간 연계체계를 구축하고 노인학대를 예방하는 곳은 중앙노인보호전문기관이다. 한편, 학대받는 노인의 발견·보호·치료 등을 신속히 처리하고 노인학대를 예방하는 업무를 담당하는 지역노인보호전문기관은 특별시·광역시·도·특별자치도에 두도록 되어 있다. 이와 관련된 조항을 살펴보면 다음과 같다.

〈관련 근거법〉

법 제39조의5(노인보호전문기관의 설치 등) ① 국가는 지역 간의 연계체계를 구축하고 노인학대를 예방하기 위하여 다음 각 호의 업무를 담당하는 중앙노인보호전문기관을 설치 · 운영하여야 한다.

1. 노인인권보호 관련 정책제안
2. 노인인권보호를 위한 연구 및 프로그램의 개발
3. 노인학대 예방의 홍보, 교육자료의 제작 및 보급
4. 노인보호전문사업 관련 실적 취합, 관리 및 대외자료 제공
5. 지역노인보호전문기관의 관리 및 업무지원
6. 지역노인보호전문기관 상담원의 심화교육
7. 관련 기관 협력체계의 구축 및 교류
8. 노인학대 분쟁사례 조정을 위한 중앙노인학대사례판정위원회 운영
9. 그 밖에 노인의 보호를 위하여 대통령령으로 정하는 사항

② 학대받는 노인의 발견 · 보호 · 치료 등을 신속히 처리하고 노인학대를 예방하기 위하여 다음 각 호의 업무를 담당하는 지역노인보호전문기관을 특별시 · 광역시 · 도 · 특별자치도(이하 "시 · 도"라 한다)에 둔다.

1. 노인학대 신고전화의 운영 및 사례접수
2. 노인학대 의심사례에 대한 현장조사
3. 피해노인 및 노인학대자에 대한 상담

3의2. 피해노인에 대한 법률 지원의 요청

4. 피해노인가족 관련자와 관련 기관에 대한 상담
5. 상담 및 서비스제공에 따른 기록과 보관
6. 일반인을 대상으로 한 노인학대 예방교육
7. 노인학대행위자를 대상으로 한 재발방지 교육
8. 노인학대사례 판정을 위한 지역노인학대사례판정위원회 운영 및 자체사례회의 운영

9. 그 밖에 노인의 보호를 위하여 보건복지부령으로 정하는 사항

2. 사회복지사 등의 처우 및 지위 향상을 위한 법률 (약칭: 사회복지사법)

1) 목적

이 법은 사회복지사 등에 대한 처우를 개선하고 신분보장을 강화하여 사회복지사 등의 지위를 향상하도록 함으로써 사회복지증진에 이바지하는 것을 목적으로 한다(법 제1조).

2) 대상

"사회복지사 등"이란 다음 각 호의 어느 하나에 해당하는 법인 등(이하 "사회복지법인 등"이라 한다)에서 사회복지사업에 종사하는 자를 말한다(법 제2조).

1. 「사회복지사업법」 제16조에 따라 사회복지사업을 행할 목적으로 설립된 사회복지법인
2. 「사회복지사업법」 제2조에 따라 사회복지사업을 행할 목적으로 설치된 사회복지시설
3. 그 밖에 대통령령으로 정하는 사회복지 관련 단체 또는 기관(시행령 제2조)
   - 법 제4조에 따른 한국사회복지공제회
   - 「사회복지사업법」 제2조 제1호 각 목의 법률에 따라 사회복지사업을 할 목적으로 설립된 법인

- 「사회복지사업법」 제46조에 따른 한국사회복지사협회
- 그 밖에 보건복지부장관이 사회복지 관련 단체 또는 기관으로 인정하는 단체 또는 기관

3) 처우개선과 신분보장

(1) 처우개선과 신분보장(법 제3조)

국가와 지방자치단체는 사회복지사 등의 처우를 개선하고 인권 및 복지를 증진함과 아울러 그 지위를 향상시키고, 사회복지사 등을 폭력으로부터 보호하기 위하여 적극적으로 노력하여야 하며(제1항), 사회복지사 등의 보수가 사회복지전담공무원의 보수수준에 도달하도록 노력하여야 한다(제2항). 국가는 사회복지사 등의 적정 인건비에 관한 기준을 마련하여야 하며, 지방자치단체는 해당 기준을 준수하기 위하여 노력하여야 한다(제3항).

보건복지부장관과 지방자치단체의 장은 사회복지사 등의 보수 수준 및 지급실태, 제3항에 따른 기준의 지방자치단체별 준수율 등에 관하여 3년마다 조사 · 공표하여야 한다(제4항). 그동안 보건복지부의 '사회복지시설 관리안내 지침'에서는 사회복지사 등의 적정 인건비 기준을 마련하고, 지방자치단체가 이를 준수할 것을 권고하고 있으나, 지방자치단체의 재정 상황에 따라 인건비 기준을 따로 마련할 수 있기 때문에 각 지방자치단체 간 동일 업무에 대한 보수 수준의 차이가 발생하고 있다는 문제가 있었다. 이에 국가가 사회복지사 등의 적정 인건비에 관한 지침을 마련하도록 하고, 지방자치단체는 해당 지침을 준수하기 위하여 노력하도록 하며, 보건복지부장관은 지방자치단체별 지침 준수율을 3년마다 조사 · 공표하도록 함으로써 지방자치단체가 사회복지사 등의 적정 인건비에 관한 지침을 이행하도록 독려하려는 목적으로 제4항이 만들어졌다.

한편, 사회복지사 등은 사회복지법인 등의 운영과 관련된 위법 · 부당 행위 및 그 밖의 비리 사실 등을 관계 행정기관과 수사기관에 신고하는 행위로 인하여 징계 조치 등 신분상 불이익이나 근무조건상 차별을 받지 아니한다(제5항).

물음 13-5

보건복지부장관과 지방자치단체의 장은 사회복지사 등의 보수 수준 및 지급실태, 제3항에 따른 기준의 지방자치단체별 ________ 등에 관하여 3년마다 조사 · 공표하여야 한다.

(2) 처우개선위원회(법 제3조의2)

사회복지사 등의 처우개선 등에 관한 사항을 심의하기 위하여 보건복지부와 특별시 · 광역시 · 특별자치시 · 도 · 특별자치도(시 · 도) 및 시 · 군 · 구에 각각 처우개선위원회를 둔다. 다만, 시 · 군 · 구에 두는 처우개선위원회는 그 기능을 담당하기에 적합한 다른 위원회가 있는 경우에는 시 · 군 · 구의 조례로 정하는 바에 따라 그 위원회가 처우개선위원회의 기능을 수행할 수 있다. 보건복지부에 두는 처우개선위원회는 다음의 사항을 심의한다.

1. 사회복지사 등의 처우개선에 관한 사항
2. 제3조 제3항에 따른 적정 인건비 기준에 관한 사항
3. 그 밖에 사회복지사 등의 처우개선 등에 관한 사항으로서 위원장이 필요하다고 인정하여 회의에 부치는 사항

4) 사회복지공제회

(1) 설립(법 제4조)

사회복지사 등은 생활안정과 복지증진을 도모하기 위하여 보건복지부장관의 인가를 받아 사회복지공제회(공제회)를 설립할 수 있다. 공제회는 법인으로 하고, 주된 사무소는 서울특별시에 둔다. 공제회의 정관 기재사항은 대통령령으로 정하고, 정관의 변경은 대의원회의 의결을 거쳐 보건복지부장관의 인가를 받아야 한다.

(2) 회원의 자격(법 제4조의3)

공제회의 회원은 사회복지사업에 종사하는 자 중 다음의 어느 하나에 해당하는 사람으로 한다. 회원이 되려는 사람은 가입신청서를 제출하고 최초의 부담금을 납입한 날에 공제회의 회원이 된다.

1. 「사회복지사업법」 제11조에 따른 사회복지사
2. 제2조에 따른 법인 및 시설 등에 종사하는 사람
3. 「민법」 또는 다른 법률에 따라 설립된 법인 등에서 사회복지 관련 업무에 종사하는 자 중 대통령령으로 정하는 사람
4. 그 밖에 공제회 정관으로 정하는 사람

(3) 조직(법 제5조)

공제회는 의결기관으로서 대의원회와 이사회를 두고, 집행기관으로서 이사장과 이사를 두며, 감사기관으로서 감사를 둔다. 공제회 대의원의 선정, 대의원회의 구성과 권한, 이사회의 구성과 권한, 임원의 정수, 임원의 선출 및 임기, 임원의 직무, 직원의 임면 등에 관하여 필요한 사항은 대통령령으로 정한다.

(4) 사업(법 제6조)

공제회는 그 목적을 달성하기 위하여 다음의 사업을 한다. 그리고 그 목적을 달성하기 위하여 필요한 범위에서 수익사업을 할 수 있으며, 이 법에 따른 공제회의 사업에 대하여는 「보험업법」을 적용하지 아니한다.

1. 회원에 대한 공제급여의 지급
2. 사회복지시설의 안전 · 화재 등에 대한 공제사업
3. 자금조성을 위한 사업
4. 회원의 복지 · 후생을 위한 사업
5. 제1호부터 제4호까지의 사업에 부대되는 사업 중 정관으로 정하는 사업

3. 장애인활동 지원에 관한 법률(약칭: 장애인활동법)

1) 목적

이 법은 신체적 · 정신적 장애 등의 사유로 혼자서 일상생활과 사회생활을 하기 어려운 장애인에게 제공하는 활동지원급여 등에 관한 사항을 규정하여 장애인의 자립생활을 지원하고 그 가족의 부담을 줄임으로써 장애인의 삶의 질을 높이는 것을 목적으로 한다(법 제1조). 이 법은 신체적 · 정신적 장애 등으로 혼자서 일상생활과 사회생활을 하기 어려운 장애인에게 제공하는 활동보조, 방문목욕, 방문간호 또는 주간보호 등의 활동지원급여 등에 관한 사항을 규정하여 장애인의 자립생활을 지원하고 그 가족의 부담을 줄임으로써 장애인의 삶의 질을 높이려는 목적으로 2011년 1월 4일 제정되어 같은 해 10월 5일부터 시행되었다.

2) 기본원칙

활동지원급여는 장애인의 심신상태, 생활환경 및 욕구 등을 종합적으로 고려하여 필요한 범위에서 적정하게 제공하여야 한다. 그리고 활동지원급여는 장애인이 지역사회 안에서 사회구성원으로 살아갈 수 있도록 제공하여야 한다(법 제2조의2).

3) 주요 내용

“장애인”이란 「장애인복지법」 제2조에 따른 장애인을 말한다(법 제2조). 활동지원급여를 신청할 수 있는 사람은 다음의 자격을 모두 갖추어야 한다(법 제5조).

1. 혼자서 일상생활과 사회생활을 하기 어려운 장애인
2. 「노인장기요양보험법」 제2조 제1호에 따른 노인 등이 아닌 사람으로서 대통령령으로 정하는 연령 이상인 사람. 다만, 다음 각 목의 어느 하나에 해당하는 사람으로서 보건복지부장관이 정하는 기준에 해당하는 사람은 신청자격을 갖는다.
   가. 이 법에 따른 수급자였다가 65세 이후에 혼자서 사회생활을 하기 어려운 사람
   나. 노인성 질병으로 장기요양급여를 수급하는 65세 미만인 사람
3. 활동지원급여와 비슷한 다른 급여를 받고 있거나 「국민기초생활보장법」 제32조에 따른 보장시설에 입소한 경우 등 대통령령으로 정하는 경우에 해당하지 아니하는 사람

“활동지원급여”란 수급자에게 제공되는 제16조 제1항에 따른 활동보조, 방문목욕, 방문간호 등의 서비스를 말한다(법 제2조 제2호). 활동지원급여는

신청 후 조사를 거쳐 장애인활동지원 수급자격심의위원회의 심의 후 결정된다(법 제9조).

이 법에 따른 활동지원급여의 종류는 다음과 같다(법 제16조).

1. 활동보조: 활동지원인력인 제27조에 따른 활동지원사가 수급자의 가정 등을 방문하여 신체활동, 가사활동 및 이동보조 등을 지원하는 활동지원급여
2. 방문목욕: 활동지원인력이 목욕설비를 갖춘 장비를 이용하여 수급자의 가정 등을 방문하여 목욕을 제공하는 활동지원급여
3. 방문간호: 활동지원인력인 간호사 등이 의사, 한의사 또는 치과의사의 지시서(방문간호지시서)에 따라 수급자의 가정 등을 방문하여 간호, 진료의 보조, 요양에 관한 상담 또는 구강위생 등을 제공하는 활동지원급여
4. 그 밖의 활동지원급여: 야간보호 등 대통령령으로 정하는 활동지원급여

장애인활동지원사

활동보조급여를 제공하는 활동지원인력(활동지원사)이 되려는 사람은 제28조 제1항에 따른 활동지원사교육기관에서 교육과정을 수료하거나, 대통령령으로 정하는 일정 자격을 갖추어야 한다(법 제27조). 대통령령으로 정하는 일정자격은 요양보호사, 사회복지사, 간호사, 간호조무사다(시행령 제20조).

물음 13-6

장애인 ________________란 수급자에게 제공되는 활동보조, 방문목욕, 방문간호 등의 서비스를 말한다.

4. 발달장애인 권리보장 및 지원에 관한 법률 (약칭: 발달장애인법)

1) 목적

이 법은 발달장애인의 의사를 최대한 존중하여 그들의 생애주기에 따른 특성 및 복지 욕구에 적합한 지원과 권리옹호 등이 체계적이고 효과적으로 제공될 수 있도록 필요한 사항을 규정함으로써 발달장애인의 사회참여를 촉진하고, 권리를 보호하며, 인간다운 삶을 영위하는 데 이바지함을 목적으로 한다(법 제1조).

발달장애인은 전체 등록장애인 중 소수에 불과하지만 성인이 되어서도 세수, 화장실 사용 등의 간단한 일상생활조차 타인의 도움 없이 영위하기가 어려워 일생 돌봄이 필요한 경우가 대부분이다. 또한 발달장애인은 인지력 · 의사소통능력 등이 부족하여 자신의 권리를 주장하거나 스스로 보호하는 것에 상당한 어려움이 있어 학대 · 성폭력, 인신매매, 장기적인 노동력 착취 등의 피해자가 되는 경우가 지속적으로 발생하고 있다. 한편, 발달장애인에 대한 복지서비스와 인프라는 그 필요량에 비해 지원 규모가 부족하여 발달장애인을 돌보고 있는 부모나 보호자들의 신체적 · 정신적 · 경제적 · 정서적인 부담이 상당히 높은 수준이고, 발달장애인 직업훈련이나 평생교육 등 능력계발을 위한 지원체계도 상당히 미흡한 실정이다.

그래서 발달장애인에 대한 구체적인 장애 범위, 그 가족이나 보호자 등의 특수한 수요에 부합될 수 있는 지원체계 및 발달장애인지원센터 설립의 근거를 제정함으로써 발달장애인의 권리를 보호하고, 그 보호자 등의 삶의 질을 향상시켜 국민 전체의 행복에 기여할 수 있도록 하기 위하여 이 법은 2014년 5월 20일 제정되어 2015년 11월 21일 시행되었다.

2) 주요 내용

지원대상은 아동 및 성인 발달장애인과 그 보호자로 하였다(법 제2조).

여기서 "발달장애인"이란 「장애인복지법」 제2조 제1항의 장애인으로서 다음에 해당하는 장애인을 말한다.

가. 지적장애인: 정신 발육이 항구적으로 지체되어 지적 능력의 발달이 불충분하거나 불완전하여 자신의 일을 처리하는 것과 사회생활에 적응하는 것이 상당히 곤란한 사람
나. 자폐성장애인: 소아기 자폐증, 비전형적 자폐증에 따른 언어 · 신체표현 · 자기조절 · 사회적응 기능 및 능력의 장애로 인하여 일상생활이나 사회생활에 상당한 제약을 받아 다른 사람의 도움이 필요한 사람
다. 그 밖에 통상적인 발달이 나타나지 아니하거나 크게 지연되어 일상생활이나 사회생활에 상당한 제약을 받는 사람으로서 대통령령으로 정하는 사람

"보호자"란 다음의 어느 하나에 해당하는 사람을 말한다.

가. 「아동복지법」 제3조 제3호의 보호자(발달장애인이 미성년자인 경우에 한정한다)
나. 성년인 발달장애인의 후견인
다. 성년인 발달장애인의 후견인이 아닌 사람 중 「민법」 제779조에 따른 가족 또는 같은 법 제974조에 따른 부양의무자로서 사실상 해당 발달장애인을 보호하는 사람
라. 성년인 발달장애인 중 나목 및 다목의 보호자가 없는 경우 지방자치단체의 장이 발달장애인의 보호자로 지명하는 사람(나목에 따른 후견인을 선임하기 전까지로 한정한다)

그리고 발달장애인의 권리보호를 위해 자기결정권의 보장, 성년후견제 이용지원, 의사소통도구 개발 및 지원, 발달장애인 전담조사제, 발달장애인 대상 범죄의 신고의무, 발달장애인지원센터에 조사권 부여 등을 정하였다(법 제8조부터 제17조까지).

발달장애인은 다음의 복지지원 및 서비스(복지서비스), 「사회보장기본법」 제3조에 따른 사회보험, 공공부조 및 사회서비스를 스스로 신청하여야 한다(법 제18조).

1. 「장애인복지법」 제55조 및 「장애인활동 지원에 관한 법률」에 따른 활동지원급여
2. 「장애아동 복지지원법」 제21조에 따른 발달재활서비스지원, 같은 법 제23조에 따른 가족지원, 같은 법 제24조에 따른 돌봄 및 일시적 휴식지원 서비스 지원, 같은 법 제25조에 따른 지역사회 전환 서비스지원 및 같은 법 제26조에 따른 문화 · 예술 등 복지지원
3. 제24조에 따른 재활 및 발달 지원, 제27조에 따른 문화 · 예술 · 여가 · 체육 활동 등 지원, 제29조의2에 따른 주간활동 · 방과 후 활동 지원, 제29조의3에 따른 최중증 발달장애인 통합돌봄 지원, 제31조에 따른 보호자에 대한 상담지원 및 제32조에 따른 휴식지원 등
4. 그 밖에 보건복지부장관이 정하는 서비스

또한 발달장애인에 대해서 정밀진단비용 지원, 치료 및 재활 체계 구축, 발달장애인에 특화된 직업훈련서비스 제공, 재활 및 발달 지원, 고용 및 직업훈련 지원, 평생교육 지원 문화 · 예술 · 여가 · 체육 활동 등 지원, 소득보장, 거주시설 · 돌봄지원, 주간활동 · 방과 후 활동 지원, 최중증 발달장애인 통합돌봄 지원 등의 서비스를 제공하도록 하였다(법 제23조부터 제29조의3까지).

세종특별자치시 발달장애인지원센터

발달장애인 가족 및 보호자를 지원하기 위하여, 보호자에 대한 정보제공

과 교육, 보호자에 대한 상담지원, 보호자와 비장애 형제 · 자매에 대한 휴식지원 등의 근거를 마련하였다(법 제30조부터 제32조까지). 한편, 복지정보 제공, 발달장애인 학대 등 신고접수 시 현장조사 및 보호조치, 상담 및 인식개선 홍보 등의 업무를 수행하는 발달장애인지원센터의 설치 근거를 마련하였다(법 제33조 및 제34조).

물음 13-7

발달장애인에 대한 인식개선 홍보, 학대 등 신고접수 시 현장조사 및 보호조치 등의 업무를 수행하는 곳은 __________ 다.

핵심 정리

「노인복지법」은 노인의 질환을 사전예방 또는 조기발견하고 질환상태에 따른 적절한 치료 · 요양으로 심신의 건강을 유지하고, 노후의 생활안정을 위하여 필요한 조치를 강구함으로써 노인의 보건복지증진에 기여함을 목적으로 한다. 노인복지시설은 노인주거복지시설, 노인의료복지시설, 노인여가복지시설, 재가노인복지시설, 노인보호전문기관, 노인일자리지원기관으로 나뉜다.

「사회복지사 등의 처우 및 지위 향상을 위한 법률」은 국가와 지방자치단체가 사회복지사 등의 처우와 지위 향상을 위하여 지속적이고 적극적으로 노력하도록 책무를 부여하고, 사회복지사 등의 생활안정과 복지증진을 도모하기 위하여 만들어졌다.

「장애인활동 지원에 관한 법률」은 신체적 · 정신적 장애 등으로 혼자서 일상생활과 사회생활을 하기 어려운 장애인에게 제공하는 활동보조, 방문목욕, 방문간호 또는 주간보호 등의 활동지원급여에 관한 사항을 규정하여 장애인의 자립생활을 지원하고 그 가족의 부담을 줄임으로써 장애인의 삶의 질을 높이는 데 목적이 있다.

「발달장애인 권리보장 및 지원에 관한 법률」은 발달장애인의 의사를 최대한 존중하여 그들의 생애주기에 따른 특성 및 복지 욕구에 적합한 지원과 권리옹호 등이 체계적이고 효과적으로 제공될 수 있도록 필요한 사항을 규정함으로써 발달장애인의 사회참여를 촉진하고, 권리를 보호하며, 인간다운 삶을 영위하는 데 이바지함을 목적으로 한다.

물음에 대한 답

13-1 국가 또는 지방자치단체는 홀로 사는 노인에 대하여 방문요양과 돌봄 등의 서비스와 안전확인 등의 보호조치를 취하여야 한다.

13-2 국가 및 지방자치단체는 노인학대 업무를 담당하는 노인보호전문기관을 설치하여야만 한다.

13-3 노인주거복지시설은 가정을 대신하여 노인들이 생활할 수 있도록 주거를 포함한 일체의 생활이 가능하도록 서비스를 제공하는 시설이다.

13-4 노인복지시설의 설치 · 운영자는 보건복지부령으로 정하는 바에 따라 노인 등의 신체활동 또는 가사활동 지원 등의 업무를 전문적으로 수행하는 요양보호사를 두어야 한다.

13-5 보건복지부장관과 지방자치단체의 장은 사회복지사 등의 보수 수준 및 지급실태, 제3항에 따른 기준의 지방자치단체별 준수율 등에 관하여 3년마다 조사 · 공표하여야 한다.

13-6 장애인 활동지원급여란 수급자에게 제공되는 활동보조, 방문목욕, 방문간호 등의 서비스를 말한다.

13-7 발달장애인에 대한 인식개선 홍보, 학대 등 신고접수 시 현장조사 및 보호조치 등의 업무를 수행하는 곳은 발달장애인지원센터다.

참고문헌

감정기 · 최원규 · 진재문(2010). 사회복지의 역사. 경기: 나남출판.

고용노동부(2010). 고용보험백서.

고용노동부(2019). 2019년 한권으로 통하는 고용노동 정책.

고용노동부(2022). 2022년 한권으로 통하는 고용노동 정책.

국가인권위원회(2011). 인권의 해설. 국가인권위원회.

국민건강보험공단(2022). 2023년 사업장 업무편람.

국민연금공단(2022). 2023년 알기 쉬운 국민연금 사업장 실무 안내.

근로복지공단(2023). 2023 산재 · 고용보험 가입 및 부과업무 실무편람.

김기원(2000). 공공부조론. 서울: 학지사.

김두식(2011). 헌법의 풍경. 서울: 교양인.

김성옥(2008). 한국 사회복지정책 개념의 시론. 장안학회, 28, 109-133.

김승열(2008). 법령입안. 2008년 중앙행정기관 법제업무담당자 연찬회 자료집. www.klaw.go.kr.

김영화 · 박태정 · 장경은(2008). 사회복지정책론. 경기: 공동체.

김태성 · 김진수(2005). 사회보장론. 서울: 청목출판사.

김훈(2009). 사회복지법제론(3판). 서울: 학지사.

남기민 · 홍성로(2008). 사회복지법제론. 경기: 공동체.

남기민 · 홍성로(2011). 사회복지법제론(3판). 경기: 공동체.

박광덕(1998). 현대사회복지정책론. 서울: 박영사.

박광준(2013). 사회복지의 사상과 역사. 경기: 양서원.

박병현(2011). 사회복지정책론. 경기: 학현사.

박석돈(2002). 사회복지법제의 이해. 경기: 양서원.

박차상 · 정상양 · 김옥희 · 강종수 · 고관용 · 정희경(2015). 한국사회복지법강의(5판). 서울: 학지사.

보건복지부(2022). 의료급여사업 안내.

보건복지부(2023). 2023년 기초연금 사업안내.

손윤석(2012). 사회보험관련법상 특별심판제도에 대한 고찰: 일반행정심판제도와의 통합에 관한 논의를 중심으로. 법학연구, 53(1), 89-114.

심재진(2011). 사회복지사업법 제정사 연구. 사회보장연구, 27(2), 279-307.

원석조(2010). 사회복지정책론. 경기: 공동체.

윤찬영(2010). 사회복지법제론. 경기: 나남출판.

이명남(2008). 사회복지법제론. 서울: 창지사.

이준일(2004). 사회적 기본권. 헌법학연구, 10(10), 449-482.

인권정책연구소(2010). 인권 10강. 인권정책연구소.

장하준(2010). 그들이 말하지 않는 23가지. 서울: 부키.

조영규(2008). 법령체계와 입법절차. 시 · 도 법률교육 및 법제업무담당자 연찬회 자료집. www.klaw.go.kr

조휘일 · 이윤로(1999). 사회복지실천. 서울: 학지사.

한희원(2012). 국제인권법원론: 이론과 케이스. 서울: 삼영사.

현외성(2009). 한국사회복지법제론. 경기: 양서원.

황선영 · 노병일 · 김세원(2009). 사회복지정책론. 서울: 창지사.

고용보험 www.ei.go.kr

국가법령정보센터 www.law.go.kr

국립국어원 www.korean.go.kr

국민건강보험공단 www.nhic.or.kr

국민연금공단 www.nps.or.kr

네이버 백과사전 www.naver.com

노인장기요양보험 www.longtermcare.or.kr

대한민국 국회 www.assembly.go.kr

법제교육포털 edu.klaw.go.kr

법제처 www.moleg.go.kr

보건복지부 www.mw.go.kr

자치법규정보시스템 www.elis.go.kr

KBS(2022. 8. 2.). https://news.kbs.co.kr

M메디소비자뉴스(2022. 11. 29.). http://www.medisobizanews.com

경인일보(2023. 1. 24.). www.kyeongin.co.kr

뉴시스(2018. 4. 2.). www.newsis.com

뉴시스(2022. 6. 9.). www.newsis.com

뉴시스(2022. 12. 13.). www.newsis.com

매일노동뉴스(2014. 11. 17.). www.labortoday.co.kr

문화일보(2018. 9. 17.). www.munhwa.com

비마이너(2022. 2. 8.). www.beminor.com

아시아경제(2023. 1. 13.). https://view.asiae.co.kr

연합뉴스(2018. 12. 1.). www.yna.co.kr

연합뉴스(2023. 2. 10.). www.yonhapnews.com

찾아보기

저자 소개

김수정(Kim Soojung)

이화여자대학교 및 동 대학원 사회복지학과에서 학위를 받았다. 국회의원 비서관 및 한국사회복지사협회 교육훈련팀 팀장을 역임하면서 사회복지법의 제·개정 과정에 직접 참여하였다. 이러한 현장에서의 체험을 통해 사회복지법의 중요성을 체득했다.

주요 관심사는 사회복지사들의 사회행동으로, 이를 통해 사회복지법의 제·개정 과정에 사회복지사들이 적극적으로 참여하여 사회복지법이 인권을 중요하게 여기고 권리를 보장해 주는 내용으로 갖추어지기를 바라고 있다.

현재 서울시 인권침해구제위원회 위원으로 활동 중이며 국제사이버대학교 사회복지학과 교수로 재직 중이다.

저서로는 『사회행동입문』(2인 공저, 한국사회복지사협회·양서원, 2006), 『사회복지와 인권』(4인 공저, 학지사, 2021), 『사회복지법제와 실천 핵심 가이드』(학지사, 2021)가 있으며, 주요 논문으로는 「사회복지사의 노동권 확보 방안 모색을 위한 FGI 연구」(2015), 「사회복지분야 내부 공익제보자 경험 연구」(2018), 「사회복지시설종사자 성범죄 양형」(2020), 「사회복지법인 및 사회복지시설의 횡령·배임죄 양형 연구」(2020), 「사회복지시설 종사자의 직장 내 괴롭힘 경험과 인식 연구」(3인 공동, 2021), 「회복적 정의 관점으로 살펴본 사회복지시설종사자 인권침해 결정례 분석: 서울시와 경기도 구제제도를 중심으로」(2022) 등이 있다.

사회복지법제와 실천 2판

Social Welfare Law and Practice (2nd ed.)

2019년 5월 20일 1판 1쇄 발행
2022년 1월 20일 1판 5쇄 발행
2023년 8월 20일 2판 1쇄 발행
2024년 3월 25일 2판 2쇄 발행

지은이 • 김수정
펴낸이 • 김진환
펴낸곳 • (주) 학지사
04031 서울특별시 마포구 양화로 15길 20 마인드월드빌딩 4층
대 표 전 화 • 02)330-5114 팩스 • 02)324-2345
등 록 번 호 • 제313-2006-000265호

홈 페 이 지 • http://www.hakjisa.co.kr
인스타그램 • https://www.instagram.com/hakjisabook

ISBN 978-89-997-2956-0 93330

정가 23,000원